치유적 고전 서사의 발견

고전 리딩 레시피

이화학술총서

치유적 고전 서사의 발견

고전 리딩 레시피

김수연 지음

이화여자대학교출판문화원

| 서문 |

고전의 치유적 독법 발견을 위하여

사람은 '나'라는 개체로 존재하고 그 개체성을 존중받습니다. 그러나 '나'의 존재를 인정하고 존중해줄 '너'가 없다면 '나'의 존재 의미 또한 사라질 것입니다. 그렇기 때문에 '나'로 산다는 것은 '혼자' 산다는 뜻이 아니라, 함께 우리가 될 '너'를 발견하기 위해 노력한다는 뜻이 됩니다. 요즘 인기를 끄는 〈나 혼자 산다〉라는 TV 프로그램도 결국은 수많은 '나'가 '혼자'가 아닌 '우리'로 '함께' 살기를 소망하고 있음을 보여줍니다. 사람들이 오랜 경험 끝에 찾아낸 '사람은 혼자서는 살 수 없다.'라는 말은 아마 이러한 진실을 담고 있는 것이 아닐까요?

혼자 살 수 없기에 우리는 쉼 없이 '우리'가 되어줄 '너'를 발견하고자 합니다. 이왕이면 그 '너'는 내가 가진 특별함과 위대함과 완전함을 거울처럼 비춰주는 존재이면 좋겠습니다. 나의 특별함과 위대함과 완전함이 지금은 아주 작고 희미해 보이지 않는 형태로 내 안의 어딘가에 꽁꽁 숨어 있을지라도, 그래서 나 스스로도 찾아내지 못해 우울하게 만드는 것일지라도, 그 작고 희미한 '나'의 가치를 거울처럼 비춰주어, 내가 나의 먼 과거와 오랜 미래에서 그 특별함과 위대함과 완전함을 찾도록 도와

주는 '너'였으면 좋겠습니다.

이왕이면 그 '너'는 내가 흐렸던 눈을 새로이 반짝이며 우러러 바라볼 수 있는 이상적 존재이면 좋겠습니다. 그래서 나의 결핍을 보완해주고 내가 추구할 더 높은 이상과 보편적 가치를 제공해주는 존재이면 좋겠습니다. 세상의 모든 '나'는 내면의 결핍으로 인해 아파하고 갈등합니다. 마치 몸에 필요한 성분이 부족하면 아프고 짜증이 나서 주위 사람과 다투게 되는 것과도 같습니다. 이럴 때 내가 필요한 부분을 충분히 지니고 있어서, 나의 부족함을 채워주고 내가 지금보다 더 나은 '나'가 되고 싶은 마음이 생기게 하는 '너'이면 좋겠습니다.

이왕이면 그 '너'는 '나'의 삶을 공유하고 '나'와 연대하며 내가 너와 '우리' 속에 있다는 소속감을 경험하게 해주는 존재이면 좋겠습니다. 그래서 내가 보잘 것 없다고 여겼던 '나'의 삶이 사실은 멋진 '너'가 함께하는 삶이고, 훌륭한 '너'에게 지지받는 삶이며, 내가 꿈꾸어왔던 '너'의 삶이기도 하다는 것을 몸과 마음으로 절절히 확인하면 좋겠습니다. 그래서 '나'도 '너'와 다르지 않은 멋지고 훌륭한 존재라고 말해주고 알게 해주고 그렇게 되도록 만들어주는 그런 '너'이면 좋겠습니다. 그래서 '나'도 '너'처럼 주위의 결핍에 시선을 돌리고 내가 받은 애정과 이해를 또 다른 '이전의 나'들에게 되돌려주고 싶습니다.

사람들은 이러한 '너'를 소망합니다. 아이 때는 부모에게, 커서는 친구와 애인에게, 그리고 결혼을 해서는 배우자에게서 이러한 '너'를 발견하고자 합니다. 이러한 '너'를 하인즈 코헛(Heinz Kohut)은 '자기대상(self-object)'이라고 했습니다. 하인즈 코헛은 프로이트의 정신분석학을 '자기감(sense of self)'이라는 측면에서 새롭게 해석한 미국의 자기심리학자입니다. 『정신분석은 어떻게 치료하는가?(How Does Analysis Cure?)』(1984)라는 책에서 코헛은 자기대상을 '자기감을 고양시켜주는 존재'라고 정의하며, '자기(self)는 자기감을 고양하고 유지시켜주는 자기대상과의 관계 속에서만 규정될 수 있다.'고 했습니다. 자기감을 고양시켜준다는 것은 '응집력 있는 자기(cohesive self)'를 만들어주는 것입니다. 자기감을 고양시키고 응집력 있는 자기로 만들어주는 자기대상의 주요한 역할은 '공감적 반응'입니다(장정은·김수연, 2016).

하인즈 코헛은 '공감적 반응'을 통해 자기감을 높여주는 자기대상을 세 가지로 구분했습니다. 거울 자기대상, 이상화 자기대상, 쌍둥이 자기대상입니다. 원래 코헛의 자기대상 이론은 아동과 부모의 관계를 중심으로 구상된 것입니다. 그가 말하는 거울 자기대상은 아동의 내적인 힘과 거대성과 완벽성을 확인시켜주는 반응이고, 이상화 자기대상은 아동의 자기감 유지와 향상을 위해 부모가 제공해야 하는 이상적 롤모델로서의 기능이며, 쌍둥이 자기대상은 아이가 누구에게나 환영받고 있음을 감각하며 가족의 일원으로 받아들여지고 있다는 느낌을 제공하는 부모의 역할입니다(Kohut and Wolf, 1978; Kohut, 1984). 그러나 코헛도 인정했듯 자기대상의 역할은 성인이 된 후에도 지속적으로 필요합니다. '나'는 평생 동안 내가 만나는 대상과 환경과 반응과의 관계 속에서 유동적으로 변화하는 존재이기 때문입니다.

이러한 자기대상으로 기능하는 것은 굳이 사람일 필요는 없습니다. 현대의 자기심리학자들은 자기대상을 "자기 경험의 유지, 회복, 그리고 변형에 속하는 심리적 기능"으로 보기도 합니다(Stolorow, 1986). 즉 예술이나 종교도 자기대상으로 기능할 수 있다는 것입니다. 코헛도 자기감을 높이는 자기대상의 범주에 사람뿐 아니라 사회, 문화, 종교적 현상까지 포함하고 있습니다(Kohut, 1984). 이로 볼 때 우리가 읽는 문학 작품도 당연히 우리의 자기감을 긍정적으로 변화시킬 수 있는 자기대상이 될 것입니다.

문학 작품이 자기감을 변화시킨다는 것은 문학의 작품서사가 인간의 자기서사(self-epic)에 영향을 미쳐서, 왜곡된 자기서사를 수정하고 바람직하게 변화시킬 수 있다고 믿는 문학치료학과 연결됩니다. 문학치료학은 인간도 하나의 문학 작품으로 바라봅니다(정운채, 2008). 인간의 삶은 내면의 자기서사가 표출된 것이기에, 자기서사가 건강해지면 현실의 삶도 건강해질 것으로 생각합니다. 이것이 가능한 것은 자기서사가 코헛이 말한 '자기'처럼 유동적이고 변화 가능한 것이기 때문입니다. 자기서사는 또 다른 자기서사와의 관계 속에서 변화합니다. 자기서사를 변화시키는 다른 자기서사가 자기심리학에서 말한 '자기대상'의 역할을 하는 것입니다. 이러한 자기대상으로서의 자기서사에는 타인의 자기서사와 문학의 작품서사가 포함됩니다.

자기서사는 개인에게만 존재하는 것이 아닙니다. 사회와 집단에도 고유한 자기서사가 있습니다. 코헛도 그룹자기(group-self)라는 이름으로 공동체의 '자기'를 이야기했습니다. 한국사회가 오랜 시간 동안 주변과 관계 맺어온 경험과 양상들이 그룹자기, 즉 공동체의 자기서사를 형성해왔습니다. 이것을 '우리-자기서사'라고 부를 수 있을 것입니다. 이 책에서는 '우리-자기서사'를 '우리서사'라고 하겠습니다. 한국의 '우리서사' 중에는 아프고 나쁜 것이 있습니다. 그것들로 인해 한국의 그룹자기감은 떨어지고, 자기감의 결핍은 갈등을 낳았습니다. 오늘날 우리가 접하는 '배제와 차별과 혐오와 다툼'은 바로 우리의 자기서사가 건강하지 못하다는 것을 의미하며, 한국의 그룹자기감이 결핍되었음을 보여줍니다.

공동체와 구성원 모두 자기감이 결핍된 오늘날, 우리는 '나'의 자기감을 발견해줄 자기대상으로서의 '너'를 소망합니다. 이 책은 그러한 '너'를 우리의 고전 안에서 발견해보고자 합니다. 오랜 시간 우리를 지켜본, 우리와 함께한 고전이 우리 안에 작고 희미하게 숨어 있는, 그러나 여전히 꺼지지 않고 언젠가는 반짝반짝 빛날 날을 기다리는 건강한 '나'를 찾아 주기를 부탁합니다. 그리하여 각각의 색으로 빛나는 '나'들이 모여 서로의 빛깔을 더욱 돋보이게 할 '우리'가 되기를 바라봅니다.

저는 2008년 박사학위 논문을 쓰면서, 19세기의 한글소설이 17세기 한문소설에게 대화를 시도했던 모습을 발견했습니다. 200년이라는 시간이 지났음에도 포기하지 않고, 이전 서사에게 말을 거는 '서사 간의 소통' 노력을 보면서, 작품이 독자와도 대화하고 싶어 하고 공유하고 싶어 하며, 무엇보다 이해받고 이해하고 싶어 할지 모른다고 생각했습니다. 그들이 전달하고자 하는 것은 한 시대에만 유효한 메시지는 아닐 것입니다. 그러한 '마음'이 읽히자, 저도 그들과 대화하고 싶어졌습니다. 이 책은 그러한 소망을 담은 것입니다. 작품이 인간을 어떻게 이해하는지 인간은 작품을 어떻게 이해할 수 있는지를 꾸준히 고민하며, 다시 '나'가 '나'를, 그리고 '나'가 '너'를 어떻게 이해하고 인정하며 사랑하고 존중해야 하는지를 말하고자 했습니다. 물론 이러한 '발견'을 위한 노력은 여전히 진행 중입니다.

여기에 실린 글들은 2010년부터 2016년까지, '나'와 '너'를 발견하려 노력했던 여정의 일부입니다. 1부에서는 이 책을 읽어가는 데 기본이 되는 개념인 작품서사, 자기서사, 우리서사에 대해 다루었습니다. 먼저 1장에서는 작품이 인간과 어떻게 서로를 지지할 수 있는지, 작품서사가 자기서사의 형성에 어떻게 기여하는지를 이야기했습니다. 그 과정에서 건강한 자기서사를 탄생시키기 위해 작품서사를 발견해주는 '마더 텔러(mother-teller)'의 존재를 상정해보았습니다. 2장에서는 작품서사가 우리서사의 결핍을 치유해주고 공동체의 자기감을 고양하는 자기대상적 존재가 될 수 있음을 말하고자 했습니다.

2부에 실린 다섯 편의 글은 21세기에 고전이 어떻게 시대를 진단하고 지혜를 제공할 수 있는가에 대한 이야기입니다. 특히 단절과 갈등과 부재의 시대에, 한국의 그룹자기에 결핍된 자기감을 회복해줄 수 있는 자기서사를 고전 안에서 찾아보고자 했습니다. 1장은 다문화 시대의 배제와 차별을, 2장은 남녀 사이의 극단화된 갈등과 혐오를, 3장은 공감하는 리더십의 부재를, 4장은 문명과 문화의 패러다임이 변화하는 과도기적 혼란을, 5장은 위협적 현실 속에 자기를 상실한 청춘들의 위기감을 대상으로 고전이 21세기의 우리에게 어떠한 지혜를 건넬 수 있는지 말하고자 했습니다.

3부에서는 '나'와 '너'가 어떠한 관계로 만나야 하는지에 대해서 생각해보았습니다. '너'가 '나'의 자기대상이 되기를 희망하듯, '나'도 '너'의 자기대상이 되어야 합니다. 외부 환경에서 '너'를 발견할 수 없는 극단적 상황이라면, '나'가 또 다른 '나'를 만들어 스스로 자기대상이 되어주어야 하는 때도 있습니다. 이때 문학의 작품서사는 문학적 자아를 통해 인간과 한편이 될 자기대상을 제공하기도 합니다. 1장은 그러한 자기대상으로서의 문학적 자아를 어떻게 발견할 수 있는지 살펴보았습니다. 2장은 사랑의 비극적 종말로 보이는 사건이 때로는 '나'의 존엄성, 즉 자기감의 극단적 결핍에 의한 것일 수 있음을 이야기했습니다. 3장은 이 시대의 아프고 나쁘고 실패한 사랑 이야기를 통해 건강한 사랑법을 발견하고자 했으며, 4장은 고통과 고난 속에서 주위 대상들과 맺는 관계의 모습이 자기의 존재 가치를 결정하는 과정임을 살펴보았습니다. 5장에서는 우리가 '내 복'이라고 생각하는 것이 궁극적으로 다른 사람과의 인연 안에서 구성되는 것임을 고찰했습니다. 6장에서는 우리 내면에서 자기감을 떨어뜨리는 확인할 수 없는 근원적 불안을 어떻게 치유할 수 있는가에 대한 이야기를 했습니다.

저는 고전 작품이 우리에게 건강하고 아름다운 자기대상이 되어주듯, '나'와 '너'도 고전을 통해 하늘빛과 물빛 같은 자기대상이 되기를 희망합니다. 너는 하늘빛이 되고 나는 물빛이 되어 서로를 비춰주고 품어주며, 다시 나는 하늘빛이 되고 너는 물빛이 되어 서로를 우러르며 함께 가면 좋겠습니다. 이 글을 읽는 분들과도 '나'와 '너'가 되어, 토닥이고 위로하며 아끼고 사랑하는, 그러한 '우리'가 되고 싶습니다.

2016년 가을

느리지만 아름다운 연대의 장 이화에서

저자 삼가 씀

| 차례 |

제3부 고전의 치유적 독법: 상호 부조적 관계를 위한 서사의 발견

제1부

작품서사, 자기서사, 우리서사

제1장

작품서사와 자기서사의 서사적 지지

1. 작품서사와 자기서사

작품서사와 자기서사는 문학치료 분야에서 제기된 개념입니다. 한국의 문학치료는 20여 년 전, 고전문학 연구의 한 분과로 구상되었습니다. 정식으로 학회를 만들어 본격적 학문의 장을 형성한 지도 10년이 넘었습니다. 문학치료에 대한 그간의 성과는, 담론 형성을 위한 이론 구축과[1] 임상에 적용할 수 있는 도구 개발 측면에서[2] 상당한 수준에 와 있습니다. '문학의 본질이 치료'라는 점을 명시하고 시작한 문학치료는[3] 문학치료 과정이 '원초적 사건을 다시 경험하게 함으로써 경험을 반복 조정

1 정운채, 『문학치료의 이론적 기초』, 문학과치료, 2007; 『문학치료학의 서사이론』·『문학치료학의 실천』·『문학치료학의 작품론』, 문학과치료, 2015; 정운채 외, 『문학치료학의 분야별 연구 성과』, 문학과치료, 2013에 그동안 이루어진 핵심 성과가 수록되어 있다.

2 정운채·박기석 외, 『설화를 활용한 문학치료프로그램 개발 연구』, 문학과치료, 2009; 『이상심리와 이상심리검사』, 문학과치료, 2011; 정운채 외, 『문학치료 서사사전』 1-3, 문학과치료, 2009.

3 정운채, 「시화에 나타난 문학의 치료적 효과와 문학치료학을 위한 전망」, 『고전문학과 교육』 1, 청관고전문학회, 1999, 140-155면.

하는 것'임을 밝히고[4] 이러한 조정의 궁극적 목적이 '자기서사의 발견과 개선',[5] 즉 "자기서사를 온전하고 건강하게 변화시키는 일"임을 천명했습니다.[6] 이때 핵심 도구로 사용되는 것이 '작품서사'입니다.

문학치료에서는 자기서사와 작품서사를 모두 '문학'으로 봅니다. 자기서사는 '문학으로서의 인간'이 지닌 내력입니다. 자기서사와 문학 작품의 작품서사가 서로 긴밀하고 활발하게 상호 작용을 한다는 생각이 문학치료의 기본 전제입니다. 자기서사와 작품서사의 상호 작용 안에서 "작품서사를 통해 자기서사를 온전하고 건강하게 변화시키는 일"이 문학치료의 임무인 것입니다. 이때 핵심은 '변화'입니다. 이 '변화'는 '현재의 자기서사가 건강하지 않다'는 것을 전제로 하고 있습니다. 자기서사의 '건강하지 않음'이 증상으로 드러나면, 인간관계에 '불편함'이 발생합니다. 이러한 증상을 완화하거나 제거해 불편함을 없애는 변화, 그것이 문학치료가 도모하는 것입니다. 그런데 이 지점에서 우리는 애초부터 건강한 자기서사를 갖는 방법은 없는지가 궁금해집니다.

구체적 논의에 들어가기에 앞서 유명한 일화를 하나 소개하고자 합니다. 중국 명대 소설 『삼국지연의(三國志演義)』에서 조조에게 뇌수술을 권했다가 죽임을 당하는 것으로 그려지는 화타(華佗, 약 145-208)의 이야기입니다. 그는 중국 역사상 최고의 명의로 알려져 있습니다. 그의 의술과 관련한 일화들은 정사 『삼국지(三國志)』「화타전(華佗傳)」[7]에 수록되어 전해집니다. 그가 보여준 신이한 처방만큼 오늘날 대중 사이에 자주

4 정운채, 「한국고전문학과 문학치료」, 『국어교육』 113, 한국국어교육연구학회, 2004, 103-126면.

5 정운채, 「『구운몽』의 독후감을 통한 자기서사의 탐색과 문학치료의 방향 설정」, 『문학치료연구』 1, 2004, 31-54면.

6 정운채, 「서사의 힘과 문학치료방법론의 밑그림」, 『문학치료의 이론적 기초』, 324면.

7 陳壽, 『三國志』 卷29 第130卷, 中華書局, 1990.

회자되는 이야기가 있습니다. 바로 화타의 두 형에 대한 이야기입니다. 전설에 따르면 화타뿐 아니라 그의 형들도 의술을 지녔다고 합니다. 그러나 형들은 화타만큼 유명하지는 않았습니다. 하루는 어떤 사람이 화타에게 삼 형제 중 누구의 의술이 가장 뛰어난지를 물었습니다. 화타는 첫째 형이 가장 뛰어나고, 그 다음은 둘째 형이고 자신은 최하수라고 말합니다. 천하에 신의(神醫)로 이름난 화타가 가장 하수라는 말을 사람들은 믿지 않았습니다. 그러자 화타는 이렇게 말합니다. 큰형은 병의 원인을 차단해 사람들이 병이 걸리지 않도록 하고, 둘째 형은 병이 미미한 단계일 때 알아차려 치료하며, 자신은 병이 심각해져 위급해진 후에야 치료하는데, 사람들이 형들의 의술을 이해하지 못하고 자신만을 칭송한다는 것입니다.

'병의 원인을 미리 차단하는 것이 최상의 의술'임을 전하는 이 일화는 '예방이 최선의 치료'라는 말을 환기시킵니다. 동양 최고의 의서(醫書)인 『내경(內經)』에서는 의원의 등급을 상하로 나누며, '상급의 의원은 마음을 지켜준다(上工守神).'라고 했습니다.[8] '마음을 지키는 것'이란 '병이 생기기 전에 치료하는 것(治未病)을 말합니다.[9] 이 책은 바로 이러한 치미병(治未病)의 시각에서 문학치료의 외연을 조금 더 넓혀보자는 제언을 하고자 합니다. 그동안 문학치료가 공을 들여온 '왜곡된 자기서사의 발견과 수정'은 매우 중요하고, 앞으로도 더욱 정밀하게 다듬어가야 할 부분이 적지 않습니다. 또한 지금의 문학치료는 '현재 자기서사의 왜곡'을 수정할 뿐 아니라 자기서사를 건강하게 유지하도록 노력해야 함을 주장하기에 이미 '예방'의 개념을 담고 있습니다. '유지'란 회복된 건강한 서

8 『內經』「靈樞」, 臺灣商務印書館, 1979.

9 『內經』「素問」「四氣調神大論」, 臺灣商務印書館, 1979.

사가 다시 왜곡되는 것을 방지하는 것을 포함하기 때문입니다. 그러나 현시점의 '문학치료'가 주의하는 '예방'은 '재발하기 전에 지켜주는 것'입니다. 이 책은 이러한 소극적 예방을, 처음부터 적용하는 적극적 예방으로 전환하기를 요청하는 것입니다. 자기서사와 작품서사에 대한 논의의 시각을 '치료'에 방점을 둔 예방에서 '예방'에 방점을 둔 치료로 옮긴다면, 삶의 '행복 유지' 비용은 훨씬 줄어들 것입니다. 이러한 제안이 가능한 것은 현 수준의 문학치료가 '마음 지켜주기(守神)'를 할 수 있는 충분한 역량을 갖추었기 때문입니다. 그리고 무엇보다 다른 치료 수단과 차별화되는 문학치료의 치료적 효용은, 마음이 불편한 사람들의 자기서사를 '수정'하는 것뿐 아니라, 더 많은 일반적 사람들의 자기서사를 건강하게 '형성'하는 데 있기 때문입니다.

2. 서사적 지지 관계: 원초적 자기서사 형성에 참여하는 작품서사

문학치료 연구자는 작품서사를 통해 사람들의 상처 입은 자기서사를 진단하고 그것을 건강하게 변화시키기 위해 많은 노력을 해오고 있습니다. 자기서사의 변화는 '자기서사를 보충하는 단계', '자기서사를 강화하는 단계', '자기서사를 통합하는 단계'[10]를 거칩니다. 문학치료의 제1 단계가 '보충'이라는 것은 문학치료가 '자기서사의 결핍 상태'를 전제로 해서 '변화 단계'를 설정했음을 보여줍니다. 자기서사의 보충, 강화, 통합을 위해 앞으로 나갈 길도 여전히 멀고 험합니다. 그렇기 때문

10 정운채, 『문학치료의 이론적 기초』, 326면.

에 자기서사의 '수정과 변화'를 위한 이론을 더욱 정밀하게 만들고 진단과 치료 방법을 체계화하는 것에 집중해도 시간이 부족할 것입니다. 그럼에도 자기서사의 변화가 필요해지기 이전 단계에 대한 고민을 하지 않을 수 없는 것은, 그것이 궁극적으로 문학치료가 추구하는 바이기 때문입니다.

끊임없이 발생하는 마음의 병을 뒤쫓아 진단하고 치료하는 것 이상으로, 그것의 원인을 미리 점검하고 예방해 건강한 '원초적 자기서사'를 지닐 수 있게 하는 것은 매우 중요합니다. 이것은 현재의 문학치료 연구 수준에서 충분히 가능한 일입니다. 그동안에 이루어진 치료적 서사 해석 방법과 서사 진단 도구가 이미 '수준 높고 건강한 서사'를 구별하는 데 기여하고 있기 때문입니다. 문학치료는 자기서사를 변화시키는 동력이 서사 간 "비교를 통하여 어떤 서사가 다른 서사보다 낫다는 판단"을 하는 것임을 이야기해왔고, 서사 시뮬레이션을 통해 "보다 나은 결과에 이르는 서사"를 찾을 수 있도록 노력했습니다.[11] 그 결과 더 많은 하위의 서사를 포함하고 있는 자기서사와 작품서사가 수준 높은 서사임을 확인했습니다. 포함하는 하위의 서사가 많을수록 더 많은 작품서사와 타인의 자기서사에 쉽게 공감할 수 있기 때문입니다.

이를 위해 문학치료 연구는 16개 영역의 서사 유형과 각 유형별 대표 작품을 제시하고,[12] '서사의 갈림길'에서 다양한 선택을 하는 '서사의 주체'들이 서로의 자기서사에 공감하는 '서사의 공명'을 이루기 위해서는 '서사의 접속'이 이루어져야 함을 밝혔습니다. 그리고 한 사람의 자기서사 안에 많은 서사가 포섭되고 포용되어 있을수록, 그래서 높은 수준의

11 정운채, 「자기서사의 변화 과정과 공감 및 감동의 원리로서의 서사의 공명」, 『문학치료연구』 25, 2012, 370면.

12 정운채 외, 『문학치료 서사사전』 1-3.

자기서사를 지닐수록 상대방의 자기서사에 더 잘 공감한다는 사실도 논의한 바 있습니다.[13] 많은 서사를 포용할 수 있는 높은 수준의 자기서사를 지닌 사람은 특정한 '상황'을 극단적으로 바라보지 않고, 그 상황이 어떠한 맥락에 놓여 있는지를 고려할 수 있습니다. 여기에서 말하는 높은 수준의 서사가 바로 건강한 서사입니다. 문학치료는 궁극적으로 자기서사를 건강하게 변화시키는 과정에서 높은 수준의 작품서사가 작용될 수 있는 방안을 제안하는 작업입니다.

치료와 재발 방지를 위해 분석된 수준 높은 작품서사를 우리는 자기서사의 형성 단계에 적용할 수 있습니다. 작품서사와 자기서사가 치료 과정에서 활발하게 상호 작용한다는 기존의 논의는, 자기서사의 형성 과정에서도 유사하게 기능할 것이기 때문입니다. 이것은 막연한 추론이 아닙니다. 이를 증명하기 위해 두 가지 자기서사 형성 사례를 제시하고자 합니다. 첫째는, 저 자신의 자기서사 형성 경험입니다.

저는 딸을 넷 둔 집안의 장녀입니다. 초등학교 저학년 즈음, 밖에 나갈 때마다 동네 어른들에게 '너희 집은 왜 딸이 넷이니?'라는 질문을 들었습니다. 철이 없던 저는 어른들의 질문을 그대로 옮겨서 어머니께 여쭈었습니다. "엄마는 왜 딸을 넷 낳았어요?"라고. 어른들의 질문은 반쯤은 장난삼아 '아들을 낳으려다가 (실패해서) 딸을 넷 낳았겠지.'라는 속뜻을 담고 있었을 터이지만, 당시는 어른들의 속 의도까지 파악할 나이가 아니었습니다. 그래서 어찌 보면 어처구니없는 질문을 그대로 어머니께

13 정운채, 「자기서사의 변화 과정과 공감 및 감동의 원리로서의 서사의 공명」, 『문학치료연구』 25, 361-381면; 「문학치료학의 서사 및 서사의 주체」, 『영화와 문학치료』 3, 서사와문학치료연구소, 2010; 「서사접속 및 서사능력과 문학연구의 새 지평」, 『문학치료연구』 24, 2012; 「서사의 다기성과 문학연구의 새 지평」, 『문학치료연구』 23, 2012; 「문학치료학의 서사 및 서사의 주체와 문학연구의 새 지평」, 『문학치료연구』 21, 2011.

전달한 것입니다. 이 질문에 어머니는 이렇게 답하셨습니다. "어릴 때 『작은 아씨들』을 읽었는데, 거기에 나오는 네 딸이 너무 예뻐서 '결혼을 하면 나도 작은 아씨들 같은 딸들을 낳게 해주세요.'라고 기도를 했지. 그래서 네 딸을 낳은 거야." 오래전 일이라 구체적 표현은 달라졌겠지만, 어머니의 이 말씀은 우리 자매들 모두에게 신비한 '탄생담'처럼 기억되었습니다.

어머니의 말씀을 계기로, 우리 자매는 『작은 아씨들(Little Women)』이라는 소설에 관심을 갖게 되었습니다. 19세기 미국의 여류 소설가 루이자 메이 올컷(Louisa May Alcott)의 작품인 『작은 아씨들』은 남북전쟁 시기에 군목으로 전쟁터에 나가 있는 아버지를 대신해 집안을 이끌어가는 자애로운 어머니와 사랑스러운 네 딸의 이야기를 담고 있는 작품입니다. 네 자매는 개성이 넘치면서도 부모에 대한 애정과 신뢰, 자매간 우애와 믿음이 돈독하며, 어려운 환경에서도 서로를 존중하며 긍정적 가치를 추구하려고 노력하는 인물로 그려집니다.[14] 저와 동생들은 이 책을 여러 번 반복해서 읽었고, 영화로 나올 때마다 찾아서 보았습니다. 그래서인지 자기도 모르게 『작은 아씨들』의 인물처럼 행동할 때도 있었고, 영화 속 자신의 캐릭터를 연기하는 배우에 대해서는 각별한 감정을 드러냈습니다. 우리 자매는 또래의 '딸 많은 집 딸들'이 지닐 수 있었던 마음의 불편함은 모르고 자랐는데, 아마 자발적으로 이 책을 자주 접하는 과정에서 『작은 아씨들』의 서사가 우리들의 내면에서 보이지 않지만 깊고 강하게 작동했기 때문일 것입니다.

오랜 시간이 지난 뒤에야 알게 된 일이지만, 전통 시대를 사셨던 할머니와 그런 할머니를 모셨던 어머니에게 '딸 넷'은 그리 마음 편한 존재

---

14 Louisa May Alcott, *Little Women*, Oxford University Press, 2007.

는 아니었습니다. 우리가 자라던 당시의 시선에서 보아도 여전히 '딸 넷'은 '아들을 낳으려다 실패한 존재'일 가능성이 큽니다. 제가 들었던 주위 어른들의 묘한 뉘앙스가 담긴 질문을 어머니 또한 얼마나 자주 들으셨을까요? 어쩌면 어머니의 마음에는 그런 말들로 인한 아픔과 상처가 있었을 것입니다. 그런데 만약 어머니가 자신의 상처를 그대로 우리에게 전하셨다면 우리는 지금과 다른 모습으로 지내고 있을지 모릅니다. 어머니가 우리에게 『작은 아씨들』 서사를 말씀해주지 않으셨다면, 우리는 최소한 일정 기간은 버려진 바리데기의 서사를 안고 살아갔을 것이기 때문입니다.

『작은 아씨들』의 작품서사가 저와 동생들의 자기서사 형성에 참여했음을 구체적으로 깨닫게 된 것은 대학원에 입학해서입니다. 하루는 지도 교수님이 저에게 '자신'이 어떤 사람인지 말해보라고 하셨습니다. 저는 그때 우리 자매의 '원초적 기억'에 해당하는 '작은 아씨들' 이야기를 말씀드렸습니다. 그런데 며칠 뒤, 지도 교수님은 저를 이해하기 위해 〈작은 아씨들〉 영화를 빌리려 하셨다는 말씀을 해주셨습니다. 당시는 제가 아직 '자기서사'라는 개념을 모르던 때였기에, 소설 작품(작품서사)이 타인(지도 교수)이 나(자기서사)를 이해하는 틀이 될 수 있다는 사실을 매우 신기하게 여겼습니다. 저는 성인이 된 지금도, 여전히 어릴 적 어머니에게 들은 『작은 아씨들』의 서사를 기억하며 그 영향 안에서 생활하고 있는 '나' 자신을 발견하곤 합니다.

자기서사 형성에 작품서사가 영향을 미칠 것이라는 점은 누구나 공감하고 수긍할 것입니다. 그럼에도 굳이 구체적인 사례를 제시하는 것은 작품서사의 역할이 자기서사의 치료 과정뿐 아니라 형성 과정에서도 의미 있게 다루어져야 할 필요성을 논의하기 위해서입니다. 이를 위해서는 조금 더 다양한 실제 경험들이 제시되어야 할 것이고, 이왕이면 논의를 보편화할 수 있도록 시대를 초월하는 사례가 있으면 좋겠습니다. 그렇기 때문에 두 번째 사례는 옛 시대 사람들의 삶에서 찾아보았습니다. 조선 시대 문인인 심노숭(沈魯崇, 1762-1837)과 심노암(沈魯巖, 1766-1811) 형제의 자기서사 형성 과정에 얽힌 사연이 그것입니다.

심노숭과 심노암의 우애는 당시에 일반적으로 보기 어려운 각별한 것으로 평가받습니다.[15] 그들은 평생 동반자적 삶을 살며 정신적 소통을 통한 문학활동을 펼쳤다고 합니다.[16] 두 사람은 동생 심노암이 5, 6세 되던 때부터 스승 없이 함께 공부하며 삶의 지향을 공유했습니다.[17] 그들은 같은 책을 읽고 그것에 대해 토론했는데, 그 과정에서 함께 읽은 책들은 형제가 세상과 관계 맺는 방식, 즉 형제의 자기서사를 만드는 데 영향을 미쳤을 것입니다. 다행히 작품서사가 형제의 자기서사 형성과 관련이 있음을 보여주는 자료가 남아 있어서 그러한 사실을 확인할 수 있습니다. 형제가 함께 공부했던 '우상정(雨床亭)'이라는 정자의 설립과 관련한 기록입니다.

> 나는 예전에 자첨(子瞻) 소식(蘇軾)이 동생 자유(自由) 소철(蘇轍)과 매양 함께 '시골로 내려가 비 오는 밤에 상을 마주하며 지내자(同歸林下, 夜雨對床)'고 약속한 것을 보았다. 그러나 결국에는 그 약속을 이루지 못하였으니, 소자첨의 뜻이 슬프다 하겠다. 두 형제는 조정에 갓 출사해서 당시의 실정을 의논했는데, 그 말이 임금의 마음을 감동하게 만들어 장차 한 시대에 이름이 있을 듯하였으니, 어찌 벼슬에서 물러날 마음이 다시 생길 수

15 김영진, 「효전 심노숭론(孝田 沈魯崇論)」, 『조선후기 한시작가론』 2, 이회, 1988, 291면.

16 유정열, 「심노숭과 심노암 형제에 대하여」, 민족문학사연구소 월례발표회 발표요지, 2015. 8. 28.

17 심원열(沈遠悅), 「선부군제전거사행록(先府君悌田居士行錄)」, 『학음산고(鶴陰散稿)』 4책, 국립중앙도서관 소장본, 8면. "自五六歲, 未嘗從長者受書, 但與汝伯父讀."

있었겠는가. 만년에 환란을 겪게 되자, 비로소 촉 땅에 가서 평범한 늙은이로 살고자 하였으나 이제는 그럴 수도 없는 상황이었다. 그러니 어찌 생각을 일으킬 때 두렵고 조심스럽게 하지 않을 수 있겠는가.

우리 형제는 재기가 남보다 뛰어나지도 않고 세상과 어긋나 합치되지 못하는 성격임을 스스로 잘 알기에, 젊은 나이에 벌써 둘 다 출세에는 마음을 두지 않고 있다. 분수를 편히 여기면서, 바라는 바는 만약 가능하다면 그저 같이 잘 살다가 같은 날에 흙으로 돌아가는 것이다. 작년에 파산의 선묘 아래 작은 정자를 짓고 편액을 '우상'이라 했는데, 이는 소자첨의 말[夜雨對床]에서 가져온 것이다. 아! 형제의 우애가 지극해도 함께 살 수 없다면 형제가 없는 것과 마찬가지일 것이다. 소자첨과 소자유는 내침을 당해 여기저기 떠돌아다니며, 비통한 글들을 많이 남겼다. 그중 '경주와 뇌주에서 서로를 그리워한다'는 탄식이 있으니, 이것이 어찌 일찍이 세상에 뜻을 둔 탓이 아니겠는가. 나와 형은 예전부터 이것에 관해 이야기하며 크게 탄식하고는 경계로 삼았다.[18]

1786년에 심노숭과 심노암은 파주 고향집에 형제가 함께 공부할 정자를 세우고 그 이름을 '우상정(雨床亭)'이라 지었습니다. 위의 글은 우상정을 짓던 해에 심노암이 쓴 것입니다. 이 글은 심노숭과 심노암 형제가 어려서부터 소식과 소철 형제의 글을 자주 읽고 함께 이야기했음을 말

18 심노암(沈魯巖), 「우상정기(雨床亭記)」, 『제전산고(悌田散稿)』 3책, 국립중앙도서관 소장본. "余嘗觀蘇子瞻與弟子由, 每約以同歸林下, 夜雨對床, 而竟不得成其意. 子瞻之志, 亦悲矣. 方其兄弟登朝也. 議論當世, 俱已傾動人主, 若將有爲於一時, 豈復有求退之志哉. 及夫晩經憂患, 求爲蜀中老父, 而不可得, 則安得不怵然興思也. 顧余兄弟, 才氣無過人, 且自量揣, 齟齬不合於世, 今尙少年也. 而皆索然無意於出世. 分之所安, 若可以齊其不可齊者, 終當歸老田畝而已. 去歲築小亭於坡山先墓下, 扁以雨牀, 取子瞻語也. 嗚呼, 兄弟之情至矣, 生而不得聚居, 是猶無兄弟也. 觀夫子瞻子由擯斥流離, 語多可悲, 至有瓊雷相望之歎, 豈非早有意於當世之過也歟. 余與伯氏嘗語此, 太息以爲相戒."

해줍니다. '우상'이란 이름은 "(형제가 함께) 시골로 내려가 비 오는 밤에 상을 마주하며 지내자(同歸林下, 夜雨對床)"라는 소식의 글에서 따온 것입니다. 당송 8대가로 꼽히는 소식과 소철은 우애도 각별하고, 문장에 있어서도 서로의 지기(知己)가 되어준 것으로 유명합니다. 심씨 형제도 함께 공부하며 소식 형제처럼 서로가 서로의 지기이자 동반자로 평생 같이 지내며 학문을 완성해가자고 다짐했습니다. 소식 형제의 글(작품서사)과 삶(자기서사)에 영향을 받아, 그것을 자신들의 자기서사로 내면화한 것입니다. 소식, 소철의 우애와 다짐을 담은 글귀를 자신들 독서처의 이름으로 삼은 것은 이러한 정황을 요약적으로 보여줍니다.

그런데 소식 형제는 만년에 헤어져 서로를 그리며 탄식하게 됩니다. 초기에는 형제가 서로에게 든든한 학문적 동지가 되어주며 함께 건강한 글을 쓰고 행복한 뜻을 모았는데, 뒤에는 헤어져 마음 아파하는 글을 짓고 힘든 삶을 살게 된 것입니다. 그들의 작품서사와 자기서사의 변화를 보며, 심씨 형제는 소식 형제의 서사가 왜 변화했는지를 따져보았습니다. 그들은 소식 형제의 작품과 삶의 서사가 달라진 이유를 '출세'라고 생각했습니다. 벼슬에 뜻을 두지 않았더라면 정쟁에 휩쓸려 서로 헤어지는 일은 없었을 것이기 때문입니다. 심노숭과 심노암은 이 문제에 대해 함께 이야기하며 소식 형제의 전반부 삶과 글을 지켜나가고, 후반부처럼 서사가 변화하는 것을 예방하자고 약속합니다. 그러기 위해 평생 벼슬에 뜻을 두지 않고 함께 살다가 같은 날에 세상을 떠나자고 소망하는 것입니다. 소식 형제의 자기서사와 작품서사는 심씨 형제에게는 원초적 자기서사를 제공했습니다. '원초적 자기서사'는 '세상과 관계 맺는 기본적 방식'을 의미하고, 그것은 이후에 전개되는 삶에서 만나게 되는 다양한 관계에 영향을 미치게 됩니다. 실제로 심씨 형제는 소식 형제의 서사를 의식하며, 평생 높은 벼슬을 탐하지 않고 형제가 함께 문학적 동반자로 격려하며 긴밀한 관계를 이어갑니다.

소식 형제는 11세기에 살았던 인물이기에, 그들의 삶과 작품은 심노숭 형제가 태어나기 전에 마무리되었습니다. 심노숭 형제에게 소식 형제의 삶과 작품은 하나의 완결된 '작품서사'인 것입니다. 심씨 형제는 소식 형제의 '작품서사'를 읽으며, 서사가 진행되는 과정에서 갈림길을 만나게 됩니다. 그리고 그 지점에서 소식 형제가 그러했던 것처럼, 심씨 형제도 자신의 자기서사를 어떻게 만들어갈 것인가를 고민하고 결정해야 했습니다. 결과적으로 그들은 전반부 소식 형제의 서사를 선택하고 유지하기로 결심합니다. 그리고 후반부에 나타난 서사적 변화를 예방하고자 했습니다. 이것은 원초적 자기서사의 형성에 완결된 작품서사가 직접적이고 긴밀하게 기여하고 있음을 보여줍니다. 이처럼 심노숭과 심노암의 원초적 자기서사 형성에는 어린 시절의 독서, 즉 소식 형제의 작품과 그들의 인생 이야기가 깊게 참여하고 있는 것입니다. 그리고 소식 형제의 '작품서사'는 이후로도 심노숭 형제의 인생과 문학 전반의 방향을 결정하는 데 영향을 미치게 됩니다.

이러한 사례들은 사람들의 원초적 자기서사 형성 과정에서 작품서사 혹은 작품서사로 기능하는 다른 인물의 자기서사가 서사적 지지 관계로 작동하고 있음을 보여줍니다. '서사적 지지 관계'란 '(자기)서사와 (작품)서사가 서로의 존재 이유와 성장 근거가 되어주는 것'이라 규정할 수 있습니다. 소식 형제의 서사는 심노숭 형제 서사의 존재 기반이 되고, 그들의 서사 수준을 높여가는 데 긴밀히 작동합니다. 이것은 심노숭 형제가 시를 수창하는 과정에서 끊임없이 소식 형제의 수창시와 비교하고 그들보다 한 단계 더 높은 수준에 오르기를 지향하며, 그러한 경지에 올랐다 생각할 때는 곧바로 자부심을 드러내고 있는 모습에서 확인할 수 있습니다.

그러나 원초적 자기서사 형성에 참여하는 작품서사가 모두 긍정적 존재 기반이 되어주는 것은 아닙니다. 문학치료가 주목해온, '변화'가 필요한 자기서사는 형성기에 참여한 작품서사가 부정적 존재 기반을 만들고 부정적 방향으로의 성장을 유도한 것들일 가능성이 크기 때문입니다. 그렇기에 자기서사 형성 과정에 어떠한 '서사적 지지 관계'를 지닌 작품서사가 제공되느냐는 매우 중요한 문제가 됩니다. 여기에서 '치유적 서사의 발견자'가 지녀야 하는 '자기서사'의 성격이 부각됩니다. 이 문제를 논의하기 위해 앞서 『작은 아씨들』을 제공했던 어머니의 마음으로 되돌아가고자 합니다.

3. 치유적 서사의 발견자, 마더 텔러(mother-teller)

남아선호가 팽배했던 시절, 딸 넷을 낳고 기르며 무수하게 들었을 가시 돋친 말들을 가슴에 품고, 그 안에서 딸들의 자부심을 키우는 이야기를 찾아내는 일이란 생각만큼 쉬운 것이 아닙니다. '종로에서 뺨 맞고 한강에서 화풀이한다.'는 말처럼, 대개의 경우 우리는 다른 사람에게 받은 상처를 더욱 크게 키워서 또 다른 사람에게 전달하기 때문입니다. 이것을 극복할 수 있는 것은 '부모의 마음'일 것입니다. 부모의 마음을 지닌 사람이란, 내면에 '부모 서사'가 강하게 작동하고 있는 사람을 말합니다. 부모 서사란 문학치료에서 말하는 서사의 4대 기본 영역, 즉 자녀서사, 남녀 서사, 부부 서사, 부모 서사 중 하나입니다. 부모 서사가 요구하는 '부모됨'이란 출산의 경험을 필요로 하는 생물학적인 의미가 아닙니다. 그것은 "한 인간이 잘 살 수 있도록, 잘 될 수 있도록, 보살피고, 배려하고, 기다려주는, 인간에 대한 무한한 사랑"입니다. 그것은 "인간에 대한 절대적인 사랑, 절대적인 배려를 추구"합니다. 그래서 "누군가를 양육하고, 누군가를 키우고, 누군가에게 활동할 수 있는 여지를 주는" 마음입니다.[19] 이러한 부모 서사를 지닌 사람이라야, 자기서사의 상처를 견디며 상대에게 건강한 서사를 찾아주려는 노력을 할 수 있을 것입니다. 자기를 위해서는 하기 어려운 일이라도, 자식을 위해서는 기꺼이 해내는 것이 부모의 마음이기 때문입니다.

부모나 의사나 모두가 자식과 환자의 건강을 걱정하고, 그의 건강 회복을 위해 고민합니다. 차이라면 의사는 증상이 드러난 후에 일정한 방식에 따라 치료를 하지만, 부모는 병이 생기지 않도록 매일같이 생활의 모든 면에 신경을 쓴다는 점입니다. 자식이 하는 말 한 마디도 놓치지 않고, 조금이라도 불편한 기색을 보이면 그것을 해결해주기 위해 고심하는 것이 부모입니다. 화타의 큰형과 둘째 형처럼, 병이 발생하기 전에 예방하고 미미한 기미가 보일 때 더 커지지 않도록 처방하는 것입니다. 이것은 사소한 일처럼 보이지만, 사소하기 때문에 세심한 관찰과 애정 어린 배려 없이는 할 수 없는 일이기도 합니다.

정신의 건강은 육체의 건강보다 더욱 관심을 기울여야 합니다. 아이의 정신을 건강하게 만드는 일에는 더욱 민감하게 부모 서사가 작동해야 하며, 인내심을 가지고 섬세하게 접근해야 할 것입니다. 그 일의 핵심은 건강한 작품서사를 찾아주는 일일 것입니다. 성장기 아이의 신체 발육을 위해 좋은 음식을 제공하는 것만큼, 아이의 원초적 자기서사 형성기에 건강한 '서사적 지지 관계'를 찾아주는 일이 중요합니다. 원초적 자기서사 형성에 영향을 미칠 건강한 작품서사를 발견하고 제공하는 일은 문학예방치료의 핵심이라 할 수 있습니다. 문학예방치료는 아이의

19 정운채, 「인간관계 발달 과정에 따른 기초서사의 네 영역과 『구운몽』 분석 시론」, 『문학치료연구』 3, 2008, 405면.

자기서사가 상처 입고 왜곡되어 이후의 관계 맺기에서 불편함이 증상으로 드러나기 전에, 처음부터 건강하고 자기감이 고양된 자기서사를 만들도록 하는 작업입니다.

아이들의 자기서사 형성에 '서사적 지지 관계'로 작용할 건강한 작품서사를 찾아 제공해주는 것은 부모 서사가 강하게 내면화된 이들이 가장 잘할 수 있는 것입니다. 그러나 부모됨의 요소인 강한 부모 서사를 갖추었어도, 서사를 보는 안목이 전문적이지 않다면 문제는 제자리로 돌아옵니다. 여기에서 문학치료 연구자의 역할과 자세가 논의될 필요성이 제기됩니다. 원초적 자기서사 형성에 제공되어야 하는 작품서사를 찾는 일은 부모 서사를 갖춘 서사 전문가, 즉 문학치료 연구자가 해야 할 일이기 때문입니다. 문학치료 연구자는 자기서사 형성 단계에서는 문학예방 치료사로서 역할하며, 어떠한 서사가 건강한 자기서사를 만드는 데 참여할 수 있는지 확인해주어야 합니다.

자기서사 형성에 필요한 작품서사를 제공하는 과정에서 문학치료 연구자는 건강한 작품서사를 직접 만들어주거나 혹은 전문가 수준에서 파악할 수 있는 수준 높은 서사를 제시할 수 있습니다. 그러나 아무리 훌륭한 작품서사를 제공한다고 해도 아이들이 원하지 않는 경우가 있을 것입니다. 아이들의 초기 독서는 학교 교육 과정과 밀접한 관련을 맺기 때문에, 많은 경우 학교 교육 과정에서 다루어지는 작품서사가 아이들의 자기서사 형성에 영향을 미친다는 점도 고려해야 합니다. 이러한 상황에서 '독법(讀法)'에 대한 연구의 필요성이 제기됩니다. 문학치료 연구자는 건강한 작품서사를 발굴해 제공하는 것 외에도, 자기서사 형성 단계에서 아이들이 접하는 작품서사를 점검하고, 그것들이 어떠한 독법으로 제공되는지 세심히 살펴야 합니다. 그리고 만약 기존의 독법이 아이들의 자기서사 형성에 긍정적 역할보다 부정적 역할을 할 가능성이 크다면, 같은 작품을 새롭고 건강하게 읽어낼 수 있는 선택지를 찾아주어야 할 것입니다.

기존의 문학 교육은 하나의 독법만을 제공하고 그것을 지식으로 습득하도록 하는 경우가 많았습니다. 교육 현장의 해석이 연구 현장과 밀접히 연관되어 있음에도, 교육 과정에는 다양한 연구 성과가 반영되지 못하고 특정한 시각 하나를 중심으로 한 해석이 '정답'으로 제공되고 있었던 것입니다. 또 다른 문제점은, 나머지의 다양한 시각이라는 것도 대개가 장르 중심적, 가치 중립적, 해석 중심적, 작품 중심적 경향을 띠고 있다는 것입니다.[20] 이는 '서사적 지지 관계'를 고려하지 않은 채로 이루어진 분석과 해석이기에, 다양한 시각을 소개한다고 해도 아이들의 자기서사 형성에 미치는 긍정적 영향은 단정하기가 어렵습니다. 이러한 상황에서 '서사적 지지 관계'를 발견하는 '치유적 서사의 발견'이 더욱 중요해집니다. 연구자가 다양한 자기서사와 지지 관계를 형성할 수 있는 건강한 독법을 제안하는 일에 심혈을 기울여야 하는 것도 이 때문입니다. '치유적 서사의 발견'을 위한 독법 연구는 이미 익숙하게 접하고 있거나 접해야만 하는 재료(텍스트)에 건강한 '조리법[reading recipe]'을 제안하는 것입니다. 새로운 독법의 제안이 어떻게 가능할지 몇 가지 사례를 들어 살펴보고자 합니다.

첫째 사례는 「장화홍련전(薔花紅蓮傳)」입니다. 「장화홍련전」은 오늘날 아이들이 많이 읽는 고전 작품 중 하나입니다.[21] 그동안 이 작품에

---

20 정운채, 「자기서사진단검사도구의 개발에 따른 고전문학 연구와 교육의 새지평」, 『문학치료연구』 16, 2010, 201-225면.

21 권순긍은 단양중학교 2학년 학생 150명을 대상으로 독서 실태를 조사했는데, 그에 따르면 「장화홍련전」이 「콩쥐팥쥐전」, 「흥부전」, 「토끼전」, 「홍길동전」, 「심청전」에 이어 여섯 번째로 많이 읽힌 독서물이라고 한다. 대부분은 초등학교 단계에서 이 책을 읽었다고 했다. 권순긍, 「「콩쥐팥쥐」 서사의 문학치료학」, 『문학치료연구』 30, 2014, 71면. 2015년 11월 현재, 교보문고 사이트에서 근 30종의 초등학생용 「장화홍련전」이 판매되고 있다.

대한 해석은 이 책의 주 독자층인 '자기서사 형성기'의 학생이 아닌 텍스트가 생산된 사회적 배경을 중심으로 논의되어왔습니다. 「장화홍련전」은 대체로 '가부장제하에서의 재산 다툼, 자궁(子宮) 세력 간의 다툼, 모순된 제도하의 희생양인 계모 이야기'[22]로 이해됩니다. 결과적으로는 가족 구성원 안에서 일어나는 갈등과 그것의 '화근'으로서의 어머니(계모)를 이야기하고 있는 것입니다. 이러한 해석은 문학사적 의미를 규명하는 데 상당한 의미가 있습니다. 그러나 이 작품이 오늘날 자기서사 형성기의 아이들에게 읽히는 작품이라는 점을 고려한다면, 원초적 자기서사 형성에 참여하는 작품서사라는 시각에서 새로운 독법을 고민해보는 것도 고려되어야 할 것입니다.

치유적 서사의 발견자는 작품을 검토하며, 아이들이 이 작품을 왜 읽고 무엇에 공감하는지를 살펴야 할 것입니다. 동시에 그러한 서사 지점에 대한 기존의 해석이 아이들에게 편견과 고정관념을 심어주는 것은 아닌지를 성찰하고, 만약 그렇다면 서사적 지지 관계를 이룰 수 있는 새로운 독법을 제안할 수 있어야 합니다. 독법의 가장 중요한 근거는 작품 안에서 전개되는 서사여야 함은 물론입니다. 연구자의 임무란 원래 작품이 지니고 있는 '치유적 서사'를 발견하는 것이기 때문입니다. 이러한 '발견'을 위해서는 작품이 창작된 사회 역사적 배경에 대한 이해뿐 아니라 작품을 향유하는 심리적 배경에 대한 공부도 필요합니다. 최근에 각광받는 미국 정신분석학의 도움을 빌리면,[23] 「장화홍련전」을 새롭게 이

22 윤정안, 「계모를 위한 변명: 「장화홍련전」 속 계모의 분노와 좌절」, 『민족문학사연구』 57, 민족문학사학회, 2015, 63-86면; 정지영, 「「장화홍련전」: 조선후기 재혼가족 구성원의 지위」, 『역사비평』 61, 역사문제연구소, 2002, 422-441면; 조현설, 「남성지배와 「장화홍련전」의 여성형상」, 『민족문학사연구』 15, 민족문학사학회, 1999, 102-131면; 이정원, 「공포어린 밤에 대한 환상, 「장화홍련전」」, 『전을 범하다』, 웅진지식하우스, 2010, 14-30면.

23 프로이트의 정신분석학을 고수하려는 유럽과 달리, 미국 정신분석학계는 프로이트를 계승하면

해할 수 있습니다. 이 작품이 보여주는 어머니의 죽음과 아버지의 재혼 그리고 계모와의 거리감은 아이들이 성장하는 과정에서 겪게 되는 공감의 거절 경험을 말해줍니다. 아이들은 믿고 의지하는 부모에게 공감받지 못하고 거절당했던 경험을, 그래서 자기감의 발달이 정지된 그 장면을 소설 안에서 환기합니다. 이렇게 작품은 단절된 자기서사의 단계를 허구와 상상이라는 틀로 재연합니다. 그러면서 이야기합니다. 그러한 거절의 상처가 절대적이고 영원한 것이 아니라고.

작품은 단절된 자기서사 단계를 '재연'하며, 다시 아이들의 입을 통해 당시에 표현하지 못했던 자기의 생각을 말하도록 합니다. 그것이 어머니 허씨를 죽게 하는 공격적 상상으로 드러나더라도, 혼내거나 꾸짖지 않습니다. 소설적 재연을 통해 거절당함의 트라우마를 충분히 극복하도록 지켜봅니다. 그렇게 기다려준 후, 다시 부모와 화해할 수 있는 기회를 제공하는 것입니다. 「장화홍련전」의 마지막에 등장하는 또 다른 어머니 윤씨와의 성공적 관계 맺기는 아이들이 멈추고 단절되었던 자기서사를 재건하고 있음을 보여줍니다. 작품은 자기서사가 끊어졌던 부분을 '재연'하고 새로운 자기서사를 '재건'하는 과정에서 아이의 말을 들어주고 소원을 이루어줄 힘을 지닌, 이상화 자기대상으로 기능하는 인물도 제공합니다. 즉 장화와 홍련의 말에 귀 기울여주고 그들을 믿어주며 그들에게 공감의 경험을 제공하는 철산부사가 그러한 인물입니다. 이러한 해석은 남성 중심 사회를 사는 소녀들이 유독 이 작품에 열광하는 이유를 설명합니다. 작품은 아이들이 경험했던 거절당함의 트라우마에 귀 기울이고 그들의 상처를 보듬으며, 아이들과 함께 그들의 단절되었던 자기서사 단계를 다시 이어가고 있는 것입니다.[24]

서도 그의 한계를 극복하려는 움직임이 활발하다. 하인즈 코헛의 '자기심리학'이 대표적이다.

또 다른 사례로 「이생규장전(李生窺牆傳)」을 들 수 있습니다. 이 작품은 한국문학의 대표작이라는 문학사적 의의를 지녔을 뿐 아니라, 현행 중·고등학교 교육 과정에서 학생들에게 가장 많이 노출되는 작품이기도 합니다. 때문에 관련 연구 업적도 상당하고, 그 해석의 결과는 고스란히 학생들에게 전해집니다. 이는 「이생규장전」이 학생들의 자기서사 형성에 적지 않은 영향을 미칠 수 있음을 의미합니다. 저도 「이생규장전」을 교과서를 통해 먼저 접했고, 매우 중요한 작품이라는 평가 때문에 그 특징을 꼼꼼히 외웠던 기억이 있습니다. 그런데 그 특징의 핵심이란 '만남과 이별'의 구조로 이루어진 비극이라는 것입니다. 이생과 최랑의 '만남과 이별'이 세 번 반복되는데, 부모의 반대와 왜구의 침략으로 인한 처음과 두 번째 이별은 인간이 극복할 수 있는 현실적 문제이지만 마지막 이별은 죽음이라는 운명적 고난이기에, 이 작품은 궁극적으로 인간이 극복할 수 없는 비극성을 담고 있다는 설명이었습니다. 이른바 '자아와 세계'와의 대결에서[25] 자아가 실패하는 이야기라는 것입니다. 이 작품의 독자는 대개 10대 때 위와 같은 내용으로 작품서사를 접하고 외우고 시험을 보며 무의식적으로 내면화했을 것입니다. 그래서 「이생규장전」은 비극 서사이고, 우리의 삶은 고난의 연속이며, 고난 중 일부는 해결할 수 있으나 궁극에는 인간이 어찌할 도리가 없는 절대 고난이 존재한다는 생각을 갖게 되는 것입니다.

그러나 「이생규장전」의 '만남과 이별의 반복'은 또 다른 시각으로 접근해볼 수 있습니다. '만남과 이별'에 방점을 두는 것이 아니라 그것의

---

24 김수연, 「'모성 대상'에 대한 자기서사의 단절과 재건, 「장화홍련전」」, 『고소설연구』 40, 2015.

25 조동일은 『한국문학통사』에서 문학의 장르를 4가지로 구분하며, 그 분류 기준으로 '자아와 세계'의 관계에 주목했다.

'반복'에 방점을 두는 시각입니다. 이렇게 바라보면 작품 안에 내재한 서사의 '운동성'을 읽어낼 수 있습니다. '만남과 이별'이 반복되면서 우리는 '만남-이별' 구조뿐 아니라 '이별-만남'의 구조 또한 내면화할 수 있습니다. 이는 '비극적 현실(이별)-낭만적 극복(만남)'의 반복이기도 합니다.[26] 이러한 운동성은 지금의 비극이 곧 다시 해결될 수 있다는 기대를 갖도록 작동합니다. 현재의 아픔을 에너지 삼아 다시 극복하는 상상을 가능하게 하고, 그러한 상상이 현실의 고난에 지레 겁먹고 쓰러지거나 포기하지 않도록 만드는 것입니다.[27]

그런데 작품 자체가 이러한 운동성을 지녔어도 이것을 포착하는 것은 그리 쉽지 않습니다. 숨어 있는 운동성을 찾아내는 데 고심하기보다 표면에 드러난 비극성에 주목하는 것이 수월하고 선명하기 때문입니다. '비극성'을 포착하는 기존 시각이 논리적 타당성과 사적 의의를 지니고 있으나, 그럼에도 여전히 이 책이 오늘날 청소년의 독서물로 역할하며 학생들의 자기서사 형성에 참여하고 있음을 고려하지 않은 독법인 것은 부정하기 어렵습니다. 그렇기에 문학치료 연구자는 의도적으로 당연하게 여겨지고 있는 기존의 독법에 문제를 제기하고, 작품서사에 대한 섬세하고 애정 어린 관찰을 통해 자기서사 형성과 관련한 독법을 발견해 학생들에게 '이야기'해주기 위해 노력해야 할 것입니다. 이러한 의미에서 '부모 서사'를 강하게 내면화하고 건강한 서사와 독법을 전달하는, 치유적 서사 발견자로서의 문학치료 연구자를 마더 텔러(mother-teller)라는 조어로 지칭할 것을 제안해봅니다. 물론 이때 마더는 생물학적 여성이나 어머니가 아니라 강한 '부모 서사'를 내면화한 사람을 의미합니다.

---

26 작품은 이생 부친의 반대에 대한 이별은 최랑 부모의 적극적 구혼으로 극복되고, 최씨의 죽음으로 인한 이별은 환생을 통해 극복됨을 그리고 있다.

27 김수연, 「「이생규장전」의 욕망과 치유적 독법」, 『문학치료연구』 18, 2011, 101-135면.

그런데 마더 텔러로서 문학치료 연구자가 새로운 독법을 발견하고 소개해도 그것이 보편적 동의를 얻지 못하고 아이들에게 적극적으로 제공되지 못한다면 의미가 없을 것입니다. 보편적 동의를 얻는 과정은 두 가지 방면에서 이루어져야 합니다. 첫째는 새로운 독법을 기존에 완성된 작품서사 유형들과 연계해 범주화하는 작업들입니다. 현재 문학치료의 도구로 사용되는 작품서사는 설화를 중심으로 유형 분류가 어느 정도 완성된 단계에 와 있습니다. 때문에 새로운 독법은 주로 소설이나 시가 등 다른 장르에서 시도될 것입니다. 그러나 아무리 새로운 독법이 제안되어도 이것이 기존의 치료 과정에 소용되는 작품서사와 연계된 영역 설정이 이루어지지 않으면 문학치료라는 하나의 시스템에 참여하기 어렵습니다. 새로운 해석이 참여하면 기존에 확립한 서사 영역에 확장과 변화가 요구될 수도 있을 터인데, 그러한 경우도 적극 고려해야 문학치료학이 추구했던 작품서사의 확대를 도모할 수 있을 것이라 생각합니다.

두 번째는 문학 연구자와 문학치료 연구자 그리고 문학 교육자 간의 적극적 연대와 지지 관계를 구축하는 것입니다. 사실 문학을 연구하는 것과, 문학을 통해 사람들의 자기서사가 건강해지기를 소망하는 것, 그리고 아이들에게 문학을 교육할 미래 교사를 양성하는 일은 별개가 아닙니다. 많은 경우 이 세 영역의 종사자들은 겹치기도 합니다. 그럼에도 영역마다 관습화된 시각과 글쓰기 방식이 존재해, 이것들을 한데 아우르기가 쉽지 않습니다. 그리고 해당 영역에서 익숙하게 여기지 않은 방법론이나 연구 결과에 대해서는 적극적으로 검토하지 않는 형편입니다. 아무리 작품서사의 치료적 효용을 공감해도, 예비교사를 키워내는 과정과 교재에서는 구조론과 장르론을 벗어난 시각과 해석을 발견하기 쉽지 않은 것입니다. 예방적 차원에서의 문학치료에 관한 논의를 심화하기 위해서는 문학치료 연구자만으로는 역부족입니다. 문학 연구자, 문학 교육자가 모두 '부모 서사'를 내재화한 마더 텔러임을 자임하고, 건강한 서사의 발견과 적용을 지지해주어야 할 것입니다.

4. 건강한 자기서사의 탄생을 위한 고전 읽기

문학치료가 그동안 이룩한 성과는 적지 않습니다. 이론적 탄탄함은 말할 것도 없고 실제 임상에 적용할 수 있는 진단 도구의 개발에서도 새로운 영역을 개척한 공이 큽니다. 이러한 결과는 문학치료학이 세계적 학문으로 도약할 수 있을 것이라는[28] 기대를 갖게 합니다. 이러한 기대에 호응을 하듯, 알래스데어 매킨타이어(Alasdair MacIntyre)는 『덕(德)의 상실(After Virtue)』이라는 책에서 "나는 어떤 이야기의 일부인가?"라는 질문을 던지며, 인간이 서사적 존재라고 이야기했습니다. 또 최근에 등장한 호모 나랜스(Homo Narrans)라는 말도 인간이 서사를 통해 소통하고 공감하는 존재임을 강조하고 있습니다.

사람이 곧 책이라는 '휴먼 라이브러리'의 등장 또한 인간의 자기서사를 또 하나의 작품서사로 바라보는 시각을 전면에 드러내고 있습니다. 휴먼 라이브러리에서는 사람들이 '사람책'을 읽으며, 즉 타인의 자기서사를 들으며 자기 안에서 일어나는 마음의 변화를 경험합니다. 이것은 작품서사와 자기서사가 서사적 지지 관계에 있음을 여실히 보여주는 것입니다. 이제 '서사'를 통해 인간의 삶에 접근해야 한다는 시각에 대한 공감의 토대가 공고해진 듯합니다. 이러한 분위기에서 인간에게는 자기

28 정운채, 「문학치료학의 세계적 진출방안」, 『문학치료연구』 34, 2015, 11-26면.

서사가 존재하고 그것이 왜곡되었을 때 작품서사를 통해 충분히 수정하고 변화시킬 수 있다는 주장은 더욱 타당성을 확보할 것입니다.

이제 문학치료가 주목할 것은 자기서사 형성기에 작품서사가 가동할 수 있는 방안을 모색하는 일이라고 생각합니다. 이것은 문학치료 연구자의 자세를 의사(치료)가 아닌 부모(예방)로 넓히는 일입니다. 이를 위해서는 먼저 문학치료 연구자의 자기서사 안에 내재한 '부모 서사'를 적극 가동시켜야 할 것입니다. 그래야 드러나는 증상뿐 아니라 이제 막 만들어지기 시작하는 자기서사에도 애정을 가지고 천착할 수 있기 때문입니다. 이러한 천착은 교육 과정과 실제 독서 환경에서 아이들이 접하는 작품에 대한 기존 연구를 성찰하고 그것을 바탕으로 아이의 자기서사에 유용한 새로운 독법을 고민하는 것으로 이어져야 할 것입니다. 그 결과로 나온 독법은 다시 치료적 영역과의 연계하에서 적절한 위치가 확보되어야 하며, 그런 다음에는 실제 연구와 교육 현장에서 적극적으로 '이야기'되어야 합니다.

이러한 문제의식이 구체화되기 위해서는 문학치료 연구자의 '부모 서사'만이 가동되어서는 안 될 것입니다. 문학 연구자도 연구활동에서 자신의 '부모 서사'를 충분히 가동해야 합니다. 문학사적 의의를 밝히는 것뿐 아니라, 누군가의 자기서사가 건강하게 태어나는 데 보탬이 되는 것도 문학 연구자가 문학을 연구하는 이유 중 하나이기 때문입니다. 예비교사를 교육하는 대학의 문학 교육자 또한 마찬가지입니다. 아이들의 육체를 낳는 것은 생물학적 부모이지만, 그들의 자기서사를 만드는 데는 교사의 영향력이 지대하기 때문입니다. 문학치료와 문학 교육의 연대와 지지가 문학치료학의 역할을 치료에서 예방으로 확대할 수 있도록 하는 힘이 될 것이라 생각합니다. 이를 위해 이 책에서는 교육과 치료의 관점에서 '지혜의 서'인 고전을 새롭게 읽어보는 치유적 독법을 제안하고자 합니다.

제2장

집단의 자기감 고양을 위한 자기대상적 우리서사

1. 전통적 사회갈등과 집단자기감

미국의 심리학자 하인즈 코헛(Heinz Kohut)은 인간의 내적 본질을 '자기(self)'로 규정하고, '자기'가 상처받고 갈등하는 원인으로 자기감(sense of self)의 결핍을 지적합니다. 그리고 개인의 자기감을 고양해주기 위해서는 공감적으로 반응하는 자기대상(self-object)이 필요하다고 이야기합니다. 인간의 자기감은 자기대상과의 관계에 영향을 받습니다. 부모, 친구, 연인, 부부, 스승 등 우리가 만나는 모든 사람들이 자기대상이 될 수 있습니다. 사람뿐만 아니라 종교와 문화 경험도 자기대상으로 기능합니다. 코헛의 '자기'와 '자기감'은 문학치료학에서 말하는 '자기서사'와도 통합니다. 자기대상과의 공감적 관계를 통해 자기감이 고양되어야 응집력 있는 자기가 완성되듯, 타인의 (자기)서사나 작품서사와의 관계 속에서 개인의 자기서사가 건강해집니다. 그런데 코헛은 '자기'와 '자기감'이 개인에게만 적용되는 것이 아니라고 했습니다. 그는 그룹자기(group-self)라는 개념을 통해 공동체에도 '자기' 개념이 존재하고

'자기감'의 결핍이 일어날 수 있다고 말합니다. 그룹자기의 자기감이 결핍되면 구성원들 간에 갈등이 일어난다는 것입니다. 문학치료학의 자기서사 개념 또한 개인에게만 적용되는 것은 아닙니다. 문학치료의 궁극적 목적은 '인간의 성장과 사회의 변화'에까지 나아가는 것이기 때문입니다.[1] 이러한 주장들은 공동체에도 자기 혹은 자기서사가 존재한다는 것을 지지합니다. 그리고 공동체의 자기와 자기서사도 공감적 자기대상이나 지지하는 작품서사와의 관계를 통해서 보다 건강하고 응집력 있게 변화할 수 있다는 것을 말해주고 있습니다.

코헛이 개인의 자기와 구분되는 그룹자기를 제안했듯, 이 글에서는 개인의 자기서사와 구분해 공동체의 자기서사를 우리서사라고 이름하겠습니다. 이는 우리-자기서사라는 의미입니다. 우리서사는 집단의 자기서사를 말하는 것이기에, 가족과 직장, 지역과 국가 단위에 모두 적용이 가능합니다. 여기서는 한국이라는 사회와 관련해 우리-자기서사의 건강성을 이야기해보고자 합니다. 오늘날 한국의 우리서사는 그다지 건강해 보이지 않습니다. 수많은 갈등과 대립이 극단으로 치닫고 있기 때문입니다. 우리서사가 건강하지 않은 원인이 코헛의 말대로 그룹자기의 자기감 결핍이라면 이것은 공감적 자기대상이 부재하다는 것을 말해줍니다. 한국인이라는 집단의 자기감을 고양시킬 수 있는 자기대상이라면, 이는 한국인에게 공감적 반응을 제공하는 리더일 것입니다. 즉 현재 한국의 우리서사는 공감하는 리더의 서사가 필요합니다. 그렇다면 공감하는 리더의 서사는 어떤 것일까요? 코헛의 관점을 빌리면, 한국 그룹자기의 내적 힘과 거대성, 완벽성을 확인시켜주고 이에 적절하게 반응하는 거울 자기대상적 서사, 한국 그룹자기의 시각에서 전지전능한 것처

1 하은하, 「역사적 트라우마와 관련된 문학치료연구 현황」, 『문학치료연구』 27, 2013, 89-113면.

럼 보이고 그룹이 존경하고 하나되게 만드는 이상화 자기대상적 서사, 한국 그룹자기와 본질적으로 같다는 것을 경험하도록 해서 연대감과 내적 응집성을 느끼게 하는 쌍둥이 자기대상적 서사일 것입니다. 고전에는 이러한 자기대상적 리더의 모습을 담고 있는 작품서사들이 있습니다. 고전이 제공하는 자기대상적 작품서사를 통해 한국의 우리서사가 조금 더 건강해지기를 바라며, 먼저 한국의 그룹자기감 결핍으로 인한 우리-자기서사의 불편함, 즉 '갈등'의 오래된 양상을 살펴보도록 하겠습니다. 전통 한국사회에서 목격되는 갈등 양상과 그 갈등을 해결해가는 고전적 상상력을 분석하는 가운데 현재 한국사회가 겪고 있는 갈등을 해결하도록 도울, 한국 그룹자기의 응집성을 향상시키는 리더십의 지혜를 발견할 수 있을 것이기 때문입니다.

전통 시대에 대중들의 생활을 구체적으로 다룬 매체는 노래와 서사 작품이었습니다. 특히 서사문학은 그 시대와 그 사회의 구성원이 겪고 있는 현실적 '갈등'을 소재로 삼아, 갈등이 시작되고 전개되며 해결되는 과정을 보여줍니다. 전통 시대 서사 작품에서 가장 많이 다루고 있는 갈등은 임금과 신하의 갈등(군신갈등), 충신과 간신의 갈등(충간갈등), 부모와 자식의 갈등(부자갈등), 남편과 아내의 갈등(부부갈등), 시어머니와 며느리의 갈등(고부갈등), 장인과 사위의 갈등(옹서갈등), 정실과 첩실의 갈등(처첩갈등), 형과 아우의 갈등(형제갈등 혹은 계후갈등), 부자와 가난한 사람의 갈등(빈부갈등) 등입니다. 이 중 군신갈등과 충간갈등은 정치적 지도층의 리더십 문제이고, 부자, 부부, 고부, 옹서, 처첩, 형제갈등은 가족 구성원 간 세대와 지위의 문제이며, 빈부갈등은 경제적 지도층의 리더십 문제입니다. 여기서는 사회적 차원에서 이루어지는 군신, 충간, 빈부갈등의 모습을 살펴보겠습니다.

첫째, 군신갈등은 전통 시대의 사회 시스템을 운영하는 메커니즘인

가부장제와 밀접한 관련이 있습니다. 가부장제의 핵심 관계는 군신으로, 임금은 가부장제의 최상위에 존재하는 절대 지존이자 국가 그 자체였습니다. 그렇기에 임금에게 반대하는 것은 국가를 뒤엎으려는 역모에 해당하며, 그것은 이유를 불문하고 사형에 처해지는 가장 위험한 범죄로 취급되었습니다. 이런 배경은 임금과의 갈등이라는 것을 노골화하기 어렵게 만들었습니다. 그러나 또 한편으로 전통 시대는 관료중심주의 사회이기도 했습니다. 왕권에 대한 관료의 정당한 제재가 가능한 것입니다. 이것을 제도적으로 뒷받침하고 있는 것이 임금에게 '바르고 쓴소리'하는 것을 업무로 하는 간관(諫官)이라는 직책이며, 상소라는 제도였습니다.[2] 상소는 중앙 관료뿐 아니라 관직이 없는 지방의 유생들에게도 허용되었는데, 이는 조선의 관료주의가 유학자를 우대하는 바탕 위에서 만들어진 것이기 때문입니다. 상소는 임금에게 간언을 전달하는 공식적이고 대표적인 방식이었지만, 문인 학자들은 상소 이외에도 다양한 방식으로 임금을 일깨우려 노력했습니다.

비공식적으로 간언을 전달하는 방식 중에 가장 효율적인 것이 문학 작품이었습니다. 신라 시대 설총이 지은 우언 「화왕계(花王戒)」는 간언의 성격을 지닌 대표적 작품입니다.[3] 『동문선(東文選)』에 실려 있는 한문 서사 「화왕계」는 꽃을 의인화한 것인데, 모란 왕이 처음에는 화려한 장미(간신)의 말에 미혹되었다가 마침내 충직한 할미꽃의 말에 귀를 기울여 바른 도리로 정치를 하게 되었다는 이야기입니다. 이것은 설총이 신문왕을 경계하기 위해 써서 바친 것입니다. 『삼국사기(三國史記)』는 신문왕이 「화왕계」를 읽고 마음을 바로잡았다고 기록하고 있어, 문

2 오인환·이규완, 「상소의 설득구조에 관한 연구: 시무상소문을 중심으로」, 『韓國言論學報』 제47권 3호, 2003.

3 윤승준, 「朝鮮時代 動物寓言의 傳統과 寓話小說」, 단국대학교 박사학위 논문, 1997.

학 작품이 지닌 간언의 성격을 증명합니다.[4] 간언으로서의 문학 전통은 장르를 달리해서도 이어집니다. 노래 장르에서 대표적인 경우가 조선조 정철의 「사미인곡(思美人曲)」, 「속미인곡(續美人曲)」 같은 가사 작품입니다. '충신연주지사'라고도 분류되는 이들 작품은 상대 당의 탄핵을 받아 귀양을 가게 된 정철이 자신을 벌준 왕에게 진심 어린 애정을 호소한 노래입니다.[5]

「사미인곡」의 중간에는 "동산에 달이 뜨고 북극성이 보이니, 님인가 반가워하니 눈물이 절로 난다. 밝은 달빛 부쳐서 궁궐에 보내고 싶다. 높은 누각 위에 걸어두고 온 세상을 다 비취어, 깊은 산 외진 골짜기까지 대낮같이 만드소서."[6]라는 내용이 있습니다. 하늘의 밝은 달빛을 임금에게 보내어, 임금이 이 세상의 어둡고 외진 곳까지 환하게 밝히는 정치를 펴도록 돕고 싶다는 말입니다. 일차적으로는 자신을 모함한 정적의 말을 믿은 임금에 대해 바른 말을 들으라는 뜻이겠지만, 궁극적으로는 세상의 궁벽한 곳까지 살피는 정치적 리더십을 지니라는 경계의 말로 이해할 수 있습니다. 「속미인곡」에서도 "님 계신 곳의 소식을 어떻게든 알려고…… 잡거니 밀거니 높은 산에 올라가니 구름은 말할 것도 없고 안개까지 무슨 일인가. 산천이 어두우니 해와 달을 어찌 보며, 지척도 모르는데 천리를 바라볼 수 있겠는가? 차라리 물가에 가 뱃길을 알아보려 하니, 바람이야 물결이야 어리둥절하게 되었구나."[7]라고 했습니다. 임금과 자신을 갈라놓은 간신을 구름과 안개, 바람과 물결에 비유하며 원망하고 있는 것입니다. 그러나 간신에 대한 원망은 사실

4 손정인, 「설총과 「화왕계」」, 『한민족어문학』 20, 1991.

5 이유진, 「「사미인곡」·「속미인곡」의 분석심리학적 해석」, 『문학치료연구』 7, 2007.

6 최현재 역, 『조선 전기 사대부 가사』, 문학동네, 2012. 번역 일부 수정.

7 최현재 역, 『조선 전기 사대부 가사』, 번역 일부 수정.

간신의 말에 귀를 기울이고 널리 바른 말을 들으려 하지 않는 임금에 대한 원망의 우회적 표현일 것입니다. 군신갈등을 은유적으로 다룬 문학 작품들은 대다수가 임금이 한쪽의 말, 즉 간신의 말만 듣고 다른 쪽의 의견은 배척하는 소통 부재를 문제시합니다. 올바른 군주의 리더십은 자기에게 불리하고 듣기에 거북할 수 있는 바른 말을 기꺼이 들을 줄 알아야 한다는 것이 이들 작품이 제기하는 갈등의 원인이자 해결 방법인 것입니다.

둘째, 충간갈등은 군신갈등과 더불어 전통 시대 지도층 사이에 존재했던 정치적 갈등 양상을 드러내는 유형입니다. 조선 시대 서사문학에서 가장 대중적인 장르는 영웅소설이었습니다. 특히 가부장제가 극에 달했던 18-19세기에는 창작 영웅소설이 커다란 인기를 누렸습니다. 그 가운데 대표적인 작품이 「조웅전(趙雄傳)」, 「유충렬전(劉忠烈傳)」 등입니다. 이들은 모두가 한 인물의 영웅적 성장을 이야기하지만, 중심 소재는 충간갈등입니다. 조웅이나 유충렬은 모두가 충신의 자제들로서 귀하게 태어났으나 간신의 모함으로 인해 어린 시절 가문이 몰락하게 됩니다. 조웅의 아버지 조승상은 간신 이두병의 모함으로 죽고, 유충렬의 아버지 유심은 정한담과 최일귀 일파의 계략으로 유배를 갑니다. 부모와 사별하거나 이별한 후 어린 조웅과 유충렬은 유리걸식하다가 자신의 잠재능력을 알아봐주는 조력자를 만나 능력을 키우게 되고, 마침내 간신들에 의해 위기에 빠지게 된 황제를 구하고 가문을 일으킨다는 내용입니다. 영웅소설은 사회적 공익과 개인의 사익 사이에서 무엇을 선택하느냐에 따라 인물의 영웅성이 결정되고 있음을 보여줍니다. 이두병이나 정한담과 같은 이들은 개인의 부와 권력을 탐내어 충신들을 해치는데, 그로 인해 짧은 기간 권력을 장악하지만 그것은 오래 지속되지 못합니다. 그들의 권력 장악은 결국 대의와 공익을 선택한 인물이 영웅, 즉 진정한 사회적 리더가 되는 과정에 필요한 극복 대상(시험, 통과제의)으로 기능할 뿐입니다. 작품은 진정한 리더십이란 사리사욕이 아닌, 국가와 백성을 위하는 마음을 기반으로 해야 함을 드러내고 있습니다. 이와 같은 군신갈등, 충간갈등은 결과적으로 사회의 정치적 지도층이 갖추어야 할 리더십의 요건에 대해 이야기하고 있는 것입니다. 한 국가, 한 사회를 이끌어가는 지도층은 자신의 문제점을 지적해주는 이야기에 기꺼이 귀 기울 수 있는 균형 잡힌 경청의 태도가 필요하고, 어떠한 사안을 결정할 때 개인의 이익보다는 전체의 이익을 고려하며, 때로는 정치적 입장을 달리하는 사람들까지 포용하는 더 큰 차원에서 고민해야 하는 것입니다. 이러한 이야기들은 당시 사람들이 훌륭한 임금과 진정한 영웅이 지녀야 할 덕목으로 객관적 경청과 공정한 판단을 요구하고 있었음을 보여줍니다. 또한 영웅소설의 인기는 사람들이 이야기 형식을 통해 객관적 경청과 공정한 판단을 하는 지도층에게 신뢰와 지지를 표하고 있음을 말해주는 것이기도 합니다.

셋째, 빈부갈등은 이른바 민중적 성격이 강한 세태 풍자소설에서 발견됩니다. 판소리계 소설로도 유명한 「흥부전(興夫傳)」과 「옹고집전(雍固執傳)」이 대표적 작품입니다. 「흥부전」은 형제갈등을 소재로 한 작품이기도 하지만, 그 근본적 성격을 보면 빈부갈등에 더욱 초점을 맞추고 있음을 알게 됩니다.[8] 흥부와 놀부는 형제이면서 빈자와 부자를 대표하기 때문입니다. 부자인 형 놀부는 부모의 재산을 모두 차지하고 동생 흥부 가족을 내쫓습니다. 흥부는 굶주리는 자식들 때문에 놀부네 집을 찾아가 식량을 부탁하지만, 보람 없이 형수에게 밥주걱으로 뺨을

8 진은진, 「「흥부전」에 나타난 악과 세속적 욕망」, 『판소리연구』 26, 2008; 권순긍, 「「흥부전」의 현대적 수용」, 『판소리연구』 29, 2010.

맞고 돌아왔다는 일화는 유명합니다. 흥부는 할 수 없이 매품팔이 등을 하며 생계를 도모합니다. 한편 놀부는 흥부뿐 아니라 주위의 가난한 이웃들에게도 인정을 베풀지 않습니다. 오히려 남의 집 고추밭에 말을 달려 망가뜨리거나, 비단 가게에 물을 뿌리거나 봉사 입에 똥칠을 하는 등, 온갖 심술로 서민을 곤경에 빠뜨릴 뿐입니다. 이러한 행태는 당시 신흥부자의 비인간적 모습을 드러냅니다. 놀부로 대변되는 신흥부자들은 새로운 권력으로 부상하는 물질의 힘을 마음껏 누리는 한편, 공존과 공생, 인정과 배려는 소홀히 하고 있습니다. 작품은 빈자와 부자를 형제로 상정해 형제처럼 친근한 사이도 배려하지 않는 부자들의 이기심을 문제 삼고 있는 것입니다. 「흥부전」은 전반부와 후반부로 나눌 수 있는데, 전반부는 이와 같은 세태를 그리고 있고, 후반부의 흥부가 다친 제비의 다리를 고쳐주어 부자가 되고, 부자가 되기 위해 일부러 제비 다리를 부러뜨린 놀부는 도리어 패가망신했다는 이야기는 서민들이 낭만적 상상력을 통해 부자들에 대한 반감을 드러낸 것이라 할 수 있습니다.

「옹고집전」 또한 부정적 성격의 부자를 주인공으로 삼았습니다. 옹고집은 성질이 고약하고 인색해서 병든 노모가 냉방에 있어도 돌보지 않는 인물입니다. 옹고집은 특히 시주를 매우 싫어해, 탁발승이 오면 어김없이 매질을 해서 돌려보냅니다. 옹고집의 이러한 면모는 오늘날로 이야기하면 사회적 기부에 인색한 부자의 전형을 드러냅니다. 작품의 후반부에는 도승이 허수아비를 가짜 옹고집으로 만들어, 진짜 옹고집과 진가(眞假)를 다투다가 마침내 진짜 옹고집이 가짜로 몰려 곤장을 맞고 내쳐진다는 내용이 나옵니다. 이 또한 「흥부전」의 후반부와 같은 당시 민중의 소망적 상상력의 결과라고 볼 수 있습니다. 이러한 문학적 상상력을 통해 당시 민중이 현실에서 경험하는 부유층의 패악에 비판과 풍자의 시선을 보이고 있음과 낭만적 상상력으로나마 그들에 대한 징계를 소망하고 있다는 것을 알 수 있습니다. 민중들이 그리는 부자들은 공통적으로 주위 이웃과 지역사회에 대한 배려가 없는 이기적 인물인데, 이것은 '부자' 계층이 지녀야 하는 덕목이 사회적·물질적 약자에 대한 배려임을 알게 합니다. 부자 계층에 대한 불신과 반감은 그들이 공동체에 보여주는 배려의 리더십과 관련이 있는 것입니다.

이처럼 군신갈등, 충간갈등, 빈부갈등은 한국사회의 전통적 갈등 양상입니다. 이들은 한국사회의 정치적·경제적 리더들의 리더십 부재와 결핍에 대해 문학적으로 문제를 제기한 것입니다. 사회적 리더십의 부재 및 결핍의 원인은 (임금의) 소통 부재와 (간신의) 사리사욕 그리고 (부자들의) 이기심입니다. 그렇다면 국가의 지존인 임금은 왜 달콤한 간신들의 말에만 귀를 기울이고, 정치적 결정권을 가진 간신은 왜 정치 권력을 개인의 이익 증진에만 사용하며, 경제적 지도층인 부자들은 왜 가난한 이웃을 돌보지 않을까요? 이 문제는 오늘날에도 여전히 중요한 사회갈등의 원인으로 작용하는 한국 그룹자기의 결핍을 초래하는 리더십의 형태를 보여준다고 말할 수 있습니다. 곧, 위의 인물들에서 민의(民意)와 여론보다는 측근의 말에 귀 기울이는 최고 정치 지도자, 개인의 치부(致富)에 자신의 지위를 사용하는 고위 공직자, 사회적 기여에 무관심한 대기업 운영자들의 모습을 발견할 수 있는데, 이것은 사회 각 계층의 지도자들이 한국 그룹자기의 자기감을 고양시키는 자기대상으로서 기능을 수행하지 못하고 결과적으로 한국의 우리서사를 병들게 하고 있음을 보여줍니다.

2. 고전에 나타난 자기대상적 리더와 우리서사의 치유적 상상력

거울 자기대상적 서사

한국의 고전 작품은 리더십의 부재와 결핍의 원인을 포착하는 동시에 한국 그룹자기의 자기감을 고양시키고 결핍을 메워주며, 자기의 구조를 견고하게 할 수 있는 자기대상으로서의 지도력이 어떠한지도 보여줍니다. 먼저, 한국사회의 그룹자기가 내적 힘과 거대성, 완벽성을 확인하게 도와주어 그룹자기감을 고양하도록 하는 거울 자기대상으로서의 고전적 상상력에 대해 살펴보겠습니다. 사실 전통 고전 서사는 역사적 위기가 닥쳐 한국사회의 자기감이 결핍될 때마다 국가 구성원 내면에 있는 위대함을 발견해주어 그들이 견고하게 응집할 수 있도록 하는 데 기여해왔습니다. 이는 고전이 그룹자기의 거울 자기대상으로 기능한 것입니다. 그 대표적인 것이 한국 고유의 역사적 신화인 「동명왕편(東明王篇)」입니다. 고려 후기 이규보가 지은 「동명왕편」은 고구려 건국 시조인 동명왕, 즉 고주몽의 일대기를 그린 작품입니다. 고주몽은 천제의 아들인 해모수의 아들로 태어났으나, 아버지 없이 홀어머니 유화와 함께 부여의 금와왕에게 의탁해 살았습니다. 그는 어려서부터 활을 잘 쏴서 주몽이라 불렸는데, 금와왕의 아들인 대소 형제들이 주몽의 재주를 시기해 왕에게 모함했습니다. 왕은 주몽을 말지기로 삼아 말을 돌보게 하니, 주몽은 명마를 일부러 굶겨 야위게 한 후 왕에게 그 말을 하사받습니다. 그는 대소 왕자의 모함을 벗어나 새로운 왕국을 만들기 위해 부여 왕국을 탈출하는데, 그때 그의 발길을 가로막은 것이 엄체수라는 강줄기였습니다. 이때 주몽은 도도한 강물을 향해 외칩니다. "나는 천제의 손자요, 하백의 외손이다." 이 말에 거북과 물고기들이 강물 위로 튀어 올라 다리를 만들고, 주몽 일행은 무사히 엄체수를 건널 수 있었습니다. 뒤쫓던 대소 왕자와 그의 부하들이 엄체수에 도달할 즈음에는 그 다리가 사라졌음은 말할 나위가 없습니다. 그렇게 주몽은 새로운 왕국 고구려를 세웠습니다. 고주몽이 위기의 순간 스스로를 하늘신인 천제와 물신인 하백의 자손이라 외치는 장면은 고구려의 후손인 고려인들의 마음을 울렸습니다.

"지난 계축년(1193, 명종 23) 4월에 『구삼국사(舊三國史)』를 얻어 「동명왕본기(東明王本紀)」를 보니 그 신이한 사적이 세상에서 얘기하는 것보다 더했다. 그러나 처음에는 믿지 못하고 귀(鬼)나 환(幻)으로만 생각하였는데, 세 번 반복하여 읽어서 점점 그 근원에 들어가니, 환(幻)이 아니고 성(聖)이며, 귀(鬼)가 아니고 신(神)이었다. 하물며 국사(國史)는 사실 그대로 쓴 글이니 어찌 허탄한 것을 전하였으랴. 김부식 공이 국사를 중찬(重撰)할 때에 자못 그 일을 생략하였으니, 공은 국사는 세상을 바로잡는 글이니 크게 이상한 일은 후세에 보일 것이 아니라고 생각하여 생략한 것이 아닌가? 「당현종본기(唐玄宗本紀)」와 「양귀비전(楊貴妃傳)」에는 방사(方士)가 하늘에 오르고 땅에 들어갔다는 일이 없는데, 오직 시인 백낙천(白樂天)이 그 일이 인멸될 것을 두려워하여 노래를 지어 기록했다. 저것은 실로 황당하고 음란하고 기괴하고 허탄한 일인데도 오히려 읊어서 후세에 보였거든, 더구나 동명왕의 일은 변화의 신이한 것으로 여러 사람의 눈을 현혹한 것이 아니고 실로 나라를 창시(創始)한 신기한 사적이니 이것을 기술하지 않으면 후인들이 장차 어떻게 볼 것인가? 그러므로 시를 지어 기록하여 우리나라가 본래 성인(聖人)의 나라라는 것을 천하에 알리고자 하는 것이다."[9]

9 이규보, 『동국이상국집』, 한국고전번역원.

이와 같이 이규보는 「동명왕편」의 서문에서 "시를 지어 기록하여 우리나라가 본래 성인(聖人)의 나라라는 것을 천하에 알리고자" 한다고 천명했습니다. 이때 고려는 몽고난과 무신난으로 인해 국토와 민심이 황폐해진 내우외환의 시기였습니다. 그는 국가와 국민이 총체적 위기에 빠졌을 때, 자기감이 결핍된 고려의 백성들에게 자부심을 심어주기 위해 이 글을 쓴 것입니다. 그가 전하는 메시지는, 지금의 우리는 극도로 자기감이 결핍될 수밖에 없는 상태이지만, 사실은 천신과 해신의 자손이 세운 나라의 후손이라는 것을 잊어서는 안 된다는 것입니다. 이규보는 나약해 보이는 우리 안에 사실은 천지의 신령한 힘이 들어 있다는 것, 아무리 어려운 상황에서도 당당히 극복했던 위대한 존재의 피가 흐른다는 것을 강조합니다. 이처럼 「동명왕편」이라는 고전은 백성들의 내적 위대함을 일깨우고 확인하며, 그것에 반응하는 거울 자기대상으로 역할하고 있는 것입니다. 이로 인해 고려 백성들은 천제의 손자인 고주몽을 통해서 자기 내면에 흐르고 있는 하늘신의 자손이라는 자부심과 긍지를 확인할 수 있었고(거울 자기대상), 동시에 고주몽이라는 전지전능한 이상화 자기대상도 제공받을 수 있었습니다. 결과적으로 국가 외부에서 위협하는 몽골과 국가 내부의 무신난을 극복할 수 있었습니다. 즉 「동명왕편」은 스스로 백성들의 거울 자기대상으로 역할하고, 동시에 고주몽이라는 거울, 이상화 자기대상을 제공하고 있는 것입니다.

「동명왕편」뿐 아니라 한국 고전에 등장하는 많은 천부지모형 신화들과 적강형 영웅소설들은 우리 민족이 지닌 내적 거대성을 확인하게 해주어, 현실에서 만나게 되는 어떠한 고난도 충분히 극복할 수 있게 합니다. 지금도 한국인들은 스스로를 단군의 자손이라고 하는데, 이때의 단군도 천부와 지모, 즉 하늘신의 혈통을 아버지로 하고 땅신의 자손을 어머니로 하며, 그 자신도 1,908세까지 살다가 산신이 되었습니다. 이러한 내력을 자기서사의 시작으로 삼고 있기 때문에, 한국인의 그룹자기감이 결핍되는 국가적 위기 상황에서 결핍을 충족하고 내면의 거대성을 확인하기 위해 단군을 소환하는 종교 서사와 작품서사가 등장하는 것입니다. 하버드 옌칭도서관에 소장되어 있는 「몽견제석(夢見帝釋)」이라는 작품은, 국권을 상실하던 시기에 고전의 상상력이 어떻게 그룹자기의 완벽성을 보여주려고 노력했는지를 말해줍니다.[10]

「몽견제석」은 조선이 외교권을 박탈당한 1905년 이후 애국계몽기에 창작된 것으로 추정됩니다. 정확한 창작 연대는 알 수 없으나, 작품 안에서 인물이 용산역에서 경부선을 타는 장면이 나오는 것으로 보아 대략 1905년에서 1910년 사이에 지어졌을 것입니다. 용산역의 경부선이 1905년에 개통되었기 때문입니다. 1905년에서 1910년 사이, 조선은 말 그대로 절체절명의 시기였습니다. 「몽견제석」은 이러한 위기 상황을 '한(韓)나라 왕실의 미약함에 대한 우려'로 드러내고 있습니다. 작품의 핵심 내용은 천국(天國)을 다스리는 신 제석(帝釋)이 정교황에게 인간에게 내려가 세상을 다스리라고 명령하고, 명령을 받은 정교황이 세상으로 내려가서 나라를 새롭게 정비한다는 것입니다. 제석이 정교황에게 인간 세상에 내려가서 다스리라고 명령하는 부분은 '인간 세상을 널리 이롭게 할 만하다고 여겨 환웅에게 내려가 세상을 다스리라' 명령하는 「단군신화」의 환인과 겹쳐집니다. 또한 제석의 명령을 받아 수하를 거느리고 인간 세상으로 내려오는 정교황의 모습은, 무리 3천을 거느리고 웅장하게 하강하는 환웅과 연결됩니다. 즉 하늘의 신인 제석이 하늘의 고관인 정교황을 불러 '신인교화(神人敎化)'의 이념을 구현하라 명령하고

10 김수연, 「애국계몽기 민족도교와 고소설: 신자료 「몽견제석(夢見帝釋)」의 소개를 더하여」, 『동방학지』 164, 2013.

세상에 내려보내는 것은, 환인이 자신의 서자 환웅을 세상에 보내며 '홍익인간'의 이념을 구현하게 한 것과 유사한 구조를 확장해 재현한 것으로 볼 수 있습니다. 「몽견제석」은 민족 신화이자 건국 신화인 「단군신화」를 20세기적 위기 상황에서 새롭게 구성하고 있는 것입니다.

「몽견제석」이 「단군신화」를 몽유적으로 재구성하는 과정에서 주목한 것은 지상에 내려온 환웅이 어떻게 국가 체제를 만들어갔는가입니다. 원래 「단군신화」에는 국가 기관을 세우고 제도를 정비하는 구체적 모습이 나타나 있지 않습니다. 이는 환웅뿐 아니라 역사적 건국주(建國主)인 단군도 마찬가지입니다. 그러나 「몽견제석」은 지상에서 이상 정치를 펴기 위해 강림한 건국주의 신화를 소설화하며, 환웅 혹은 단군의 서사에서 빈칸으로 남겨져 있는 치국(治國)의 모습을, 환웅과 단군의 서사적 계승자로 볼 수 있는 정교황을 통해 구체적으로 메우고 있습니다. 정교황은 국가 조정의 백관(百官)을 정비하기 전에 하늘의 신 제석에게 "천하 군웅이 패권을 다투고 한(韓)나라 왕실은 미약해져 왕명이 떨쳐지지 못하는" 상황을 초래한 원인이 "합당한 인물을 뽑지 못해 그 직무를 잃게 한 것"에 있다고 말합니다. 이것은 바로 정치적 리더와 리더십의 부재 및 결핍을 진단한 것입니다. 때문에 정교황은 '태평성세'의 이념을 구현하기 위해 각각의 지위에 맞는 적절한 지도층을 새롭게 정비하는 데 심혈을 기울입니다. 정교황은 전국 8도 59개 산의 신(神)을 대상으로 하나하나 직책과 임무를 부여하는데, 「몽견제석」은 정교황이 산신들에게 임무를 맡기는 모습을 대단히 신중하고 진지하게 그리며, 상당히 많은 양을 할애해 묘사합니다. 이것은 왕명을 떨치지 못할 정도로 쇠약해진 국가를 재건하는 장면인 것이며, 2차 건국 사업을 서사적으로 펼쳐 보인 것이라 할 수 있습니다. 이처럼 「단군신화」를 계승해, 하늘의 신 제석과 그가 보낸 건국주가 새롭게 서사적 건국을 수행하는 모습은 국권을 잃은 국민들에게 자기 내면에 존재하는 불사의 조상과 불멸의 건국 신화를 잊지 않고 확인하게 하는 거울 자기대상의 역할을 합니다.

이상화 자기대상적 서사

다음으로는 한국사회가 전지전능하다고 여기고 존경하며 하나가 되고자 하는 이상화 자기대상에 대한 문학적 제안을 살펴보겠습니다. 한국사회는 주위 강대국에 둘러싸인 지정학적 조건으로 인해 여러 차례 국가적 위기를 맞이했습니다. 그럼에도 그 어느 나라보다 강건하게 자기 문화를 지켜왔습니다. 여기에는 앞서 언급한 「동명왕편」이나 「단군신화」 같은 역사신화적 서사가 제공하는 자기대상의 역할이 적지 않았습니다. 현실의 지도력 부재로 인한, 그룹자기감의 결핍 시기에 한국 고전은 역사에 기반을 둔 문학적 상상력을 통해 국민들에게 그들이 원하는 지도력을 지닌 이상화된 자기대상을 제공해왔습니다. 대표적인 것이 구한말 국권 상실기에 등장한 '몽견류(夢見類) 소설'들입니다. 몽견류 소설은 1905년 을사조약 시기에서 1910년 한일합병까지의 기간에 집중적으로 등장한 특수 형태의 소설입니다. 대표적 작품이 「몽견제석」, 「몽배금태조(夢拜金太祖)」, 「몽견제갈량(夢見諸葛亮)」입니다. '몽견(夢見)'이란 '꿈에서 보다'라는 뜻으로, 선진 시대에 공자가 꿈에서 주공을 뵙지 못한 지 오래되었다는 비유를 사용해 세상의 도덕이 퇴락함을 한탄한 말에서 기원한 것입니다(『논어』「술이」). 이로 인해 꿈에서 제석(옥황상제)를 뵙고, 금나라 태조를 뵙고, 『삼국지』에 나오는 제갈량을 만난 이야기를 적은 소설들을 '몽견류 소설'이라 부르는 것입니다. '몽견류 소설'이 제공하는 제석과 금 태조와 제갈량은 어떤 인물들인가요? 이들은 바로 자기감이 극도로 결핍된, 구한말과 식민지 초기에 한국사회의 그룹자기가 존경하고 하나 되고자 하는 전지전능한 존재들입니다. 제석과 금 태조와 제갈량은 모두 신구(新舊)가 바뀌고, 서구 제국주의가 침략하는 역사적 전환기에 한국사회가 어떻게 행동하고 어디로 나아가야 하는가에 대한 답변을 제공합니다. 사람들은 꿈속에 이들이 나오는 이야기를 통해, 하늘의 신과 대륙을 활보했던 영웅과 천재일우의 전략가를 전지전능하고 존경하는 대상으로 여기게 됩니다. 그리고 현재의 위기 상황에 대해 조언하는 그들의 카리스마에 압도당하면서도 빨려 들어가 그들과 하나가 되는 경험을 하게 되는 것입니다. 이러한 특성을 가장 잘 보여주는 것이 「몽배금태조」입니다.

「몽배금태조」는 역사학자 박은식이 국권을 상실한 우리 민족, 특히 젊은 세대들에게 들려주기 위해 창작한 역사소설입니다.[11] 이 작품은 전통적 소설이 자주 사용한 몽유(夢遊) 형식과 문답식 대화체를 차용해 당시 사회 변화에 대한 문제 제기와 이에 대한 해답을 추구했습니다. 꿈속에서 배회하는 몽유자 무치생은 경술국치 이후 가족과 친우를 떠나 망망한 천지의 한 조각 구름 같은 신세가 되어 압록강 너머 만주로 건너가서, 광활한 만주 땅에 새겨진 우리의 역사·지리·민족에 대해 생각하고 현재의 몰락을 탄식하다 잠이 듭니다. 꿈속에서 무치생은 우리와 같은 민족이라 알려져 있는 금나라 태조 아골타를 만나게 됩니다. 그는 금 태조에게 평소 가슴에 품고 있던 시대적·현실적 고민을 질문합니다.

무치생의 첫 번째 질문은 '선악과 화복(禍福)의 공평함'에 대한 것입니다. 금 태조가 하늘에 올라가 백성들의 선악을 감독 관찰하고 그에 따라 공평한 화복을 받을 수 있도록 하는 일을 담당하고 있지만, 현실에서는

---

11 홍경표, 「백암 박은식의 역사문화의식: 「몽배금태조」에 나타난」, 『한국말글학』 22, 한국말글학회, 2005.

그것을 눈으로 확인할 수 없다는 것입니다. 이것은 사마천이 『사기(史記)』「백이열전(伯夷列傳)」에서 "천도가 있는가?"라며, 천도에 대한 회의(懷疑)를 드러냈던 것과 닮았습니다. 무치생은 '나라에 충성하고 동족을 사랑하는 사람들은 모두 피를 흘리고 참화를 당하는데, 나라를 팔고 동족에게 화를 끼치는 사람들은 복락을 누리고 있습니다. 이것이 어찌 선악에 대한 정당한 보응이라는 말입니까?'라고 묻는 것입니다. 이에 금 태조는 '나라에 충성하고 동족을 사랑하면 고상하고 청결한 천리(天理)를 얻고, 신성한 자격으로 만세 동안의 숭배를 받게 된다. 그러나 나라를 팔고 동족에게 화를 끼치면서 저급하고 불결한 욕심을 부리면 만세 동안 지탄을 받게 된다. 선한 사람들이 현실에서 받는 육체의 고통은 잠시 동안이지만, 그들이 이후에 받는 영혼의 쾌락은 무궁하다. 악한 사람들이 현실에서 누리는 육체의 쾌락은 잠시 동안이지만, 이후에 받는 영혼의 고초는 무궁하다. 이것이 바로 천도가 베푸는 보응이 공평하다는 것이다.'라고 답합니다.

금 태조는 무엇보다 중요한 것이 세상 사람들이 가지고 있는 영욕(榮辱)과 화복(禍福)에 대한 오해라고 지적합니다. 개인 한 사람의 몸에 미치는 영욕 및 화복과 국민 전체에게 미치는 영욕 및 화복의 경중을 생각할 때, 국민의 영화와 복락을 위해 노력하는 자는 자기는 지옥의 고통을 받더라도 백성을 천당에 올라가게 하는 사람이라는 것입니다. 그렇기에 의로운 선비가 선을 행하는 과정에서 자기 몸을 희생하거나 고난을 겪게 되는 것은 최고의 가치이지 재앙이 아니라는 것입니다. 마찬가지로 나라를 팔고 동족에게 화를 끼치면서 얻게 되는 재물과 권력은 가장 추악한 오물이지 영화(榮華)나 행복이 아니라고 금 태조는 주저 없이 강조합니다. 카리스마 있는 금 태조의 대답은 위기의 시대, 문명의 전환기에 필요한 것이 바로 인식의 전환이라는 것을 주장합니다. 그러나 인식의 전환은 당장의 모순을 해결하는 데 너무나 요원한 방법이기에, 금 태조는 현재 조선 민족이 과거의 죄악을 반성하지 않고 스스로 강해질 노력도 하지 않는 것을 안타깝게 여겼습니다.

무치생의 두 번째 질문은 조선의 실정(失政)과 그 원인에 대한 것입니다. 그것은 다시 전통적 교육 방식과 당대에 지식인이라 자부하는 은둔지사에 대한 평가로 나뉩니다. 무치생은 오늘날 '문명과 지식이 진보하고 발달할수록 경쟁과 전쟁이 살벌하고 잔인해'졌다고 진단하며, 이러한 때 우리의 교육과 이 사회의 지식인이 어떠해야 하는지를 묻습니다. 이에 대해 금 태조는 오늘의 진보와 발전이 왜곡된 이유는, 사물이 부여받은 영능을 닦지 않고 시대 변화를 거역했기 때문이라고 대답합니다. 그리고 조선의 문제는 자기네 고유의 역사를 사랑하지 않고 남의 역사를 사랑하고 배우며, 명분만 공부하고 실천을 공부하지 않으며, 몸과 마음을 부지런히 하는 공부는 안 하고 게으르게 만드는 공부를 하는 것이라고 지적합니다. 즉 조선의 역사는 소홀히 여겨 배우지 않고 중국의 역사서를 교과서 삼는 역사 교육, 유교의 이론을 중심으로 형식적 명분만을 강조하는 윤리도덕 교육, 조선인의 글과 작품은 읽지 않으면서 중국 사람이 지은 작품만을 받들어 외우는 문학 교육을 진행하는 교육 방식을 지적하는 것입니다.

다시 무치생은 특히 위기의 시대이자 문명의 전환기에 지식인이라는 사람들이 은둔자로 생활하는 것이 옳은지를 묻습니다. 이것은 사회적 리더의 처신에 대한 문제이기도 합니다. 이에 대해서도 금 태조는 주저없이 분명하게 대답합니다. 자기 개인의 고결함과 깨끗함만 지키려고 세상을 구제하기 위한 실천을 하지 않는 은둔지사는 매국노와 같은 죄를 짓는 것이라고. 금 태조는 은둔하는 행위가 '옛 성현의 뜻을 왜곡한 것'이라 말합니다. '백이숙제는 자기 몸의 결백을 위해서가 아니라, 제왕이 권력을 휘둘러 다른 나라를 정벌하는 일을 막아 세상을 구하려고 은둔한 것'이라는 설명입니다. 백이숙제의 일은 두 임금을 섬기지 않는 뜻만 추구하는 개인적 차원의 절개가 아닌데, 소위 은둔지사를 표방한 이들은 공자나 백이숙제의 뜻을 왜곡해서, 자기 한 사람의 명예만을 구하고 있으니 옳지 않다는 주장입니다. 금 태조가 볼 때 오늘날 의미 있는 것은 은둔이 아니라 조선 백성으로서 조국과 동포를 위해 의무를 다하는 것뿐입니다. 그렇기에 몸을 깨끗이 하고 자기의 편안을 구하려는 것은 그 죄가 매국노와 같습니다. 도덕도 시대에 따라 진화하는데, 오늘날은 바로 공덕(公德)과 공익(公益)을 추구해야 하는 때이지 은둔할 때가 아닌 것입니다. 그는 마지막으로 강조합니다. 자기 정부의 학대에 반항한 번 못한 자는 다른 나라의 학대를 받게 되고, 자기의 화복(禍福) 때문에 국민의 화복을 생각 안 하는 이는 다른 민족의 노예가 되는 것을 피할 수 없다고. 조선에는 열혈남아가 없어서 정치·학술·혁명을 이루지 못한 것이므로, 신구(新舊)가 바뀌는 지금의 시대에는 과감하고 자신 있는 호걸(豪傑)의 피를 가져야 한다고.

이처럼 「몽배금태조」는 전환기의 지식인에게 정부의 압제에 반항할 수 있는 호걸적 인재, 백성과 하나 되는 리더가 되기를 요구하고 있습니다. 금 태조 자신이 그러한 영웅이었고, 그러한 리더였습니다. 그는 조금의 주저함이나 비굴함, 나약함과 타협이 없는 리더십을 지니고, 북방의 대륙을 장악했습니다. 무치생은 우리 민족의 조상인 금 태조의 강인함을 존경하며, 조선의 젊은이들이 그의 목소리와 가르침을 듣기를 바란 것입니다. 금 태조와 같은 지도자가 당당하고 카리스마 있는 목소리로 전해주는 진정한 리더의 자질을, 젊은이들이 전수받기를 희망하는 것입니다. 즉 이 작품은 문학적 장치를 통해 백성들이 전지전능하다고 여기고 존경하며 하나가 되고자 하는 이상화 자기대상인 금 태조를 제시하고, 그의 입을 통해 리더가 부재한 상황에서 지식인들이 백성들의 이상화 자기대상이 되어야 할 것을 주장하고 있는 것입니다.

한국인이 존경하고 경외하는 또 다른 역사적 인물로 이순신이 있습니다. 그의 영웅성은 역사서보다는 소설과 한시, 영화 등에서 더욱 생생하게 그려집니다. 많은 한국인들에게 이순신은 말 그대로 전지전능한 '성웅(聖雄)'입니다. 사람들은 그와 관련한 일화를 전달하며, 그에 대한 존경을 공유합니다. 우리는 최근 영화 〈명량〉의 포스터에 나오는 이순신의 짤막한 대사를 기억합니다. "신에게는 아직 12척의 배가 남아 있습니다." 사람들은 마치 자신이 이순신이 된 것처럼, 조금 어렵다고 판단되는 상황에서 웃으며 이 말을 던져봅니다. 그렇게 하면서, 스스로 이순신의 영웅성을 조금은 내면화할 수 있다고 생각하는 것입니다. 이때의 이순신 서사는 우리들에게 이상화 자기대상을 제공합니다.

이순신 서사가 이상화 자기대상으로 역할한 것은 어제오늘의 일은 아닌 듯합니다. 이순신 사후 조선의 문인들이 지속적으로 작품을 통해 그를 회상하고 있기 때문입니다. 김복한은 「이충무묘(李忠武墓)」라는 시에서 "충절과 신령스런 지혜는 갈수록 빛이 나고, 그 공은 하늘을 깁고 태양을 멱 감기는 도다. 천 년이 가도 그 영혼 어둡지 않는다면, 반드시 나라 위해 영묘한 힘 보이리라."[12]라고 노래하고 있습니다. 김복한에게 이순신은 충절과 지혜가 갈수록 빛나고, 이룩한 공적이 하늘의 구멍을 깁고, 태양을 담글 만큼 대단하고 절대적인 인물입니다. 이순신은 죽었지만 그의 영혼은 천 년이 가도 사라지지 않고, 나라가 어려운 때에 다시 살아나 큰 힘을 보일 것이라고 그는 믿고 있는 것입니다.

---

12 민병수, 『개화기 우국문학』, 신구문화사, 1974; 남은경, 「한문학을 통해 본 구국 영웅의 리더십」, 『한국 고전문학의 리더십 탐색과 인문학적 가치』, 한국고전연구학회 학술대회 발표집, 2016.

국가가 패망의 위기에 처했던 구한말에도 이순신은 여전히 사람들에게 이상화 자기대상으로 기능하며, 위기 극복에 대한 믿음을 제공하고 있었습니다. 매천 황현은 이순신의 거북선을 노래한 「충무공구선가(忠武公龜船歌)」라는 시에서, "충무공 가신 지 200년에 나라가 열리더니, 화륜선이 오락가락 불꽃이 해를 가리네. 조용한 양의 나라에 호랑이가 쳐들어와, 화기(火器)가 하늘을 찔러 살기가 등등하구나. 구천에 계신 충무공을 모셔올 수 있다면, 가슴 속에 반드시 신술(神術)이 있으리라. 거북선의 지혜로 가는 곳마다 이긴다면, 왜놈은 살려 달라 하고 양놈은 제풀에 물러가겠지."라고 노래했습니다.[13] 왜놈과 양놈이 번갈아 쳐들어오는, 말 그대로 풍전등화의 시국에서도 이렇게 카랑카랑 목소리 높여 극복의 의지를 노래할 수 있는 것은 시인 황현이 이순신의 전능함을 믿기 때문입니다. 이미 이순신 사후 200년인데도, 이순신은 여전히 사람들의 눈에 불멸의 영웅인 것입니다. 이 시는, 이순신이 있다면 그 어떤 어려움도 이겨낼 수 있다는, 우리는 바로 그러한 영웅을 든든한 뒷배로 삼고 있다는 자기감을 드러냅니다.

쌍둥이 자기대상적 서사

마지막으로 구성원 그룹과 본질적으로 동일한 경험을 하고, 그들과의 연대를 통해 내적 응집성을 느끼게 하는 쌍둥이 자기대상으로 기능하는 문학 작품을 살펴보겠습니다. 18세기 이후 센세이션을 일으키며 한 시대를 풍미했던 영웅소설 「소대성전(蘇大成傳)」이 그것입니다. 「소대성전」은 당시 도시의 이야기 유통장이었던 담배 가게 등에서 낭독되

13 민병수, 『개화기 우국문학』.

던 인기 아이템이었을 뿐 아니라, 외국인의 한국어 학습서로도 사용되었던 작품입니다.[14] 이는 「소대성전」이 전통 시대 한국사회 대중의 보편적 지향과 인식을 이해하는 데 유용한 텍스트로 인지되었음을 보여줍니다. 이 작품은 '비범한 혈통-고귀한 출생-어려서 고난-조력자의 도움-커서 고난-영웅의 완성'이라는 영웅소설의 기본 일대기 구조를 취하고 있지만, 그 구체적 내용을 보면 전통 시대 한국인들이 원했던 영웅의 자질, 즉 리더십의 속성이 무엇인지를 알게 됩니다. 「소대성전」은 주인공 소대성을 어린 나이에 거지로 몰락시켜 영웅성을 갖추어가는 과정을 그리고 있기에, '고아 거지의 영웅 일대기'로 논의할 수 있습니다.[15] 어려서 부모를 잃고 거지가 된 소년이 어떻게 국가와 백성을 위기에서 구출하는 영웅이 될 수 있었을까요? 어떻게 고아 거지 소년은 자신의 삶과 백성의 삶을 질적으로 변화시킬 수 있었던 것일까요? 소대성이 거지에서 영웅이 되는 수련 과정에서 가장 부각되는 에피소드를 하나 들어보겠습니다.

> "노인께서는 무슨 연유로 밤새도록 통곡하셨나이까?" "나는 올해 육십이옵는데, 금년 봄에 구십 노모가 돌아가셔서 임시로 장사를 지내놓고는 여름이 지나고 가을이 왔는데도 좋은 묏자리를 구할 길이 없어 노모의 해골을 거두지 못하여 통곡했나이다." 소생 역시 부모 여윈 마음을 아는지라, 노인의 이야기에 눈물을 훔치며 말했다. "저도 양친을 잃은 사람이더이다. 노옹의 말씀을 듣고 진심으로 감동한지라, 이것이 비록 약소한 재물이나 부디 장사 지내는 데에 보태시기 바라나이다." 노인은 소생이 주는

14 오다이쿠고로(小田幾五郎), 『상서기문(象胥紀聞)』, 영인본.

15 김수연, 「영웅소설을 활용한 한국적 지혜 읽기: 「소대성전」을 중심으로」, 『한국고전연구』 27, 2013.

백금을 받고서 몇 번이고 절하며 고마워했다. "공자가 적지 않은 재물을 주시니 노모의 시신을 수습하여 장례를 지낼 수 있을 터, 비로소 죄인을 면할 수 있겠으니 이 은혜 죽어 백골이 된다 해도 잊을 수 없나이다. 후일 이 은혜를 보답코자 하오니 거처를 알려주사이다." "노옹의 효심이 하늘을 감동시켜서 하늘이 지시한 것이니, 갚지 않으셔도 되나이다. 어서 장사나 평안히 치르소서." 소생과 노인이 이별하는데, 서로 못 잊어 뒤를 돌아보는 정이 비할 데 없었다.[16]

열 살의 어린 나이에 부모를 잃은 소대성은 '부모의 마지막까지 효를 다하며 장례를 극진히 지낸' 후 남은 재산을 종들에게 맡기고 자신은 백금 50냥만 들고 길을 나섭니다. 도중에 한 주막에서 묵게 되었는데, 밤새 어디선가 울음소리가 들려 잠을 이루지 못합니다. 다음날 소대성은 그 울음소리의 주인을 만나 사연을 듣는데, 다름 아닌 60세 노인이 90세 노모의 장례를 치르지 못해 통곡한 것이었습니다. 소대성은 당장 자신의 배고픔을 해결하는 데 사용할 비상금을 모두 털어 그 노인에게 주고 노모의 장례를 치르도록 합니다. 노인이 훗날 은혜를 보답하겠다고 하지만 소대성은 갚지 않아도 된다고 하며, 자신이 이렇게 하는 것은 자신이 한 일이 아니라 '노인의 효심이 하늘을 감동시킨' 결과라고 말합니다. 그런 후 자신은 남의 외양간을 치워주거나 담을 쌓아주는 등 성실하게 일해서 끼니를 이어갑니다. 이처럼 고아 거지 소대성은 백성과 같은 눈높이에서, 그들이 겪는 삶의 고통을 함께 경험합니다. 동시에 자신의 어려운 처지보다는 타인의 어려움에 공감하고 자기가 할 수 있는 범위에서 최선을 다해 지극정성으로 구원해줍니다. 이러한 모습을 통해 리

16 「소대성전(蘇大成傳)」, 경판본, 36-37면.

더십을 구축해갔던 것입니다. 이 과정에서 60대 노인 백성과 10대 소년 영웅 사이에는 끈끈한 연대가 형성됩니다.

만나는 모든 대상을 지극정성으로 대하면, 사소한 스침일 수 있는 만남도 소중한 연분이 됩니다. 소중한 연분은 언제나 자기 삶의 응원자, 지지자, 조력자가 되어주고, 자기 삶을 질적으로 변화시키는 데 도움을 줍니다. 소대성이 노인에게 정성을 다해 그의 울음을 웃음으로 바꾸어 주었듯, 이후에 만나는 사람들은 소대성에게 정성을 다합니다. 그래서 고아 거지의 삶을 노나라 왕의 삶으로 변화시켰습니다. 즉 영웅 일대기의 서사가 가능한 것은 허황된 우연이 아니라 '지극정성'의 자세, 진심으로 백성과 하나가 되려는 리더십 때문이라 할 수 있는 것입니다. 소대성이 고아에서 영웅이 된 것, 즉 그의 삶에 질적 변화를 가져오는 힘은 백성과 자신을 구분하지 않고, 자기보다 못한 이들의 경험을 외면하지 않으며, 그들을 자기 이익의 수단이나 도구로 보지 않는 자세에서 나온 것입니다. 백성들의 삶 속에 함께 들어가 그들과 같은 생각을 하고, 그들과 같은 생활을 경험하며 하나가 되는 과정에서 소대성은 거지에서 진정한 리더로 성장할 수 있었습니다.

이것은 자기에게 해를 끼치는 사람들을 대할 때도 적용됩니다. 우리는 가끔 시작부터 악연으로 찾아온 관계를 만날 때가 있습니다. 자신이 특별히 소홀하게 대하지 않았는데도 관계가 꼬이는 경우를 흔히 만날 수 있는 것입니다. 상대가 이유 없이 나를 괴롭힌다고 느끼게 되는 경우는 악연으로만 갈 수밖에 없는 것일까요? 이러한 경우에 대해서도 「소대성전」은 지혜를 알려줍니다. 그것은 '인내와 관용'입니다. 사실 '인내와 관용'도 지극하고 정성 어린 마음, 즉 백성을 구분해 배척하지 않는 연대적 리더십의 속성 중 하나입니다.

이생 형제들은 머리가 땅에 닿도록 깊이 숙여 잘못을 빌며 말했다. "천생들이 아는 바가 없어 전하를 알아보지 못하고 박대가 심했사옵니다. 하여 하늘이 전하의 손을 빌려 저희를 죽이고 후인들의 경계를 삼고자 함이옵니다." "그대들이 과인을 대인처럼 대했다면 내 어찌 청총마와 보신갑, 칠성검을 얻을 수가 있었겠소. 이는 하늘이 그대들을 변하게 하여 과인이 공을 이룰 수 있게 하신 것이오. 하니 내 그대들의 은혜를 알고 함께 즐기고자 청한 것인데, 과인에게 죄를 청하니 내 어찌 부끄럽지 않겠소?" 노왕은 왕후와 왕 부인, 이생들과 하루종일 즐거운 시간을 보냈다. 왕 부인과 이생들은 노왕의 마음이 요순 같음을 치하했다.[17]

소대성은 왕이 된 후, 예전에 자신을 죽이려 자객까지 보냈던 장모 왕 부인과 처남인 이생 형제들을 초청합니다. 그들은 소대성에게 지은 죄가 있어 전전긍긍한 마음으로 용서를 구합니다. 그러나 소대성은 오히려 그들의 박대가 자신을 키운 힘이 되었다고 고마움을 표시합니다. 지금의 부귀영화를 이루는 데 그들의 공덕이 있다는 것입니다. 그렇기 때문에 함께 즐기자고 말합니다. 더없이 넓고 큰 포용의 마음입니다. 사실 처음 자객이 들던 날, 소대성은 자객을 죽이고 이생 형제들도 죽이려 했었습니다. 그러나 장인 이 승상이 자신에게 베푼 정성과 아내 채봉과의 연분을 소중히 여겨 그 마음을 누르고 길을 나섰던 것입니다. 그러한 마음이었기에 훗날 거지꼴의 자신을 무시하고 죽이려 했던 이생 형제들을 관대히 포용할 수 있을 정도로 품 넓은 영웅이 될 수 있었던 것입니다. 이처럼 악연은 그것을 품을 수 있을 때까지 기다리는 인내와 때가 되었을 때 통 크게 끌어안는 포용으로 좋은 연분이 됩니다. 그러나 이러

17 「소대성전」, 경판본, 141면.

한 변화 또한 지극정성을 삶에서 꾸준히 실천하는 연대적 리더십의 정신을 연마한 사람에게 가능합니다. 그동안 우리는 고전의 영웅들을 카리스마적이고 가부장적인 리더로만 보아왔습니다. 그러나 작품이 진정 전하고 있는 영웅의 리더십, 즉 전통 시대 한국 사람들이 소망하는 영웅은 작고 낮은 백성들과 같은 눈높이에서, 함께 삶을 고민하고 연대하며 손잡아주는 리더였던 것을 알 수 있습니다. 이것은 오늘날 정치, 경제, 교육 전 분야에서 소위 리더라고 부를 수 있는 사람들에게도 여전히 요구되는 덕목일 것입니다.

같은 눈높이에서 생각과 경험과 삶을 공유하는 리더는 민중들에게 쌍둥이 자기대상을 제공합니다. 그러한 리더들에게 민중은 위화감이나 괴리감을 느끼는 대신 연대감과 동질감을 느낄 것입니다. 리더들과 자신이 본질적으로 같은 무엇을 지니고 있음을 확인하는, 공감과 공유의 경험은 결핍되었던 자기감을 고양시키는 데 커다란 역할을 합니다. 때문에 쌍둥이 자기대상으로서의 리더는 무엇보다 경청과 공감 능력을 갖추어야 할 것입니다. 민중이 하는 말을 잘 들어야, 민중의 처지와 소망을 이해하고 공감할 수 있기 때문입니다. 이러한 경청과 공감의 능력을 지닌 또 하나의 리더는 바로 그 유명한 「춘향전(春香傳)」의 이몽룡입니다. 이몽룡은 남원 사또의 아들로 기생의 딸 성춘향을 사랑하게 되었습니다. 그는 춘향이와의 사랑을 하룻밤의 유희로 여길 수 있었지만 그렇게 하지 않았습니다. 왜냐하면 이몽룡은 자신을 백성과 구분되는 양반이라 생각하지 않았고, 춘향 또한 소홀히 다루어도 되는 기생의 딸로 여기지 않았기 때문입니다. 그는 자신과 춘향을 동등한 위치에서 생각했습니다. 그녀의 소망을 주의 깊게 듣고, 그녀의 처지를 이해하려고 노력한 것입니다.

그렇기 때문에 부득이하게 서울로 올라가게 되어 춘향이와 떨어져 있는 동안에도 몽룡은 춘향이와 만날 때를 위해 준비하고 노력합니다. 열심히 공부해 과거에 급제하고, 자원해서 남원의 감찰어사가 된 것입니다. 그가 지닌 경청과 공감의 리더십은 거지꼴로 남원에 내려가는 도중에 만난 농부들과 대화하는 장면에서 더욱 부각됩니다. 그는 하찮은 백성들이 전하는 변학도의 학정에 귀를 기울였으며, 그들이 전하는 춘향의 상황을 진지하게 경청했습니다. 이제 그는 단순히 사랑꾼 이 도령이 아니라, 나약한 여성과 백성을 도탄에서 구원하고 그들이 삶의 전환을 이룰 수 있도록 도와주는 리더 어사또가 된 것입니다. 그는 변학도의 생일잔치에서 "금동이의 좋은 술은 만백성의 피요, 옥쟁반의 좋은 안주 만백성의 기름이라. 촛불 눈물 떨어질 때 백성 눈물 떨어지고, 노래소리 높은 곳에 원망소리 높아라(金樽美酒千人血, 玉盤佳肴萬姓膏. 燭淚落時民淚落, 歌聲高處怨聲高)."라는 시를 읊습니다.[18] 이 시는 춘향 한 사람만의 처지를 반영한 것이 아니라 모든 남원 백성들의 입장과 마음을 담고 있습니다. 이처럼 이몽룡이 그들의 처지에 귀 기울이고, 그들의 고통에 공감했기 때문에 이 도령과 춘향이가 재회했을 때 온 마을 사람들이 함께 기뻐했던 것입니다.

이몽룡이 보여주는 경청하고 공감하는 리더십은 『맹자(孟子)』에서 말한 '여민동락(與民同樂)'의 사회를 지향합니다. '여민동락'이란 임금이 백성들과 즐거움을 함께한다는 뜻입니다. 이 말은 『맹자』「양혜왕(梁惠王)」 장 하편에 나옵니다. 맹자가 양나라 혜왕에게 "지금 왕께서 음악을 연주하시는데 백성들이 종과 북과 피리 소리를 듣고는 머리를 아파하고 이맛살을 찌푸리며 '우리 왕은 음악을 즐기면서 어찌하여 우리 백성을 이런 지경에까지 이르게 하여 부자(父子)가 만나지 못하고, 형제와 처자

18 이민수 역, 『춘향전』, 서문당, 1974.

가 뿔뿔이 흩어지게 하는가.'라고 불평하며, 또 왕께서 사냥을 하시는데 백성들이 왕이 행차하는 마차 소리와 화려한 깃발을 보고는 머리를 아파하고 이맛살을 찌푸리며 '우리 왕은 사냥을 즐기면서 어찌하여 우리 백성을 이런 지경에까지 이르게 하여 부자가 만나지 못하고, 형제와 처자가 뿔뿔이 흩어지게 하는가.'라고 원망한다면, 이것은 다른 이유 때문이 아니라 왕께서 백성들과 즐거움을 함께하지 않기 때문입니다. 지금 왕께서 음악을 연주하시는데 백성들이 종과 북과 피리 소리를 듣고는 모두 기뻐하는 얼굴빛으로 '우리 왕께서 질병이 없이 건강하신가 보다. 어찌 저리 북을 잘 치실까.'라고 하며, 왕께서 사냥을 하시는데 백성들이 마차 소리와 화려한 깃발을 보고는 모두 기뻐하는 얼굴빛으로 '우리 왕께서 질병이 없이 건강하신가 보다. 어찌 저리 사냥을 잘하실까.'라고 한다면, 이것은 다른 이유 때문이 아니라 왕께서 백성들과 즐거움을 함께하기 때문입니다. 지금 왕께서 백성들과 즐거움을 함께한다면 진정한 왕 노릇을 하실 수 있습니다."라고 말합니다. 즐거움을 백성과 함께하는 것은 지도자가 백성의 처지를 주의 깊게 살피고 공감할 때 가능합니다. 이러한 '여민동락'의 리더십이 바로, 고전이 전하고자 하는 쌍둥이 자기대상으로서의 리더가 갖추어야 할 덕목일 것입니다.

제2부

21세기의 고전 읽기:

시대를 진단하고 치유하는 고전의 발견

제1장

다문화 시대의 고전:
이방인 서사와 화해적 고전 읽기, 「최고운전」

1. 문학 읽기 교육과 고전 텍스트

논의를 시작하기 전에, 왜 '고전'이 읽기 텍스트로서 의미가 있는가에 대해 언급하지 않을 수 없습니다. 지금도 매일같이 수많은 작품들이 쏟아지고, 그 가운데는 솜씨 좋은 작가들의 수작도 적지 않습니다. 그럼에도 우리는 왜 굳이 서가에서 '고전'을 집어 드는 것일까요? 어쩌면 현대 독자에게는 현재의 삶을 그대로 그려낸 텍스트가 더욱 적합할지도 모르는데 말입니다. 더구나 현행 교과 과정에서는 '읽기 교육'과 '문학 교육'을 분리해 '읽기 교육'의 텍스트를 허구적이지 않은 텍스트, 즉 비문학 텍스트로 한정하고 있는 상황입니다.[1] 고전만큼 허구적이고 황당한 텍스트가 없으니, 읽기 교육에서 고전 텍스트는 더욱 설 자리가 없어 보입니다. 그러나 읽기 교육의 궁극적 목표가 '나와 유사한, 그러나 내가 아닌 이들'

---

1 현행 교과 과정상의 '읽기 교육'과 문학 텍스트의 활용 문제에 관해서는 서유경, 「문학과 독서의 상생적 조망: 읽기 교육에서의 문학 텍스트 활용 탐색」, 『문학교육학』 31, 2010, 31-54면; 전영숙, 「중학교 교실에서 한국 고전문학 읽기」, 『고전문학과 교육』 16, 2008, 29-63면 참조.

의 이야기를 들으며 '내 안의 상처를 치유할 수 있도록 하는 것'이라는 측면에서 볼 때,[2] 고전 텍스트는 그 무엇보다 유의미할 것입니다.

독자는 자신과 무관하고 자신에게 무의미하다고 느껴지면 텔레비전 리모컨을 누르는 것보다 더 빠르게 텍스트를 덮어버립니다. 읽는 이와 유관하고 그에게 유의미한 것이 언제나 심오한 삶의 철학을 가리키지는 않습니다. 그것은 단순한 호기심과 재미일 수도 있습니다. 그러나 현명한 독자는 초지일관 호기심과 재미만을 추구하는 텍스트가 결과적으로는 자신에게 무의미하다는 것을 알아챌 것입니다. 그가 원하는 것은 그 호기심과 재미를 통해 자신의 삶을 질적으로 변화시킬 수 있는 텍스트입니다. 또한 독자는 변화하고 싶은 자신의 현실을 그대로 말해주는 것에 불편함을 느끼기도 합니다. 불평등한 현실에서 상처받은 소시민들이 자신의 처지와 유사한 상황을 너무도 구체적이고 사실적으로 담고 있는 영화나 드라마를 대할 때 눈을 찡그리며 고개를 돌리는 것은 그 때문입니다. 그들은 벗어날 수 없는 현실의 굴레를 잠시라도 벗었다고 착각하기 위해 판타지의 옷을 입은 가상의 현실에 몰두합니다. 시간과 공간만이라도 '지금, 여기'와 거리를 둔 것이 보기에 마음 편합니다.[3] 만약 그 영화나 드라마가 수작이라면, 관객은 가상의 현실이 사실은 우리가 사

2 '읽기'는 타자의 이야기를 듣거나 욕망을 엿보는 방법 중 하나이다. 우리는 타자의 이야기와 욕망을 통해 나와 세상의 관계를 객관적으로 반추함으로써 자신에게 적합한 치유책을 모색할 수 있다. '읽기'를 '치유'와 연결 짓는 것은, '정서적 균형'을 읽기 교육의 목표로 삼는 논의들과도 무관하지 않다. 기존 논의의 궁극적 지향도 내면의 상처(불균형한 상태의 정서)에 대한 치유로 볼 수 있기 때문이다. 읽기 교육과 정서에 관한 논의는 서유경, 「『사씨남정기』의 정서 읽기 교육 연구」, 『고전문학과 교육』 20, 2010, 67-99면 참조.

3 영화에 불변의 흥행 원칙이 존재하는 것은 아니지만, 현재까지의 최고 흥행작을 보면 대중적으로 흥행한 작품들은 판타지나 역사극이며, 적어도 우리가 '과거'라고 인식하는 시공간을 배경으로 한 것들이다(1위 '괴물', 2위 '왕의 남자', 3위 '태극기 휘날리며'). 흥행 드라마 또한 현실을 배경으로 하는 것 같아도 핵심 서사는 비현실적인 '우연'이 난무한다.

는 세상의 모습임을 쉽게 유추해낼 수 있습니다. 관객은 영화를 보며 불편한 세상을 향해 한바탕 웃어주고 세상으로부터 받은 상처를 치유하며 삶을 새롭게 계획합니다. 몸에 좋은 약이 입에는 쓰다지만, 독자는 쓰지 않고도 몸에 좋은 약을 원합니다. 마치 '당의정'처럼, 웃으면서 먹어도 내 삶과 내면은 조금씩 건강해지는 것을 말입니다.

'당의정'과 같은 세상, 이것이 바로 소설 속 세계입니다.[4] 그 가운데 고전은 독자가 자기의 상처를 직시할 때 느끼는 고통을 줄여주면서도 자신이 사는 세상을 돌아보게 합니다. 그 과정에서 독자는 내적 변화를 경험하고 상처를 치유할 수 있는 힘을 얻습니다. 물론 모든 고전이 그런 것은 아닙니다. 여기에 고전 읽기 교육자의 역할이 생겨납니다. 고전 읽기 교육자는 단순히 개인적 기호나 전공자로서의 의무감으로 읽기 텍스트를 선정해서는 안 될 것입니다. 그 텍스트가 객관적으로 현재 독자의 삶 가운데 문제적인 부분을 변화시키고 치유하는 데 도움이 될지를 비판적으로 검토해야 합니다. 지금의 독자에게 유의미한 핵심 서사를 지닌 작품을 선정하는 것, 그리고 그러한 핵심 서사에 독자가 자연스럽게 자기 삶을 유추할 수 있도록 도와주는 것이 교육자의 몫입니다. 교육자는 텍스트의 부분적 글자 표현이나 고전문학적 지식에 얽매이는 것을 경계해야 합니다. 고전 읽기는 배경 지식의 주입이 아닌 '서사적 이해', 즉 작품을 관통하는 핵심 서사를 찾고 그것이 지금의 자기서사와 자연스럽게 겹쳐질 수 있도록 지도하는 것을 중심으로 이루어져야 하기 때문입니다. 아래는 고전 텍스트가 읽기 교육에 유의미한 이유를 정리한 것입니다. 이것은 또한 읽기 교육에 적합한 텍스트 선정 기준이기도 합니다.

---

4 여기서 '당의정'은 단순한 비유이며, 문학의 기능을 설명하는 루크레티우스의 '문학 당의정설'에 대한 절대적 지지를 표명하는 것은 아니다.

첫째, 일정한 거리두기가 가능해 심리적 불편함이 없이 접근 가능한 텍스트

둘째, 자연스러운 유추가 가능해 독자의 경청과 공감을 끌어낼 수 있는 텍스트

셋째, 내적 상처를 치유하고 자기서사에 질적 변화를 가져올 수 있는 텍스트

2. 「최고운전」에 대한 서사적 이해와 '이방인 서사'

독자는 고전 텍스트에 대해 심리적으로 편안하게 거리두기를 할 수 있습니다. 텍스트에 드러난 객관적 시공 배경이 독자의 '지금, 여기'와 무관하기 때문입니다. 그렇기에 독자는 자신의 고민과 상처를 상대적으로 쉽게 꺼낼 수 있습니다. 고전 텍스트 읽기는 정신과 상담의가 환자에게, "주변에 이런 고민을 갖고 있거나 그런 일을 당한 분이 있나요?"라는 질문을 던지는 것과 같습니다. 그러면 환자는 "제 친구 중에 그런 처지에 있는 사람이 있는데……"라고 말하며 편안히 자기 상처를 꺼낼 수 있습니다. 물론 이것은 남의 이야기를 통해서 궁극적으로는 자신의 이야기를 하는 것입니다. 여기서 중요한 것은 의사의 역할입니다. 의사는 환자가 고민하는 부분과 관계되는, 적절한 '남의 이야기'를 찾아주어야 합니다. 고전 읽기 교육자도 마찬가지입니다. 그/그녀는 독자가 불편해하는 진실을 자연스럽게 거론할 수 있는 '서사'를 찾아주어야 합니다. 서사의 발견자는 한 편의 소설이 반드시 하나의 서사로 이루어지는 것은 아니고, 소설의 '서사'는 독자가 처한 문제적 상황마다 다르게 읽힐 수 있음을 생각해야 합니다. 이때 서사의 발견자에게 교육자뿐 아니라 전

공자로서의 지식과 객관적 관찰자로서의 판단이 요구됩니다. 교육자는 작품에서 독자가 처한 문제적 상황에 가장 적합한 서사를 끌어내주고 그것을 독서할 수 있도록 독자를 유도해주어야 하는 것입니다. 여기서 '문제적 상황에 가장 적합한 서사'를 '핵심 서사'라 할 수 있습니다.[5] 이것이 앞서 제시한 세 가지 항목이 말하는 핵심이며, 고전 읽기에 대한 '서사적 이해'의 시작입니다.[6]

독자 한 명 한 명을 위한 개별적 고전 읽기 교육에서라면 독자가 처한 구체적 사례와 가장 밀접한 '서사'를 찾아야 하지만, 일반적으로 이루어지는 읽기 교육에서는 다수가 공유하는 문제적 현실에 유용하게 접근할 수 있는 텍스트를 찾아야 할 것입니다. 이 글에서 「최고운전(崔孤雲傳)」을 분석 텍스트로 삼아 서사적 이해에 접근하려는 이유 또한 여기에 있습니다. 기존의 연구에서는 여러 서사 중에서 「최고운전」의 주인공 '최치원'이 중국 황제와 문사들을 상대로 펼친 활약을 '핵심 서사'로 보았습니다.[7] 그래서 이 작품이 중국에 대한 우리 민족의 주체성과 우월성을

5 여기서 '핵심 서사'는 문학치료학에서 말하는 '작품서사'와 유사하다. 그러나 필자는 하나의 작품에 다양한 작품서사가 있다고 생각해, 그중에 독자에게 가장 유의미한 서사를 '핵심 서사'로 지칭했다. 주의할 것은, 텍스트의 '핵심 서사'를 찾아내는 과정에서 견강부회하는 면이 없도록 해야 한다는 점이다. 즉 '핵심 서사'는 작품 전체에서 중요한 서사 중 하나로 타당성을 갖추어야 한다. 이러한 타당성을 확보하는 것 또한 교육자의 중요한 몫이다.

6 고전 텍스트 읽기 교육에서 '서사적 이해'를 강조하는 것은 기존에 소재 중심 혹은 단어 뜻풀이 중심으로 이루어졌던 '지식전달 위주'의 읽기 교육에 대한 반성이기도 하다. 더불어 후술하겠지만 '서사적 이해'는 작품의 핵심 서사에 올바로 접근하는 과정을 의미하며, 궁극적으로는 작품서사와 자기서사 간의 거리를 좁히는 것을 지향하는 텍스트 읽기 방식이다. '자기서사'는 문학치료학적 용어로, 인간의 삶을 구조화하고 운영하는 내적 서사를 말한다. 정운채, 「문학치료학의 서사이론」, 『문학치료연구』 9, 2008, 250면.

7 「최고운전」에 대한 연구는 대체로 설화와 소설의 발생 관계 및 전기와 소설의 관계를 중심으로 한 장르론 및 소재 활용과 작가의식 측면에 집중되었다. 논의로 박일용, 「「최고운전」과 『삼국사기』 「최치원전」에 그려진 최치원의 인물형상」, 『고소설연구』 32, 2011, 5-40면; 유광수, 「「최고운전」의 설화적 전승과 최치원 설화의 연원」, 『한국문학연구』 39, 2010, 5-30면;

표현한 것이며[8] 신라인의 자부심을 드러낸 작품이라고[9] 평가합니다. 최치원의 활약상에 초점을 둘 경우 작품의 핵심 서사는 '일시적 자기 위안의 서사'가 됩니다. 이러한 해석에 대해서는 작품의 서두와 결말의 의미를 축소하고 중간 부분을 지나치게 강조했다는 비판이 가능합니다. 이것은 『구운몽(九雲夢)』의 핵심 서사를 논하면서 몽중세계만을 주목하는 것과 같습니다. 성진의 세계는 사라지고 양소유의 세계만이 존재하는 『구운몽』은 개별 상황에서는 유의미할 수 있으나 일반적 시각에서는 다소 조심스럽습니다. 작품 전체를 관통하는 서사에 주목한다면, 당시 중화주의를 중심으로 한 국내외 질서에 대한 비판과[10] 능력 있는 존재의 필연적 실패를 그렸다는[11] 지점을 찾아낼 수 있을 것입니다. 그러나 이러한 시각도 궁극적으로는 작품의 핵심 서사를 세계에 대한 대결의지로 보고 있다는 점에서,[12] 활약상 중심의 서사 읽기와 그 궤를 같이 합니다. 이러한 독법은 기존 세계에 대한 회의와 비판적 문제 제기에서 멈추어 버릴 가능성이 큽니다.[13]

정출헌, 「최고운전을 통해서 읽는 초기 고전소설사의 한 국면」, 『고소설연구』 14, 2002, 31-64면; 한석수, 『최치원 전승의 연구』, 계명문화사, 1989, 6-234면 등이 있다. 기존 논의에서는 「최고운전」이 지닌 서사의 성격과 독자 입장에서의 서사 수용에 대해서는 크게 주목하지 않았다.

8 조상우, 「「최고운전」에 표출된 대중화의식의 형성배경과 의미」, 『민족문학사연구』 25, 2004, 112-133면.

9 신재홍, 「「최고운전」의 신라사 인식」, 『고전문학과 교육』 17, 2009, 349-372면.

10 박일용, 「최고운전의 작가의식과 소설사적 위상」, 『고전문학연구』 16, 1999, 145-176면.

11 유광수, 「「최고운전」의 원천소재 활용양상과 '의미 겹침'으로서의 소설」, 『온지논총』 29, 2011, 250-279면.

12 박일용, 「최고운전의 작가의식과 소설사적 위상」. 이 논의는 작품의 핵심을 '소외'로 보고, (비판과) 대결의지를 서사를 이해하는 핵심으로 파악한 점에서 그 의의가 적지 않다. 이 경우 이 작품은 결론적으로 '실패의 서사'가 되는데, 우리가 주목할 것은 왜 실패하게 되었는지에 대한 서사적 맥락을 찾아내는 것이다.

13 유광수의 논의는 작품을 '능력 있는 존재의 필연적 실패'로 보았다는 점에서 현재적 해석 가능

작품의 핵심 서사를 찾기 위해서는 끊임없이 비판적 질문을 던져야 합니다. 일반적으로 「최고운전」에 형상화된 인물의 처지와 작가의식에 대해, '소외'와 '대결' 혹은 '차별'과 '비판' 등을 거론합니다. 그런데 작품에서 소외와 차별을[14] 포착하고, 그것을 비판하고 거부하는 인물의 '활약'에 주목하는 것은[15] 역사적 지식에서 도움을 받은 것입니다. 역사적 지식은 그 자체가 핵심 서사는 아니고, 작품의 핵심 서사를 구성하는 소재일 뿐입니다. 문학은 역사가 기록한 것의 진실성 혹은 역사적 사실이 만들어진 서사적 맥락에 대해 의문을 던지며 핵심 서사를 만들어갑니다. 그렇기에 고전 「최고운전」 읽기에서 이루어지는 질문은 지식에 근거를 둔 '소외'라는 사실에서 한 걸음 더 나아가야 합니다. 왜 그는 '소외' 되었을까? '소외'와 '차별'을 만들어낸 것은 어떠한 서사일까? 이러한 질문은 작품에 대한 서사적 이해의 과정이며, 이 질문들의 답으로 도출되는 것이 그 작품의 핵심 서사가 될 것입니다.

「최고운전」의 핵심 서사를 발견하기 위해, 먼저 서사 흐름을 살펴보겠습니다.[16]

성을 제공한다. 그러나 그 '필연적 실패'가 발생하게 된 서사 맥락을 짚어내지는 못했다. 기실 유광수의 「「최고운전」의 원천소재 활용양상과 '의미 겹침'으로서의 소설」은 대칭적 원천 설화가 어떻게 중첩되면서 소설로 형상화되느냐의 문제를 다룬 것으로, 독자 입장에서의 서사 수용이 아니라 작가 입장에서 소설의 소재 활용 혹은 창작 방식의 문제를 논한 것이다.

14 최치원 당시의 골품제와 그가 처한 6두품이라는 신분은 '모태 차별의 공인'을 의미한다.

15 최치원이 중국에서 활약한 내용은 『삼국사기』의 「최치원전」이 제공하고 있다.

16 본고에서는 대개의 연구자가 연구 대본으로 가치를 인정해온 국립중앙도서관본과 김집 수택본을 함께 검토한 정학성 역주본을 중심으로 하고, 부분적으로 여러 이본을 대교한 박희병 교합본을 참고했다. 정학성 역주, 『17세기 한문소설집』, 삼경문화사, 2000, 99-127면; 박희병, 『한국한문소설 교합구해』, 소명출판, 2005, 219-250면. 이 밖의 이본으로 최근 범세동의 『화동인물총기』본이 발굴 소개된 바 있다. 박일용, 「「최고운전」의 창작시기와 초기본의 특징」, 『고소설연구』 29, 2010, 5-34면.

A-① 수령의 아내가 사라지는 사건이 일어나는 문창에 최충이 부임한다.

② 최충의 아내가 금돼지에게 납치당한다.

③ 살아 돌아온 최충의 아내가 최치원을 낳는다.

④ 최충은 최치원을 금돼지의 자식이라고 의심해 바닷가에 버린다.

⑤ 선녀가 최치원을 젖 먹여 기르자, 뒤늦게 후회한 최충이 최치원을 데려오고자 한다.

⑥ 최치원은 자신을 버린 부친을 원망하며 돌아가기를 거절한다.

B-① 최치원이 하늘의 선비들로부터 학문을 배워 시문에 통달한다.

② 최치원이 시 읊는 소리를 듣고, 중국의 황제가 재주를 겨루도록 학사를 뽑아 신라로 보낸다.

③ 중국의 학사 둘이 6세의 최치원과의 시 문답에서 패해 돌아간다.

④ 중국의 황제가 돌 상자에 달걀을 넣어 신라에 보내 무엇이 들어 있는지 맞히도록 한다.

⑤ 최치원이 승상 나업의 종으로 들어와 비범함을 엿보이고, 나업의 딸 나 소저를 마음에 둔다.

⑥ 신라 왕이 나업에게 중국 황제의 수수께끼를 풀도록 명한다.

⑦ 나 소저의 권유로 나업은 최치원에게 수수께끼를 풀도록 명한다.

⑧ 최치원은 나 소저와의 혼인을 조건으로 수수께끼를 풀고 시를 쓴다.

⑨ 중국 황제가 시를 쓴 사람을 중국으로 보내라고 명해, 최치원이 중국에 간다.

C-① 중국으로 가는 도중 용궁에 들러 환대를 받고 용왕의 아들 이목의 수행을 받는다.

② 최치원이 이목을 시켜 위이도 백성들에게 비를 내려준 것을 꾸짖으러 내려온 천승을 물리친다.

③ 최치원이 용 모습의 이목을 보고 놀란 후 이목을 돌려보낸다.

④ 최치원이 중국 절강에서 노파에게 간장 묻힌 솜을 얻는다.

⑤ 능원에서 만난 노인과 여인이 준 부적으로 중국 황제의 함정에서 벗어난다.

D-① 황제가 최치원의 능력을 기이하게 여겨 황제의 예로 대우한다.

② 최치원이 과거시험에서 장원을 차지하고, 그의 시문을 하늘의 용이 물고간다.

③ 최치원이 격문을 써서 황소의 반란군을 투항시킨다.

④ 황제가 신하들의 모함으로 최치원을 섬으로 귀양 보내고 굶어 죽도록 한다.

⑤ 최치원이 간장 솜을 빨며 죽지 않고 섬에서 승려들과 책을 읽는다.

⑥ 황제가 불러 책망하니, 최치원이 도리어 황제를 꾸짖고 신라로 돌아온다.

E-① 최치원이 신라 사람의 거짓말에 속아 왕의 행차 앞을 그냥 지나갔다는 이유로 나라에서 추방된다.

② 가야산에 들어갔으나 결말을 알 수가 없다.

역사적 지식이나 일부의 글자 표현에 얽매이지 않고 작품의 전체적 흐름을 따라갈 경우, 작품의 서사는 ①, ②, ③ 등의 하위 화소보다는 A,

B, C 등의 상위 단위로 읽힙니다. 특히 A→BCD→E의 흐름과 비중으로 서사가 인지됩니다.[17] 독자들에게 「최고운전」은 '부모에게 버려지는 이야기, 홀로 뛰어난 능력을 발휘해 입신하는 이야기, 그럼에도 사회에서 버려지고 내쳐지는 이야기'로 다가가는 것입니다. 여기까지 보면 이 작품은 처음부터 끝까지 인물이 버림받고 소외되는 서사입니다.[18] 그러나 여기에서 우리는 한 번 더 질문을 던져볼 수 있습니다. 작품의 중간 부분에 나타나는 인물의 활약상은 어떤 의미인가? 최치원의 활약은 그 부분만 볼 때는 버림과 소외에 대한 '비판과 저항'의 메시지를 전하지만, 전체 서사에서 볼 때는 오히려 결말의 '내쳐짐'을 강조하는 기능을 합니다. 그렇기에 우리는 더욱 궁금합니다. 최치원은 왜 버림받았을까? 그렇게 뛰어난 능력을 지니고, 심지어 국난을 타개하는 데 기여했으면서도 왜 버림받을 수밖에 없었던 것인가? 어쩌면 이것은 역사적 인물 최치원에 대한 당대인의 궁금증이었는지도 모릅니다. 그러한 궁금증을 역사가 해결해주지 못하자, 누군가 나름의 합리적인 답을 만들어내고자 '이야기'를 만든 것입니다.[19] 그런데 옛사람만 이러한 궁금증을 지닌 것은 아닐 것입니다. 오늘날 우리의 삶에서도 유사한 질문이 반복적으로 생산되고 있습니다. 왜 나/그는 버림받고, 소외당하는가? 왜 인정받지

17 실제 수업시간에 「최치원전」을 읽히고, 어떠한 이야기인가를 질문했다. 그 과정에서 학생들 대부분이 A, B, C 단위로 작품의 서사를 인지했다. 즉 작은 화소의 수나 분량과 상관없이 서사의 비중을 인지하는 것이다. 예를 들면 9개의 화소를 지닌 B와 2개의 화소를 지닌 E를 동일한 비중으로 평가했다. 특이한 점은 상위 단위에서도 B, C, D를 한 덩어리 서사로 수용하고, A나 E와 동일한 비중으로 인지한 점이다.

18 이러한 점만 본다면 「최고운전」의 핵심 서사를 '소외의 서사'라 볼 수도 있다. 그러나 본고에서 말하는 '핵심 서사'는 작품의 표면에 드러나는 것에 머물지 않고 그러한 소외의 서사를 만들어내는 보다 심층적인 서사이다.

19 사람들이 이야기를 하고 만드는 이유 중에는 비합리적 상황에 대한 나름의 '납득'을 추구하고픈 욕망이 내재해 있다.

못하는가? 어떠한 법규나 사회 체제도 이러한 우리의 회의에 답하지 못합니다. 바로 이러한 질문을 던질 수 있게 하는 작품이라는 점에서 「최고운전」이 오늘날의 읽기 텍스트로 의미가 있습니다.[20]

결론부터 말하면 「최고운전」은 사람과 사람 사이의 '관계'에 대해 문제를 던지는 작품입니다. 그중에서도 나와 남을 가르는 서사인 '이방인 서사'를 담고 있습니다. 우리는 자신과 다른 사람을 '이상한 사람', 즉 이방인이라 규정하는 경향이 있습니다. 「최고운전」은 한번 '이방인'으로 낙인찍힌 인물에 대해서는 어떠한 경우라도 궁극적인 수용을 거부하는 사회적 서사를 담고 있습니다. 사회에 존재하는 '이방인 서사'를 작품의 핵심 서사로 수용하고 있는 것입니다. 최치원이 아버지에게 버림받은 이유는 그가 자신의 아들이 아닌 '금돼지의 아들'일지 모른다는 의혹 때문이었습니다. 또 자신들이 처한 위기를 해결해주었음에도 불구하고 승상과 신라 왕이 최치원을 배척한 것은 그가 자신들과 같은 계층 사람이 아니라는 점 때문입니다.[21] 뛰어난 시문을 알아보고 능력 있는 선비를 좋아하는 중국 황제가 황소의 난과 같은 국난까지 해결해준 최치원을 내친 것은 최치원이 황제 자신의 백성이 아니기 때문입니다.[22] 우리는 지금도 이러한 혈통적, 계층적, 지역적 편견에 의해 개인을 이방인으로 내모는 서사가 너무도 친숙한 세상에 살고 있습니다. 우리 사회의 이방인 서사는 세포가 분열하듯 나와 남을 가르는 기준을 만들어내고, 끊임없이 '남'

---

20 같은 이유로 본고는 이 작품을 분석 대상으로 선정했다.

21 나업은 최치원에게 도움을 청하는 순간에도 그가 종의 신분이기에 사위로 맞아들이기 불가하다고 화를 낸다. 신라 왕은 최치원을 내치기 위해 행차를 가로막은 것을 핑계로 삼지만, 기실 중국 황제의 돌 상자 문제를 푼 최치원에 대해 '어리다'는 이유를 들어 중국에 보내는 중대사를 맡기는 것부터 불안해했다. 이로 보면 신라 왕에게는 최치원을 '어리석은 백성' 정도로 보는 계층적 폄하의 시선이 깔려 있다고 할 수 있다.

22 실제로 중국 황제는 신하들의 모함, 즉 '소국인으로 대국을 비방한다.'는 참언 한마디에 그토록 후대했던 최치원을 유배 보낸다.

을 밀쳐내도록 만듭니다. 그리고 '남/이방인'이라는 말은 나와 다른 대상이라는 객관적 지시어를 넘어 '악한 것'이라는 가치판단까지 내포하는 개념이 되었습니다.[23] 그것은 혈통과 계층, 지역의 단위를 넘어 학교 단위, 학급 단위, 심지어 개인 대 개인의 관계에까지 침투해 있습니다.[24] 최근에 일어나는 학교폭력과 관계 단절로 인한 자살 증가 등이 이러한 현상을 반영합니다. 이 글의 마지막 부분에서는 이러한 문제들 앞에서 읽기 교육이 추구해야 할 바를 논할 것입니다. 그 전에 「최고운전」에 형상화된 이방인의 성격에 대해 좀 더 구체적으로 살펴보겠습니다.

3. '금돼지의 아들'에 담긴 이중적 이방인의 모습

고전 텍스트에서 이방인을 나타내는 방식은 크게 두 가지로 나눌 수 있습니다. 하나는 나고 자란 물리적 공간이 다른 사람을 의미하는 '이역인'이고, 다른 하나는 동일한 공간에서 나고 성장했으나 신체적 다름이나 정신적 지향의 차이로 인해 같은 권내(圈內)의 사람들로부터 배척당하는 '이형인'입니다. 일반적으로 이방인이라 하면 이역인을 먼저 떠올립니다. 이방인을 흔히 타지인과 외국인을 지칭하는 용어로 사용하는 것은 그러한 이유입니다. 이역인은 그가 속해 있는 문화적 맥락이 다르기에 이문화인이기도 합니다. 『삼국유사』에 등장하는 건국 영웅들이 적

23 우리는 이질적인 존재에 대한 편견을 지니고 있으며 친숙하지 않은 것을 악한 것으로 간주하고 저주한다. 이방인에 대한 이러한 인식은 우리로 하여금 이방인을 '차별과 의혹과 희생'의 대상으로 삼게 한다. 리처드 커니, 『이방인, 신, 괴물』, 이지영 역, 개마고원, 2004, 114-123면.

24 끊임없이 나와 다른 점에 민감하게 착목해 상대를 '이방인'으로 만들어가는 서사의 맥을 어떻게 끊어낼 것인가가 우리 교육의 목표 중 하나가 되어야 할 것이다. 이방인 서사는 불안 심리와 관련이 있다. 이에 대해서는 후술하겠다.

강(謫降)이나 도강(渡江)의 방법을 통해 자신이 세울 국가에 이른다는 설정은 그들이 이역인 혹은 이문화인임을 암시합니다. 하늘에서 태백산 신시와 구지산으로 내려온 환웅과 김수로왕 등이 대표적입니다. 또한 용왕의 아들로 신라에 귀화한 처용 역시 이역인이라 할 수 있습니다.[25] 이역인의 경우 그들이 가져온 문화가 토착민의 그것보다 우수하다고 인정받거나, 물리적 힘에 의해 그들이 새로운 지배 계층이 되어 문화가 재편되면 그들에 대한 경계심은 긍정적으로 전환됩니다. 그럴 경우 그들은 더 이상 이역인이 아니며, 우리의 조상신이나 수호신이 되기도 합니다.

반면 이형인은 생장의 근원이 동일한 사람들이지만, 사회 구성원들이 특정한 이유로 인해 부정하고 배척하는 사람들입니다. 사람들은 그들을 광인이나 기인이라 부르거나 괴물 같은 기형이나 보기 흉한 모습으로 묘사하는데, 여기에는 인물에 대한 당대인의 부정적 시각이 투영되어 있습니다. 지하국의 괴물 등은 당대의 통념이 수용하기를 거부하는 대상들입니다. 「장화홍련전」의 계모나 「심청전」의 뺑덕어멈이 추물인 것은 올바른 성정과 도덕의 결핍을 상징하며 그들에 대한 징치에 정당성을 부여합니다.[26] 고소설에서의 '귀신' 또한 이형인에 들 수 있습니다. 귀신은 원래 동일한 공동체의 일원이었는데, 한을 품고 저승에 가지 못하고 원혼으로

---

25 처용의 신분에 대해서는 당시 신라와 교류한 아랍국 사람으로 보는 논의가 있다. 김경수, 「'처용랑 망해사' 설화의 구조와 그 해석」, 『처용은 누구인가』, 역락, 2005, 127-154면.

26 대개의 고전소설이 '악녀'를 추하게 그리고 있는데, 추함은 곧 악함의 징표가 된다. 이때의 '악함'은 당대인이 자신들이 '이방인'을 희생물로 삼는 행위에 대한 도덕적 타당성을 확보하기 위해 부여하는 가치판단이기에 때로는 이들 가운데는 무고한 사회적 희생물도 존재할 수 있다. 리처드 커니는 이방인 가운데 무고한 희생물과 징치되어 마땅한 악인을 구분해야 함을 강조했고, 이정원이 「장화홍련전」의 원귀와 계모를 분석한 것도 커니의 이방인, 타자, 두려움, 유령 등의 개념과 맞닿아 있다. 리처드 커니, 『이방인, 신, 괴물』, 121-130면; 이정원, 『전을 범하다』, 웅진지식하우스, 2010, 14-30면.

남은 존재들입니다. 그들의 한은 대부분 공동체가 그/그녀에게 가한 억울한 상황 때문에 생긴 것입니다. 그들은 억울하게 '희생된' 존재인 것입니다. 전쟁에 희생된 「만복사저포기(萬福寺樗蒲記)」의 귀녀, 전쟁의 상황에 열녀 담론까지 가세해 억울하게 자결한 「이생규장전(李生窺牆傳)」의 최랑, 신분제의 희생양인 「운영전(雲英傳)」의 운영 등이 그러합니다.

그러나 이 두 가지 이방인 개념, 즉 이역인과 이형인은 독자적으로 기능하지 않습니다. 일반적으로 이역인이 처음 우리의 권내로 진입할 경우 그는 우리와 다른 모습을 한 이형인이기도 하기 때문입니다. 이형으로 형상화하는 방식은 '이방인'에 대한 두려움과 낯섦 때로는 의혹을 드러내는 가장 효율적인 표지가 됩니다. 앞서 언급한 건국 신화의 주인공들은 대체로 처음 모습이 알의 형상을 지녔는데(난생), 이는 그들이 이방인임을 나타내기 위한 장치입니다. 「김원전(金圓傳)」에서 주인공 김원이 둥근 공 모양으로 태어난 것도 자신과 다른 이, 흉한 것에 대한 당대인의 의혹과 공포가 투영된 것으로 이해할 수 있습니다.[27] 작품에 나타나는 이형인 형상은 이방인에 대한 당대인의 심리를 표현하는 데 적합한 문학적 장치입니다. 그러나 그들이 우리에게 이익이 되거나 우리보다 월등해 사회주도권을 장악하게 되면 그들은 곧 우리와 같은 모습 심지어 우리보다 더 우리다운 모습으로 변화합니다. 형태의 동질화는 심리적 동질화를 나타냅니다. 반대로 동일 사회의 구성원임에도 그 사회가 희생제물로 삼거나 배척하고자 하는 대상의 경우는 이역인이 아니어도 우리와 다른 형상을 지니게 하여 같은 부류가 아닐지도 모른다는 '의혹'을 만들어냅니다. 일단 그러한 의혹에 낙인찍히면 그가 아무리 뛰어

27 이정원이 「김원전」의 기이한 형상에 투영된 당대인의 심리를 해석한 것도 커니의 '괴물' 및 '두려움'의 개념과 무관하지 않다. 이정원, 『전을 범하다』, 242-261면.

난 능력을 발휘하고 헌신적으로 사회에 기여해도 궁극적으로는 소외되고 배척당합니다. 그가 사라진 이후에도 사회는 양심의 가책을 느끼거나 반성하지 않습니다. 그의 존재가 처음부터 없었던 것처럼 이전과 다름없이 평온합니다. 왜냐하면 애초부터 사람들은 그를 공동체의 일원으로 생각하고 있지 않았기 때문입니다.

「최고운전」의 최치원은 작품 서두에서 이형인의 이미지로 형상화됩니다. 최충이 아들 최치원을 내친 이유는 그가 '금돼지의 아들'일지도 모르기 때문이었습니다. 작품은 최치원을 '금돼지의 아들'로 형상화해, 그를 우리와 다른 형태의 존재로 상상하게 만듭니다. 이형적 존재는 그 자체로 부정한 것이며, 차별과 의혹의 대상이 됩니다. 사람들은 그가 이형인이라는 이유로 그에게 가해지는 폭력(여기서는 내쳐짐)에 침묵하고 때로는 동조합니다. 최충의 아내가 임신한 시기가 분명한데도 불구하고 최치원이 부모에게 내쳐진 것은 이러한 이유 때문입니다. 일단 '의혹'의 대상이 되면 어떠한 합리적 판단도 작용하지 못합니다. '금돼지의 아들'일지도 모른다는 의혹이 일어난 이상 그가 분명 최충과 그 부인에게 태어났으며, 상식적 판단에 의해서건 인정적 이해에 의해서건 최충의 자식이어야 함에도 불구하고[28] 그는 내쳐져야 하는 것입니다.

부모에게 내쳐진 후 최치원은 하늘에서 내려온 선비들의 가르침을 받아 뛰어난 문장 능력을 갖추게 됩니다. 그 능력은 향후 닥칠 국가적 위기를 타계하는 수단으로 사용될 것입니다.[29] 이처럼 그의 능력이 일

---

28 최치원은 자신을 버린 부친이 뒤늦게 후회하고 부하 이적을 보내 자신을 찾으러 왔을 때, 진나라 자초가 여불위의 자식을 자신의 자식으로 삼은 고사와 모친의 임신 기간 및 자신의 이목구비를 근거로 들며 최충을 비난했다.

29 최치원의 문장력은 영웅소설 내 영웅이 습득하는 병법/병술과 같은 기능을 한다. 영웅소설 주인공은 일반적으로 가문 몰락 후 유랑하는 과정에서 선인을 만나 병법을 배우고, 후일의 국가적 전란을 극복한다.

반인과는 다름을 알고, 심지어 중국 황제의 수수께끼를 풀어달라고 다급한 부탁을 하면서도[30] 승상 나업은[31] 자신을 사위로 삼아달라는 최치원의 말에, "종놈을 사위로 삼는 법이 어디 있단 말인가? 저놈의 말이 참으로 고약하구나!"라며 성을 냅니다. 수수께끼를 풀라고 한 신라 왕의 명령에 눈물을 흘리며 어쩔 줄 몰라 했던 나업의 조금 전 모습과 대조적입니다. 이것은 신라 왕 또한 마찬가지입니다. 국가적 위기 앞에서 쩔쩔매며 최치원에게 시를 받아오라고 부탁하던 그였지만, 일단 위급한 불을 끄고 나자 최치원에 대한 불신을 드러냅니다. 시 지은 사람을 중국으로 보내라는 중국 황제의 말에, 최치원이 아닌 나업을 보내기로 한 것입니다. 이유는 간단합니다. '어린' 최치원이기에 이러한 중대사를 맡길 수 없다는 것입니다.[32] 이들은 모두 최치원을 '어리고(어리석고) 비천한 신분'으로 보고 있습니다.[33] 최치원은 승상과 왕으로 대표되는 상층 귀족들과는 생래적으로 다른 세계의 사람, 처음부터 그리고 영원히 자기들

30 중국 황제의 수수께끼는 국가적 위기를 상징한다. 이 수수께끼를 풀지 못할 경우 중국은 신라를 침공할 것이기 때문이다.

31 실제 역사에서 나업은 최치원과 같은 시대에 살았던 당나라 시인이다. 고려 때 만들어진 『명현십초시』는 최치원을 비롯한 신라 시인과 나업(羅鄴)을 비롯한 당나라 시인의 시를 한데 모아 엮은 것이다. 이 시집에 실린 나업의 시 「협접(蛺蝶)」은 나비를 노래한 것인데 그중 '속설의 처의화상(俗說義妻衣化狀)' 구에 「양산백축영대전(梁山伯祝英臺傳)」이 실려 있다. 이것은 동아시아에 널리 전승된 '양산백과 축영대' 이야기이다. 나업은 이야기문학의 전승과 무관하지 않은 인물이라는 점에서 「최고운전」의 작가나 이 작품이 지어진 시대에 익숙하게 회자되었을 수도 있다. 나업의 시에 대해서는 김수연, 「「양축」설화의 국내 유입과 「양산백전」에 나타난 소설화 양상」, 『고소설연구』 29, 2010, 405-441면 참조.

32 황제는 깊이 공감해 곧바로 신라에 조칙을 보내 시 지은 선비를 중국으로 보내라고 명했다. 그러자 신라 왕은 승상 나업을 불러 이렇게 말했다. "황제가 장차 우리나라를 침략할 뜻을 품고서 시 지은 선비를 불러들이니, 경의 사위를 보내지 않을 도리가 없소. 하지만 경의 사위가 아직 어려서 그냥 보내기도 어려운 일이니, 다른 사람을 대신 보내면 어떻겠소?"

33 중국 황제마저 수수께끼를 풀고 시를 지은 최치원을 "천하의 기재"라고 탄복했으나, 오히려 나업과 신라 왕은 그를 온전히 받아들이고 있지 않다.

의 세상에 섞여서는 안 되는 불순한 이방인인 것입니다. 그들에게 '비천한 하층'은 그 자체로 그들과 다른 형태의 존재이며 그들과 다른 세계에 사는 인물입니다. 이형인과 이역인의 성격을 모두 지닌 이방인인 것입니다. 최치원이 승상과 신라 왕의 배척과 차별을 하나하나 설득력 있는 이유와 계교로써 극복하는 듯 보이는 모습도 알고 보면 그들이 자신들에게 닥친 위기를 극복하기 위해 최치원을 희생물로 사용하기 위한 일시적이고 방편적인 동의일 뿐입니다. 자기들을 위해 제단에 오르는 희생물의 제안을 들어주는 것이 진정으로 최치원을 자기들 세계로 받아들이는 것을 의미하지 않기 때문입니다.

우여곡절 끝에 최치원은 중국에 이릅니다. 중국 황제는 최치원의 마음을 혼란하게 만들기 위해 다섯 개의 문에 악공들과 코끼리를 숨겨두기도 하고, 수많은 학사들을 배치해 정신없이 질문하도록 했습니다. 그러나 최치원은 중국으로 오는 도중에 만났던 여인에게 얻은 부적과 유창한 시문으로 관문을 무사히 통과합니다. 이러한 사실을 안 중국 황제는 그를 황제와 동일한 예로 대접합니다. 그럼에도 의혹은 사라지지 않아[34] 끊임없이 그를 시험하며 독살을 기도하기도 합니다. 그러나 최치원은 모든 시험을 통과하고 중국 전역의 8만 5천 8백여 명이 모인 과거에서 장원을 해서 문신후에 봉해집니다. 그리고 몇 년 후 일어난 황소의 난을 격문 한 장으로 진압하는 전적까지 세웁니다. 이에 이르자 황제는 최치원에게 더 많은 봉지와 황금을 내리며, 그를 비할 데 없이 총애합니다. 이렇게 총애하는 최치원이건만 황제는 돌연 그에게 진노하고 남쪽 섬으로 귀양 보내며 음식마저 주지 말라는 극형을 내립니다. 그를 절도

34 특이한 것은 신라에서 최치원이 의혹의 대상이 된 것은 '금돼지의 아들'이라는 묘사에 담긴 이형성, 혹은 때가 묻은 종놈의 꼴 때문이었는데, 중국 황제는 그가 '보통사람과 다르지 않아' 그 비범함을 의심한다는 점이다.

에서 굶어 죽게 하라는 것입니다. 황제가 이러한 결단을 내린 것은 무엇 때문일까요? 수년간 최치원의 비범함을 직접 목도하고 그가 국가의 위기까지 해결해주었건만, 무엇이 이리도 빨리 그러한 총애를 거두게 했을까요? 이는 다름 아닌, '최치원은 중국이 비록 크지만 소국만 못하다고 말하고 다닙니다.'라는 신하들의 참소 때문입니다. 이 말 한마디에 황제는 크게 진노하고 최치원을 내친 것입니다. 아무리 총애한다 하더라도 황제의 마음속에서 최치원은 그저 이역인일 뿐이었음이 여기에서 드러납니다. 아무리 충성하고 뛰어난 지략으로 보필해도 '이역인'에게 덧씌워진 의혹은 쉽게 사라지지 않습니다. 황제에게 최치원은 영원히 자기 나라 사람일 수 없었던 것입니다.

이처럼 「최고운전」에 형상화된 최치원의 모습은 이형인과 이역인의 이미지가 이중적으로 중첩된 이방인의 속성을 지닙니다. 작품이 처음부터 최치원을 '금돼지의 아들'로 태어나도록 한 것은 이러한 이중적 이방인의 속성을 드러내기 위한 것입니다. 「김원전」에서 김원이 수박 모양의 알로 태어난 것과 달리 최치원은 여느 사람과 다름없는 모습으로 태어났습니다. 그러나 그는 주변인들에게 온전한 사람의 모습으로 인지되지 않습니다. 사람들은 그를 볼 때마다 금돼지의 이미지와 인간의 이미지를 동시에 떠올립니다. 단순한 이형인이거나 이역인이라면, 갈등이 그리 심각하지 않을 것입니다. 이형인은 이형을 탈피하면 그 의혹을 벗겨낼 수 있기 때문입니다. 수많은 난생화소에서 보듯 알을 깨고 나와 사람의 모습을 드러내거나, 「박씨전(朴氏傳)」의 박씨처럼 추한 허물을 벗으면 그들은 사회에 수용됩니다. 이역인 또한 뛰어난 능력으로 기존 세력에게 닥친 위기를 제거해줄 경우 상층으로 자리 잡을 수도 있습니다. 그렇기에 같은 이방인이라 하더라도 이형인이나 이역인으로 한정할 수 있는 서사는 비극적이지 않습니다. 그러나 이중적 이방인은 이형의 장애를 극복하더라도 이역인에게 가해지는 편견의 작용이 멈추지 않으며, 그 반대의 경우도 마찬가지입니다.[35] 그렇기에 그가 겪는 시련은 누구보다 잔인하고 그가 지니고 있는 두려움은 누구보다 큰 것입니다. 최치원은 천승을 물리칠 수 있는 대범함을 지녔으면서도 용으로 변한 이목의 모습에 놀라 기절하는데, 여기에서 겉으로는 강한 듯 애를 쓰지만 기실 한없이 세상에 대한 두려움에 떨고 있는 연약한 그의 내면을 읽을 수 있습니다.[36] 어쩌면 그는 세상이 자신을 같은 부류로 일시적으로 인정하는 듯해도 그에 대한 의혹은 완전히 소거되지 않을 것임을, 그렇기에 결국은 내쳐질 것임을 알고 있을지도 모릅니다. 그러한 두려움이 그로 하여금 더욱더 인간에게 수용되기 위해 그네들에게 닥친 위기를 극복하는 희생물이 되겠다고 자원하고 영웅성을 발휘하도록 만드는지도 모르겠습니다.[37]

4. 이방인 서사에 대한 경청과 화해 지향의 고전 읽기

「최고운전」은 '금돼지의 아들'로 형상화된 이중적 이방인에 대한 서사이자, 동시에 그러한 서사가 우리 내면에 어떠한 욕망과 결부되어 형성되고 작동하는가를 이야기합니다. 이방인 서사는 인간의 관계에 대해

35 최치원이 신라의 위기, 중국의 위기를 극복할 만한 능력을 지녔음에도 그는 결국 어디에도 용납되지 못한다. 심지어 중국에서의 차별에 분노하며 '우리나라'라고 생각하는 신라에 돌아왔건만, 친우라 생각한 신라인은 그를 속이고 그 거짓말 때문에 신라 왕의 행차를 가로막았다는 어처구니없는 죄목으로 인해 최치원은 신라에서 추방된다.

36 최치원은 완전한 용이 되지 못한 이무기라고 볼 수 있다. 용을 보고 기절한 것은 어쩌면 용이 될 수 없을 것이라는, 혹은 용으로 상징되는 절대권력이 지배하는 세계에 수용되지 못할 것이라는 두려움을 형상화한 것으로 생각할 수 있다.

37 이러한 이유로 반대의 지향을 지닌 두 개의 설화, 즉 '지하국 대적 퇴치 설화'와 '야래자 설화'를 접목해 소설을 구상한 것이 아닌가 한다.

말하고 있는 서사입니다. 인간 사이의 '관계'는 인류의 발생과 더불어 생겨난 주요 화두 중 하나입니다. 인류 공동체의 형성과 유지의 본질을 '관계 형성 및 지속'이라고 해도 과언이 아닐 것입니다. 그런데 이러한 '관계 맺기'에는 부득이 친밀감의 정도에 따른 '관계의 층위'가 발생합니다. 이 층위 구분이 극단적 이분법으로 행해질 경우 우리의 모든 관계는 친구 아니면 적이 됩니다. 이때의 적은 '우리와 다른' 대상, 즉 이방인으로, 그들은 손쉽게 배척당하고 '차별과 의심과 희생'의 존재가 됩니다. 그런데 이러한 이분법 혹은 이방인은 상대적 개념이기에, 특정 대상이 제거되어도 멈추지 않고 세포가 자기 분열을 하듯 계속해서 '갈라내기'를 진행합니다. 우리는 공동체 안에서 동질적 유대가 상대적으로 약한 사람들이 순차적으로 '갈라냄'의 대상이 되는 현상을 어렵지 않게 목도할 수 있습니다.

문제가 되는 것은 이러한 갈라냄이 사회적 서사, 즉 우리서사로 작동할 경우[38] 그것을 자기서사의 일부로 내면화한 구성원들이 갈라내짐을 당하지 않기 위해 먼저 누군가를 갈라내려 노력한다는 것입니다. 이것은 다수와 동질감을 확인하는 방법이기도 합니다. '동질감'을 확인하는 가장 쉬운 방법이 '공공의 적', 즉 희생양을 찾아내는 것이기 때문입니다. 특정 대상에 대한 의혹과 차별을 공유하는 것은 나머지 사람들의 동질의식을 공고히 합니다. 이때 사람들 사이의 동질의식은 자신이 배척될 것을 두려워하는 심리에 기반을 둔 것입니다. 이러한 두려움이 공격성으로 나타나는 것이고, 그 공격의 대상은 대체로 자신들과 유사한 서사를 공유하지 않은 '낯선 존재'들입니다.[39] 일반적으로 낯선 존재

38 이방인 서사는 관계의 단절과 파괴에 주목한다.

39 사람들은 일정한 서사를 공유함으로써 동질감을 확인하고자 한다. 그 가운데 가장 흔히 사용되는 것이 혈연, 학연, 지연이다. 같은 집안사람이나 사돈의 팔촌이라도 좋다. 어떻게 해서든

(stranger)는 '이상한 존재'입니다. '이방인'은 이러한 개념, 즉 이상하고 낯선 존재라는 개념을 포함합니다.[40] 원래 'stranger'로서의 이방인은 이상한 존재라기보다 익숙하지 않은 존재일 뿐입니다. 그럼에도 우리는 익숙하지 않은 존재에 대해 무의식적으로 경계심을 지닙니다. 경계심은 종종 부정적인 인식과 손잡습니다.[41] 「최고운전」의 주인공 최치원이 뛰어난 영웅임에도 불구하고 비극적 결말을 맞게 된 것은 우리 사회의 끊임없는 '갈라내기'와 갈라내짐에 대한 '두려움'이 얼마나 큰가를 보여줍니다.[42]

이방인은 그 자체로 두려움과 의혹의 대상입니다. 혈통의 순수함에 해를 끼칠 것 같다는 두려움에 기반을 둔 의혹 때문에 최충은 아들 최치원을 내칩니다. 나업과 신라 왕은 그들 계층에 감히 들어오려는, 때 묻고 어린 종에게 불편함과 분노를 느낍니다. 뛰어난 시를 알아보는 감식안을 지니고 글 잘하는 선비를 좋아하는 황제도 다른 나라 사람, 특히 소국 사람이라는 이유로 최치원을 유배 보냅니다. 이처럼 「최고운전」은 혈통이 다른 사람(이형인)과 계층이 다른 사람(이형인과 이역인) 그리고

지 친인척 관계망 안에 들면 가장 안심이다. 그 다음이 학연과 지연임은 말할 것도 없다. 혈연, 학연, 지연이 있다는 것은 그들이 특정 서사를 공유한다는 뜻이다. 계층 간의 유대감이 참으로 무서운 사회적 박탈감과 소외를 만든다.

40 영어의 'stranger'는 낯선 사람, 모르는 사람, 처음 온 사람 등으로 해석되며, 그 어원이 되는 형용사 'strange'에는 '이상한'이라는 의미가 들어 있다. 또한 카뮈의 대표작 『이방인』의 원제는 '(The) Stranger'이다.

41 물론 익숙하지 않은 대상에 대한 경계심이 긍정적인 인식으로 전환하는 경우도 있다. 자신보다 우수한 문화를 지녔다고 생각하는 경우, 그러한 전환이 발생한다. 그러나 사회적 문제가 대부분 인식의 전환이 부정적으로 이루어지는 경우 발생하므로, 여기서는 부정적인 부분만 언급한 것이다.

42 아무리 위대한 영웅도 '금돼지의 아들'로 낙인찍힌 이상, 사회에 수용될 수 없다는 두려움을 드러내는 것이다. 이러한 두려움이 쉽게 사라지지 않음은 『삼국유사』의 「최치원전」과 '최치원 설화'에 담지한 비극성이 지속적으로 유전되며, 심지어 소설로 개작을 한 경우에도 그것을 극복하고 있지 못하다는 데에서 확인할 수 있다.

물리적 공간이나 문화가 다른 사람(이역인)에 대한 두려움과 거부를 드러냅니다. 그런데 이형인과 이역인이 중층적으로 결합된 이방인은 대부분 사회적 약자들입니다. 그들은 열악한 다문화 가정의 구성원일 수도 있고 신체적 약자일 수 있으며 경제적 빈곤층일 수도 있습니다. 이러한 '약자'들이 쉽게 사회질서를 해치는 공공의 적으로 지목되는 것은 역설적입니다. 두려운 것은 혈통의 이질성과 계층의 차이가 만드는 소외가 집단과 집단 사이를 넘어 개개인의 단위에도 적용되는 현실입니다. 수많은 육체적 폭력과 감정적 폭력들이 주로 사회적 약자를 겨냥하고 있습니다. 이것을 어떻게 끊어내야 할까요? 이것이 우리가 고전 텍스트에 내재한 이방인 서사를 어떻게 읽어야 하는지, 그리고 어떻게 읽도록 해야 하는지 고민해야 하는 이유입니다.

이 글에서 제안하는 것은 '경청을 통한 화해적 읽기'입니다. 이방인 서사를 읽을 때 무엇보다 '이방인'의 말에 귀 기울여주는 읽기, 즉 경청의 독서가 중요합니다. 경청의 독서는 상대를 이해하고 상대와의 거리를 좁히는 행위로, 상대의 처지를 자신의 입장과 같이 느끼는 '공감적 읽기'입니다. 공감적 읽기는 궁극적으로 이방인의 서사가 자신의 서사와 무관하지 않음을 인식하고, 이방인의 서사와 자기서사 사이의 거리를 좁히는 '화해 지향'의 읽기 방법입니다. 고전 텍스트는 객관적 거리두리가 용이하다고 했습니다. 그렇기 때문에 자신이 이방인으로 소외당하는 경우나 소외에 대한 두려움으로 인해 다른 이방인을 찾고자 하는 욕망이 있는 사람이라 하더라도, 일단은 두려움과 욕망이 배제된 객관적 관찰자의 위치에서 이방인 서사를 접할 수 있습니다. 읽기를 지도하는 사람은 가능한 한 독자가 이방인 서사에서 소외당하는 이, 즉 사회적 약자의 목소리에 귀 기울이도록 도울 수 있습니다. 너무 쉽게 최충이나 승상 혹은 왕이나 황제에 주목해 그들을 비난하고 한바탕 욕하는 것으로 끝나는 읽기보다는 차분히 이방인 그 자신의 이야기로 듣게 하는 것입니다. 사회적 약자의 목소리에 주목해야 궁극적으로 자기 안의 두려움을 인지하고 희생이 될 이방인을 만들어내는 서사가 우리 내면과 사회에 존재하고 있다는 사실, 그리고 그러한 서사가 실은 부당하다는 것을 인식할 수 있기 때문입니다. 작품이 지향하는 것도 부조리한 사회 비판에 멈추는 것이 아니라 그러한 사회와 사회 구성원들의 심리를 관통하고 있는 견고한 서사의 본질을 깨닫게 하는 것인지도 모릅니다. '비판'은 자각적인 것처럼 보이나, 사실은 시선을 남에게 둠으로써 궁극적인 진단은 물론 처방도 불가하기 때문입니다. 이방인 서사가 지배하는 사회와 자기 내면의 두려움과 욕망으로 시선을 돌리고 작품의 이방인 서사와 자기서사 사이의 거리를 좁히는, 화해 지향의 고전 읽기는 독자 개인의 자기서사에 숨겨진 '소외와 상처'를 치유하는 데 의미가 있을 것입니다.

제2장

남녀갈등 시대의 고전:

여성의 자기서사 공유를 위한 지혜 읽기, 『옥환기봉』과 『한조삼성기봉』

1. 조선 시대 여성의 노동

조선 시대 여성노동은 주로 육체적이고 경제적인 측면에서 논의되었습니다. 여성노동은 대개 가사에 집중되었기에 여성의 노동과 역할은 아내나 가모라는 지위와 관련이 깊습니다. 조선 시대 여성노동에 대한 기존의 연구는 아내/가모가 '집안을 일으키기'에 기여한 부분을 확인하고 그것의 의미에 주목했습니다. 김경미는 18-19세기 양반 여성을 중심으로, 그녀들의 가사노동이 가족 구성원을 위한 활동일 뿐 아니라 상품의 생산노동이라는 점을 확인했고, 여성들이 별도의 재산을 관리하고 있었던 정황도 포착했습니다.[1] 강혜선도 당시 현실은 경제활동을 드러내는 것에 비판적이었지만, 여성 대상 실기(實記)에서는 여성들의 경제활동을 드러내 찬양하는 내용이 적지 않음을 밝히고 있습니다.[2]

1 김경미, 「조선후기 여성의 노동과 경제활동: 18-19세기 양반여성을 중심으로」, 『한국여성학』 제28권 4호, 2012, 85-117면.

2 강혜선, 「조선후기 사족 여성의 경제활동과 문학적 형상화」, 『한국고전여성문학연구』 24,

조선 후기로 오면서 집안 남성들이 공식 문자인 한문으로 여성의 경제활동을 기린 글들이 증가합니다. 이런 기록들은 아내의 노동과 경제활동이 집안의 살림을 맡은 여성의 선택이 아니라 당연한 '역할'이라고 여기게 만듭니다. 공식적 기림을 통해 여성의 당연직이 된 노동과 경제활동은 '아내 또는 가모'라는 것이 집안 내 지위를 가리키는 이름일 뿐 아니라, 집안 구성원을 위해 기꺼이 감당해야 하는 '직역이자 직무'의 이름으로 인지되고 있음을 말해줍니다.

여성이나 아내의 노동과 경제활동에 대한 기림은 노동의 완성도를 통해 여성의 인격적 자질을 평가하는 방식으로 진행되었습니다. 조선 시대에는 여성이 해야 할 일과 노동을 '여공(女功)'이라 불렀는데, '여공'의 숙련됨이 여성이 갖추어야 할 부덕(婦德)을 가늠하는 지표로 사용된 것입니다. 『예기(禮記)』에 나오는 "(제사 때) 화려한 장식과 수놓인 옷감이 아름다워도 거친 베를 (동이) 위에 놓는 것은 여공의 시초를 돌아보려는 것입니다."[3]라는 기록은 원래 근본을 귀하게 여기자는 의미였으나, 후대에는 '여공'을 '예'의 차원으로 끌어올리는 데 참여하게 됩니다. 이에 더해 『내훈(內訓)』 등에서 '길쌈을 하고 양잠을 하며 실을 뽑아 비단 등을 짜는 일'을 여성이 갖추어야 할 교양으로 강조하면서 조선 시대 여인은 집안 식구들의 의복을 마련하고 가내의 의식주와 관련한 일의 숙련을 덕성의 함양 과정으로 인지하게 되는 것입니다. 가부장사회가 '여공'을 단순한 노동이 아닌 예와 교양의 차원으로 끌어올리고 규범화한 것은, 여성의 인정욕망을 해소할 수 있는 통로를 제공하기 위해서라고 이해할 수 있습니다. 이것은 여성의 정치적·사회적 욕망을 억제하기

2012, 189-219면.

3 『禮記』「郊特生」. "黼黻文繡之美, 疏布之尙, 反女功之始也."

위한 방편이지만, 여성에게는 자신의 능력을 발휘하고 공적으로 인정받을 수 있는 중요한 방식으로 기능했음을 부인하기 어렵습니다.[4]

그런데 여성의 노동과 활동은 단순히 육체적 요소로만 환원할 수 없는 성격의 것입니다. 최기숙은 18세기 여성 생애사 기록을 대상으로, 집안의 가난을 극복하고 다스리는 일을 담당했던 실질적 주체가 여성이었음과, 그녀들의 희생으로 남편과 자식이 청렴과 개결을 유지할 수 있었음을 논의하는 과정에서 극빈(克貧)과 치빈(治貧)을 위한 여성의 노동이 그녀들의 감성에도 영향을 미치고 있음을 드러냈습니다.[5] 남성들이 공식적 언어로 여성이 완벽하게 혹은 티나지 않게 가사노동을 수행했다고 기림으로써, 그녀들이 빈곤의 괴로움을 표현할 수 없도록 하는 감성통제가 이루어졌다는 것입니다. 최기숙이 지적한 '헌신적 여성노동의 규범화 과정과 그로 인한 감성통제'는 여성의 가사활동을 다룰 때 육체노동뿐 아니라 정신노동의 측면도 고려해야 한다는 타당성을 제공합니다. 여성이 헌신적으로 가족을 돌보는 노동/활동에는 "감정노동의 차원이 침윤"되어 있기 때문입니다.[6]

인간의 노동 행위와 감정의 문제는 오래전부터 여러 학문 분과에서 관심을 가졌으나, '감정노동'이 학계의 공식 용어로 사용된 것은 1983년 미국의 사회학자 앨리 러셀 혹실드(Arlie Russell Hochschild)에 의해서입니다.[7] 그는 그동안 간과했던 '감정표현'을 중요한 노동 요소의 하나로

---

4 혼인한 여성이 수행하는 가사노동 가운데 핵심은 "봉제사, 접빈객"이었는데, "봉제사 접빈객에 미진한 바가 없었다"는 것은 남편이 아내를 공식적으로 드러내 기리는 최고의 찬사였다. 이남규, 「아내 정 부인(貞夫人) 채씨(蔡氏)를 제사하는 글」, 『수당집』, 한국고전번역원.

5 최기숙, 「18세기 여성의 생애사 기록을 통해 본 빈곤의 감성 통제와 여성의 삶」, 『여성학연구』 제32호, 2014, 7-42면.

6 이정옥은 '헌신과 돌봄의 성격을 지닌 "가사서비스에는 감정노동의 차원이 침윤되어 있다."고 말한다. 이정옥, 「돌봄노동의 사회화와 감정노동」, 『사회과학논총』 제11집, 2012, 92면.

7 A. R. Hochschild, *The Managed Heart*, University of California Press, 1983.

고려해야 한다고 주장했는데, 여기서 주목한 노동으로서의 감정표현이란 '조직이 바람직하다고 생각하고 요구하는 감정을 표현하는 것'입니다.[8] 그렇다면 감정노동의 성립 조건은 크게 두 가지로 정리할 수 있습니다. 첫째, 조직이 요구하고 제시하는 '규범적 감정(표현)'이 존재해야 하며, 둘째, 규범적 감정을 표현하는 것이 개인의 감정에 반하는 행동이어야 하는 것입니다. 선행 연구는 조선 후기 여성이 가사노동과 경제활동 과정에서 가난의 고통을 표현할 수 없도록 강요하는 조직의 분위기에 주목했습니다.[9] '표현하지 않음'을 강요하는 것은 내면과 다른 '표현'을 강요하는 것과 같습니다. 실상은 고통스러우나 그것을 드러내지 않는다는 것은 고통스럽지 않은 것처럼 '표현'해야 하는 것이기 때문입니다. 그리고 이러한 '비-표현과 반-표현'을 규범화해 강요하는 것이 조선 사회의 전체적 분위기였다는 점에서, 조선 시대 여성의 가사활동은 감정노동 차원에서 고려될 필요가 있습니다.

그렇다면 전통사회 한국 여성이 담당한 노동의 성격은 어떠하며, 감정노동은 구체적으로 어떠한 양상을 띨까요? 그녀들에게 제시되고 요구된 감정노동 규범은 무엇이고, 그녀들은 사회적 감정노동 요구에 어떠한 방식으로 대응했을까요? 마지막으로, 가부장적 억압 기제나 폭력적 규범으로 이야기하던 여성의 정서적 희생을 감정노동으로 규정하고 바라보는 것이 어떠한 의미를 지닐까요? 이 글은 이러한 질문에 답하며 진행될 것입니다. 결과적으로 이 글은 전통적 한국사회에서 여성이 육

---

8 혹실드는 "감정노동은 조직으로부터 자신의 감정을 숨기고 고객이 원하는 감정을 표현할 것을 요구받아, 고객과 대면할 때 자기 감정을 조절하고 조직이 정한 규범적 감정을 표현하는 것을 의미한다."고 했다. 앨리 러셀 혹실드, 『감정노동: 노동은 우리의 감정을 어떻게 상품으로 만드는가?』, 이가람 역, 이매진, 2009, 17-21면.

9 최기숙, 「18세기 여성의 생애사 기록을 통해 본 빈곤의 감성 통제와 여성의 삶」.

체활동보다 '이념적 감정'을 표현하도록 강요하는 조직의 요구에 응하는 감정노동에서 더 크게 '자기감'을 상실했으며, 남성의 한자/공식 문자가 의도한 감정노동의 강요를 여성의 문자인 한글/비공식 문자로 '언어화'함으로써 대응했음을 밝히고자 합니다. 이 과정에서 국문소설이 여성의 비공식적 커뮤니티로 역할하며 여성의 발화를 지지하는 연대를 형성하고, 여성이 자신을 주어진 삶의 순응자가 아닌 선택적 삶의 기획자로 상상함으로써 자기감을 높이며, 무엇보다 남성과 조직에 여성의 '자기서사'를 공유하고 자신들의 공감적 연대에 참여할 것을 제안하는 통로로 기능했음도 확인할 수 있을 것입니다. 서사 기법으로서의 '미러링'과 사회학의 '감정노동', 자기심리학의 '자기감', 문학치료의 '자기서사' 개념은 이 글의 논지 전개에 좋은 성찰 도구가 되어줄 것이라 생각합니다. 주요 텍스트는 국문장편소설 가운데 아내나 가모의 노동 문제를 고발하고, 이에 대한 대응 발화를 속편으로 작품화한 『옥환기봉(玉環奇逢)』과 『한조삼성기봉(漢朝三姓奇逢)』 연작을 대상으로 했습니다.

2. 부도(婦道)의 이중성과 이비(二妃) 신화

조선 시대 비공식 문자인 한글로 쓰인 국문장편소설은 조선 후기에 많은 여성들이 읽고 공유했던 문화 미디어입니다. 주된 콘텐츠는 가문을 중심으로 벌어지는 사건, 사고와 구성원 사이의 갈등과 화해로 구성됩니다. 당시 여성들은 국문장편소설을 통해 특정 사건 유형과 해결 규범을 공유했습니다. 향유자 가운데는 스스로 작가가 되어, 여성에게 민감한 갈등과 사건을 만들고 해결안을 제시하는 이도 있었습니다. 기록에 의하면 『완월회맹연(玩月會盟宴)』 180권의 작가는 안겸제의 모친인

완산 이씨 집안의 여성인데, 이름을 얻기 위해서 소설을 썼다고 합니다.[10] 소설로 이름을 얻기 위해서는 독자들이 공감할 만한 사건과 인정할 만한 해결 방향을 제시해야 했을 것입니다. 국문소설이 여성들의 '담론의 공유처이자 교환처'로 기능하는 것을 남성들도 인지했던 듯합니다. 남성 작가들도 자신들이 제공하고자 하는 소위 '교훈적이고 이념적인 내용'을 소설 형식에 담아 한글로 쓰거나, 한문으로 쓴 것을 국문으로 번역해 가내 여인들에게 읽히기도 했기 때문입니다.[11] 이를 보면 조선조 국문장편소설은 여성들이 소일하는 데 쓰이는 오락물이면서 동시에 사회가 요구하는 교양을 습득하는 문화물이자, 때로는 여성과 관련한 문제적 상황이나 의식이 소통되고 공유되는 담론 공간의 성격도 지니고 있었음을 알 수 있습니다.

국문장편소설의 성격에 대한 논의는 다양하지만 주된 향유층이 여성이라는 점에서는 논란이 거의 없습니다. 대부분의 작품이 집안 내 여성의 임무를 주요 내용으로 다루는데, 그중에서도 『옥환기봉』은 이 글에서 문제 삼는 '아내'라는 직역과 아내가 해야 할 노동과 활동의 다층성, 그리고 그 안에 침윤된 감정노동의 문제를 비중 있고 구체적으로 다루고 있다는 점에서 주목할 만합니다. 많은 연구가 지적한 바와 같이 『옥환기봉』은 다른 작품에 비해 부부갈등을 더욱 쟁점화해 다루었으며 여성, 특히 아내의 비판적이고 저항적인 목소리를 부각시킨 작품입니다.[12]

---

10 조재삼의 『송남잡지』에 "완월은 안겸제의 어머니가 지은 것인데, 궁중에 흘려보내 명성과 영예를 넓히고자 했다."는 기록이 나온다.

11 임형택, 「17세기 규방소설의 성립과 『창선감의록』」, 『동방학지』 57, 1998, 103-176면.

12 박은정, 「『옥환기봉』 연작 연구」, 영남대학교 박사학위 논문, 2008; 이승복, 「『옥환기봉』과 역사의 소설화」, 『선청어문』 28, 서울대학교 국어교육학과, 2000; 「『옥환기봉』의 이본을 통해 본 역사소설 수용의 한 양상」, 『덕성어문학』 10, 덕성여자대학교 국어국문학과, 2000; 「『한조삼성기봉』의 구조와 성격: 전편 『옥환기봉』과의 관계를 중심으로」, 『고전문학과 교육』 3, 청관고전문학회, 2001; 「『옥환기봉』 연작의 여성담론과 소설사적 의미」, 『고전문학과 교

이는 이 작품이 여성과 아내의 역할과 정신노동적 직무의 측면에서 충분한 논의거리를 제공할 수 있을 것을 기대하게 합니다.[13]

『옥환기봉』은 후한 광무제와 곽후, 음후의 실제 역사를 소재로 해서 부부갈등과 부녀갈등을 핵심 서사축으로 삼아 창작한 소설입니다. 『후한서(後漢書)』 등 역사서에는 광무제가 곽후를 폐하고 음후를 황후로 올린 기록이 간략하게 나오는데, 이에 대해 조선 시대 사람들이 곽후 폐위와 관련해 생략된 내막을 상상해서 소설로 만든 것이라고 합니다.[14] 곽후 폐위는 황제가 조강지처인 황후를 내쫓고 빈을 황후로 올린 사건입니다. 황실/왕실을 배경으로 황제/왕과 비빈의 일을 소재로 소설을 구성하는 것은 낯설지 않습니다. 대표적으로 조선조에 많이 읽힌 『사씨남정기(謝氏南征記)』도 숙종과 인현왕후 그리고 장희빈 고사와 관련이 있다고 이야기됩니다. 그러나 전후 작품의 차이는 큽니다. 『사씨남정기』가 전체적으로 허구적 인물을 내세우고 전처-후처를 선-악의 구도 안에 배치한 반면, 『옥환기봉』은 실제 인물을 소설의 주인공으로 삼고 후

육』 12, 한국고전문학교육학회, 2006; 「『옥환기봉』의 역사수용 양상과 그 의미」, 『한국문학논총』 50, 한국문학회, 2008; 「『옥환기봉』의 인물형상과 작가의식」, 『고전문학과 교육』 15, 한국고전문학교육학회, 2008; 임치균, 「『옥환기봉』 연구」, 『한국사상과 문화』 18, 한국사상문화학회, 2002; 「18세기 고전소설의 역사수용 일 양상: 『옥환기봉』을 중심으로」, 『한국고전연구』 8, 한국고전연구학회, 2002; 「『한조삼성기봉』 연구」, 『정신문화연구』 제26권 제3호 통권 92호, 한국정신문화연구원, 2003; 「사랑과 갈등에 대한 남성의 시각 뒤집어 보기: 『옥환기봉』과 『한조삼성기봉』을 중심으로」, 『고전여성문학연구』 9, 고전여성문학회, 2004; 「취미삼선록 연구: 『옥환기봉』, 『한조삼성기봉』과의 대비를 중심으로」, 『고전문학연구』 30, 한국고전문학회, 2006; 구선정, 「『옥환기봉』의 인물 연구: 역사인물의 소설적 재현」, 이화여자대학교 박사학위 논문, 2011.

13 『옥환기봉』의 이본이 22종이나 된다는 점도 이 작품이 당시 많은 독자들에게 공유되었음을 나타낸다. 박은정, 「『옥환기봉』 연작 연구」, 12-18면; 구선정, 「『옥환기봉』의 인물 연구: 역사인물의 소설적 재현」, 6면. 이 장에서의 작품 인용은 선행 연구들이 선본으로 꼽은 규장각본 15권 30책을 기준으로 할 것이다.

14 이승복, 임치균이 이에 대해 처음으로 논의했다.

처를 긍정적으로 그리고 있기 때문입니다. 또 하나의 특이점은 정실 아내의 '삶'을 주목하는 방식입니다. 전자는 주로 사씨의 규범적 삶을 그렸고, 후자는 곽씨의 구체적 생활을 부각시켰습니다. 『옥환기봉』의 정실 곽씨는 절대적 악인으로 그려지지 않는데,[15] 이는 그녀가 조강지처의 역할을 충실하고 뛰어나게 이행했기 때문입니다.

> ① 곽 소저는 용모가 매우 빼어나고 성품이 총명하며 지혜로웠다. 시어머니를 지극한 효로 섬기고 남편을 정성으로 받들며 시누이를 은애로 대해 화목하였다. 금지옥엽 귀한 딸로 부귀한 가운데 자랐으나 빈천을 능히 잘 견뎠으며, 조금도 교만한 태도가 없고 부도(婦道)를 극진히 차리고 신혼의 마음으로 공경하고 정성스럽게 하는 것이 「갈담」에 나오는 덕과 같았다. …… 곽 소저의 재주는 수놓기와 글씨 쓸 줄만 알고, 그 밖의 농가 일은 전혀 모르기에 부인이 깁 짜기를 가르치고, 시누이 백희와 함께 동산에 올라 나물을 뜯으며 광무가 조를 베어 소에 싣고 돌아오면, 솜을 매양 어렵게 여겨 손으로 부비니 고운 손이 콩같이 부르텄다. 곽씨는 시누이와 같이 웃고 (이를) 관계하지 않았는데, 보모 윤씨는 이 모습을 보고 울며 원망하고 탄식하기를 마지아니하였다.[16]

---

15 2권 2책의 조동일본은 소설적 변개가 이루어져, 정실 곽후를 절대적 악인으로 묘사하고 있다. 구선정, 「『옥환기봉』의 인물 연구: 역사인물의 소설적 재현」.

16 『옥환기봉(玉環奇逢)』, 규장각본 권1. "곽쇼져의 용뫼 절승ᄒᆞ고 셩되 춍혜ᄒᆞ여 존고(尊姑)를 지효로 셤기며 가부를 정셩으로 밧들며 금장 소고(小姑)를 은ᄋᆡ로 화목ᄒᆞ여, 쳔금지란으로 부귀의 ᄉᆡᆼ장ᄒᆞ여시나 능히 빈쳔을 감심ᄒᆞ여 조곰도 교만ᄒᆞ든 ᄐᆡ되업고, 부도을 극진니 ᄎᆞ리고 신혼 셩졍의 동동촉촉ᄒᆞᆫ 정셩이 갈담의 뒤흘 니을지라. …… 곽소졔의 ᄌᆡ죄 슈놋귀와 글지를 쥴만 알고, 그 밧근 농가의 일은 젼혀 모로ᄂᆞᆫ지라. 부인이 깁ᄶᆞ기를 가르치고, ᄇᆡᆨ희와 한가지로 동산의 올나 나물을 ᄯᅳ드며 광뮈 조를 뷔여 쇠게 실고 도라오면, 쇼믈 ᄆᆡ양 어려이 역겨 손으로 부뷔니 옥숴 콩갓치 부릇ᄂᆞᆫ지라. 곽시ᄂᆞᆫ 소고(小姑)와 갓치 웃고 관겨치 아니ᄃᆡ, 보모 윤시니 거동을 보고 울며 원탄ᄒᆞ믈 마지 아냐……"

② 천금처럼 귀한 낭자의 가사와 거처를 보고 크게 놀라고 있는데, 곽씨가 마침 안에서 나건을 부여잡고 붉은 신을 신고 동그랗게 머리를 싸매고 고개를 숙이고 섬섬옥수로 나물을 다듬다가 모친의 행차를 보고 창황하여 어쩔 줄 몰라 하며 옥안에 붉은 빛이 일고 놀라는 거동과 부끄러워하는 태도가 천진하게 고와서 더욱 아름다우니, 곽주는 반가워하며 기뻐하나 시비 등은 이 모습을 보고 놀라 눈물을 흘렸다.[17]

곽씨는 미모로나 재예로나 집안으로나 무엇 하나 부족함이 없는 당대 최고의 규수였습니다. 그런 그녀가 가난한 황실 자손 유수에게 시집을 와서, 홀로 된 시모를 지극한 효성으로 섬기고 농사꾼 남편을 정성으로 받들며 시누이들까지도 은혜와 사랑으로 대합니다. 뿐만 아니라 부귀한 가운데서 자란 티를 전혀 내지 않고, 빈천한 생활을 잘 견디며 '부도'를 극진하게 실천했습니다. 부도(婦道)는 여성이 행해야 할 규범으로, 사회가 여성에게 요구하는 덕목의 총칭입니다. 곽씨의 부도가 『시경(詩經)』「갈담(葛覃)」 장에 나오는 덕과 같았다는 서술자의 말은 당대 여성이 받을 수 있는 최고의 찬사였습니다. 「갈담」은 문왕 후비의 덕을 기리는 노래라고 해석되기 때문입니다.[18] 이러한 찬사는 남성들이 공적 문자로 아내와 가모를 기렸던 실기류와 크게 다르지 않습니다. '부도(婦道)'는 여성의 일생을 꿰는 중심 서사틀입니다. 대개의 여성이 '자신'이

17 『옥환기봉』, 규장각본 권2. "천금 낭ᄌᆞ의 가ᄉᆞ 거쳐를 보고 ᄃᆡ경ᄒᆞ난 즁의 곽시 마ᄌᆞ 안흐로셔 나건을 븨여 잡고 븕은 젹거를 신코 동코라케 거두치고 고ᄀᆡ를 슉이고 셤셤옥슈로 나물을 ᄉᆡᆨ다가 모친의 ᄒᆡᆼ거를 보고 창황ᄒᆞ여 아모리홀줄 모로ᄂᆞᆫ 거동이 옥안의 홍광이 취지ᄒᆞ니 놀나ᄂᆞᆫ 거동과 브그리ᄂᆞᆫ ᄐᆡ되 쳔연 규려ᄒᆞ여 더욱 아름다오니, 곽쥐ᄂᆞᆫ 반기며 두굿기리, 시비 등은 ᄎᆞ경을 보고 놀나 눈물을 흘이니……"

18 『詩經』「國風」「周南」. "此詩, 后妃所自作故, 無贊美之詞. 然, 於此, 可以見其已貴而能勤, 已富而能儉, 已長而敬不弛於師傅, 已嫁而孝不衰於父母, 是皆德之厚而人所難也. 小序, 以爲后妃之本, 庶幾近之."

아닌 '아내와 어머니'로 살고, 그녀들의 인생이 주로 남편과 아들에 의해 남겨지던 시대에는 '부도'의 궤적을 통해서만 여인의 인생 서사가 기록/기억되기 때문입니다. 그런데 부도를 훌륭하게 실천한 것으로 공식화되는 여인의 삶은 주류 질서를 지지하는 '증거'의 성격을 띠게 됩니다. 즉 여성의 노동을 '부도'로 찬상하는 작업들은 결과적으로 여성의 구체적 노동을 포장해 실상을 가리는 역할을 하는 것입니다.

『옥환기봉』 또한 사회가 인정하는 '부도'를 이야기하면서 시작하지만 그 진행에서는 전혀 다른 선택을 합니다. '부도'라는 포장지를 부정하지 않되, 그 안에 들어 있는 실상도 보여주는 것입니다. 이는 남성/사회가 강제력/권력을 지닌 공적 언어를 가지고 만든, 여성의 노동에 덧씌워 실체를 희미하게 가리려는 규범에 덮이지 않고, 오히려 자기 언어로 더욱 선명히 드러내 되돌려주는 방식입니다. 남성들이 말하는 '부도'가 무엇인지 그들도 뚜렷하게 볼 수 있도록 곽씨가 담당한 가사를 고스란히 드러냄으로써, 그녀의 노동이 추상화되는 것을 지연하고 방지합니다. 이러한 지연과 방지는 비슷한 처지의 현실 여성들이 인물의 '자기서사'를 중심으로 결집하게 합니다. 수놓기와 글씨 쓰기만 알고 농사일은 전혀 모르던 곽씨가, 시집와서 시모에게 깁 짜기를 배우고 시누이와 산에 올라가 나물을 뜯으며, 남편이 베어 온 조의 껍질 솜을 비벼 터느라 고운 손이 콩처럼 부르트고, 시골 아낙의 모습으로 나물을 다듬다가 친정어머니를 보고 얼굴이 붉게 달아오르는 모습은 비슷한 경험을 지닌 여성들에게는 공감을 불러일으키는 생생한 현장으로 다가오기 때문입니다. 이에 곽씨의 보모가 원망하고 눈물 흘리고, 친정 시비들도 놀라 울었다고 했습니다. 소설의 목소리는 주류 목소리의 이면과 빈틈, 균열을 드러내는데, 여성 주인공의 붉은 얼굴과 보조 인물의 탄식이 이러한 틈새 목소리를 전달합니다. 이것들을 통해 '부도'의 실상이 '기림'의 수사가 만들어내는 이미지와는 다르다는 것을 짐작할 수 있습니다.

이와 같이 '부도'로 포장된 여성의 노동이 강도 높은 육체활동을 감내하도록 요구하고 그 과정에서 '힘듦'을 표현하지 않도록 하는 감성의 통제가 발생하지만, 그것이 항상 여성의 자존감을 떨어뜨리거나 여성을 불행하게 하는 것은 아닙니다. 공정한 수준은 아니더라도, 육체의 수고를 필요로 하는 노동과 경제활동에는 일정한 대가가 존재하기 때문입니다. 여성이 가사활동을 통해 얻는 대가는 집안 경제에 대한 권리를 지니고 운영에 참여할 수 있다는 것, 경우에 따라 사적 재산을 축적할 수도 있다는 것 등입니다.[19] 이것은 집안 내 여성의 위상과 관련이 있습니다. 여성이 집안을 일구는 데 커다란 역할을 했다는 것, 즉 아내나 가모의 직역을 훌륭하게 감당했다는 것은 그 직역 담당자로서의 능력을 인정받는 행위이며 동시에 그 자리를 굳건히 하는 방법이기 때문입니다. 여성은 가사활동을 통해 소극적이나마 자신의 인정욕망을 구현할 수 있었습니다. 이에 더해 공적 문자로 찬상이 되면 인정의 범위가 집 밖으로 확대됩니다. 소설을 써서 사회적으로 인정받고자 했다는 기록에서 확인되듯, 조선 시대 여성도 자기 가치를 인정받고자 하는 열망을 지니고 있었습니다. 그렇기 때문에 고된 노동의 수행과 그것에 수반된 감성통제는, 여성에 대한 사회적 인정이 거의 불가능한 시대에 상대적으로 다수에게 열린 인정 방식이자 통로라는 점에서 일정 부분 여성의 삶에 긍정적 기여도 있었음을 부인하기는 어렵습니다.

이처럼 조선 시대 여성의 노동과 경제활동은 육체적 수고라는 측면만으로 바라보고, 노동의 강도와 여성의 행/불행 감정이 비례한다고 논의하기에는 복잡한 성격을 지닙니다. 그것이 가족에 대한 돌봄과 자신

19 김경미, 「조선후기 여성의 노동과 경제활동: 18-19세기 양반여성을 중심으로」.

에 대한 가치 인정이라는 점을 모두 담고 있기 때문입니다. 혹실드는 감정노동 행위를 결과 변수와 긍정적 관계에 있는 내면 행위와 부정적 관계에 있는 표면 행위로 나눌 수 있다고 했습니다. 내면 행위는 요구받은 감정표현 규칙에 일치되는 방향으로 내적 감정을 변화시키려는 노력을 말하는데, 이런 경우 결과나 성과에 긍정적 효과를 미친다는 것입니다.[20] 이러한 관점에서 보면, 조선 시대 여성의 육체적 활동에 침윤된 감성통제와 감정노동에는 사회적 요구에 자신의 욕망을 결합해 긍정적 결과로 이어지게 하는 내면 행위의 속성이 존재한다고 이해할 수 있습니다. 감정노동과 관련해 문제가 발생하는 것은 '표면 행위' 층위입니다. 표면 행위는 내면 감정은 그대로 둔 채 겉으로 드러나는 표현만을 감정표현 규칙에 일치시키는 것이기 때문입니다.[21]

> ③ 범 부인이 웃으며 칭찬하였다. "부인의 덕은 화평함이 으뜸이니, 며느리의 빙옥 같은 덕이 열녀보다 더함이 있으니, 첩의 모자가 어찌 부족하게 여기겠습니까. 하물며 효행과 예절이 부귀함으로 빈천을 견디어 첩을 지혜로 섬기고 몸소 베 짜기와 나물 캐기로 부도를 다하니, 아들이 어찌 조강결발을 저버리겠습니까?"[22]

---

20 앨리 러셀 혹실드, 『감정노동: 노동은 우리의 감정을 어떻게 상품으로 만드는가?』; 류태모·위희경·정현우, 「감정노동이 직무만족에 미치는 영향: 감성리더십과 임파워먼트의 조절효과」, 『인적자원관리연구』 제21권 제3호, 한국인적자원관리학회, 2014, 437면에서 재인용.

21 류태모·위희경·정현우, 「감정노동이 직무만족에 미치는 영향: 감성리더십과 임파워먼트의 조절효과」, 437면.

22 『옥환기봉』, 규장각본 권2. "범부인이 쇼이 칭ᄉᆞ왈, 부인지덕은 화평ᄒᆞ미 웃듬이니, ᄌᆞ뷔 빙옥ᄀᆞᆺᄒᆞᆫ 덕이 녈녀의 더으미 닛시니, 쳡의 모ᄌᆡ 엇지 부족히 역기리잇고. ᄒᆞ물며 효ᄒᆡᆼ 녜졀이 부귀ᄒᆞ물 빈쳔을 감심ᄒᆞ여 쳡을 지혜로 셤기고 몸소 방적 직짐의 ᄎᆡ강ᄎᆡ미를 부도를 다ᄒᆞ니, 아ᄌᆡ 엇지 조강결발을 져바리잇고."

④ 광무가 탄식하며 말했다. "오늘의 빈천 간고와 그대의 지성을 무엇으로 갚으리오?" 곽씨가 대답했다. "첩의 빈천 곤궁은 백 년이라도 감심할 것이오, 부귀는 진실로 원하지 않는 것입니다. 두려워하는 것은 군자가 타일 뜻을 얻어 첩 두기에 마음이 편하지 못하고 일을 하실까 심려하나니, 오직 부귀한 후 뜻을 고치지 마시고 종신토록 희첩을 갖추지 아니하시기를 바랍니다."[23]

곽씨의 모친 곽주가 찾아오자, 곽씨의 시어머니 범 부인은 곽씨가 열녀보다 더한 덕을 지녔고, 부귀하게 자랐으면서도 티내지 않고 빈천을 견디며, 효행과 예절로 가족을 대하고 베 짜기와 나물 캐기 등도 직접 하고 있음을 들어 칭찬합니다. 결론은 곽씨가 '부도'를 지극히 하기에 자신의 아들이 조강지처를 저버리지 않으리라는 것입니다(인용문 ③). 이를 증명하는 것이 보리죽 한 그릇을 부부가 서로 권하며 사양한 후의 대화 장면입니다(인용문 ④). 광무는 아내 곽씨의 지극정성에 감동해 그녀의 고생을 무엇으로 갚을 수 있겠느냐고 묻습니다. 무엇으로도 갚을 수 없을 만큼 어려움을 견디며 집안을 돌보는 곽씨에 대한 고마움을 표시한 것입니다. 이에 곽씨는 가난한 농사꾼의 아내로 사는 괴로움은 백 년이라도 달게 견딜 수 있다고 말합니다. 백 년의 가난을 달게 견딜 수 있는 것은 그것의 성과가 뚜렷하고, 무엇보다 시모와 시누이, 그리고 남편에게 인정받을 수 있는 일이기 때문입니다. 노동과 경제활동에서의 부도를 완벽하게 실천하는 것은 집안에서 그녀의 자리를 더욱 안전하고

23 『옥환기봉』, 규장각본 권1. "뮈 탄식 왈, 오날날 빈천 간고와 그ᄃᆡ의 지셩을 무어스로 갑흐리오. 곽시 ᄃᆡ왈, 쳡의 빈쳔곤궁은 ᄇᆡᆨ년이라도 감심ᄒᆞᆯ거시오, 부귀ᄂᆞᆫ 진실노 원치 아니ᄒᆞ는 ᄇᆡ로ᄃᆡ 두려ᄒᆞ는 바는, 군ᄌᆞ 타일 뜻을 으더 작쳡의 마음이 편치 못ᄒᆞ고 일을 ᄒᆞ실가 심녀ᄒᆞ나니 오직 부귀ᄒᆞᆫ 후 뜻을 고치지 마르시고 죵신토록 희쳡을 가초지 아니시기를 바라나이다."

공고하게 만듭니다. 자리가 안전하고 공고해질수록 여성의 자기감은 높아지고, 활동의 성과도 더욱 향상될 것입니다. 이것은 부도의 감정노동적 요소 중 내면 행위로 이해할 수 있는 지점입니다.

반면 아내의 직역으로 요구되는 부도에는 또 다른 층위가 존재합니다. 그것은 가난보다 감당하기 어려운, 남편의 '희첩을 참는 것'입니다. 조선 시대 '희첩 참기'는 '이비(二妃) 신화'를 통해 합리화되었습니다. 중국 신화 시대의 임금 순이 요임금의 두 딸인 아황과 여영을 부인으로 맞았는데, 두 여인이 갈등 없이 '한 남자'에게 순종했다는 '신화'는 조선 시대에 매우 강력한 힘을 지닌 서사였습니다. 원래 '이비'는 중국 상강에 살던 두 명의 여신인데, 아황과 여영의 고사는 상강 이비의 이야기가 가부장적 시각에서 각색된 것입니다. 그럼에도 남성은 그것을 불변의 '진실'이자 절대적 '진리'로 높이고, 여성의 삶을 '이비 신화'에 맞추도록 강요했습니다. 그러나 실제 생활에서 이것은 생각만 해도 불안하고 불쾌한 일입니다. '이비 신화'의 수행은 육체적 측면보다 감정적 희생을 더욱 크게 요구하며 쉽게 내면화하기도 어려워서, 이행을 한다 해도 표면 행위일 경우가 많습니다. 무엇보다 이것의 수행에서 획득되는 인정은 최선의 단계가 '현상 유지'입니다. 커다란 감정의 희생과 인내의 대가가 '지금 그 자리'를 유지하는 것입니다. 자리 유지를 위한 희생은 그 직역을 감당하는 이들에게 생존을 위한 전략일 뿐입니다. 일의 성격이 '생존형'으로 축소되면 노동 당사자의 자기감은 쉽게 상실됩니다. 이른바 '살아남기 위해 할 수 없이 참아야 하는' 일이 되기 때문입니다. 생존 전략으로서의 직역은 자기감 확대와 인정욕망의 충족으로 이어지기가 어렵습니다. 그렇기 때문에 '한 명의 희첩'이 '백 년의 가난'보다 견디기 두려운 일인 것입니다.

⑤ 두 말이 다 묘맥이 있음을 알아 평생 믿었던 마음이 허사가 되니, 급한 벼락이 머리에 내려친 듯 얼굴빛이 질리며 한참 동안 말이 없거늘, 광무가 여러 번 개유하고 풀어 이르기를, "여자는 은근 정숙함이 덕이라" 하니, 곽씨 보리밥을 박차 냇물에 엎지르고 눈물 흘림을 마지아니하니, 광무가 그 투협함을 개탄하여 혀를 차고 몸을 일으키며 말했다. "봉황이 오작을 낳았구나." 하시니 이는 장모를 닮지 않았다고 한 것이다. …… 일일은 광무의 주머니 가운데 거룩한 빛이 있음을 보고 보여달라 청하였는데, 광무가 천연하게 끌러주어 받아 열어보니, □□□□□□옥환 한 짝이 들어 있으니 마음이 □□□□□□□□을 보고 가슴 가운데 작은 원숭이가 뛰노는 듯하니 수족을 떠는 중에, 옥환 빛이 방안에 조요하고 이목이 황홀하니 스스로 어린 듯하더라.[24]

⑥ 곽씨가 말했다. "군자가 만일 첩의 깊은 근심을 풀어주려 하실진대, 경각에 있습니다." 광무가 말했다. "무슨 일이오? 생이 그대 말을 좇음이 있으리라." 곽씨가 말했다. "이는 군자의 장중지물이니 옥환을 생각하면 첩의 마음이 자연 한축(寒縮)하고 담이 떨리니 옥환을 첩에게 주시면 직접 보아 신기를 편안히 하고 근심이 풀려 숙식이 달고 화기가 온전하여 천연을 다할 것입니다." 광무가 웃으며 말했다. "부인은 진실로 속 좁게 질투하

24 『옥환기봉』, 규장각본 권1. "두 말이 다 묘ᄆᆡᆨ이 잇시믈 아라 평ᄉᆡᆼ 밋든 마음이 허ᄉᆡ리니, 급ᄒᆞᆫ 뇌정이 두상의 님ᄒᆞᆫ 듯 신ᄉᆡᆨ이 져상ᄒᆞ여 니윽히 말이 업거늘, 광뮈 지ᄉᆞᆷ ᄀᆡ유ᄒᆞ고 프러 널오ᄃᆡ 녀ᄌᆡ 은슉ᄒᆞ미 덕이라 ᄒᆞ니, 곽시 ᄆᆡᆨ반을 박ᄎᆞ ᄂᆡ물의 업치고 눈물 흘니믈 마지 아니ᄒᆞ니, 광뮈 그 투협ᄒᆞ믈 ᄀᆡ탄ᄒᆞ여 혀ᄎᆞ며 몸 니러 왈, 봉황이 오작을 나토다 ᄒᆞ시니 이ᄂᆞᆫ 빙모(聘母)를 답지아니ᄒᆞ시미러라. 곽시 광무의 말숨을 의심ᄒᆞ여 다시 뭇고ᄌᆞ ᄆᆡ양 존괴 ᄒᆞᆫ 방의 이시니 온휘치 못ᄒᆞᆯ 분 아냐 이후ᄂᆞᆫ 광무를 의심ᄒᆞ여 믈읫 거취ᄅᆞᆯ 무심이 보미 업시나 …… 일일은 광무의 쥼치 가온ᄃᆡ 거룩ᄒᆞᆫ 빗치 나시믈 보고 보기ᄅᆞᆯ 구ᄒᆞᆫᄃᆡ, 광뮈 츤연이 글너 쥬며 바다 열어본즉, □□□□□□옥환 ᄒᆞᆫ ᄌᆞᆨ이 드러시니 마음이 □□□□□□□□믈 보고 가ᄉᆞᆷ가온ᄃᆡ 젹은 잣남비 쒸노니 슈족을 써ᄂᆞᆫ 즁, 옥환 빗치 실즁의 조요ᄒᆞ고 이목이 활홀ᄒᆞ니 스ᄉᆞ로 어린 듯ᄒᆞ더라."

는 사람이로다. 차물(此物)이 없어도 이 사람이 있으면 천연을 인력(人力)으로 못할 것이오. 즉 스스로 역량(力量)을 길러 부덕을 닦으면 희년과 숙년을 화동할 것이지만 투협하여 장부지심이 한번 변하면 얻을 것이 없으니 뉘우쳐도 소용이 없을 것이오." 곽씨가 매우 노하고 한스럽게 여기며 애처롭게 우니 광무가 개유하다가 못하여 소매를 떨쳐 나가며 말했다. "적국이 오기도 전에 저렇게 투기함은 고금에 듣지 못한 바이니, 그대의 위인이 진실로 나의 배우자가 아닌 것 같으니 숙녀를 어디서 구하리오."[25]

곽씨는 남편 광무에게 훗날 부귀하게 되어도 희첩을 얻지 말라고 부탁합니다. 그러자 광무는 며칠 전에 허씨와 관계했던 사연을 전하며 앞으로는 조심하겠으나 허씨가 자신에 대한 절의를 끝까지 지키면 그때는 상황을 보아 결정하겠다고 말합니다. 이 말을 듣자 거친 밭일에도 약해지지 않던 곽씨의 마음이 한순간에 무너집니다. 거센 벼락을 맞은 듯한 충격에 휩싸인 것입니다. 이러한 반응에 광무의 태도는 비정합니다. 육체노동에서 손이 부르트면 손을 잡아주었을 광무지만, 정신노동의 호소에 대해서는 도리어 '여자는 은근하고 정숙한 것이 덕'이라고 책망합니다. 이는 '거친 일에도 손이 부르트지 않는 것이 덕'이라는 말과 같습니

25 『옥환기봉』, 규장각본 권4. "곽시 왈, 군ᄌᆡ 만일 쳡의 은우를 풀ᄌᆞ고 ᄒᆞ실진ᄃᆡ, 경ᄀᆡᆨ의 잇나니다. 광뮈 왈, 무숨일이요 ᄉᆡᆼ이 그ᄃᆡ말을 조ᄎᆞ미 이시리라. 곽시 왈, 이는 군ᄌᆞ의 장즁지물이니 옥환을 ᄉᆡᆼ각ᄒᆞᆫ작 쳡심이 자연 한축(寒縮)ᄒᆞ고 담이 쎨이니 옥환을 쳡를 쥬시면 친이 보아 신긔를 편이ᄒᆞ고 근심이 풀여 숙식이 달고 화긔 오젼ᄒᆞ여 쳔연을 다ᄒᆞ리로소이다. 광뮈 소왈, 부인는 진실노 투협인니로다. ᄎᆞ물(此物)리 없서도 이 ᄉᆞ람곳 잇시면 쳔연를 인역(人力)으로 못ᄒᆞ리이오. 즉 스ᄉᆞ로 역양(力量)를 길너 부덕을 ᄉᆞᆷ간즉 희년과 슉년를 화동ᄒᆞ련이와 투협ᄒᆞᆫ즉 장부지심이 한번 변ᄒᆞ면 어들거시 업슨이 뉘웃쳐도 밋지 못ᄒᆞ리라. 곽시 대로 ᄃᆡ한ᄒᆞ여ᄒᆞ야 쳐읍ᄒᆞ니 광뮈 ᄀᆡ유ᄒᆞ다가 못ᄒᆞ여 ᄉᆞᄆᆡ를 쎨쳐 나가며 왈, 적국이 일으지아야 저러 투기ᄒᆞᆷ은 고곰의 돗지 못ᄒᆞ미니, 그ᄃᆡ 위인이 진실노 나의 ᄇᆡ위 아니리어이 숙녀를 어듸 구ᄒᆞ리요 ᄒᆞ너라."

다. 즉 '부도'의 두 층위에 대해 남성과 남편의 인정 기준은 전혀 다른 것입니다. 광무의 말은 정신노동에 대한 요구가 더욱 혹독함을 드러냅니다. 곽씨가 정신적 부르틈을 호소한 것에 '역량을 기르고 부덕을 닦으라'고 하니, 이 말 한마디에 곽씨는 부덕 없는 여인이 되기 때문입니다. 그동안 곽씨가 육체노동과 경제활동으로 증명한 '자질과 부덕'이 일거에 부정되는 것입니다. 곽씨가 서운해 보리밥을 엎지르고 눈물을 흘리자, 광무는 '봉황이 오작을 낳았다.'고 비난합니다. 이제 곽씨의 공로는 사라지고, 그녀는 단지 까막까치 정도의 편협한 사람이 되어버렸습니다.

무엇보다 곽씨에게 강요된 감정 희생은 곽씨가 자신의 부단한 노동과 경제활동으로 굳건히 만들었다고 생각했던 '자리'가 위태하고 불완전한 것이라는 점, 그리고 그것을 유지하기 위해서는 감정적 직역에 충실해야 함을 자각하게 했습니다. 광무는 전쟁 중에 자기를 대신해 가족을 돌보며 피난을 다닌 곽씨에게 "오직 내 마음은 천상옥제가 월궁부인을 보낼지라도 당당히 그대를 버릴 뜻이 없으니"라고 다짐한 적이 있습니다. 그러나 이어 "행여 생이 성취 현달하면 부인이 덕을 일워 □□□□□ □□□□□ 한가지로 하기를 바라노라."[26]라고 하여 훗날 맞이할 다른 여성을 너그럽게 품는 것이 부인의 덕이라고 첨언합니다. 이 말은 희첩을 품는 부덕이 없으면, '함께' 지낼 수 없는 상황이 올지도 모른다는 것입니다. 문제는 이러한 부덕이라는 이름의 감정적 직역이 매번 '제로'에서 시작한다는 점입니다. 뿐만 아니라 요구받은 감정을 성공적으로 내면화한다 해도 대가는 '자신의 현재 자리'를 공유하는, 여전히 불안한 균형 잡기입니다. 반면 내면화에 실패하면 바로 '자리'에서 쫓겨나는 불

26 『옥환기봉』, 규장각본 권4. "오직 ᄂᆡ 마음은 천상옥제 월궁부인을 보ᄂᆡ실지라도 당당히 그ᄃᆡ를 버릴 뜻지 업나니, 힝여 싱이 성취 현달ᄒᆞ고 부인이 부덕을 닐워 □□□□□ □□□□□ ᄒᆞᆫ 가지로ᄒᆞ믈 바라노라."

명예를 감당해야 합니다. '희첩 참기'로 대표되는, '이비 신화'와 관련한 감정노동에 수반되는, 내면과 다른 감정의 표출이라는 직무는 이행 여부에 대한 대가가 이처럼 위협적이고 폭력적입니다. 이것은 사회적 규범이라는 이름으로 조직 차원에서 강요되는 것이고, 고통의 토로 자체가 덕이 없는 것으로 비난받는 일이기에 공감과 이해조차 얻기 어렵습니다. 언제나 곽씨의 부덕을 칭찬하던 시어머니 범 부인마저 아들의 취첩에 대해서는 곽씨에게 '화평을 취할 것'을 요구하며, '분을 참고' '조심히 근신'하기를 강요하는데, 이는 사회적 차원에서 통용되는 감정노동 규범이 존재함을 말합니다. 범 부인은 곽씨에게 내면과 다른 감정과 행위를 표현하라고 합니다. 그렇지 않으면, "전일의 효행이 다 무너지고 신세가 위태해질 것"이기 때문입니다.[27]

여성의 감정 직무는 특성상 내면화 자체도 어렵지만, 내면화에 성공했을 때마저도 긍정적인 노동과 활동의 성과로 이어지는 것이 아닙니다. 자기감의 확장으로 이어지는 통로가 차단된 노동과 활동이며, 자신의 존재 가치를 상실하는 경험이기 때문입니다. 평소 자존감 높던 곽씨가 감정노동 요구의 원인으로 여겨지는 '옥환' 한 짝에 가슴이 놀라고 손발이 떨릴 지경이 되는 것은, 아내가 감당해야 하는 감정적 직역이 얼마

27 『옥환기봉』, 규장각본 권5. "ᄋᆞ직 만일 호식무신으로 무단이 취ᄒᆞᆫ즉 ᄂᆡ 엇지 금치 못ᄒᆞ리오 마는 진실노 쳔연이라 일역으로 못ᄒᆞᆯ비오. ᄒᆞ물며 ᄋᆞᄌᆞ의 긔상이 ᄒᆞᆫ부인을 잇지 아니리이 쳔연불취면 반슈기앙이라ᄒᆞ니, 비록 음시를 물이치나 다은 음시 업슬쥴 어이 알니오. 찰하리 화평을 취ᄒᆞ고 졔 ᄯᅩ ᄉᆞ족 부녜니 ᄒᆞᆫ가지로 화목ᄒᆞ여 교홰 인국의 밋ᄎᆞ면 ᄯᅩᄒᆞᆫ 아름답지 아니랴. 현뷔 청청기절ᄒᆞᆫ 인품이나 본ᄃᆡ 통치 못ᄒᆞᆫ ᄉᆞ람니이 투긔ᄂᆞᆫ 부덕의 경계라. 잉분ᄒᆞ미 웃뜸이오, ᄂᆡ 비록 현부를 ᄋᆡ듕ᄒᆞ고 졔일의 친ᄋᆡᄒᆞ미 금슬이 화락ᄒᆞ고 공이 듕ᄒᆞ나, 현뷔 만일 튀긔를 방ᄌᆞ히 ᄒᆞ여 덕힝을 상히온즉, ᄂᆡ 능히 구키 어렵고 슉뷔 뜻이 셔지 못ᄒᆞ리니 장뷔 마음이 변ᄒᆞ여 일마다 유감ᄒᆞ면 젼일 효힝이 다 문허지고 신셰 위ᄐᆡᄒᆞ여 스ᄉᆞ로 몬져 그른 ᄉᆞᄅᆞᆷ이 아니랴. 만일 소심근신ᄒᆞ여 덕을 길너 스ᄉᆞ로 손상치 아니면 아직 ᄯᅩ 방탕ᄒᆞᆫ ᄉᆞᄅᆞᆷ이 아니라. 우리 고부 ᄉᆞ이는 ᄉᆞᄅᆞᆷ이 감히 ᄉᆞ히지 못ᄒᆞ리니, 현뷔 형셰를 뉘 능히 당거ᄒᆞ리오. 도로혀 존즁ᄒᆞᆫ 위의 체쳬ᄒᆞ리라."

나 치욕스러운 일인지 보여줍니다. 곽씨는 광무에게 옥환을 달라고 청하지만, 광무는 다시 한 번 곽씨를 속 좁게 질투하는 사람이라고 비난합니다. 그리고 곽씨가 역량을 길러 부덕을 닦으면 일생을 함께할 것이지만, 투기를 하면 자신의 마음이 변해 후회해도 소용없는 상황에 이를 것이라고 위협합니다. 심지어 곽씨에게 자신의 배우자 자격이 없다고 하니, '아내 자격'이 생존 근거가 되는 여성에게 내면과 다른 감정과 태도를 강제하는 것은 매우 수치스러운 일이라 하겠습니다. 이에 대해 곽씨는 기회가 있을 때마다 자신이 시댁과 황실의 부흥에 얼마나 기여했는지를 소리 높여 외치는데, 이러한 외침은 곽씨가 요구받은 '이비 신화'와 관련한 감정노동의 문제를 공론화하고 동조의 목소리를 불러 모으려는 시도로 이해할 수 있습니다.

3. 서사적 미러링을 통한 여성의 자기서사 공유 시도

조선 시대 '아내'라는 직역에 요구되는 노동은 크게 경제적 측면과 비경제적 측면으로 나눌 수 있습니다. 여성은 희생적 돌봄을 통해 빈천한 집안을 지탱하고 남성의 청렴을 유지하는 데 실질적 주체로 노동하지만, 동시에 노동 수행 과정에서 감성통제의 대상이 되기도 합니다. 노동과 관련해 조직과 사회에서 요구하는 행위 규칙이라는 점에서 감성통제는 감정노동의 성격을 지닙니다. 그러나 한편으로 경제적 측면의 감정노동은 성과의 가시화가 가능하고 그 수행 여부에 따라 공식적이고 사회적인 인정을 받을 수 있으며, 그로 인해 여성의 지위가 공고해지고 자기감을 높일 수 있는 통로로 작용할 수 있었습니다. 그렇기에 여성들은 스스로를 감성통제의 대상에서 통제를 선택하는 주체로 내면화하기도 합니다. 이러한 '선택'은 노동 성과에도 긍정적인 영향을 미치기에 '내면활동'적 감정노동이라 볼 수 있습니다.

반면 감정노동이 주가 되는 여성의 비경제적 가사활동은 '자아 확장'과 '자기감 고양'의 기회로 연결되기 어렵습니다. 희첩 참기로 대표되는 아내의 직무는, 여성이 자신의 감정에 반하는 감정과 표현을 억지로 수행해야 하는 일입니다. 고통스러운 진심을 '화평한' 표정으로 감추어야 하는 것입니다. 이것은 요구받은 행위 규칙을 훌륭하게 수행한 경우에 주어지는 대가가 현상 유지나 자리보전이라는 점에서 생존형 임무입니다. 만약 부당함에 대한 판단이나, 그에 따른 내면 상태를 솔직히 드러낸다면 남성과 조직은 그동안 여성이 이룬 가시적 성과까지 모두 허사로 매도해버립니다. 거기에 공식적 언어로 여성을 부덕하고 자질이 떨어지는 인물이라고 비난함으로써, 여성의 사회적 존재 가치를 떨어뜨립니다. 이 경우 여성은 자신의 지위와 생존 기반에 대한 불안이 증폭되고 자기감을 상실하게 됩니다. 여성들이 '백 년의 가난'을 '한 명의 희첩 참기'보다 더 행복한 일로 여기는 것은 이 때문입니다.

이러한 환경 속에서 조선의 여성들은 소설이라는 비공식 장르를 통해 공식적 영역에서는 표현도 할 수 없고, 공감도 끌어내기 어려운 자신들의 고된 직역에 대한 문제를 제기했습니다. 앞서 보았듯, '아내'라는 직역에 가해지는 노동의 부당함에 대한 공론화를 꾀했던 『옥환기봉』이 대표적입니다. 실제 조선 시대 여성들은 자신을 수동적인 대상으로 규정하려는 남성의 시선과 언어에 대해 자신들의 시선과 언어로 '말'함으로써 자신들 또한 마주하는 시선이자 대화하는 주체임을 지속적으로 드러냈습니다. 이때 중요한 수단이 '국문소설'입니다. 남성이 '한문과 실기'로 세상의 목소리를 일원화하려고 할 때, 여성은 '국문과 소설'로 갇힌 목소리들을 소환한 것입니다. 조선의 여성들은 소설이라는 공간에서 자신들이 처한 노동과 생활 환경에 문제를 제기하고 공유할 뿐 아니라, 문제에 대한 해결 방안을 모색했습니다. 국문소설은 여성들에게 비공식적이지만 적극적인 소통이 가능한 공간을 제공했던 것입니다.

국문소설은 창작뿐 아니라 전사와 개작의 방식으로 독서되며 여성 중심 향유층의 의견을 유통시키는, 하나의 '움직이는 커뮤니티'로 기능했습니다.[28] 커뮤니티로서의 소설은 향유 구성원 간의 의미 공유를 통해 생명력을 유지했는데, 현존하는 전사본의 양과 개작 정도 및 속편의 창작은 향유자들이 작품서사를 활발하게 공유했다는 것을 보여줍니다. 이는 국문소설의 커뮤니티적 생명력이 왕성했음을 나타냅니다. 특히 동일한 서사에 대한 재해석과 개작을 바탕으로 한 속편의 창작은 남성 중심 시각에서 보았던 규범을 여성의 시선으로 재조명함으로써 그것에 대한 재평가를 제안합니다. 여성은 소설적 서사의 재창조와 재해석을 통해, 삶과 현실의 서사를 새롭게 선택하는 것입니다. 여성이 소설적이고 대안적인 상상력을 지지하는 것은 그 자체가 자신의 삶을 직접 선택하고 재구성하려는 욕망을 구현하는 일입니다. 이는 또한 스스로 세상의 규칙을 제정하는 주체가 되고자 하는 소망을 실현하는 작업이기도 합니다. 그녀들은 소설적 커뮤니티를 통해 사회가 여성을 남성/조직이 만든 규범의 순응자로 정의하고 바라보는 것을 거절하고, 스스로를 규범을 만들고 삶을 창조하는 존재로 규정함으로써 자기감을 높이기를 상호 독

28 에티엔느 웽거 등은 '움직이는 커뮤니티(community of practice) 모형을 통해 "동일한 관심사와 일련의 문제, 어떤 주제에 대한 열정을 공유하고 있으면서, 지속적으로 상호 작용하는 과정을 통해서 이 분야에 대한 지식과 전문성을 보다 깊이 있는 것으로 만들어가는 사람들의 집단"이 창출하는 힘을 주장했다. 에티엔느 웽거 외, 『COP 혁명』, 황숙경 역, 물푸레, 2004; 윤혜린, 「여성주의의 사회적 파워를 위한 리더십 모형」, 『여성주의 리더십: 새로운 길 찾기』, 윤혜린 외, 이화여자대학교출판부, 2007, 24-25면에서 재인용. 조선의 국문소설은 오늘날 여성들의 커뮤니티와 같은 역할을 했다고 볼 수 있다.

려합니다. 그렇게 만들어진 소설적 '여성-자기서사'를 소설 커뮤니티의 구성원들이 공유하는 것입니다. 그러나 궁극적으로, 그녀들의 목적은 자신들의 목소리, 즉 여성-자기서사를 남성과 사회가 경청하도록 하고 그들과 공유하는 것입니다.

이러한 의미에서 『옥환기봉』의 파생작 『한조삼성기봉』은 중요한 역할을 하는 작품입니다.[29] 입장 차이에 대한 경청을 요구하고 공감을 독려하기 위해, '서사적 미러링'이라는 매우 적극적이고 신선한 비틀기를 시도하고 있기 때문입니다. 서사적 미러링이란 작품서사 안에서 인물이 타인의 자기서사를 자신의 자기서사로 경험하는 것을 의미합니다. 역지사지의 서사 버전이라고 할 수 있습니다. 『한조삼성기봉』은 『옥환기봉』의 인물들이 그대로 다시 태어나 전생의 관계를 이어가도록 설정한 작품입니다. '차이의 반복'을 보여주는 이 작품은, 구조나 사건의 진행이 전작과 거의 유사합니다. 전생의 남녀 주인공이 성별을 바꾸어 태어났다는 점과 혼인과 부부 문제의 비중이 강화된 점만 다를 뿐입니다. 『옥환기봉』에서 부부였던 곽씨와 광무는, 『한조삼성기봉』에서 강왕(곽씨)과 조수아(광무)로 태어나 다시 부부가 됩니다. 『한조삼성기봉』은 서사적 미러링을 통해 전작에 대화하기, 질문하기, 논쟁하기를 시도하는데, 이러한 미러링을 제안한 것은 바로 전작의 여성 주인공 곽씨입니다.

『옥환기봉』 초반에서 소개한 것과 같이, 곽씨는 한나라 무제 때 왕자를 낳고도 공손비에게 남편의 사랑을 빼앗겨 쫓겨났다가, 다시 후한 광

29 임치균은 두 작품을 파생작 개념으로 설명했다. 임치균, 「『한조삼성기봉』 연구」, 『정신문화연구』 26(3), 2003, 3-30면. 임치균은 두 작품의 관계를 '뒤집어 보기'라고 설명했는데, 이는 작가의 주제의식이 구조와 인물배치의 뒤집기에 주목해 '역사적 성격의 소설을 허구적 소설로, 미진한 인연을 보완하려는 윤회의 의도가 곽후의 설원을 위한 윤회로 바뀐 '파생작'임을 설명하기 위한 것이다.

무제의 비로 태어나 인연을 이어간 인물입니다. 그녀는 초반 국가 재건 시에 광무제와 함께 고생했음에도 후일에 음씨를 총애한 광무제에게 쫓겨났습니다. 이렇게 두 번이나 자기의 직무를 다했음에도 부당하게 '투기'라는 혐의로 자기 자리를 빼앗긴 그녀는 옥황상제에게 복수의 기회를 달라며 이렇게 말합니다. "원래 유수의 집안은 동기가 많고 빈한한데 비해 신첩의 집안은 왕실을 부러워하지 않을 만큼 부유하였습니다. 그런데도 하늘이 정한 인연에 매여 빈한한 유수에게 시집을 갔던 것입니다. 세 칸 초가집에서 뽕을 심고 보리죽이라도 쑤며, 남편의 뜻을 따르고 아주버니와 시누이를 공경하며 시부모를 봉양하였습니다. 그리고 마침 친정 집안의 재산으로 남편이 천하를 도모하게 하였으니, 비록 천명이 있었다고 하더라도 첩이 내조한 공덕도 적지 않을 것입니다. 이렇듯 어려움을 함께한 신첩을 후에 헌신짝처럼 버리니 신첩의 억울함과 원통함이 어찌 뼈에 사무치지 않겠습니까? 인간 세상으로의 윤회는 실로 기쁘지 아니합니다. 하오나 이번 윤회에는 음양을 바꾸어 신첩은 여자가 아니라 남자가 되고, 저 유수는 여자가 되게 하여 복수할 수 있도록 하여주시기를 바랍니다."[30]

곽씨의 발원으로 시작된 광무의 여성 체험, 아내 체험기는 전작에서 곽씨가 보고 듣고 느낀 경험을 고스란히 반복합니다. 미러링은 서사의 전체적 구조뿐 아니라 구체적 장면에서도 구현됩니다. 강왕(곽씨)이 왕

---

30 『한조삼성기봉(漢朝三姓奇逢)』, 장서각본 권1. "뉴가는 빈한ᄒᆞᄃᆡ 동긔 만코 신첩은 부귀호치로 존귀ᄒᆞ미 황녀ᄅᆞᆯ 블워 아닐 거시로ᄃᆡ 텬연이 ᄆᆡ인 고로 인력이 밋지 못ᄒᆞ와 빈한ᄒᆞᆫ 뉴시 가문의 드러가오니 삼간모려의 ᄯᅮᆨ삼을 삼고 ᄆᆡᆨ죽을 거두어 가부ᄅᆞᆯ 승순ᄒᆞ고 숙ᄆᆡᄅᆞᆯ 우공ᄒᆞ며 고모ᄅᆞᆯ 효봉ᄒᆞᆯ 제 본부 ᄌᆡ산을 기우려 텬하ᄅᆞᆯ 도모ᄒᆞ오니 비록 텬명이 잇다 ᄒᆞ오나 쳡의 ᄂᆡ조의 공덕인들 젹다 ᄒᆞ리오. 이러틋 간고ᄅᆞ ᄒᆞ가지로 지ᄂᆡ다가 나종의 져ᄇᆞ리믈 헌신 ᄀᆞᆺ치 ᄒᆞ오니 신쳡의 원억ᄒᆞ미 엇지 범연ᄒᆞ리잇고? 인간 윤회의 참예ᄒᆞ오미 실노 깃부지 아니ᄒᆞ오나 구ᄎᆞ이 녀ᄌᆡ 되지 말고 남ᄌᆡ 되야 져로 녀ᄌᆡ 되며 음양을 밧고와 보원ᄒᆞᆷ을 ᄇᆞ라나이다." 임치균 외 교주, 『한조삼셩긔봉』, 한국학중앙연구원, 2013, 23-24면.

비 조수아(광무)에게 설 소저(음씨)를 맞이할 의사를 비치는 장면은 곽씨가 미러링을 선택한 이유를 잘 보여줍니다. 후첩을 두겠다는 남편의 말에 조수아는 『옥환기봉』의 곽씨처럼 화난 기색을 역력히 드러냅니다. 이에 강왕(곽씨)은 조수아(광무)에게 "자고로 남자가 새로운 여자를 밝히는 것은 인지상정이오. 필부도 부인 하나 첩 하나는 두는데 어찌 이렇게 투기를 과격히 하여 과인을 욕보이는가? 과인이 마땅히 태임과 태사 같은 성녀를 취하여 살림을 맡기고, 미인을 쌍쌍이 얻어 동서로 후궁을 정할 것이오. 그리고 투기 부리는 부인에게는 한나라 무제의 정비 진 왕후가 투기로 사랑을 잃은 후 무제의 사랑을 되찾기 위하여 사마상여를 시켜 짓게 한 장문부를 읊게 하겠소. 그리하여 장부의 행사가 비 갠 뒤의 바람과 달처럼 맑고 깨끗함을 알게 할 것이오. 진실로 세상의 일은 알 수가 없는 것이오. 남자의 행동은 온화하다가도 갑자기 비바람 불고 천둥 번개가 치는 천지의 조화와 같소. 부부의 금실 또한 이러한 것이오." 라며 꾸짖습니다. 그리고 이어, "부인에게는 온순함이 으뜸이오, 이후로는 명심하고 남편의 뜻을 어기지 마시오. 장부가 한번 화를 내면 여자의 신세는 볼 것이 없으니 조심해야 하지 않겠소."[31]라며 위협하듯 말을 합니다. 상황과 발화 내용이 전작의 『옥환기봉』에서 광무가 곽씨에게 하던 것과 상당히 유사합니다.

---

31 『한조삼성기봉』, 장서각본 권3. "ᄌᆞ고로 남ᄌᆞ호신은 인지상애오 일쳐일쳡은 필부도 잇ᄂᆞᆫ 비어ᄂᆞᆯ 엇지 이ᄃᆡ도록 투한 과격ᄒᆞ야 과인을 쳠욕ᄒᆞᄂᆞ뇨. 과인이 맛당이 임사 ᄀᆞᆺᄐᆞᆫ 셩녀ᄅᆞᆯ 취ᄒᆞ야 즁궤ᄅᆞᆯ 젼일히 ᄒᆞ고 버거 가인을 빵빵이 갓초와 동셔후궁을 졍ᄒᆞ고 투악ᄒᆞᆫ 부인으로 장문부ᄅᆞᆯ 슯프게 ᄒᆞ야 장부의 ᄒᆡᆼᄉᆡ 광풍졔월 ᄀᆞᆺᄐᆞ믈 알게 ᄒᆞ리니 진실노 셰ᄉᆞᄅᆞᆯ 아지 못ᄒᆞ리라. 남ᄌᆞ의 조홰 텬지조화 ᄀᆞᆺᄐᆞ니 비록 온화ᄒᆞ다가도 블측한 풍운뇌졍이 잇ᄂᆞ니 부부의 금슬이 ᄯᅩᄒᆞᆫ 이러ᄒᆞ지라. …… 부인은 온슌ᄒᆞᆷ이 읏듬이니 이후ᄂᆞᆫ 경심계지 ᄒᆞ야 쇼텬의 ᄯᅳᆺ을 어긔지 말나. 가뷔 ᄒᆞᆫ번 노ᄒᆞ면 녀ᄌᆞ의 신셰ᄂᆞᆫ 볼거시 업ᄂᆞ니 조심치 아니리오." 임치균·임정지 역, 『한조삼성기봉』, 한국학중앙연구원출판부, 2013, 108-109면; 임치균 외 교주, 『한조삼셩긔봉』, 115-116면.

『한조삼성기봉』은 광무와 곽씨의 성별과 직역이 달라진 것을 제외하면, 주제적 측면에서는 『옥환기봉』과 크게 다르지 않습니다. 그렇기 때문에 기존 연구에서는 이 작품이 곽씨, 즉 여성의 입장에서 쓰였으며, 여성 담론을 시도하지만 결과적으로 여성에게 제공하는 규범을 반복 언술하고 있다는 점이 한계라고 지적했던 것입니다.[32] 서사만 보면 『한조삼성기봉』의 결론은 조수아라는 여성, 즉 아내가 자신의 직역에 충실해야 한다는 것입니다. 이 작품은 전작의 곽씨에게 그러했듯, 조수아가 감당할 직역 중 가장 고통스러운 것을 남편의 취처나 취첩으로 설정했습니다. 그리고 임무의 수행 과정에서 조수아도 자신이 원하지 않는 감정과 행동을 강요받게 했습니다. 그것을 내면화하지 못할 때 그녀는 왕후의 자리에서 쫓겨날 위협에 놓이며, 내면화에 성공한다 해도 결과는 '자리보전'일 뿐입니다. 전작에서 곽씨에게 아내의 '부덕'을 강조했던 광무(조수아)가 이제는 여성의 혹독한 감정노동을 감내해야 하는 생존 서사를 자기서사화하고 있는 것입니다. 조수아도 이제는 자기 감정을 그대로 드러내는 것이 얼마나 위험한 일인지를 알게 됩니다. 무엇보다, 그러한 감정 직역을 이행하지 않을 때 자신의 모든 존재 가치를 부정당하는, 자기감의 상실도 경험하게 됩니다. 때문에 초반의 높았던 목소리는 낮아지고, 규범의 순응자로 자신을 포기하는 듯 보입니다. 이로 인해 『한조삼성기봉』을 '원본'의 반복으로 생각하게 되는 것입니다.

그러나 『한조삼성기봉』이 『옥환기봉』의 서사적 미러링이라는 점을 고려하며 읽으면 작품에 대한 이해는 달라질 수 있습니다. 조수아를 핍박하는 강왕의 언술이 남성의 언술로만 들리지 않기 때문입니다. 강왕(곽씨)의 말은 여성에 대한 남성의 억압적 발화입니다. 그러나 동시에

32 이승복, 「『옥환기봉』과 역사의 소설화」; 임치균, 「『한조삼성기봉』 연구」.

그 말에는 똑같은 말을 들었던 여성의 조소 어린 반격의 목소리가 겹쳐 있습니다. 조수아(광무)의 불만과 불안과 발악 또한 애처로운 여인의 호소인 동시에, 동일한 말을 내뱉었던 남성의 모순적 주장을 폭로합니다. 겹쳐진 목소리를 듣는 이 소설의 독자들은 어떠한 마음이었을까요? 이는 오늘날 가모장 혹은 걸크러쉬라는 용어의 유행과 그러한 성격의 여성 예능인 캐릭터에 열광하는 많은 주부들의 환호에서 유추할 수 있을 것입니다. 고민할 것은 이러한 환호가 전달하는 메시지입니다. 작가는 이중적 목소리를 동시에 전달할 수 있게 하는 미러링을 통해 무엇을 의도하고 있을까요? 여성이 겪었던 상황을 남성이 고스란히 반복하는 것이 무슨 의미가 있을까요? 이것의 해명은 곽씨의 복수가 의도한 바, 그리고 『한조삼성기봉』의 작가가 전작인 『옥환기봉』에 건네는 메시지를 이해하는 작업이 될 것입니다.

『한조삼성기봉』은 광무에 대한 곽씨의 복수가 동기가 되어 동일한 상황의 반복을 시도합니다. 그러나 이러한 반복은 단순히 대결과 충돌 그 자체를 지향하는 것이 아닙니다. 대결과 충돌은 다른 듯 보이지만 결국은 다시 하나의 시각으로 수렴되는, 그것이 여성적이든 남성적이든 이분법적으로 나뉜 세계의 반쪽만을 지지하는 것입니다. 이럴 경우 『한조삼성기봉』이 제시하는 대안은 현실적으로 성공이 불가능한 '공상'일 뿐입니다. 그러나 『한조삼성기봉』의 미러링은 원본을 '반복하는' 삶이 아니라 '이어가는' 삶을 제안합니다. 곽씨는 광무가 자신에게 부과했던 직역을 그에게 그대로 제공하며 '입장을 바꾸어 생각해보라'는 메시지를 전하는데, 이것은 동일한 경험의 '공유'를 제안하는 것입니다. 시각과 입장의 '공유'는 매우 커다란 변화입니다. 특히 자기서사의 공유는 새로운 삶의 설계를 위한 출발점을 함께하는 일이기 때문입니다.

곽씨의 발원은 광무가 여성과 아내의 직무 규범, 이비 신화가 지배하는 여성의 자기서사가 얼마나 부당하고 견디기 어려운 것인지 이해하기를 바라는 것이었습니다. 곽씨의 바람대로, 조수아가 되어 곽씨의 인생을 고스란히 자기서사로 받아들인 광무는 아내로서 견뎌야 하는 감정적 노역이 육체적 고난보다 어려운 일임을 토로하게 됩니다. 황실을 위기에 몰아넣은 간인들을 처단하는 과정에서 공을 세운 위씨를 자신과 동렬에 봉하며, 황제는 며느리 조수아에게 위씨와 친형제처럼 지내라고 합니다. 그러자 "조수아는 마음속으로 분하고 화가 났으나 지엄하신 분들의 안전에서 감히 투기하는 마음을 드러내지 못하였다. 억지로 화한 빛을 띠고 놀란 기러기 모양으로 꿇어앉아 두 번 절하고 가르침을 받았다. 하지만 얼굴빛에는 분한 마음을 어쩌지 못하여 두 뺨이 붉어지고 구슬 같은 땀이 흘렀다. 임금과 왕후가 그 속마음은 모르고 다만 몸이 불편한가 염려하여 궁녀로 하여금 부축하여 물러가 쉬게 하였다."[33]라고 했습니다. 조수아(광무)가 자신의 마음과 달리, 억지로 '화한 빛을 띠어야 하는 상황'은 전생에서 광무가 곽씨에게 요구했던 '부덕'의 핵심입니다. 광무는 아내라는 이유로, 자신의 감정을 속이고 그와 반대되는 감정/행위를 이행해야 하는 것이 얼마나 고된 일인지를 조수아가 되어서야 비로소 절감하는 것입니다. 조수아는 "나는 부귀영화를 누리면서도 마음이 편치 않은 것보다는 차라리 베옷을 입은 궁한 선비의 아내가 되어 보리밥과 푸성귀 반찬에 만족하고 나무뿌리와 고사리를 캐며 살기를 항상 원했다. 그렇기 때문에 이처럼 마음이 번잡한 것이다. 억지로 아닌 척하고자 하나 마음대로 되지 않으니 이 모든 것이 하늘이 정한 운명이다. 나는 이제 분하고 원통하여 죽을 것 같다."[34]라고 비통해하는데, 이

33 『한조삼성기봉』, 장서각본 권6, 231면.

34 『한조삼성기봉』, 장서각본 권6, 241면.

것은 바로 곽씨가 말했던 '백 년의 가난'보다 더 괴로운 '한 명의 희첩 참기'라는 직무의 고통인 것입니다.

『한조삼성기봉』은 조수아(광무)로 하여금 곽씨와 동일한 경험, 즉 같은 인생의 서사를 갖게 했습니다. 인생의 서사는 한 사람이 살면서 다른 사람들과 관계를 맺는 방식을 말하는데, 이것을 문학치료학에서는 '자기서사'라고 부릅니다. 자기서사를 공유하는 것은 상대를 이해하는 방법이고, 공감을 통해 상대의 상처를 어루만지는 방식입니다. 자기서사의 공유가 중요한 것은 그것이 자기감의 고양으로 이어질 수 있기 때문입니다. 자기서사는 하인즈 코헛(Heinz Kohut)이 말한 '자기(self)'의 개념과 유사합니다. '자기'는 마음속에 존재하는 구조로서[35] '자기'가 긍정적 확장을 이룰 때 자기감이 고양됩니다. 노동은 인간이 자기감을 형성하는 데 기여하기도 하고, 때로는 자기감을 떨어뜨리는 데 참여하기도 합니다. 자신이 맡은 일에서 성과를 낼 때 자기감이 향상되며, 직무에서 무능하다는 평을 받으면 자기감이 떨어지기 때문입니다. 그런데 아내에게 부과된 감정적 직무는 성공적으로 이행을 해도 현상 유지일 뿐 자기감을 높이는 쪽으로 기여하지 못합니다. 오히려 대부분이 자신의 감정에 반하는, 굴욕적인 방식을 요구하기에 이것을 거절할 경우 그 직역을 해낼 자질과 능력이 부족한 사람이라는 비난으로 이어지기 쉽습니다.

특히 사회 전체가 그러한 직역을 '규범'과 '부덕'이라는 이름으로 강요하는 경우는, 스스로도 자신을 부덕이 없는 인물로 자책하게 됩니다. 규범이나 부덕이라는 명명은 이름 자체만으로도 정당함과 옳음이라는 권위를 부여받기 때문입니다. 조선은 '이비 신화'를 통해 여성의 감정노동을 합리화한 사회였습니다. 유교적 합리성을 강조한 조선의 남성들은

35 앨렌 시걸, 『하인즈 코헛과 자기심리학』, 권명수 역, 한국심리치료연구소, 2002, 106면.

각색된 신화를 '진실'과 '진리'의 자리에 올리고, 여성의 자기서사를 '이비 신화'에 맞추도록 강요했습니다. '이비 신화'는 조선의 많은 여인들이 따라야 할 삶의 방향이 되었습니다. 이러한 상황에서 절대적 권위가 되어버린 이비의 서사를 자기서사로 수용하는 것을 거절하는 일은 주체적 선택으로 인정받지 못하고, 여성 스스로도 자신의 선택에 확신을 지니기 어렵게 됩니다. 만약 '규범'이 선택 가능한 것이라는 인식이 공유된다면 강요된 여성-자기서사의 변화가 가능하다는 희망이 생길 것입니다. 그리고 그 변화는 자신의 존재가 부정되는 상처의 서사적 회복을 가져올 것입니다.

여성과 아내의 노동은 보살핌과 돌봄의 속성을 지니고, 그 대가는 가족과 사회의 인정으로 돌아옵니다. 노동에 대한 가치 인정은 아내와 가모라는 자리의 공고함과 연결되고, 인정의 범위도 가정에서 사회로 확대가 가능합니다. 공고함의 강화 정도, 인정 범위의 확대 정도는 여성의 자기감 강화 정도와 연결됩니다. 그러나 여성과 아내의 직역으로 강조된 것 가운데, 충효열과도 무관한 '이비(二妃) 신화'의 수행 요구는 가장 고되고 내면화가 어려운 감정노동이면서 동시에 수행 여부가 아내의 지위 박탈과 축출이라는 위협을 내포합니다. 그것은 자기감의 확대로 이어지지 않는, 생존을 위한 치욕적인 직무입니다. 이러한 아내의 직역에 대해 여인들은 그 부당함을 자신들의 말로 '언어화'했으며, 자신들의 돌봄이 자신들도 돌보기를 희망했습니다. 적어도 부부간에는 상호적 돌봄의 관계가 형성되어야 함을 제안한 것입니다. 부부간 상호적 돌봄은 공감을 조건으로 하며, 공감은 서로가 서로의 자기서사를 공유함으로써 가능해집니다. 전통사회의 경우는 특히 남성이 여성-자기서사를 공유하는 것이 관건이었습니다. 상대의 마음속 구조인 '자기' 혹은 자기서사를 공유하려는 노력은 개인의 자기감과 존재 가치를 높일 뿐 아니라, 삶의 질을 향상하는 방법이기도 합니다. 이는 윤리적 삶에 대한 여성들의 바람이며, 자신들이 가사노동에서 보여주었던 돌봄의 정신이기도 한 것입니다.

4. 규범에서 노동으로, 시선 전환의 의미

『한조삼성기봉』이 『옥환기봉』을 서사적으로 미러링한 것은 궁극적으로 곽씨의 '자기서사'를 광무가 공유하도록 하는 데 목적이 있습니다. 자기서사의 공유는 공감을 목적으로 한 실천입니다. 코헛은 공감이 "(타인의 내면 체험과) 자기의 경험이 유사하다는 자각"이라고 했습니다.[36] 이러한 공감은 자기감의 고양으로 연결된다는 점에서 인간의 가치를 발견하려는 노력입니다. 그동안 남성/남편들은 자신들에 대한 무조건적 순종을 여성의 부덕이라 명명했습니다. 주류의 목소리가 끊임없이 주장했기에, 여성들도 다수는 무비판적으로 '부덕'을 조선 시대의 절대적 사회규범으로 받아들였습니다. 이러한 상황에서 국문장편소설은 서사 간 대화적 발화를 통해 여성들과 남성들 모두에 공감을 제안하는 일을 꾸준히 진행했습니다. 남성 작가가 여성의 '교화'를 위해 창작한 한문소설 『창선감의록(彰善感義錄)』을 국문으로 개작한 『화씨충효록(花氏忠孝錄)』은 효와 절(節)이라는 이념 앞에서 침묵하며 주어진 직역을 참고 견뎠던 여성과 아내의 감정을 일깨우고, 남편을 선택하고 자기 주장을 드러내는 인물을 창조함으로써 앞의 작품에서 '옳음'으로 내세운 규범에 대해 함께 생각해보자는 물음을 던졌습니다.

36 앨렌 시걸, 『하인즈 코헛과 자기심리학』, 102면.

이 장에서는 여성과 아내의 직무 중 '이비 신화'로 이름할 수 있는 왜곡된 '부도 혹은 규범'의 문제에 주목하며, 이를 감정노동 차원에서 다룰 것을 제안했습니다. 가부장적 '부도'에 대해 기존 연구들도 비판적 시선을 견지했습니다. 남성/남편에 대한 여성/아내의 순종을 요구하는 규범의 폭력성과 억압성을 고발한 것입니다. 그러한 비판의 다수는 '이비 신화'를 '규범', 즉 그 시대의 보편 가치로 '인정함'을 전제로 진행되었습니다. 규범의 권위를 인정하고 시작하는 논의는, '현재적 시각에서 볼 때 당시의 규범이 부당하다'는 차이의 '확인'을 넘어서기 어렵습니다. 그리고 결과적으로 개체들은 그러한 규범에 순종할 수밖에 없었다거나, 대항할 경우 비참하게 매장되었던 '사실'을 증명하고 한숨을 짓는 것으로 마무리됩니다. 소설은 상상력을 빌려 '규범'이라는 권위 자체의 정당성에 질문을 던지고, 돌려 보기를 통해 같은 질문을 가진 목소리를 규합합니다. 국문소설이라는 비공식적 글쓰기는 여성이 자신의 목소리를 숨기는 방식이었고, 그들이 숨긴 목소리는 자신을 열등한 존재로 대상화하는 시대의 '이성과 규범'에 대한 개별 주체의 '감정'을 드러냅니다. 감정은 오랫동안 규범에 종속적인 것으로 여겨졌습니다. 때문에 감정의 발견을 위한 노력이 없었던 것은 아니지만, 많은 경우 여전히 '감정'은 사적 맥락에서 다루어졌던 것입니다. 그러나 "계급이나 자본, 윤리 등과 무관한 감정은 불가능"합니다.[37] 이 글에서 조선 시대 여성과 아내의 직역을 감정노동의 문제로 보고자 하는 것은 그녀들의 감정을 발견하는 데 그치지 않고 발견한 감정을 사회적 맥락에 재배치하려는 시도입니다.

조선 시대 아내의 직무와 그에 수반되는 정서적 희생을 규범의 문제로 다루는 것과 노동의 문제로 다루는 것이 어떠한 의미 차이를 만들까

37 김미현, 『번역 트러블: 한국소설과 문화번역』, 이화여자대학교출판문화원, 2016, 19면.

요? 정서의 희생을 규범의 문제로 볼 때, 그것의 이행은 개인의 자질론으로 귀결됩니다. 규범은 그것이 '신화'적 각색에 의한 것이라 해도, 주류와 다수의 지지를 받기에 필연적으로 정당성을 획득합니다. 여성에게 요구되는 정서적 희생의 강요는 부당하지만 그 시대와 사회의 당연한 질서이고 이를 따르는 것은 필수적이고 의무적인 일이 됩니다. 그로 인해 규범을 온전히 이행하지 못하거나 규범을 거절하고 규범에 저항하는 일은 무능력이나 자질 부족이라는 비판에 쉽게 노출되는 것입니다. 남성의 취처/취첩을 기쁘게 받아들이는 일은 '효열'과는 무관한 직무임에도 그것이 '규범'의 자리에 오르는 순간, 그것의 이행은 부덕을 갖춘 여인의 조건이 됩니다. 반대로 그것을 거절하거나 그것에 저항하는 것은 성질 사납게 투기하는 인성이라는 중대 결함을 지닌 여성임을 증명하는 것입니다. 때문에 규범과 제도 자체에 대한 비판은 가능하지만, 개별자에 대한 선택의 가능성은 여전히 논의 대상에 오르지 못하는, 해결 불가능하고 추상적인 거대 담론만을 이야기할 수밖에 없습니다.

그러나 여성과 아내에게 부여된 직무가 규범의 준수가 아니라 노동의 이행이라고 바라본다면, 그것은 공공의 영역이 되기에 사회의 책임에 대한 논의로 논쟁의 좌표를 재설정할 수 있습니다. 이는 '이비 신화'에 복무하는 것이 당연직이 아닌 선택직이라는 점, 또한 그것이 개인 차원에서 감당해야 하는 의무의 영역이 아니라 공동체가 함께 해결해야 할 협업의 영역임을 주장할 수 있게 합니다. 전통적 여성과 아내의 직무를 바라보는 시선은 오늘날 젠더화된 역할 고정의 문제와 연결되기에 개인의 자질이 아닌 사회적 시스템의 문제로 재검토되어야 합니다. 특히 여성과 아내의 직무에 침윤된 감정노동 중 자기감의 확대가 차단된 표면 행동에 주목해 노동과 관련한 여성의 '현실'을 이해하려는 노력이 필요합니다. 상상적 전망과 현실적 실천은 새로운 자기서사를 구축하는 두 날개입니다. 소설적 상상력은 실존했던 익명 여성의 개인적 경험과 여성 집단의 사회적 역사가 결합된 것입니다. 소수자와 열세자는 자신들이 살았고 살고 있는 역사와 현실에서 대안 사회를 상상합니다. 대안적 상상과 그것의 용기 있는 발화는 삶의 질을 바꾸는 변혁의 기본 조건입니다. 여성을 통제 대상화했던 조선 시대에 여성들이 제안했던 소설적 상상력을 주목하는 것도 이 때문입니다. 자신을 주변적 존재로 규정하고자 한 사회와 남성에게, 그녀들은 자기의 언어로 자기들의 감정을 드러내고 경청할 것을 요구했습니다. 이러한 활동은 세상이 부정하는 여성의 자기감을 스스로 높이는 과정이자 노력이기도 합니다. 무엇보다 그녀들이 소설적 상상력을 통해 제안하고 있는 '자기서사의 창조, 그것의 공유를 통한 공감, 공감을 통한 상호 돌봄의 관계 형성'이 당시는 물론 오늘날 여성들의 노동 현실에 대한 구체적 대안이 될 수 있다는 점을 발견할 수 있기 때문입니다.

제3장

리더 부재 시대의 고전: 조력자/치유자 서사를 통한 모성 리더십의 구현, 「금방울전」

1. 고소설 속 여성 고난에 대한 이해

고소설의 서사는 갈등을 필수 요소로 하고, 갈등은 주인공의 고난을 수반합니다. 고대의 신화와 서사시에서부터 이어오는 주인공의 '고난'은 사건 전개의 중요한 모티프이자 필수적 구성 단계입니다. 고소설의 주인공이 남녀를 불문하고 모두 각자의 '고난'을 인생 서사의 핵심 과제로 삼는 것은 이 때문입니다. 많은 경우 남성의 고난은 인물의 영웅성을 확인하고 궁극적 승리를 강조하기 위한 장치로 기능합니다.[1] 여성의 고난은 신화적 전통에서는 통과제의의 성격을 지니지만, 소설적 서사가 확장되면서 '성적, 윤리적, 사회적 권력 관계하의 갈등 상황을 드러내는 상징'[2] 혹은 여성에게 가해진 '신체 구속과 자유로운 교섭 제한이라는

1 조동일, 『한국문학통사』 2(제4판), 지식산업사, 2005, 89면.

2 장시광, 「『쌍천기봉』 여성수난담의 특징과 그 의미」, 『한국고전여성문학연구』 21, 2010, 187-232면.

역사 문화적 조건의 재현'[3]으로 역할합니다. 근대에는 민족의 수난사를 재현하는 데 여성의 고난이 정치적으로 동원되기도 했습니다.[4] 이것은 여성의 고난 서사가 의도되고 상상되는 맥락이 복잡하고 다층적이며 일관되지 않다는 것을 말해줍니다. 현실에서 자기 목소리를 상실한 여성의 고난은 「숙향전(淑香傳)」에서처럼 '소통과 치유를 꿈꾸는' 여성주의적 상상에 의해서도 이루어지지만, 『사씨남정기』에서처럼 '이비(二妃) 신화'[5]의 강화를 위한 남성주의적 의도에 의해 만들어지는 경우도 적지 않기 때문입니다.[6]

여성 고난이 지닌 의미의 중층성과 복잡성은 여성의 고난 서사를 하나로 묶어 해석하는 데 어려움이 있음을 시사합니다. 최기숙은 대표적 여성 수난담 몇 편을 아울러서 여성 고난의 성격을 '성공적 귀착을 위한 안전장치'로 이해하고, '안전장치로서의 수난'이 '여성 독자에게 생애를 모델링하는 상상 체험의 기회를 제공하고, 생의 의미를 탈환'하도록 한다고 해석한 바 있습니다.[7] 고난이 '성공적 귀착을 위한 안전장치'라는 이해는 일견 타당하지만, 모든 작품에서 '귀착과 안전'이 하나의 일관된

---

3 최기숙, 「17세기 고소설에 나타난 여성인물의 유랑과 축출, 그리고 귀환의 서사」, 『고전문학연구』 38, 2010, 42-55면.

4 권명아, 「여성 수난사 이야기, 민족국가 만들기와 여성성의 동원」, 『여성문학연구』 7, 2002, 105-134면.

5 「숙향전」의 치유적 상상력과 고소설에 나타난 '이비 신화'의 문제에 대해서는 김수연, 「소통과 치유를 꿈꾸는 상상력, 「숙향전」」, 『한국고전연구』 23, 2011, 429-459면; 「조선시대 여성의 감정노동과 서사적 미러링을 통한 '이비 신화'의 문제 공유: 『옥환기봉』과 『한조삼성기봉』을 중심으로」, 『여성문학연구』 38, 2016, 5-38면 참조.

6 '여성적, 남성적'이 성별적, 젠더적 의미 범주인 것과 달리, '여성주의적, 남성주의적'이라는 용어는 작가의 성별이나 젠더를 넘어 "평등하고 평화적이며 상호 보살핌 사회를" 지향하는 방향성을 기준으로 구상된 용어이다. '여성주의'의 의미에 대해서는 윤혜린 외, 『여성주의 리더십: 새로운 길 찾기』, 이화여자대학교출판부, 2007 참조.

7 최기숙, 「17세기 고소설에 나타난 여성인물의 유랑과 축출, 그리고 귀환의 서사」, 55-69면.

의미, 즉 '생애를 모델링하고 생의 의미를 탈환'하는 기회로 해석할 수 있는가는 단순한 문제처럼 보이지 않습니다. 『사씨남정기』 등의 규범소설류에서는 고난 극복의 귀착지가 가부장적 현실세계를 벗어나지 못하고 있기 때문입니다. 또한 '여성'은 개체성보다는 관계성과 연대성을 자기 정체성의 중요한 부분으로 삼고 있다는 점, 고소설은 전통 시대에 상호적 보살핌을 지향하는 '여성주의적 연대'가 이루어지던 공간이었다는 점도 다시 한 번 진지하게 고려될 필요가 있습니다. 여성주의적 시각에서 작품을 바라보면[8] 여성의 고난 서사가 지닌 다양한 의미 층위 중 한 지점을 새롭게 발견할 수 있을 것입니다. 여성 인물의 수난담 중에는 여성의 고난이 자기의 정체성 확인과 주체의 완성을 뛰어넘는 지점까지 의미가 확대되는 작품이 등장하기 때문입니다.

여성 인물의 수난을 핵심 서사로 삼는 고소설 중에서, 여성주의적 시각을 섬세하게 보여주는 작품이 「금방울전」입니다. 「금방울전」은 목판본, 필사본, 활자본을 포함해 총 30종에 가까운 이본이 있어 향유의 범위 또한 상당했음을 알 수 있습니다.[9] 「금방울전」은 여성 인물의 신이성이 두드러지는 작품인데, 인물의 신이성은 그녀가 감당해야 하는 고난의 강도와 비례합니다. 「금방울전」의 주인공 금령은 태어나서 열여섯 살이 될 때까지, 사람의 형상도 갖추지 못한 채로 주어진 삶의 과제를 해결해야 했습니다. 이와 같은 '금방울(금령)'의 고난에 대해서는 여성 영웅소설 혹은 성장소설로 의미 해석이 시도된 바 있습니다. 이러한 논의는 금령의 고난 서사를 개인적 영웅성 구현과 여성적 정체성 획득으

---

8 신호림, 「「금방울전」에 나타난 금방울의 성격과 여성성의 의미」, 『한국고전여성문학연구』 25, 365-401면에서는 성별과 젠더의 개념이 혼재된 차원에서의 '여성성'을 다루고 있어서, 방향성과 지향을 기준으로 한 여성주의적 입장과는 논의 층위가 다르다.

9 최운식 역, 『금방울전』, 지식을만드는지식, 2013, 97면.

로 이해한 것입니다.[10] 이에 반해 금령의 고난을 조력자의 서사로 이해한 연구는 작품 이해의 새로운 시각을 제공했습니다.[11] 아쉬운 것은 금령이 조력자로서 고난을 견뎌낸 목표가 "옥골선녀로 환도"하는 것이라는 귀결입니다.[12] 이러한 귀결은 금령의 고난을 개인적 정체성 획득 과정으로 본 앞의 논리와 유사하기 때문입니다.

이 글은 「금방울전」 고난 서사의 의미가 인물의 정체 확인이나 성공적 귀환을 넘어서는 데까지 나아갈 수 있다고 봅니다. 이에 기존 연구의 성과를 바탕으로 하되, 금령의 고난이 원래는 자기서사의 완성을 목표로 삼고 시작되었지만 실제 고난을 수행하는 과정에서 공동체의 상호 보살핌을 위한 연대를 형성하고 있음을 살필 것입니다. 이 과정에서 금령의 자기서사는 영웅적 주인공 서사에서 조력자 서사로 변화한다는 점, 금령의 고난 과정에 작동하는 조력자 서사의 본질이 치유자 서사라는 점, 그리고 조력자 서사의 작동 결과가 모성 리더십의 구현이라는 점을 고찰하고자 합니다. 마지막으로 「금방울전」의 고난 서사가 구현하는 모성 리더십의 지향이 가부장 리더십과의 화해와 부조(扶助)를 도모하고 있다는 것도 확인해보려고 합니다.

2. 금령의 고난, 자기서사의 완성과 상호 보살핌의 연대 형성

「금방울전」의 여성 고난 서사는 신화적 상상력에 기반을 두고 있습

---

10 최기숙, 「성장소설로 본 「금방울전」, 「김원전」」, 『연민학지』 7, 1999, 153-188면.

11 심치열, 「「금방울전」에 나타난 주인공의 조력적 면모와 의미」, 『한국고전여성문학연구』 28, 2014, 95-120면.

12 심치열, 「「금방울전」에 나타난 주인공의 조력적 면모와 의미」, 117면.

니다. 주인공의 고난을 집약적으로 상징하는 '금방울' 형상이 대표적 신화소인 난생(卵生)의 변주라는 점은 물론, 고난의 전개가 신화적 설화의 구조 위에서 이루어지고 있기 때문입니다. 신화적 설화는 대체로 '주인공의 배경-득선(得仙)의 과정-능력의 발휘-최후의 귀숙(歸宿)'이라는 구조를 지닙니다.[13] 「금방울전」은 남해 용왕의 딸이 금방울로 태어나(주인공의 배경), 주어진 과제를 해결하고(득선의 과정과 능력의 발휘), 공주 지위를 회복하는(최후의 귀숙) 내용이 핵심입니다. 이때 내용의 대부분을 차지하는 '과제 해결'이 금령의 고난 서사에 해당합니다. 금령의 고난 서사는 "인간화 과정과 여성적 정체성의 획득"을 위한 조건으로 볼 수도 있으나,[14] 엄밀히 말해 새로운 정체성의 획득이라기보다 용왕의 딸이었던 금령의 본연적 신인성(神人性)을 회복하는 과정으로 이해하는 것이 타당할 듯합니다. 용녀(용왕의 딸)에서 금방울로, 금방울에서 다시 금령소저로, 그리고 금령공주로의 존재 변화는 그녀가 지녔던 원래적 '고귀함/지위'를 회복하고 확인하는 서사이기 때문입니다.

주인공이 우연한 기회에 과제 해결 과정으로 들어가게 되는 신화적 설화와 달리, 「금방울전」의 고난 서사는 고난의 주체/주인공인 여성 인물의 발원으로 기획된 것입니다. 금방울은 전생에서 남해 용왕의 딸 용녀(龍女)였는데, 동해 용왕의 셋째 아들 용자(龍子)와 혼인한 후 친영길에서 요괴를 만납니다. 자신을 납치하려는 요괴에 맞서다가 용녀는 탈진해 죽고, 용자는 인간 세상으로 밀려 나옵니다.[15] 혼인이 어그러지고 죽임까지 당한 용녀의 원혼은 옥제에게 자신의 억울함을 대갚음하게 해

13 정재서, 『불사의 신화와 사상』, 민음사, 1994, 144-147면.

14 최기숙, 「성장소설로 본 「금방울전」, 「김원전」」, 161-173면.

15 작품 인용은 경판 28장을 대본으로 최운식이 번역한 『금방울전』을 따른다. 최운식 역, 『금방울전』, 지식을만드는지식, 2013, 4-5면.

달라고 발원합니다. 이에 옥제는 용녀에게 인간 세상에 나아가 보응한 후 미진한 인연을 이어가라고 허락한 것입니다.[16] 그렇다면 죄 없이 죽은 용녀는 좋은 집안에서 아름다운 숙녀로 태어나 요괴의 환생인 간신 혹은 요첩과 대립하는 과정에서 잠시 곤액을 당하다가, 천정인연인 용자의 환생이 나타나 요괴를 물리치고 나면 결연해 백년해로를 하면 될 터입니다. 그런데 「금방울전」은 용녀의 억울함을 풀기 위한 것이 아니라, 용녀가 천상에서 지은 죄의 값을 받기 위해 인간 세상에 윤회하는 것처럼 그리고 있습니다. 용녀가 대갚음을 위해 발원한 윤회이지만, 복수의 대상인 요괴는 적강하지 않습니다. 뿐만 아니라, 선관들은 오히려 억울하게 죽은 용녀에게 인간 세상에서 금방울의 모습으로 16년 동안 액운의 시간을 보내야 한다고 말하고 있기 때문입니다.[17] 이것은 「숙향전」에서 월궁선녀와 태을성이 서로 희롱한 대가로 인간 세상에서 10년 곤액을 치르도록 예정해놓은 것과 같은 설정입니다.

이러한 착오는 무엇을 의도하는 것일까요? 이것은 「금방울전」의 고난 서사가 궁극적으로 자기서사를 기획하고 완성하는 과정임을 말해줍니다. 「금방울전」은 금령의 인생을 그린 작품입니다. '인물의 인생도 하나의 문학 작품'이라는 시각에서 볼 때,[18] 이 작품은 금령이 선택한 인생 중 태어나서 열여섯 살 성인이 되기까지의 과정, 아직 어떠한 자기서사를 지닌 사람이 될지 모르는 삶의 단계를 그리고 있다고 볼 수 있습니다. 자기서사가 '관계 맺음에 기반을 둔 삶의 운영 방식'이라고 할 때,[19] 「금방울전」의 고난 서사는 자기서사 형성의 과정으로, 인물이 자기서사

16 최운식 역, 『금방울전』, 7면.

17 최운식 역, 『금방울전』, 14-15면.

18 정운채, 『문학치료학의 서사이론』, 문학과치료, 2015, 12면.

19 정운채, 『문학치료학의 서사이론』, 14면.

를 어떻게 기획하고 수행하며 완성해가는지를 여실히 보여주고 있는 것입니다. 자기서사로서의 금령의 고난 서사는 인간 세상에서 부모-자식의 관계를 맺게 되는 막씨와의 인연에서부터 시작됩니다. 막씨와의 관계는 금령이 인간 세상에서 '어떻게 태어날 것인가', '누구에게 태어날 것인가'를 선택하는 문제와 관련이 있습니다. 작품에서는 이 선택을 선관들의 의논으로 결정하는데, 이것은 우리가 부모를 직접 선택할 수 없다는 맥락과도 통합니다. 그러나 선관들의 의견에 금령이 동의함으로써 그녀가 앞으로 선택할 삶의 방향들도 유사할 것임을 알 수 있습니다.

선관이 용녀의 적강 대상을 결정할 때 먼저 고려된 것은 막씨의 처지입니다. 선관들은 용녀의 인간 모친을 정하며 용녀의 발원은 언급하지 않습니다. 용녀의 발원을 고려했다면 그녀의 억울함을 풀 수 있는 배경 등이 거론되었을 것입니다. 용녀가 의탁하기로 동의한 막씨는 오히려 그녀가 돌봐주어야 할 대상입니다. 성남 조계촌 김삼낭의 처 막씨는 얼굴이 곱지 못해 남편에게 외면받았으면서도, 남의 집 고공일까지 하며 시모를 정성껏 봉양합니다. 거기다 시모가 죽은 후에는 여막을 짓고 십년이 넘도록 한결같이 묘를 지키는데,[20] 옥제는 이러한 막씨의 절효에 감동해 그녀가 의지할 수 있도록 자식을 점지합니다. 선관들은 옥제의 뜻을 받아 용녀를 막씨의 딸로 태어나게 합니다. 이때 선관들은 "효부의 바라는 바"를 존중하고자 원래 용녀를 인간 세상에 내보내려던 방법을 바꿔, 죽은 김삼랑의 영혼을 먼저 막씨에게 보내 생시와 다름없이 수작하게 한 것입니다. 영혼이라도 남편과의 관계 후에 용녀를 잉태하게 해야, 막씨가 남편 없이 아이를 가졌다는 자책을 하지 않을 수 있기 때문입니다. 그러나 살아 있는 남녀 간의 관계에서 잉태된 것이 아니기에,

20 최운식 역, 『금방울전』, 13면.

용녀는 사람이 아닌 금방울의 모습으로 태어나게 됩니다. 이러한 용녀의 환생 과정은 금방울의 자기서사가 자신의 발원/욕망보다 막씨의 대절과 지효에 대한 보응을 중시해서 기획된 것임을 알려줍니다.

금방울의 탄생/자기서사는 타인의 처지를 앞에 두는 것으로 시작되고, 그 과정에서 금방울의 발원과 복수/욕망의 대상은 사라집니다. 이것은 금방울이 앞으로 맺어나갈 관계의 성격이 자기를 낮추고 뒤에 두는 서사임을 보여줍니다. 그녀에게 예정되어 있는 16년은 고난과 혼란의 시간입니다. 또한 서사의 귀착점이 정해져 있다는 점에서 16년이라는 시간은 금방울에게 기다림과 수행의 시간이기도 합니다. 그 시간이 지나고 나면 자기 정체를 회복하고 전생의 인연을 만나 끊어졌던 혼인을 이룰 것입니다. 그러나 작품은 결과보다 과정을 더욱 중시하고 있습니다. 금방울의 홀로서기, 자기서사의 완성에 집중하는 것입니다. 기다림의 시간을 어떤 성격의 관계들로 채우느냐에 따라 그녀의 자기서사 성격이 결정됩니다. 그런데 금방울의 수행은 수행의 주체인 금방울은 뒤로 하고, 고단한 삶을 사는 막씨라는 여인을 전경화하는 것으로 시작합니다. 막씨를 전경화하는 과정에서 막씨의 삶이 조명됩니다. 그녀가 사회적 신분으로는 비천할지라도, 그녀의 삶은 결코 낮고 천하고 의미 없지 않다는 것이 확인된 것입니다. 그 장면에서 금방울은 사라지고, 막씨가 빛나는 삶의 주인공으로 부각됩니다.

금방울의 자기서사 수행은 자기를 숨기고 지움으로써 성취됩니다. 원래 막씨는 작품의 '주인공' 금방울의 자기서사 완성 과정에 동원되는 '보조자' 혹은 '조력자'로 구상된 인물입니다. 그러나 역설적으로 금방울의 수행은 자신은 방울 속에 모습을 감추고 막씨라는 가려졌던 인물을 비추는 것으로 시작했습니다. 막씨는 보이지 않는 곳에서 자신을 드러내지 않고 타인을 봉양하고, 수직(守直)하고, 존중하기만 했던 익명에 가까운 보조자/조력자 여인이었습니다. 막씨의 삶은 한 번도 빛난 적이 없었던 것입니다. 그런 여인에게 금방울은 인생에서 가장 행복하고 화려한 순간을 제공합니다. 금방울의 탄생 과정에서 막씨는 남편에게 사과받고, 사랑받고, 인정받고, 존중받으며,[21] 귀하고 귀한 '주인공'의 삶을 살게 되기 때문입니다. 금방울이 작품의 주인공인 자신보다 보조 인물을 주인공으로 끌어올리는 것에서, 금방울이 수행하는 고난 서사와 그녀가 만들어가는 자기서사의 기본 성격을 확인할 수 있습니다.

금방울이 자기서사를 수행하는 방식은 주변 사람이 자기 삶을 완성하도록 돕는 것입니다. 금방울은 타인의 부족한 부분을 채우고, 그들이 소홀히 했던 국면을 돌이켜볼 수 있도록 노력합니다. 그러한 노력은 선인과 악인을 구분하지 않습니다. 금방울은 자기와 이웃하며 관계 맺는 사람이라면 그가 악인이라도 그들에게 자기 삶의 균형을 이루고, 잘못을 '복구'할 수 있는 기회를 주려고 합니다. 한번은 동리의 묵손이라는 부자가 금방울의 기이한 행적을 듣고 방울을 도적질했습니다. 그러자 금방울은 신통력으로 그 집에 불이 나게도 하고, 한여름에 묵손을 추위에 떨게도 만듭니다. 여기에는 묵손을 벌주려는 의도도 있지만, 궁극적으로 그가 자기 잘못을 스스로 깨닫게 하려는 마음이 존재합니다. 금방울은 신통력으로 충분히 묵손을 처단하고 막씨에게 돌아갈 수 있었습니다. 그러나 금방울은 그렇게 하지 않고, 묵손이 직접 금방울을 막씨에게 데리고 가 울며 용서를 빌게 한 것입니다. 묵손은 금방울의 천지조화를

21 최운식 역, 『금방울전』, 18-19면. "삼낭이 목이 메어 이르되, '과연 그대의 숙녀지의를 모르고 탕자의 마음을 걷잡지 못하여 그릇 그대를 박대한 죄로 천앙을 받아 과연 만중지중에 죽으매 후천에 가도 또한 죄인이라. 비록 깨달았으나 가히 미치지 못할 바요, 귀신의 유에도 참예하여 섞이지 못하고 음풍에 다니더니, 그대 나를 위하여 영향이 지극하니 어찌 부끄럽지 아니리요. 비록 유명이 현수하나 그 감격함을 사례하고자 하노라.' 하고 생시와 다름없이 수작하다가 돌아간 후 자주 왕래하여 몽중의 친밀함이 있더라."

경험하고 "변화가 이러한 줄 모르다가 그제야 깨달아 이르되, '우리 무상하여 하늘이 내신 것을 모르고 도적하여 왔더니, 도리어 변을 당하니 이제는 하릴없으며, 도로 막씨에게 가 빌어보리라.'"라고[22] 말합니다. 마을의 부호인 묵손이 여막에 사는 가난한 아낙 막씨에게 고개를 숙이고 죄를 청하는 모습, 더욱이 평소 "무진한 욕심과 불측한 거동이 인륜에 벗어난 놈"이었던 묵손에게서 이러한 장면은 기대하기 어려운 것이었습니다. 이와 같은 깨달음은, 그것이 일시적인 것일지라도[23] 묵손에게 자기의 삶을 돌아보는 계기가 되어줍니다.

다른 사람을 귀한 존재로 만들어주고, 타인의 삶을 돕는 금방울의 수행은 결핍 따위는 없어 보이는 사람들의 숨겨진 아픔까지도 살피고자 합니다. 이것은 궁극적으로 모든 입장의 사람들이 참여해 서로를 보살피는 '상호 보살핌의 연대'를 구축하는 데 기여합니다. 사실 알고 보면 세상 그 누구라도 한두 가지 부족한 부분과 근심 걱정이 있습니다. 이는 고을의 지현을 맡고 있는 장원도 그러합니다. 금방울은 묵손의 무고로 고을의 지현 장원에게 붙들려갑니다. 장원은 묵손의 무고를 살펴보지 않고 그대로 믿고는, 금방울을 잡아들이게 했습니다. 그리고 좌기(坐起)를 벌여, 병사들에게 금방울을 철퇴로 내리치라고도 하고 칼로 베라고도 하며, 끓는 기름 속에 넣으라고도 합니다. 이러한 행동을 하는 것은 장원이 악인이어서가 아닙니다. 장원은 원래 원나라 조정의 충신으로,[24] "거지(擧止) 단아하고 언사가 온공(溫恭)"하여[25] 사람들의 애중(愛重)을 받

22 최운식 역, 『금방울전』, 22면.

23 묵손 부부가 막씨에게 용서를 빈 후, 묵손은 고을 지현에게 금방울의 요괴로움을 고하는데, 이는 서사의 진행상 금방울과 지현인 장공(해룡의 부친)의 만남을 주선하기 위한 장치로 볼 수 있다.

24 최운식 역, 『금방울전』, 3면.

25 최운식 역, 『금방울전』, 5면.

을 뿐 아니라 남전산 신령에게 보호받는 인물입니다.[26] 전대 왕조의 충신이자 지조가 곧은 선비이며 백성의 기림을 받는 고을의 지현이 실수를 해 탐관오리 서사에나 나오는 행동을 보이는 것은 일관성이 없어 보입니다. 많은 소설들이 선한 지도자는 늘 선하게, 악한 관리는 늘 악하게 그리기 때문입니다. 그렇다면 「금방울전」에서는 왜 완벽해 보이는 장원으로 하여금 위와 같은 실수를 하게 했을까요? 이는 장원이 막씨를 보살필 수 있는 계기를 주고자 해서입니다. 실제로 장원은 자신의 잘못을 깨닫고, 막씨에게 초막을 대신해 살 큰 집을 지어주고, 그녀의 효열을 기리는 정문을 세워주며, 달마다 월봉을 주어 생활이 편안하도록 배려했습니다.[27]

장원에게는 '실수'로 드러난 부족함뿐 아니라 보이지 않는 근심도 있었습니다. 장원 부부는 10년 전 전쟁 통에 외아들 해룡을 잃은 아픔이 있었던 것입니다. 다른 사람들에게 장원 부부의 삶은 더없이 평안하고 부러울 것 없어 보이지만, 자식을 잃은 후 생긴 아픔은 시간이 지나도 아물 줄 모릅니다. 종국에는 그 아픔이 골수에까지 파고드는 병이 되어, 장원의 부인은 숨을 거둡니다. 이때 장원의 부인을 살린 것이 금방울입니다. 금방울은 '보은초'라는 이름의 약풀을 구해와 장원 부인의 사라졌던 숨을 되돌립니다. 생명을 회복한 장원 부인은 막씨에게 가서 사례하고 형제의 의를 맺습니다.[28] 올곧은 신념의 장원에게 실수를 '깨닫게' 하는 기회를 만들어주고, 장원 부인을 소생시킨 것은 금방울이 고난의 시간 동안 자기서사를 형성하는 과정에서 수행해야 하는 과제였습니다.

---

26 최운식 역, 『금방울전』, 3-4면. "일일은 장공이 일몽을 얻으매, 남전산 신령이 불러 이르되, '시운이 불리하여 조만에 대화가 있을 것이니 바삐 떠나라.' 하고 간 데 없거늘……."

27 최운식 역, 『금방울전』, 26-27면.

28 최운식 역, 『금방울전』, 29면.

그런데 이러한 과제를 이행한 결과 자연스럽게 자신이 돌보았던 주변 사람들 사이에 상호 보살핌의 연대가 형성됩니다. 고을의 최고 관리인 장원이 막씨라는 빈천한 여성을 돌보게 되고, 그 부인은 막씨와 형제가 된 것입니다. 금방울의 고난 서사는 원래 자기서사의 완성을 목표로 했으나, 그것을 위한 수행의 과정에서 빈천한 자가 부귀한 자의 대등한 이웃이 되고, 서로를 돕고 의지하는 상호 보살핌의 연대가 형성되고 있음을 알 수 있습니다.

3. 조력자/치유자 서사를 통한 모성 리더십의 구현

금방울의 자기서사 형성과 완성 과정에서 작동하는 서사는 주인공 서사가 아니라 조력자 서사입니다. 「금방울전」은 제목에서 보듯 금방울(용녀, 금령)이 작품의 주인공이고, 그녀의 고난과 극복 과정을 그린 여성영웅소설 혹은 여성성장소설이라 할 수 있습니다. 그녀의 영웅성 발휘와 성장은 금방울로 태어나서 성인이 되는 16년간 그녀가 '어떠한 성격의 인간관계를 맺어나가는가'를 보여준다 점에서 자기서사의 형성 과정으로 이해할 수 있습니다. 이때 금방울이 인간관계를 구축하고 확장해가는 방법의 핵심은 새로운 관계를 형성할 때마다 그 관계 맺음의 대상이 되는 대상을 전면화하는 것입니다. 금방울은 자신을 주인공으로 내세우지 않고, 작품에서 자신의 보조자/조력자로 설정한 인물들의 삶을 주목합니다. 그리하여 보조 인물들을 그들과 만나는 계기와 사건과 장면의 주인공으로 만듭니다. 작품이 금방울을 주인공으로 삼았고, 16년간의 고난 서사도 그녀의 자기서사 형성을 위해 기획된 것임에도 그녀는 오히려 주인공 서사를 내려놓고, 스스로 조력자 서사를 선택해 자기서사를 형성해가고 있는 것입니다. 그러한 방식으로 금방울이 만들어간 관계들은 서로가 서로를 보살피는 연대를 구축합니다.

금방울에게 부여된 16년간의 기다림, 즉 자기서사 형성의 시간 동안 조력자 서사를 통해 금방울이 수행하는 내용은 타인의 삶을 살리고, 높이고, 채우는 일입니다. 앞서 보았듯 금방울은 인간 세상에 내려오는 순간부터 막씨의 삶을 보조자의 것에서 주인공의 것으로 바꾸어주었습니다. 그것은 막씨의 결핍을 채워주는 것이었습니다. 막씨는 못난 외모로 사랑받지 못했고, 존중받지 못했던 인물입니다. 그런 그녀에게 금방울의 적강은 사랑과 존중받음을 경험하는 계기가 되었습니다. 또한 막씨는 자신이 남을 보살피는 것만을 당연하다 여겼지, 자신이 보살핌을 받아야 하고 받을 수 있고 받아 마땅한 존재라고는 생각하지 못했습니다. 한 번도 '아낌'이라는 것을 받아본 적 없는 막씨에게 금방울은 새도 잡아주고 과일도 따다 주었습니다. 추운 날이면 막씨의 품에 들어가 그녀의 몸을 녹여주고, 남의 방아를 찧어주고 돌아오는 막씨를 위해 초막 안을 밝고 따뜻하게 만들어주었습니다. 용녀가 사람의 형상으로 태어났다면 그즈음은 오히려 막씨에게 보살핌을 받아야 하는 시기였을 것입니다. 그러나 금방울의 모습을 지니고 태어났기에 인간 세상에 나온 직후부터 막씨를 보살필 수 있었습니다.

조력자의 서사는 주인공 금방울이 스스로 선택한 인생 서사입니다. 용녀/금방울은 원래 억울한 죽음에 대한 보응을 위해 적강을 발원했습니다. 그런데 적강 방법을 구체적으로 논의하는 과정에서 오히려 자신이 죄를 짓고 윤회하는 것처럼, 16년의 곤액을 예정 받고 내려오게 됩니다. 그러는 사이 용녀가 영웅적 주인공이 되어 보수할 대상인 요괴는 서사 안에서 사라집니다. 이제 적강한 용녀는 정해진 곤액의 시간 동안, 대상 없이 때가 오기만을 기다려야 합니다. 그러면 그 시간을 무엇으로 채우며 보내야 할까요? 이것을 선택하는 것부터가 용녀의 고난이자 자기서사의 시작입니다. 용녀의 선택은 보살핌의 대상을 발견하는 것이었습니다. 금방울의 모습으로 태어난 용녀는 사라진 복수의 대상을 대체할 또 다른 원수를 찾으려 하지 않고, 자신이 돌볼 주변인들을 발견하고자 했습니다. 자기에 대한 존중의 경험이 없었던 막씨와 탐욕에 가려 하늘의 이치를 몰랐던 묵손, 그리고 생명을 잃은 장원의 아내가 그 대상입니다. 금방울은 이들에게 존중의 경험을 제공하고, 하늘의 이치를 알게 하며, 생명을 되돌려주고자 했습니다. 이것을 수행하기 위해 스스로 주인공의 자리에서 물러나 자발적 조력자가 된 것입니다.

금방울이 선택한 조력자 서사는 결연담에서도 계속해서 작동합니다. 분명 「금방울전」은 전생에서 어긋난 용녀/금방울과 용자/장해룡의 인연을 잇기 위해 시작된 이야기이건만, 작품의 핵심인 중후반 부분에서 그리고 있는 것은 용녀가 아닌 금선공주와 장해룡의 결연입니다. 「금방울전」은 지하국 대적 퇴치 설화의 구조를 차용해 금선과 해룡의 인연을 전개하는데, 이 부분에 오면 금방울은 이제 남성 주인공 장해룡의 천정인연이라는 자리마저 다른 여성 인물에게 내주고 있음을 보게 됩니다. 황후는 만득녀로 금선공주를 낳는데, 공주는 태어나는 순간부터 색(色)과 덕(德)을 갖추고 있어 만고무쌍(萬古無雙)이라 했습니다. 심지어 열 살에는 효행마저 절륜(絕倫)하고 재모(才貌)를 겸비해, 황제 부부가 장중보옥(掌中寶玉)같이 애중했습니다.[29] 이는 고소설의 제1 여주인공을 묘사하는 것과 다르지 않습니다. 또한 금선이 금돼지 괴물에게 잡혀 있을 때, 꿈에 선관이 내려와 "명일 오시에 일위 수재 들어와 악귀를 잡고 그대를 구하여 고국에 돌아가게 할 것이니, 이 사람은 동해 용왕의 아들로

29 최운식 역, 『금방울전』, 32-33면.

서 그대와 인연이 있으니 그대 이리 됨도 천수라. 부디 천명을 어기지 말라."고 했습니다.[30] 동해 용왕의 아들과 인연이 있는 사람은 금방울인데, 금방울이 그 모습을 드러낼 수 없는 사이 금선공주가 새로운 인연으로 등장하고, 오히려 금방울은 그들의 결연이 성사되도록 도와주는 '그저 기이한 사물'이 되어버린 것입니다.

여주인공의 서사를 금선공주에게 내어준 금방울은 슬퍼하거나 좌절하지 않고, 기다림의 시간을 조력자 서사를 충실히 이행하는 것으로 채워갑니다. 어느 봄날 밤에 금선공주가 후원에서 꽃과 달을 감상하는데 홀연 서남쪽에서 검은 구름이 일어나고 광풍이 불며 괴이한 것이 나타납니다. 그것이 눈 깜짝할 사이에 공주를 납치해가는 것입니다. 이에 황제는 공주를 구해오는 이에게 천하의 반을 주겠노라 공표합니다. 대부분의 지하국 대적 퇴치 설화처럼 괴수에게 잡혀간 금선공주를 구하는 것은 남자 주인공 해룡입니다. 그러나 해룡이 괴수의 소굴로 가게 된 것은 금방울 때문입니다. 해룡이 황제의 방문(榜文)을 보고 괴수를 잡으러 가겠다고 자원한 것이 아니라, 금방울의 인도로 '우연히' 괴수의 소굴을 찾게 된 것입니다. 공주가 납치되던 때, 금방울은 장원 부부를 위해 해룡을 찾아가 의붓어미로부터 학대받는 그를 보살피고 있었습니다. 그러다 해룡이 자신을 죽이려는 의붓어미의 계략을 이기지 못해 집을 나오게 되자, 해룡에게 길을 인도했던 것입니다. 금방울과 해룡이 길을 가던 도중 어느 산골에서 금터럭 돋친 짐승이 나타나 해룡을 해치려 했습니다. 금방울이 나서서 해룡은 살아나지만, 대신 금방울이 그 짐승에게 먹힙니다. 이에 해룡은 금방울을 찾으러 괴물이 사는 남전산 봉내동의 금선수도부에 들어가게 되는데, 그곳이 바로 금선공주가 갇혀 있는 장소

30 최운식 역, 『금방울전』, 53면.

였습니다. 해룡이 금선수도부 문밖에서 주저하고 있을 즈음, 공주를 모시는 계집들이 시냇가에 빨래하러 나옵니다. 이때 여인들은 "우리 왕이 오늘 나가시더니 홀연 속을 앓아 피를 무수히 토하고 기절하니, 그런 신통으로도 이 같은 병을 얻었으니 일찍 나으면 좋으려니와 만일 오래 낫지 못하면 우리 등의 괴로움이 되리로다."[31]라고 말해 괴물이 금방울을 삼키고 병을 얻었음을 드러냅니다. 해룡은 여인들의 도움을 받아 괴물의 소굴로 들어가서, 앓아 누워 있는 괴물을 죽이고 금선공주를 구출합니다. 이처럼 해룡과 금선이 만나는 장면에서, 금방울은 자신을 「숙향전」에 나오는 흰사슴이나 청조 같은 보조적 대상물로 낮추며 철저하게 조력자의 서사를 이행하고 있는 것입니다.

금방울이 선택하고 수행하는 조력자 서사의 본질은 치유적 서사입니다. 금방울은 자기서사 형성의 시간을 채우는 수행 과정에서 주인공 서사가 아닌 조력자 서사를 선택해, 주변 사람들을 앞세우고 자신은 뒤로 물러서며, 그들을 높이고 자신은 철저하게 낮추었습니다. 조력자 서사를 수행하는 금방울은 작품의 보조적 인물들을 각각의 장면에서 '사건의 주인공'으로 만들어주었습니다. 그리고 종국에는 그들이 신분의 고하를 넘어 평등한 친구가 되고, 서로가 서로를 보살피도록 하는 관계를 이루게 한 것입니다. 스스로 '보이지 않는 자리에서 돕는 역할'을 감당하고자 하는, 금방울의 조력자 서사의 본질은 그 '도움'의 성격이 주위 사람들의 결핍을 보완한다는 점에서 치유자의 서사로 볼 수 있습니다. 치유자 서사는 직접적인 문제 해결, 결핍의 충족 외에 '개과(改過)'의 방식으로도 인물을 치유합니다. '개과'는 삶의 부정적인 요소를 거르고 줄여가는 방법이기 때문입니다. 이때 개과는 악인의 극악한 행동만을 대상

31 최운식 역, 『금방울전』, 53면.

으로 하지 않습니다. 「금방울전」은 악인형 인물 묵손의 탐욕과 선인형 인물 장원의 실책을 연계해 서술하면서, 두 사람이 모두 자기 잘못을 깨달아 '개과'하도록 전개합니다. 탐욕과 실책은 악하고 부족하고 기울어진 삶을 나타냅니다. 또한 그것은 삶을 '약한 것, 건강하지 않은 것, 부정적인 것'으로 만드는 요소이기도 합니다. 때문에 그들의 탐욕과 실책을 바로 징치해 단죄하지 않고, 탐욕과 실책의 주체가 깨닫고 '개과'하도록 상황을 만들고 기다려주는 금방울의 조력자 서사는 치유자의 서사라는 성격으로 이어질 수 있는 것입니다.

금방울의 조력자/치유자 서사는 결과적으로 모성 리더십을 구현합니다. 금방울은 전면에 나서서 탐욕과 실책을 저지른 이들을 징치하지 않고 '옆에서' 그들이 자기 삶의 건강하지 못한 부분을 '개과'할 수 있는 상황을 만들어주었습니다. 탐욕과 실책의 주체들이 스스로 깨닫기를 도와주는 금방울의 '기다려줌'은 마치 비뚤어지고 실수를 하는 아이를 문제아나 낙오자로 단정하지 않고, 그 아이를 아직 어리고 약한 존재로 바라보며, 그 아이가 스스로 부정적인 부분을 줄여갈 수 있도록 기다려주는 어머니의 마음을 닮았습니다. 이 때문에 「금방울전」의 '개과'는 '모성 양식을 돌봄'이라는 속성을 지닌 것으로 이해할 수 있습니다.[32] '치유의 기다려줌'으로 구체화된 모성 양식의 돌봄은, 조력자/치유자 서사가 궁극적으로 '모성 리더십'의 구현과 관련이 있음을 보여줍니다. 모성 리더십은 '리더의 이룸과 공동체 성원들의 이룸이 맞물려 있다고 여기며, 리더 자신의 최선을 발전시키는 동시에 성원이 온전한 개인으로 성장하도록 하며, 성원 간의 유대를 도와 성원들이 지닌 최선이 나타나도록 보조하기' 때문입니다.[33]

32 조형 편, 『여성주의 가치와 모성 리더십』, 이화여자대학교출판부, 2005, 42면.

33 조형 편, 『여성주의 가치와 모성 리더십』, 57면.

이것은 리더가 자기 삶을 완성하는 시간이 곧 구성원의 삶을 완성해주는 과정이며, 자기를 최선의 상태로 회복하는 수행이 구성원을 최선의 상태로 회복해주는 것이어야 함을 말합니다. 그 사이에서 리더와 구성원뿐 아니라, 구성원 사이에도 서로를 보살펴주는 연대가 이루어지도록 조력해야 하는 것입니다. 때문에 모성 리더십은 주인공의 서사가 아닌 조력자/치유자의 서사를 지닙니다. 모성 리더십은 다른 사람의 삶을 이루어주는 서사, 그들의 결핍을 채워 온전하게 만들어주는 서사를 구성해야 하기 때문입니다. 금방울의 조력자 서사는 다른 인물의 결핍을 채우고 건강하지 못한 부분을 바로잡는다는 점에서 치유자 서사의 속성을 지닙니다. 이는 궁극적으로 자기서사 형성을 위한 '기다림'의 시간을 주변 인물의 자기서사가 건강해지도록 돕는 '기다려줌'의 시간으로 채웁니다. 그리하여 자기의 최선과 성원의 최선이 동시에 이루어지게 합니다. 이 점에서 모성 리더십의 구현을 지향한다고 볼 수 있습니다.

모성 리더십의 구현이라는 점에서 금방울의 조력자/치유자 서사는 리더의 서사라는 성격을 갖게 됩니다. 금방울의 조력자/치유자 서사는 주위 인물을 보조하고 치유할 뿐 아니라 주위 인물들이 서로가 서로를 돌보는 상호 보살핌의 연대를 구축하도록 한다고 했습니다. 이러한 연대의 형성을 주도하는 주체가 금방울이라는 점은 금방울의 조력자 서사가 곧 리더의 서사임을 보여줍니다. 금방울의 조력자 서사가 연대를 이루고 이끄는 리더의 서사로 전환하고 있는 것입니다. 그리고 금방울이 수행하는 리더의 서사는 치유자 서사를 공유하는 모성 리더십을 구현합니다. 금방울의 리더 서사는 '약자의 관점을 우선적으로 삼고, 결핍/불행의 조건들을 극복'하는 데 초점을 두고 있기 때문입니다.[34] 조력자의

34 조형 편, 『여성주의 가치와 모성 리더십』, 36-43면.

서사가 치유자의 서사로, 그것이 다시 리더의 서사로 전환하는 금방울의 모성 리더십은 영웅적 주인공이 이루어내는 개별자의 능력과 성취 및 성과를 중시하는 리더십과 다릅니다. 영웅적 리더십은 경쟁과 대결을 중심 서사로 삼는 가부장 리더십을 구현합니다. 가부장 리더십을 지닌 영웅적 주인공들은 대부분 어려서 집안의 위기를 맞아 부모라는 보호자를 잃고 떠돕니다. 영웅적 주인공은 자신의 영웅성을 발휘하기 전 단계에서, '나약한 아이'의 모습으로 고난의 시간을 보냅니다. 그때 그들은 '조력자'를 만나고 그들의 보호를 받습니다. 「조웅전(趙雄傳)」의 조웅이 그랬습니다. 작품의 결말은 어린 소년이 훌륭한 영웅으로 성장해 얻어낸 승리로 장식되지만, 그렇게 해서 얻어진 '승리'는 주변 사람의 가치를 부정하며 그들을 징치당한 '실패자' 혹은 이름 없는 '추종자'로 만듭니다. 영웅적 주인공의 서사를 부각하는 데 치중하는 대신 주변인들의 서사는 희미해지거나 사라지는 것입니다. 「단군신화」의 경우 환웅과 단군의 리더십이 구축되는 과정에서 웅녀의 서사와 리더십은 사라집니다. 「주몽설화」의 경우도, 주몽이 영웅적 리더가 되는 과정에서, 유화가 보여준 조력자/치유자의 서사와 모성 리더십은 약화되고 사라집니다.[35] 이 경우 영웅적 리더는 자신의 최선은 '이루지만' 다른 사람의 최선은 이

35 조현설은 "우리에게 너무나 익숙한 단군신화에는 곰의 변신인 웅녀라는 여성이 있다. 그러나 단군신화는 그 이름처럼 단군과 환웅, 그리고 환인의 신화이지 웅녀의 신화가 아니다. 주지하다시피 단군신화에서 만나는 웅녀는 본래 한 동굴 속에서 범과 함께 살던 곰이었는데 늘 천신의 아들인 환웅에게 사람 되기를 빌어 환웅이 제시한 쑥과 마늘의 동굴을 통과한 뒤에야 여자—사람이 되었고, 또다시 아이를 낳기를 간절히 원해 가화한 환웅과의 결합을 통해 건국주 단군을 낳는 존재이다. 단군을 낳은 후 웅녀는 단군신화에서 사라진다. 물론 환웅이 신단수에 하강할 때에도 웅녀는 거기 없었다. 웅녀는 자기의 이야기를 잃어버린 존재, 환웅이나 단군과의 관계 속에서만 의미를 부여받은 존재인 것이다. 이런 웅녀의 위상은 웅녀가 단군신화에서 소외된 존재, 즉 타자화된 존재라는 사실을 시사한다. 대단히 부차적이고 기능적인 존재로 자리매김되어 있다는 것을 의미한다."라고 했다. 조현설, 「웅녀·유화신화의 행방과 사회적 차별의 체계」, 『고전문학과 여성주의적 시각』, 소명출판, 2003, 11-12면.

루도록 돕지 못합니다. 리더의 '이룸'이 성원의 '이룸'을 동반하지 못하는 것입니다. 주인공 서사를 놓지 못하는 영웅적 리더의 고난 서사/투쟁 서사는 치유자의 서사가 되지 못하며, 결과적으로 누군가의 생명을 빼앗거나 존재 가치를 지우는 가해자의 서사를 일정 부분 지니게 되는 것입니다.

「금방울전」이 조력자/치유자 서사를 통해 구현하는 모성 리더십은 영웅적 주인공의 서사를 주장하지 않습니다. 금방울은 영웅이 지닐 만한 특별함을 지녔어도 스스로 조력자의 서사를 선택합니다. 금방울은 자발적으로 길을 떠돌며 주위 사람들의 문제와 결핍을 발견하고 그것을 해결하기 위해 노력합니다. 문제의 해결 과정은 결과적으로 주변인의 자기서사에 주목하고 집중하며 의미를 부여하는 시간입니다. 금방울의 주변 인물들은 적어도 그들의 자기서사가 지닌 결핍을 해결하는 동안만은 '그 장면과 사건의 주인공'으로 주목받습니다. 금방울과 같은 모성 리더십의 구현자는 사람들의 앞에 서지 않습니다. 그들의 뒤와 옆에서 인도하며, 주변인을 중심인물로 드러내는 조력자 서사를 기꺼이 수행합니다. 금방울이 보여주는 조력자 서사는 궁극적으로 사람들의 아픔을 치유해주고 고픔을 채워주는 치유자의 서사이며, 이것이 바로 모성 리더십을 구현하는 리더의 서사인 것입니다.

4. 가부장 리더십과의 화해와 부조(扶助)

용녀/금방울은 자신의 억울한 죽음과 깨어진 결연에 대해 대갚음을 하고자 인간 세상에 재생할 것을 발원했습니다. 이것은 복수의 서사를 자기서사의 기본 방향으로 삼고 있는 것입니다. 그러한 그녀에게 주어진 것은 16년간 금방울로 살아야 한다는 '시간'뿐이었습니다. 그 시간이 지나면 원래의 모습도 회복하고 깨어졌던 인연도 만나 온전한 결합을 할 수 있다고 했습니다.[36] 발원의 결과 재생의 기회를 주지만, 그 시간을 복수 대상을 찾아 징치하는 것으로 채우든, 그저 가만히 앉아 시간이 흘러 헤어진 인연을 만날 때까지 기다리기만 하든, 금방울이 새롭게 선택해서 구성해야 하는 것입니다. 때문에 16년이라는 금방울의 고난의 시간은 자기서사를 만들어가는 기다림과 수행의 시간이 됩니다. 금방울은 그 시간을 어떠한 성격의 자기서사로 채울까요? 뜻밖에도 금방울은 조력자의 서사로 그 시간을 구성합니다. 그녀는 자신을 주인공으로 내세우지 않고, 주변 사람들에게 주목하고 그들의 삶이 드러나도록 돕습니다. 이러한 조력자 서사는 주변 사람들의 끊어짐을 잇고, 깨진 것을 메우고, 잃은 것을 되찾아준다는 점에서 치유적 서사입니다. 금방울은 조력자/치유자 서사를 수행하는 동안 원래 자기가 목표로 삼았던 복수를 잊습니다. 복수의 대상은 서사에서 사라지고, 오히려 자기를 괴롭혔던 인물의 자기서사에도 긍정적 영향을 주려고 노력합니다. 심지어 금방울은 자기가 궁극의 목적으로 삼은 결연마저 뒤로 하고, 다른 이의 인연을 먼저 이어주고 완성해주기 위해 노력합니다. 이것이 바로 금방울이 자기에게 주어진 고난에 대처하고 자기서사를 형성하는 방식입니다. 이러한 자기서사 형성 과정에서 금방울은 다른 이의 약하고 어렵고 불안한 부분을 우선적으로 고려하며, 그들 또한 서로가 서로를 돕는 연대를 이루도록 이끄는 모성 리더십을 구현하고 있습니다.

36 최운식 역, 『금방울전』, 14-15면. "남해용녀와 동해용자가 조년 원사하여 옥제 탑하에 보수함을 발원한즉, 옥제 우리로 하여금 선처하여 보응케 하라 하신고로, 명을 받들어 동해용자는 마침 좋은 곳이 있어서 구처하였으되, 용녀의 거처를 정치 못하여 이제 데려와 그대에게 주나니, 십육 년 후에 얼굴을 볼 것이니, 이제 보았다가 후일 의심이 없게 하라."

금방울이 자기서사 형성 과정에서 보여주는 관계 맺기의 양상과 모성 리더십의 구현은 기존의 영웅적 주인공이 보여주는 가부장 리더십과 차이를 보입니다. 가부장 리더십을 구현하는 고난은 인물 간의 관계보다는 영웅적 개인의 초월적 역량을 부각하기 위한 장치로서의 성격이 강조됩니다. 영웅적 주인공은 조력자에게 건네받은 신이한 능력으로 자기를 모함한 '악인'을 '멋지게' 징치함으로써, 지위 회복과 부귀의 성취를 도모합니다. 작품은 행복한 결말이지만, 사실 주인공의 '행복'에 주변인들의 '행복'이 반드시 수반되는 것은 아닙니다. 나머지 인물들은 여전히 소리 없는 보조자, 단순한 추종자, 혹은 사라진 실패자의 자기서사를 갖게 되기 때문입니다. 그러나 금방울은 선인들이 부여한 신이한 능력들을 자기가 아닌 주변인들을 보살피고 돕고 행복하게 만드는 데 사용했고, 그들도 주인공처럼 자기 주변인들이 서로 돕고 보살필 수 있는 마음과 기회를 가질 수 있도록 하는 데 동원했습니다. 이 지점이 금방울의 모성 리더십과 다른 영웅들의 가부장 리더십이 구분되는 곳입니다.

그러나 금방울이 구현하는 모성 리더십의 진정한 의미는 가부장 리더십과 구분되는 지점이 아니라, 궁극적으로 가부장 리더십과의 화해와 부조를 지향하고 있다는 데 있습니다. 가부장 리더십의 결핍을 치유하고 그것이 조금 더 어진 리더십이 되도록 돕는 것입니다. 「금방울전」의 또 다른 주인공 장해룡은 대개의 영웅소설이 보여주는 일대기를 따라갑니다. 그는 동해 용왕의 자식이라는 고귀한 혈통을 지니고, 전대 왕조의 충신이고 지조 높은 장원의 만득자로 태어납니다. 그러다 병란 통에 부모와 이산해 고생을 하다가 양육자 장삼을 만나 돌봄을 받지만, 장삼이 죽은 후에 다시 고난을 겪게 됩니다. 장삼의 처 변씨는 온갖 방법으로 해룡을 모해하고, 심지어 죽이려 했지만 해룡은 무사히 탈출해 괴물에게 잡혀 있는 금선공주를 구하고, 황제의 부마가 됩니다. 해룡은 작란한 도적들을 소탕하고 돌아오는 길에 어려서 이산한 부모와 재회하며 마침내 더없는 복록을 누리고 자손도 번창했습니다. 이러한 일대기는 가부장 리더십이 구현되는 영웅적 주인공의 삶과 방불합니다.

하지만 장해룡의 삶은 다른 영웅적 주인공 서사와 사소한 듯 커다란 차이가 있습니다. 대개의 영웅적 주인공은 양육자에게 보살핌을 받는 과정에서 신이한 병법과 병술을 익혀, 훗날 '악인'을 징치하는 데 사용합니다. 악인의 징치는 영웅의 초월적 능력을 드러내기 위한 장치입니다. 영웅적 주인공은 뛰어난 전략과 기술로 악인을 가차 없이 처결합니다. 그러나 해룡은 양육자에게 아무것도 배우지 못합니다. 그가 하는 일이란 밭갈기, 논매기, 소먹이기, 나무하기, 방아 찧기, 땅 일구기뿐입니다.[37] 이 일도 다 못해, 금방울이 대신 해주었습니다. 또 변씨 집을 나와서 금선공주를 구하게 된 것도 금방울의 도움을 입어서입니다. 해룡은 초월적 능력을 지니지도, 발휘하지도 않았습니다. 영웅적 주인공의 초월적 역량을 드러내는 장치로 사용되는 군담도 해룡의 서사 안에서는 '악인의 징치'가 아니라, "길에 올라 각읍을 순찰하여 창고를 열어 백성을 진휼하며, 도적을 인의로 효유하여 상벌이 분명"하게 하는 것으로 묘사될 뿐입니다. 그러나 해룡은 "백성들이 열복하여 불과 수년에 민심이 진정하여 도불습유하고 산무도적하여 인민이 격양가를 화답하여 어사(해룡)의 은덕을 일컫"는[38] 결과를 얻습니다. 분명 해룡은 백성의 영웅이 되었습니다. 그의 이러한 '이룸'은 도적마저 징치가 아닌 '효유'로 끌어안음으로써 가능한 것이었습니다. 해룡은 자기의 최선을 '이루는' 과정에서 악인이라 할지라도 완전히 '무가치한 대상'으로 부정하지 않습니다.

---

37 최운식 역, 『금방울전』, 38-39면.

38 최운식 역, 『금방울전』, 81면.

도둑을 효유했다는 것은 그들의 자기서사를 최대한 바로잡아주고, 그들의 건강하지 못한 삶을 개선해주려는 노력이기 때문입니다. 해룡은 또한 자기를 죽이려 했던 변씨를 용서하고, 변씨에 동조했던 이복 아우 소룡을 후원합니다. 이것은 해룡 스스로 말했듯 "십삼 년 양육한 은혜"를 갚은 것입니다. 이와 같은 해룡의 일대기는 자신이 고난 중에 받은 도움을 다시 주위에 돌려주는 상호 보살핌의 서사입니다. 이는 금방울의 도움으로 가능했습니다. 금방울은 장원을 도와 그로 하여금 막씨를 보살피게 하는 연대를 이루었고, 다시 해룡을 도와 그가 다른 이를 '보살피는' 리더의 서사를 지니게 했습니다. 이렇듯 금방울이 구현하는 모성 리더십은 가부장 리더십과 화해하고 그것과 부조의 관계를 맺고자 합니다. 그리하여 한 사람의 영웅성을 부각하는 가부장 리더십을 다수를 품는 어진 리더십으로 변화하도록 돕고 있는 것입니다. 이것이 금방울이 제안하는 진정한 리더의 서사, 참된 주인공의 서사입니다.

제4장

문명 전환기의 고전: 역사의 문학적 전유를 통한 미래사 구축, 「몽배금태조」

1. 20세기 초의 문명 전환기적 성격

19세기 말에서 20세기 초의 2-30년, 그 사이 한반도에서는 아래로부터의 혁명운동(갑오농민전쟁, 1894)이 일어나고 위로부터의 개혁정책(갑오경장, 1894-1896)이 추진되었습니다. 뒤이어 500년 조선 왕조가 문을 닫고 새로운 황제국(1897-1910)이 건국되었으나, 마침내는 외세에 국권을 침탈당했습니다. 역사상 미증유의 격변은 국가의 정체(政體) 면에만 국한되지 않았습니다. 사회 각 방면의 기조에서도 그 변화는 가히 혁명적이었습니다. 언어 생활에서는 진서(眞書)라 높임 받던 한문체가 객자(客字)[1]로 밀려나고 국한문체가 보편적 표기법으로서의 지위를 획득했으며 '암클'이라 경시되던 국문체 역시 '언문일치'의 기치와 더불어 그 의의가 확장되기 시작했습니다. 표기 체계의 역사적 전환이 이루어지기

1 유길준은 『대한문전(大韓文典)』 자서에서 한자를 '서쪽 이웃에서 빌려온 객자(客字)'로 표현했다. 유길준·남경완 외 역주, 『쉽게 풀이한 대한문전』, 월인, 2003, 293면.

시작한 것입니다.[2]

표기 체계와 문체의 변화는 정신과 사상의 변화를 반영합니다. 국한 문체는 계몽주의적 지식과 교양을 담는 그릇으로, 그것의 위상 제고는 당시 계몽사상적 문예운동과 밀접히 연결된 것입니다.[3] 이러한 계몽사상적 문예운동은 구제도의 청산을 요구했고, 그 구체적 실천 방안을 교육제도의 개혁에서 찾았습니다.[4] 신학문을 배우는 신교육이 당시 사회 기조 변혁의 구심점이 된 것입니다. 여기서 '신학문'은 다름 아닌 서양의 문명입니다. 우리가 이 시기를 개화기나 근대계몽기로 이름하는 것은[5] 서양 문명에 대한 문 엶과 서양적 문명 지식에 의한 각성을 의미합니다. 당시 한반도는 수천 년간 공고히 지탱해온 동양 문명이 거대한 함대를 이끌고 들어온 서양 문명에게 구축(驅逐)당할 위기에 처한바, 우리는 이 시기의 성격을 문명 전환기로 규정할 수 있을 것입니다.

문명 전환기를 당해 지식인들은 다양한 방식으로 자신이 처한 시대를 고민하고 자신이 옳다고 믿는 신념을 주장했습니다. 그 대표적 방식 중 하나가 구시대의 소설 형식, 즉 고소설의 서사 전통을 활용하는 것입니다. 주목할 것은 일본에 의해 강제병합이 일어난 1910년을 전후한 시기에 '몽견류(夢見類) 소설'이라 부를 수 있는 특수한 소설 유형의 등장입니다. 「몽견제갈량」, 「몽견제석」, 「몽배금태조」가 그것입니다. 이 소설

2 임형택, 「근대계몽기 국한문체의 발전과 한문의 위상」, 『민족문학사연구』 14, 1999, 9면.

3 임형택, 「근대계몽기 국한문체의 발전과 한문의 위상」, 9-10면.

4 임형택, 「20세기 초 신·구학의 교체와 실학」, 『민족문학사연구』 9, 1996, 5-6면.

5 이 시기에 대한 구체적 기간 규정과 개화기·계몽기·애국계몽기·근대전환기·근대계몽기 등의 명칭에 대해서는 김교봉·설선경, 『근대전환기 소설연구』, 국학자료원, 1991; 임형택, 「20세기 초 신·구학의 교체와 실학」; 최원식, 「1910년대 친일문학과 근대성」, 『민족문학사연구』 14, 1999; 고미숙, 「근대계몽기, 그 생성과 변이의 공간에 대한 몇 가지 단상」, 『민족문학사연구』 14, 1999; 권보드래, 『한국 근대소설의 기원』, 소명출판, 2000; 조상우, 「애국계몽기 한문산문의 의식지향 연구」, 고려대학교 박사학위 논문, 2002 등 참조.

들은 모두 문명 전환에 대한 지식인의 고민과 대응을 드러내고 있습니다.[6] 그 가운데 1911년 박은식(1859-1925)이 지은 「몽배금태조(夢拜金太祖)」는 당시를 "천지의 진화로 인하여 신구(新舊)가 바뀌는 시대"[7]라고 규정함으로써, 전환기적 시대인식을 천명합니다. 이는 이 시기를 계몽주의로만 바라보는 시대인식과 분명 다른 지점입니다. 그러나 기존 연구는 대부분 이 작품을 동시대의 다른 계몽소설들과 같은 맥락에 두고, 작품에서 포착되는 문명운동으로서의 계몽사상과 그를 위한 실천덕목으로서의 교육에 초점을 두었습니다. 특히 역사학계에서 선편을 잡은 선행 연구는 독립운동가이자 민족사학자라는 작가의 전기적 사실을 강조하며, 작가의 역사의식과 사상의 근거 중 하나로 「몽배금태조」를 논의했습니다.[8] 이러한 연구 성과를 뒤이은 문학 방면의 연구도 이 작품이 지어진 시대의 특수성으로 인해, 기존의 시대 규정을 소홀히 할 수 없었습니다.[9] 오로지 작품의 문학사적 의의에 주목하겠다고 한 연구마저도 작품의 의의를 '시대 구분상 개화기 소설, 수준 면에서 새로운 가치를 담은 신소설, 주제 면에서는 애국계몽소설'이라고 정리함으로써, 기존의 시대 규정을 전제로 한 논의에서 벗어나지 못했습니다.[10] 이는 대개

6 김수연, 「애국계몽기 민족도교와 고소설: 신자료 「몽견제석(夢見帝釋)」의 소개를 더하여」, 『동방학지』 164, 2013.

7 박은식, 『천개소문전 몽배금태조』, 장석홍 역, 독립기념관 한국독립운동사연구소, 1989, 101면.

8 김현우, 「박은식 '대동사상'의 사상적 연원과 전개」, 『한국양명학회 학술대회 논문집』, 2013; 우남숙, 「사회진화론과 한국 근대민족주의: 박은식을 중심으로」, 『동양정치사상사』 7, 2008; 홍경표, 「백암 박은식의 역사문화의식: 「몽배금태조」를 중심으로」, 『한국말글학』 22, 2005; 신용하, 「백암 박은식의 애국계몽사상과 민족주의 역사관」, 『한국민족운동사연구』 10, 1994.

9 김창룡, 「「몽배금태조」의 문학사적 위상」, 『漢城語文學』 30, 2011; 송명진, 「구성된 민족 개념과 역사, 전기소설의 전개: 신채호와 박은식의 민족 개념을 중심으로」, 『현대문학의 연구』 46, 2012; 조상우, 「「몽배금태조」에 표현된 현실인식과 이상세계」, 『東洋古典硏究』 40, 2010; 홍순애, 「근대계몽기 단군신화 담론의 서사적 재현」, 『한민족문화연구』 28, 2009.

10 김창룡, 「「몽배금태조」의 문학사적 위상」, 27-28면.

의 연구들이 공유하는 문제이기도 합니다.[11]

이 장에서는 이 작품의 창작 배경이자 서사 전개와 작품 주지의 핵심 전제가 되는 시대상을 '서양 문명의 유입 쪽에 방점을 둔 개화 및 계몽'으로 보았던 기존 시각에 대해 반성적으로 접근하며, 조금 더 섬세하게 분석해 그동안 간과했던 새로운 '서사를 발견'해보고자 합니다. 이는 계몽을 전제로 작품을 보는 것이 아니라 작품을 통해 작품 내에서 규정하는 시대인식을 확인하기 위해서입니다. 또한 「몽배금태조」 스스로 작품 창출의 전제가 되는 시대에 대해 일방을 향한 개방이나 계몽이 아닌 문명의 전환이라는 측면에서 바라보고 있기 때문입니다. 그 다음 문제는 작가가 왜 이러한 문명 전환의 시대에 고소설 양식을 소환했는가입니다. 이러한 의문은 전환기 소설이 지닌 역할과 의미에 대해 생각할 계기를 제공할 것입니다. 이러한 의문점을 풀어가는 과정에서 우리는 이 작품의 핵심으로 거론되어온 '교육 문제'가 단순히 계몽을 위한 제도 개혁을 주장하는 데 멈추지 않고 '교육'이 기반을 둔 '지식'의 가치 전환에 대해 주목하고 있음을 논할 수 있으리라 기대합니다.

---

11 조상우는 작품의 특징을 도출하기 위해 현실인식과 그에 대한 해결책 그리고 이상세계라는 범주를 설정하고 논의를 진행했다. 현실인식은 조선의 병폐, 즉 매국노의 불징치와 양반의 병폐이며 조선의 살 길로서의 해결책은 민족우월성 회복, 경쟁사회의 자격 획득, 교육실천과 신문화운동, 행동하는 영웅 등을 꼽았다. 또한 이상세계는 하등 백성에 대한 교육을 통해 강하고 평등한 조선을 만드는 것으로, 결과적으로 이 작품은 금 태조와 같은 영웅에게 조선을 구해달라는 염원을 표현한 것으로 보았다. 조상우, 「「몽배금태조」에 표현된 현실인식과 이상세계」. 홍순애는 근대계몽기 국가론 및 민족론의 출현과 관련해 단군신화에 대한 탈신화화와 재신화화 과정에 주목했다. 박은식의 작품에서 단군은 두 가지 양상을 띠는바, 「천개소문전」에서는 실재한 국조로 명명됨으로써 탈신화화가 이루어지고, 「몽배금태조」에서는 신격화된 존재로 형상화되며 대종교의 연장으로써 재신화화된다고 했다. 박은식에게 단군은 민족공동체의 중추를 담당할 상징화된 인물의 필요성과 암울한 민족의 미래를 투영할 대상, 즉 민족정체성을 구성하고 민족잠재력을 실현할 대상으로 표상된다는 것이다. 결론적으로 애국계몽기 단군 담론이 국조 발견, 역사적 주체의 탄생, 신화의 재생산으로 전개 확장되며 민족운동과 계몽운동 안에서 소비되고 전유된다고 했다. 홍순애, 「근대계몽기 단군신화 담론의 서사적 재현」.

2. 문명 전환기 지식인의 고민과 신념 모색 과정

「몽배금태조」는 전대 소설의 몽유(夢遊) 형식과 문답식 대화체를 차용해 당시 사회 변화에 대한 문제 제기와 이에 대한 해답을 추구한 작품입니다. 몽유자 무치생은 국치 후 가족과 친구를 떠나 '망망한 천지의 한 조각 구름' 같은 신세가 되어 압록강 너머 만주로 건너갑니다. 그는 만주에 새겨진 우리의 역사·지리·민족에 대해 생각하고 현재의 몰락을 탄식하다 잠이 듭니다. 무치생은 잠들기 전 백두산 정상에서 금나라 시절에 백두산 신을 숭봉해 세운 개천홍성제전(開天弘聖帝殿)을 보고, 우리와 같은 민족이라 여기는 금나라 태조의 영웅적 업적을 떠올리며 그에 대한 그리움을 드러냅니다. 그러한 연유인지, 꿈속에서 그는 금 태조 아골타를 만나게 됩니다. 금 태조가 선관을 시켜 무치생을 부른 것입니다. 태조는 자신이 하늘에 올라 중생의 선악을 감찰하고 화복을 담당하며 그 공과를 공평히 하는데 무치생이 하늘을 부르며 비탄하고 애원하니, 그 까닭이 무엇인지 묻습니다. 이에 무치생은 자신이 평소 가슴에 품고 있던 시대적·현실적 고민을 질문합니다.

- 문 1: 나라에 충성하고 동족을 사랑하는 이는 모두 피 흘리고 참화를 당하는데, 나라를 팔고 동족에게 화를 끼치는 이들은 복락을 누리니, 선악에 대한 화복의 보시를 어떻게 알겠는가?
- 문 2: 천도(天道)의 선악 보시가 공평함을 이(理)가 아닌 사실로 확증할 수 있는가?
- 문 3: 상제가 선한 자에게 영적 쾌락을 주고 악한 자에게 영적 고초를 준다는 사실을 들을 수 있는가?
- 문 4: 쾌락과 고초의 실황을 들을 수 있겠는가?

- 문 5: 천당지옥설을 익히 들어도 사람들은 현재의 영욕과 육체의 고락만 알고 장래의 영욕과 영혼의 고락은 알지 못해 선을 행하려는 자가 적고 악을 행하려는 자가 많으니, 상제가 만능한 힘으로 선한 자에게 육체의 즐거움이 있게 하고 악한 자에게 육체의 괴로움이 있게 하면 인간이 선을 취하고 악을 버릴 테니 그 조화가 더 신묘하지 않겠는가?

이상의 1차 질문에서 무치생이 따지고 있는 문제의 핵심은 '선악과 화복의 공평함'에 대한 회의(懷疑)입니다. 금 태조가 하늘에 올라 중생의 선악을 감찰하고 그에 따른 공평한 화복을 담당한다 했으나, 현실에서는 그것을 확인할 수 없다는 것입니다. 이는 사마천이 『사기』「백이열전」에서 품었던 천도에 대한 회의와 닮았습니다. 이에 대해 금 태조는 나라에 충성하고 동족을 사랑하면 고상하고 청결한 천리를 얻어 신성한 자격으로 만세의 숭배를 받고, 나라를 팔고 동족에게 화를 끼치면 저급하고 불결한 인욕을 취해 만세의 지탄을 받게 된다고 하며, 육체의 고통은 잠시고 영혼의 쾌락은 무궁하며 육체의 쾌락은 잠시고 영혼의 고초는 무궁하니 천도의 보시는 공평하다고 답합니다.[12] 단 그것이 갈리는 이치가 심오해 사람이 물리력으로 측량하지 못하는 바가 있을 뿐이라는 것입니다.[13] 결과적으로 선한 자는 등급에 따라 상청진인(上淸眞人)의 지위를 얻거나 인세에 윤생해 지혜복록을 얻기도 하고, 악한 자는 등급에 따라 지옥 형벌을 받거나 인세에 윤생해 충수천악(蟲獸賤惡)한 사물이 되기도 하지만,[14] 핵심은 선악에 대한 무치생의 소견이 잘못되었다는 지적입니다.

---

12 박은식, 『천개소문전 몽배금태조』, 60-61면.

13 박은식, 『천개소문전 몽배금태조』, 61-62면.

14 박은식, 『천개소문전 몽배금태조』, 62-63면.

태조는 천도(天道)와 신리(神理)는 오로지 진성(眞誠)에 감응하므로, 사람의 마음가짐과 행동이 진성에서 나와야 하늘과 신의 도움이 있다고 말합니다. 진성으로 선을 행하는 자에게는 영욕과 화복의 관념이 없습니다. 때문에 영욕과 화복을 따져 행하는 선은 위선이고, 하늘은 위선에 복을 주지 않습니다. 무엇보다 중요한 것은 세상 사람들이 가지고 있는 영욕과 화복에 대한 오해입니다. 일신의 영욕화복과 국민의 영욕화복의 경중을 생각할 때, 일신의 오욕과 고초를 무릅쓰고 국민의 영화와 복락을 취하는 자는 민중을 천당에 오르게 하고 자기는 지옥의 고통을 대신 받고자 하는 사람일 것입니다. 이런 의사(義士)의 피와 뼈, 즉 그가 겪는 고난은 최고의 가치이지 화물(禍物)이 아니라는 것이 태조의 주장입니다. 마찬가지로 나라를 팔고 동족에게 화를 끼치며 얻은 재물과 권력은 가장 추악한 오물이지 영행(榮幸)이 아닌 것입니다.[15]

천도의 존재에 대한 회의는 위기의 시대, 전환의 시기마다 지식인들이 가장 먼저 품는 질문이자 하늘에 대한 원망입니다. 「몽배금태조」의 서술자 겸 몽유자인 무치생 또한 이러한 질문을 통해 자신이 처한 시대가 위기적 전환기임을 드러냅니다. 태조는 선악을 기록하는 천상의 장부까지 제시하며 구체적 화복보응의 존재와 선악징벌이 있음을 확인해 주면서도 여전히 인간이 확인할 수 없는 심오함이 있음을 인정하고 있습니다. 때문에 전환기에는 인식의 전환이 필요함을 요구하는 것입니다. 그러나 인식의 전환은 당장의 모순을 해결하는 데 너무나 요원한 방법입니다. 그러므로 다시금 작금의 시급한 조선 현실에 대한 고민을 논하지 않을 수 없습니다. 태조는 현재 조선 민족이 과거의 죄악을 반성하지 않고 자강의 노력도 하지 않음을 안타깝게 여기며, 무치생에게 오늘

15 박은식, 『천개소문전 몽배금태조』, 63-64면.

날 조선의 실정에 대해 의심되는 바를 물어보라고 합니다.

- 문 6: 상제와 성인이 만물의 공생공락을 추구하고 싸움을 금하고자 했는데, 세상 문명이 진보하고 인간 지식이 발달할수록 경쟁의 살벌함과 전쟁의 잔인함이 극심해진다. 오늘날은 약육강식과 우승열패를 세상법칙과 진화(발전)로 인식해 부도불법을 책략으로 삼으며, 평화재판과 공법담판은 강권자와 우승자의 이용물로 전락했다. 약자·열자는 고통과 원통을 호소할 곳이 없으니, 상제의 일시동인(一視同仁)과 성인의 만물일체에 유감이 생기지 않겠는가?
- 문 7: 조선은 4천 년 예의지국으로, 의관·문물·시서·예악이 중국을 따랐고, 세계가 이교(異教)를 내세우는 지금까지도 조선만 소중화풍을 잃지 않고 있다. 그 소중화 정신으로 오랑캐를 물리치고 선왕의 제도를 회복할 날이 오지 않겠는가?
- 문 8: 서양의 경우 수백 리 토지와 수백만 인구로 독립을 보존하고 인권의 자유를 향유하는 나라도 있는데, 조선은 3천 리 토지와 2천만 인구로 이 지경이 된 것은 어째서인가?
- 문 9: 태평 시대가 오래되면 정치는 부패해도 인구는 증가하는데, 우리나라는 태평 3백 년에 호구와 논밭이 해마다 줄어드니, 어째서인가?
- 문 10: 세력은 지식에서 생기고, 지식은 학문에서 생기므로 교육이 발달한 민족은 생존한다. 그러나 지식을 접하기 어려운 곳의 사람들은 교육에 대해 어찌할지 모른다. 유림은 교육의 중요성은 알아도 신교육·신학술을 반대해 백성을 개명하게 하지 않으니 어째서인가?
- 문 11: 하등사회 동포는 문자도 모르는데 어떻게 가르쳐 상등 지위로 나가게 할 수 있는가?

2차 질문은 조선의 실정과 그 원인에 대한 것입니다. 그것은 다시 전래 교육 방식의 문제와 당대 은둔지사에 대한 평가로 나뉩니다. 위의 내용은 그 가운데 종래 조선의 교육 방식에 대한 문제를 지적한 부분입니다. 그런데 무치생은 조선의 실정을 말하기 전, 오늘날 조선이 처한 세상에 대해 '문명과 지식이 진보·발달할수록 경쟁과 전쟁이 살벌·잔인해'진다고 진단합니다. '문명과 지식의 진보와 발달'은 기존의 계몽주의적 시각에서 바라본 20세기 초, 즉 개화 계몽기의 특징입니다. 「몽배금태조」 또한 이 시기가 이전에 비해 문명이 진보하고 지식이 발달한 개화 계몽의 시기임은 인정합니다. 그러나 계몽과 개화라는 용어가 담고 있는 진보와 발전의 미래상에 대해서는 조금 다른 시각을 지닙니다. 무치생이 인식하는 계몽의 시대는 미래에 대한 전망을 포함하지 않는, 오로지 현재에 대한 객관적 판단일 뿐입니다. 구문명에서 신문명으로의 전환이라는 의미가 강조되는 것입니다. 이러한 시각은 "천지의 진화로 인하여 신구(新舊)가 바뀌는 시대"[16]라고 공표한 금 태조의 말에서 더욱 분명해집니다. 또한 이 작품의 시대인식은 개화 계몽기에 대한 기대와 확신을 넘어 그 이면 혹은 그 다음 단계에 드러나는 문제점까지 포착하고 있습니다. 여기에서 진보한 신문명이란 서양 문명을 말합니다. 서양 문명은 동점(東漸)과 더불어 순식간에 동양 문명을 미개한 것으로 몰아부치고, 사람들로 하여금 문명사의 큰 흐름이 서구 쪽으로 향하리라 인식하게 했습니다. 계몽과 개화는 이러한 방향에 대한 긍정적 측면을 강조했습니다. 그러나 「몽배금태조」의 무치생은 개화가 되고 얼마 되지 않아 이미 진보와 발전을 기치로 내건 서구 문명으로의 전환이 전에 비해 더 살벌하고 잔인한 경쟁과 전쟁을 낳았음을 간파한 것입니다.

---

16 박은식, 『천개소문전 몽배금태조』, 101면.

"…… 어찌하여 세상의 문명이 더욱 진보하고 인간들의 지식이 더욱 발달할수록 경쟁의 기회와 살벌한 상황이 극렬해져 소위 국가 경쟁이니 종교 경쟁이니 또 정치 경쟁이니 민족 경쟁이니 하는 허다한 문제가 첩첩히 생기고 나타나 세계에 전쟁의 역사가 그치지 않음은 물론이요 더욱더 팽창되어져 백 년 전의 대전쟁은 지금으로 보면 그저 아이들의 놀음같이 되어버렸고 10년의 대전쟁은 지금에는 아이들의 연극같이 되고 만 정도입니다. 허다한 사람을 죽여 성을 덮고 들판을 덮을 만한 기구(器具)가 갈수록 정교해져 소위 극로표(克魯鏢)니 속사포(速射砲)니 모슬총(毛瑟銃)이니 철갑함(鐵甲艦)이니 경기구(輕氣毬)니 하는 각종 기계가 바다와 육지에 진탕하고 하늘과 땅을 뒤흔들어 인민의 피로 시내를 이루고 인민의 뼈로 산을 쌓았는데, 약육강식을 세상의 법칙이라며 우승열패(優勝劣敗)를 천연(天演, 진화)으로 인식하여 나라를 멸하며 종족을 멸하는 부도불법(不道不法)으로써 정치가의 책략으로 삼으니, 소위 평화재판이니 공법담판(公法談判)이니 하는 문제는 강권자(强勸者)와 우승자(優勝者)의 이용물에 불과한 것뿐입니다. 따라서 약자와 열자(劣者)는 그 고통을 호소하고 원통함을 펴나갈 곳이 없으니 상제(上帝)의 일시동인(一視同仁)과 성인(聖人)의 만물일체에 대해 유감이 없기 어려운 바입니다."[17]

이 작품은 당시에 진보와 발전이라 여긴 것이 사실은 '약육강식과 우승열패'의 부도불법이라 이야기합니다. 이는 '개화'를 비판적이고 객관적으로 바라보는 시각입니다. 이는 「몽배금태조」의 시대인식이 개화가 아닌 전환에 방점을 두고 있음을 실증합니다. 이러한 '전환기적 시대인식'하에 무치생은 조선이 종래 강조한 소중화풍이 전환기 사회에 유의

17 박은식, 『천개소문전 몽배금태조』, 66-67면.

미한 역할을 할 수 있는지, 조선의 국력이 왜 나날이 쇠약해지는지를 묻습니다. 그리고 이전 시대의 지식인이 새로운 지식의 학습에 왜 부정적인지와 하등사회의 사람들을 어떻게 교육시켜야 하는지에 대한 답을 청합니다. 이에 대해 금 태조는 오늘의 진보와 발전이 왜곡된 이유로, 사물이 부여받은 영능을 닦지 않고 시대 변화에 거역했기에 도태되었다고 답합니다. 그리고 조선의 문제는 자기 역사를 사랑하지 않고 남의 역사를 사랑하며(역사 교육), 명분만 공부하고 실천 공부는 하지 않으며(도덕 교육), 심신을 부지런히 하는 공부는 안 하고 태만하게 하는 공부를 하는 데(문학 교육) 있음을 지적합니다.

다시 말해 조선의 모든 사람이 처음 배우는 교과가 『사략』과 『통감』 같은 중국사이니, 조선 사람의 정신에 자기 역사가 없고 남의 역사만 있게 된 것이 문제이며, 이러한 교육 방법을 개량해 조선 역사가 백성의 머릿속에 살아 있어야 민족이 어디에서 표류하더라도 조선은 망하지 않고 장래의 희망도 생겨난다는 것입니다.[18] 또한 모든 유생이 『소학』과 『대학』을 외우지만 실천이 없으니 이는 이름을 도적질하는 무리이고, 충효인의라고 말치레하는 자는 백성 구제와 국가의 위기 극복에는 무익하고 도리어 나라를 팔아먹는 데 앞장서는 이라고 비판합니다. 만약 사림의 영수로 나라 사람의 태두인 자가 존화의 의리를 주창하는 힘으로 애국의 의리를 주창했다면 오늘날의 사태는 없었을 것이니, 이는 모두 중국인의 문자에 심취해 실제를 강구치 못했기 때문이라는 것입니다. 태조는 도덕 교육에 대한 답변의 마지막에서 도덕은 지리와 풍속에 따라 적합성이 다르기에 다른 나라의 정치적·교화적 문물을 수입할 때 적합한 것·좋은 것·앞선 것은 취하고 그렇지 않은 것은 버려야 함을 강조

18 박은식, 『천개소문전 몽배금태조』, 73면.

합니다.[19] 문학 교육에서는 조선 아동들이 당·송시를 학습하는데, 이는 심신을 단련시키고 지식을 발달시키며 복록을 가져오는 근로의 문학이 아니라 술과 바둑으로 세월을 소모하는 시가를 배우게 하는 것이니, 바로 민족을 멸망하게 하는 일이라는 것입니다.[20]

금 태조는 또한 조선이 겉으로는 국토가 작지 않고 국민이 적지 않아 보이지만 국민의 의무를 부지런히 하는 진짜 백성은 수백만도 안 되며, 마찬가지 이유로 정치도 불량해져서 호구와 논밭이 매년 줄어든다고 했습니다. 태조는 이런 문제를 해결하기 위해 종래와 다른 교육을 강조합니다. 그가 생각하는 전환기의 교육은 기존의 교육받은 이들, 즉 상등 계층을 대상으로 하는 것이 아니라 하등 계층의 사람을 대상으로 하는 것입니다. 이는 기존의 지식인을 대상으로 구학습의 습속을 제거하는 것이 아무 교육을 받지 못한 이들을 가르치는 것보다 더 어렵기 때문입니다.

- 문 12: 조선 상류사회는 매국자 아니면 제 몸만 결백하게 지켜 은둔하며 백이숙제를 이상으로 삼아 처신하는 자가 대부분인데 이는 어떠한가?
- 문 13: 은나라가 망한 후 기자가 조선에 온 것은 스스로 편안하려는 뜻이며, 주나라가 쇠퇴한 후 공자가 구이에 살고자 한 것은 시대에 대한 한탄으로 멀리 떠나려는 뜻이 아닌가?
- 문 14: 오늘날 몸을 깨끗이 하려고 은둔하는 것은 의미가 없는 것인가?
- 문 15: 과거에는 정치계의 압제와 학문계의 무단이 심해 윗사람의 불법에 반항하면 대역부도와 사문난적의 죄에 처해 집안이 패망했기에, 감히 이치를 발명하지 못한 것 아닌가?

---

19 박은식, 『천개소문전 몽배금태조』, 74-80면.

20 박은식, 『천개소문전 몽배금태조』, 80-84면.

조선의 실정과 그 원인에 대한 2차 문답의 두 번째 부분은 당시 지식인의 은둔적 태도에 대한 회의입니다. 앞서 금 태조는 '신구가 바뀌는 시대'를 당해 조선 전래의 교육 문제를 진단하고, 전환기의 조선이 취할 위기 극복 방안으로 '하등 사회 자제의 교육'을 주장했습니다. 이에 대해 무치생은 그러한 교육을 담당할 지식인 혹은 상류층의 대다수가 매국노 아니면 은둔지사라 하며, 특히 전환기의 지식인이 은둔의 처세를 취하는 것이 옳은지를 묻습니다. 이 문제에 대한 금 태조의 대답은 분명합니다. 자기 개인의 개결함만 지키려고 세상을 구제하기 위한 실천을 하지 않는 은둔지사는 그 죄가 매국노와 같다는 것입니다. 태조는 이러한 행위가 '옛 성현의 뜻을 왜곡한 것'이라 말하고, '백이숙제는 제 몸의 결백을 위해서가 아니라, 제왕이 권력을 휘둘러 다른 나라를 정벌하는 일을 막아 세상을 구하려고 은둔한 것'이라 설명합니다. 백이숙제의 일은 '두 임금을 섬기지 않는 뜻만 추구하는 일개 절개가 아니'라는 것입니다. 그리고 그는 조선인이 대대로 기자를 숭봉하고 공자의 글을 읽었으나 그 뜻은 이해하지 못하고 있음을 지적합니다. 기자는 이족(異族)을 문명하게 하라는 천의를 받아 조선에 와서 해동의 새로운 은나라를 이룩했습니다. 공자도 이인(異人)의 풍속이 순박·후덕해 인의의 가르침을 펴기에 적합하다 여긴 것이니, 세상을 구하려는 뜻이지 시대를 한탄해 떠난 것이 아니라는 말입니다.

그런데 소위 은둔지사를 표방한 이들은 공자나 백이숙제의 뜻을 왜곡해 자기 한 사람의 명예만을 구하고 있으니 옳지 않다는 주장입니다. 태조가 볼 때 오늘날 의미 있는 것은 은둔이 아니라 조선 백성으로서 조국과 동포를 위해 의무를 다하는 것뿐입니다. 그렇기 때문에 몸을 깨끗이 하고 자기의 편안을 구하려는 것은 그 죄가 매국노의 죄와 같습니다. 도덕도 시대에 따라 진화하는데, 오늘날은 공덕과 공익을 추구해야 하는 때이지 은둔할 때가 아니라는 것입니다. 그리고 금 태조는 마지막으로 강조합니다. 자기 정부의 학대에 반항 한 번 못한 자는 다른 나라의 학대를 받게 되고, 자기의 화복 때문에 국민의 화복을 생각 안 하는 이는 다른 민족의 노예됨을 피할 수 없다고. 조선에는 열혈아가 없어 정치·학술·혁명을 이루지 못한 것이므로, 신구가 바뀌는 작금의 시대에 과감하고 자신 있는 호걸의 피를 가져야 한다고. 이러한 금 태조의 답변을 통해 「몽배금태조」는 전환기의 지식인에게 마땅히 정부의 압제에 반항할 수 있는 호걸적 인재가 되기를 요구하는 것입니다.

3. 과거사의 문학적 전유(專有)를 통한 미래사 구축

「몽배금태조」는 무치생과 금 태조의 1·2차 문답을 통해 문명의 교체기라는 시대인식을 드러내고, 전환기 지식인이 지닌 고민과 그에 대한 답을 모색해가는 과정을 드러냈습니다. 그러나 작품은 전환기적 인식하에서 과거와 현재를 진단하는 데 멈추지 않고, 전환기의 오늘에서 다시 미래를 기획합니다. 조선의 위기를 극복하는 방법에 대해 논의한 3차 문답은 이러한 미래사 구축에 대한 기획안의 성격을 지닙니다.

- 문 16: 기왕의 사람들에게는 희망이 없고 청년·자제를 교육해 신국민을 양성하는 도리가 있을 뿐이다. 이 나라가 4천 년 이어온 것은 인재가 원기(元氣)가 된 까닭이다. 청년 제군이 과감하고 자신 있게 책임을 감당해 4천 년 역사의 과업을 빛나게 할 방법이 무엇인가?
- 문 17: '고난'이 하늘이 세운 학교라 해도 요즘처럼 극심한 지경이면 하늘이 내린 복이라 생각하기 어렵지 않은가?

- 문 18: 우리 청년의 정신 교육을 위한 재료로, 세계적 영웅이자 고려족 영웅인 금 태조의 일생이 가장 좋을 듯하지 않나?
- 문 19: 모험은 인간 사업을 이루게 하는 대가이다. 그러나 모험을 쉽게 말하지만 실행하는 자는 적지 않나?

오늘날 조선의 현실을 극복하는 방안의 처음은 '마음 교육'입니다. 무치생은 조선의 위기를 극복하기 위한 청년 교육의 방법이 무엇인지 묻는데, 이에 대해 금 태조는 '심(心)' 교육이 핵심이라고 말합니다. 무엇보다 오늘날 조선이 처한 우환과 곤란이 마음 교육을 위한 가장 좋은 학교라는 생각입니다. '천지에 가장 영험한 힘을 가진 것이 심(心)인데, 이를 수련해 활용하는 자가 별로 없다. 이 영험한 능력을 사람마다 갖고 있으나, 이를 이용하지 못하고 물질만 추구하는 습속과 육체의 정욕으로 추악한 사회가 되었다. '심'을 수련하는 가장 좋은 학교는 우환과 곤란이다. 우환과 곤란이라는 학교를 졸업하면 천하에 어렵고 험악한 일이 없어지고 중대한 과업을 할 수 있게 된다. 현재 조선 청년은 최고의 학교에서 수업받고 있으니, 오늘의 상황은 하늘이 조선 청년을 위해 만든 것이다.' 이것이 금 태조의 생각으로, 그는 위기가 마음 교육의 최적 기회임을 강조합니다.

물론 고난이 극심한 것을 복이라 생각하기 어려울 수 있습니다. 그러나 태조는 압력이 극도에 이르러야 변화가 생기므로 극심한 압력이야말로 크게 변할 기회라고 봅니다. 그는 '압력이 극도에 이르러야 움직임이 생긴다. 조선이 노예가 된 것은 스스로 소인국으로 낮추고 무기력하게 되었기 때문이므로, 극심한 압력이 있어야 근성이 바뀌고 동력이 생기며 기운이 진작될 것이다. 따라서 지금의 곤란은 조선 청년에게 크게 할 바를 마련해주는 기회이고 희망이다.'라고 말합니다. 이러한 고난을 극복하기 위해 필요한 영웅은 옛날에 필요로 했던 영웅과 다릅니다. 금 태조는 '시세가 다르니 할 일도 다른 것이다. 800년 전은 가족 시대·육전(陸戰) 시대·활의 시대이고 지금은 민족 시대·해전 시대·총기 시대이므로 자신이 살던 때의 역사는 금일 청년 교육에 적합하지 않다.'라고 했습니다. 그러나 태조의 정신사, 즉 모험정신은 청년의 정신력을 기르는 데 도움이 될 것입니다. '정신일도면 천지가 감격하여 과학자가 이해 못하는 불가능도 성사할 수 있으니, 위험을 무릅쓴 모험정신이 있어야 천하를 평정할 수 있다.'라고 한 후, 금 태조는 모험을 실행하는 것이 쉽지 않은데, 사람들이 '모험을 실행하지 못하는 이유는 사업 성취의 뜻은 있으나 위험 앞에서 굴복하기 때문이다. 목적만 보고 다른 것은 염두에 두지 않아야 실행할 수 있다. 조선 청년도 조국과 민족만 보고 이외는 일체 생각지 말아야 한다.'[21]라고 지적합니다.

이처럼 태조는 모험정신이 있으면 과학자도 이해 못 할 불가능을 이룰 수 있음을 강조하고, 모험을 실행하기 위해서는 목적만을 염두에 두고 위험에 굴하지 않는 자세가 필요하다고 말합니다. 위기가 변화와 발전의 기회라는 태조의 말에서 '변화·발전'은 앞서 언급했던 '진보·발전'과는 다른 방향을 지향합니다. 구문명(동양 문명)에서 신문명(서양 문명)으로의 교체가 가져온 진보·발전은 오늘의 강권주의를 낳았지만, 지금 그 강권주의가 만든 위기에서 기획하는 변화·발전은 그것을 극복하는 것입니다. 강권주의의 극복을 위해 마음 교육이 필요하고, 지금의 위기는 마음 교육을 위한 최적의 기회입니다. 그러나 이것을 어떻게 확인할 수 있을까요? 금 태조가 말하는 바는 미래사적 전망이므로 구체적 증거가 필요합니다. 이를 위해 금 태조는 과거사를 소환합니다.

---

21 박은식, 『천개소문전 몽배금태조』, 105-116면.

"…… 성탕은 70리(里)의 작은 나라이요, 문왕은 백 리의 작은 나라로서 천하에 큰 이름을 남겼고 진(秦)은 서융에 치우친 작은 나라로서 사해를 병탄했으며, 월(越)은 회계의 패잔병으로서 강병과 싸워 이겼고, 현시대의 가장 강대하고 웅걸한 나라를 보더라도 영국과 러시아와 같은 나라의 옛 역사는 모두 구주(歐洲)의 작은 나라에 불과했지만 오늘날의 영국은 4만 리에 걸치는 식민지를 개척했고 러시아는 3만 리의 영토를 확장하지 않았는가? …… 옛날 중국의 전국 시대에 묵자는 송나라 사람이었다. 송나라는 약소국으로 진(晋)나라와 초나라가 서로 전쟁하는 요충지대에 위치하고 있었던 까닭에 이들 나라로부터 갖은 멸시와 압박을 심하게 받았다. 이에 묵자는 나라를 구하기 위한 것으로 머리끝에서 발끝까지 온 몸이 천하를 이롭게 하는 것으로써 본분으로 삼았다. 그리하여 초나라가 송나라를 공격하고자 할 때 묵자의 문인이 이를 저지하기 위해 초나라에 가서 죽은 자가 무릇 70여 인이나 되었다. 이러한 까닭으로 전국 시대에는 강국을 억제하고 약한 나라를 도우려는 의협스러운 기풍이 크게 떨쳤는데 이는 모두 묵자의 교화에 힘입는 바이었다."[22]

태조는 조선이 지리적으로 대륙과 대양을 장악할 조건을 가지고 있으면서도 나라의 크기를 하늘이 정하는 것으로 여겨 스스로 소국이라고 말하며 사대주의를 주장했던 것을 비판하기 위해, 과거사 중 작은 나라에서 천하국으로 성장한 나라들을 거론합니다. 고대 중국의 성탕과 문왕에서부터 현대 유럽의 영국과 러시아까지, 금 태조가 소환한 역사는 동서고금을 막론합니다. 소설 「몽배금태조」가 문학적으로 전유(專有)한 과거사는 현재의 열악한 조선이 미래의 천하국이 되도록 하기 위한 근

22 박은식, 『천개소문전 몽배금태조』, 106-109면.

거입니다. 태조는 종래의 쇄국정책을 고집하지 말고, 강산으로 구획되는 물리적 지형을 절대불변의 한계로 생각하지 말라고 합니다. 오랜 시간 작은 영토에 갇힌 생활이 산업의 발달을 저해하고 시세에 대한 감각을 무디게 했다는 것입니다. 그리하여 작은 땅 안에서 정권 쟁탈만을 큰 사업으로 여기고, 당론의 주장을 큰 의리로 삼아 스스로 편협되고 좁아지는 근성이 더욱 공고해져 마침내 노예근성이 되었다 했습니다. 이러한 노예근성은 극심한 압력이 있지 않으면 바뀌지 않는다는 것이 그의 생각입니다. 극도의 압력만이 동력을 만들어내기 때문입니다. 그는 극한의 압제를 변화의 동력으로 바꾸기 위해서 "뜻이 있고 혈기가 왕성한 남자가 나라를 구하기 위한 신념으로 동포들에게 인도(人道)의 평등주의를 널리 알림으로써 동포로 하여금 하등의 지위에서 벗어나 상등의 지위로 나아가게 하는 데 온 힘을 쏟아야" 한다고 했습니다. 그리하면 마침내 조선 사람도 "부도불법(不道不法)의 강력 압제를 벗어나 그들과 평등한 지위를 차지할 능력도 가질 것이다. 이러한 평등주의는 하늘에서도 허락하시는 것이고 또 시대의 흐름으로 나아가는 방향인 것이다." "오늘날은 평등주의가 발달하고 있는 시대라 만약 의욕에 찬 남아가 있어 평등주의로써 동포를 깨우치고 세계에 호소하면 어찌 크게 좋은 결과가 없겠는가? 그러므로 지금의 곤란은 실로 조선 청년에게 있어서 크게 할 바를 마련해주는 것이고 또 큰 희망이 되는 기회인 것이다."[23]라고 말합니다. 이러한 문답을 통해 작가는 앞서 말한바 강권주의에서 평화주의로 전환되는 시점에서, 오늘 조선이 처한 위기가 곧 미래의 주역으로 변화될 수 있는 마음을 기르는 데 가장 좋은 조건임을 다시금 강조합니다.

---

23 박은식, 『천개소문전 몽배금태조』, 109-110면.

- 문 20: 지금은 각국이 민족의 힘으로 경쟁하는 시대이므로 민족 단결이 필수인데, 현재 우리는 분열하고 서로를 사지에 몰아넣는다. 어떻게 해야 국민이 단결하고 자보자존해 우리 단군 혈통이 멸망하지 않을 수 있겠는가?
- 문 21: 비루한 풍습이 유전이 되어 선천적 병근이 되었다지만, 해외 각지로 이주해 안목을 넓히고 다른 민족에 감화되었을 동포에게도 단합을 기대하기 묘연한 것은 원래 질이 좋지 못해서인가 갖고 온 병근이 가시지 않아서인가?
- 문 22: 청년의 자격을 만드는 하늘학교와 국민의 성질을 개량하는 해상·대륙보통학교 외에 정신 교육에 필요한 학교가 있는가?
- 문 23: 하늘학교의 중학교는 모두 훌륭하나 가장 볼 만한 것은 연개소문이 가르치는 체조와 창검술 교육이다. 전문학과는 고상한데, 그중 군사 교육과 공사(工事) 교육이 세계적 특색이 있으나 상업 교육이 발달하지 못한 것은 유감 아닌가?
- 문 24: 제일 양호한 것은 군사 교육과 공사 교육인데, 과거 수백 년간 지도자의 방침이 잘못되어 인심이 부귀영화만 좋아하고 실질을 떠난 학문만 숭상했다. 이 때문에 우리의 위상이 뒤집힌 것이니, 어떻게 하면 대황조가 건설한 학교를 높여 이 수치와 원통을 씻을 수 있는가?
- 문 25: 금 태조가 다시 현세에 나타나 제국주의를 정복하고 세계 평등주의를 실행하는 데 우리 민족이 선창자와 주맹자가 되도록 해줄 수 있는가?

태조는 조선의 위기를 극복하는 두 번째 방안으로 이상적 학교를 제안합니다. 그는 '민족의 분열이 가장 근본적인 문제인데, 4천 년 군자국이 이처럼 사악하게 된 것은 스스로 편협되고 비하하는 습관이 이어져 비루한 성질을 양성한 까닭이다. 그러나 보통 교육(해상보통학교와 대륙보통학교)을 통해 비루한 풍습을 없애고 신지식과 신도덕을 기를 수 있다.'라고 이야기합니다. 국민 분열의 현실은 비루한 습관이 쌓여 성질이 되었기 때문이므로, 이를 해결하기 위해서는 해상과 대륙의 보통학교 교육이 필요하다는 것입니다. 이는 해외에 이주한 국민도 마찬가지입니다. 그들 또한 '병근이 가시지 않아서 단결이 묘연하므로, 훌륭한 교육을 받아 새 정신이 머릿속에 들어가야 옛 근성이 사라지고 신국민의 자격이 생긴다.'는 것입니다. 이미 뿌리 깊은 병근이 된 비루한 습관을 고칠 훌륭한 교육 기관이란 다름 아닌 단군이 건설한 하늘학교입니다. 4천 년간 이어온 하늘학교의 근간은 소학교이고 중학교·전문학교·대학교로 이루어졌습니다. 중학교는 창검술 교육이 특징적이고 전문학교는 군사 교육과 공사 교육이 특색이나 아쉬운 점은 상업 교육이 발달하지 못한 일입니다. 그는 상업 교육이 발달하지 못한 것에 대해, 이는 '종래 조선인이 해상무역에 주의하지 않아서이다. 오늘날은 항해를 장려하여 해상권을 점령하고 상업을 확장하는 것이 선결 문제이다.'라고 강조합니다. 이를 위해 태조는 해상보통학교를 건설해야 함을 주장합니다.

여기에서 태조가 제안한 하늘학교는 우리의 4천 년 과거사입니다. 하늘학교는 백두산 아래, 서쪽으로 황해와 마주하고 북쪽으로 만주를 베개 삼고 동쪽으로 벽해를 끼고 남쪽으로 현해를 경계 삼는 곳에 있습니다. 그 안에 있는 대동중학교는 4천2백50년 전 무진 10월 3일에 개교했는데, 교장은 기자, 교감은 안유, 천문학 교사는 선덕여왕과 왕보손, 지문학 교사는 팽오, 윤리학 교사는 소연대연과 박제상, 체조 교사는 연개소문, 국어 교사는 설총, 역사 교사는 거칠부·이문진·안정복, 문학 교사는 최치원과 양사언, 음악 교사는 우륵과 옥보고, 미술 교사는 솔거와 담징, 산술 교사는 부도, 물리 교사는 서경덕, 수신 교사는 최충입니다. 교육에 사용되는 서적은 모두 태종이 창조한 활자로 인쇄합니다. 육군대학교도 있는데, 그곳의 교장은 광개토왕, 교사는 을지문덕과 강감찬입니다. 해군대학교 교장은 신라의 태종대왕, 교사는 정지와 이순신입니다. 전문학교 중 정치대학교는 교장이 발해 선왕, 교사는 유형원과 정약용입니다. 법률대학교 교장은 법흥왕, 교사는 율학박사 6인입니다. 농업전문학교 교장은 백제 다루왕, 교사는 신라 지증왕, 신라와 백제의 왕궁 부인, 통일신라 김대렴, 고려 문익점입니다. 공업전문학교 교장은 백제 개로왕, 교사는 신라 지증왕·이사부, 백제 위덕왕·고귀, 고려 최무선입니다. 의학전문학교 교장은 백제 성왕, 교사는 신라 김파진·한기무와 고구려 모치, 조선 허준입니다. 철학전문과의 중국철학 교사는 고려 정몽주, 조선 이황·이이이고, 인도철학 교사는 고구려 순도, 신라 원효, 고려 대각선사입니다. 문학전문과 교장은 조선 세종대왕, 교사는 백제 고흥·왕인, 신라 임강수, 고려 이제현, 조선 장유입니다. 종교학은 대황조의 신교(神教)와 동명성왕의 선교(仙教) 및 중국 유교와 인도 불교가 홍성했습니다.[24] 이처럼 하늘학교의 역사와 구성은 모두 우리 과거사의 업적과 위인으로 이루어졌습니다. 「몽배금태조」는 과거사를 통해 우리가 추구할 미래를 기획하고 있는 것입니다.

「몽배금태조」는 왜 미래사를 구축하는 데 과거사를 소환한 것일까요? 이는 미래사의 구축이 과거의 수치와 원통을 아는 데서 시작하기 때문입니다. '수치를 알고 원통을 아는 것이 극복의 원동력이니, 따라서 정신 교육에 역사학이 필요'합니다. 태조는 이와 같이 교육 중 정신 교육이 가장 중요하다 말하며, 정신 교육의 핵심은 역사를 통해 수치와 원통을 아는 것이라 강조합니다. 수치와 원통을 아는 것이 수치와 원통을

24 박은식, 『천개소문전 몽배금태조』, 124-128면.

극복하는 힘이 되며, 이를 위해 역사를 공부해야 한다는 주장입니다. 이것이 역사를 소환한 진짜 이유입니다. 태조가 생각하는 오늘은 강권주의에서 평등주의로 변화하는 때입니다. 그는 '오늘'을 강권주의의 막바지로 보고, 강권주의에 의해 가장 극심한 압력을 받는 우리 민족이 평등주의 시대의 주역이 될 것임을 역설합니다. 그는 자신에게 다시금 우리 민족의 주맹자가 되어달라는 무치생의 말에 대해, '역사와 진화의 추이에서 지금은 강권주의가 평등주의로 바뀌는 시기이다. 이때 극심한 압력을 받는 것이 우리 민족이니 장래 평화주의의 기치를 들고 세계를 호령할 자도 우리 민족일 것이다. 이를 위해 한 명 아골타의 능력을 요구하기보다 우리 민족 가운데 수천 명의 아골타가 출현해 이것을 주창하는 것이 더욱 유리하다. 청년 모두가 영웅의 자격을 갖추고 평등주의의 선봉이 되기를 결심하게 하면, 짐이 옥황상제께 청하여 목적을 성취하게 할 것이다.'라고 답합니다. 그는 한 명의 영웅이 아니라 청년 모두가 영웅이 될 것을 요구합니다. 그 청년 영웅들이 과거사 학교를 통해 자신이 주역이 될 미래사를 구축하기를 희망하는 것입니다.

4. 전환기 소설의 역사적 운동성 읽기

현실-꿈-현실의 구조로 이루어진 「몽배금태조」는 무치생과 금 태조의 몽유 문답이 가장 큰 비중을 차지합니다. 크게 3단계로 나눌 수 있는 문답은 '천도의 공평함에 대한 회의-조선의 실정에 대한 원인-조선의 위기를 극복하는 방안'으로 이어집니다. 일련의 문답을 마치고 꿈에서 깨어난 무치생은 금 태조의 훈유가 우리 동포가 살아갈 앞날을 열고 이끌어주기 위함임을 깨닫고 이 말과 깨달음을 속히 동포에게 전하겠다고 다짐합니다. '우리 동포의 앞날을 열고 이끌어주기 위한 가르침'이라 했으니, 문답의 종지가 '미래를 여는 일', 즉 미래사 구축임을 다시 한 번 확인할 수 있습니다. 작품은 현재를 극복하고 미래를 열어야 하는 필연성의 근거를 과거사에서 찾고 있음을 살펴보았습니다. 이는 역사 담론입니다. 그런데 작가는 이러한 역사적 인식과 사유를 왜 하필 허구적 고소설 형식 속에 담았을까요?

「몽배금태조」는 고소설의 몽유 문답 형식을 차용했는데, 그 핵심이라 할 문답 과정에서 조선이 처한 '오늘'의 시대 성격을 문명 전환기로 진단했습니다. 구문명(동양 문명)과 신문명(서양 문명)이 자리를 교체하는 시기인 것입니다. 그런데 이 작품의 시대인식이 의미를 지니는 것은 '전환기'를 특수한 오늘만의 사건으로 보지 않고 역사적 운동으로 파악하고 있기 때문입니다. 전환기란 역사적으로 늘 반복되어온 움직임입니다. 이러한 사유는 전환기에 느끼는 위기감에 대한 인식의 전환을 가능하게 합니다. 「몽배금태조」는 작금의 조선이 처한 문제를 해결하는 방안을 제시하며 그 근거로 과거사를 끌어오는데, 이는 현재사적 위기가 미래사 구축의 기회임을 말하기 위한 것입니다. 이 작품이 문학적으로 전유한 역사적 사실들은 모두가 이를 증명하는 데 기여하고 있습니다.

이 작품이 파악하는 '전환기'의 의미는 중층적입니다. 「몽배금태조」에서 말하는 전환기란 1차적으로 과거에서 현재로의 문명 전환기이지만 동시에 현재에서 미래로의 패러다임 전환기이기도 합니다. 작품 말미에서 금 태조는 "오늘날은 강권주의와 평등주의가 바뀌는 시기이다."라고 공언합니다. 이는 자칫 구문명(동양 문명)이 강권주의이고 신문명(서양 문명)이 평등주의라고 오해할 수 있으나, 앞서 언급한 신구 문명의 교체와는 그 층위와 지향이 전연 다른 언명입니다. 오늘날이 구시대에서 신시대로 바뀌는 시기이자, 강권주의에서 평등주의로 변화하는 시기라는 인식은 그가 감지하는 '오늘날'이 위기이자 기회인 이중적 전환의 속성을 담지한 절점(節點)임을 이야기합니다. 과거부터 오늘까지 구문명이 신문명으로 변화하는 과정에서 강권주의가 발생했습니다. 그리고 바로 그 강권주의의 최대 희생자가 지금의 우리 민족입니다. 문명의 전환은 '궁즉변(窮則變)'의 자연한 운동입니다. 그렇기 때문에 오늘의 강권주의 문명은 오래지 않아 다시 평화주의 문명으로 전환할 것입니다. 문명이 전환되면 문명의 주체도 변화합니다. 오늘까지는 서양 문명에 의해 동양 문명이 미개한 것으로 구축되면서, 과거 스승이던 우리가 노예가 되고 과거 노예였던 일본이 스승이 되어 우리를 핍박했습니다. 그러나 오늘부터는 그 반대가 될 것이라는 신념입니다.[25] 이러한 맥락에서 강권주의 문명의 막바지에서 가장 큰 압제를 받고 있는 우리 민족이 다음에 올 평등주의 문명의 선창자요 주맹자가 될 것이라는 주장은 논리를 획득합니다. 그러나 태조는 그러한 지위가 게을리 있는 자에게 자연히 주어지는 것은 아니라고 보았습니다. 때문에 문명 전환기에 처한 우리의 청년과 백성은 평화 문명의 주인이 될 준비를 부지런히 해야 합니다. 이를 위해 힘쓸 방법은 지식을 기르는 것, 즉 교육입니다. 그 가운데서도 핵심은 역사 교육임을 앞서 보았습니다.

역사 교육의 강조는 기존 연구에서 주장해온 것처럼 민족주의 사관을 통한 독립운동 고취와 일정 부분 관련이 있을 터입니다. 그러나 주지하듯 이 작품은 조선의 '오늘'을 약육강식 시대의 식민기로만 보지 않고,

25 박은식, 『천개소문전 몽배금태조』, 131면. "옛날에는 우리의 문명이 저들보다 훌륭했던 때문에 저들이 우리를 선생으로 호칭하며 신성으로 대우하였던 것으로, 지금이라도 우리의 문명이 진보하여 저들보다 훌륭하면 노예의 호칭이 변하여 선생이 될 것이오, 짐승과 같은 대우에서 신성한 대우로 변하게 받게 될 것이니 어찌 수치를 씻지 못하며 원통함을 달래지 못함을 근심하는가?"

반복되는 문명의 전환기로 파악하고 있습니다. 역사는 오랜 시간 반복되어온 문명 전환의 운동을 직접적 증거를 들어 우리에게 보여줍니다. 역사를 통해 우리가 '문명 전환의 반복성'을 확인하는 것, 이것이 그가 역사 교육을 강조한 이유입니다. 우리는 문명 전환의 반복성을 깨달음으로써 현실의 고난이 극복될 수 있음을 확신하고, 전환기에 선 위기국의 국민으로서 다음 문명의 주인이 될 방법을 모색할 수 있습니다. 역사 교육이 지금의 위기를 극복하는 해결안으로 자리할 수 있는 것은 이 때문입니다. 「몽배금태조」가 주창하는 과거사 학습은 자긍심과 민족 긍지를 확보하는 데 머물지 않는 것입니다. 이 작품은 과거사 학습을 통해 문명 간 충돌과 전환이 전 세계적으로 반복해왔음을 확인하고 오늘 또한 다음 문명을 향해 가는 전환기임을 자각하는 데 기여할 것을 믿습니다. 그러한 자각은 지금의 고난을 진정 훌륭한 자강의 학교로 역할할 수 있게 하는 것입니다. 그런데 문제는 과거사는 역사적 사실이고 그것을 통해 우리가 설계해야 하는 것은 손에 잡히지 않는 막연한 미래라는 점입니다. 역사적 사실에 대한 학습은 또렷하지만 미래사를 구획하는 것은 꿈처럼 모호합니다. '오늘'은 현실과 꿈의 사이에 존재하는 '경계역'인 것입니다. 우리가 주목해야 할 것은 이 경계역에서 고소설이 소환된다는 점입니다.

「몽배금태조」에서 고소설은 비극적 과거사의 끝자락에 있는 극한의 현재를 극복하고 새로운 미래사를 구축해야 하는 임무를 담당하고 있습니다. 이 작품은 교육의 중요성, 특히 학교 교육을 강조하는데, 이를 위해 제안한 이상적 학교가 우리의 4천 년 역사로 구성되었음을 보았습니다. 앞서 언급했듯이 이 작품은 조선의 위기를 극복하는 방안으로 소학교에서부터 대학교까지를 갖춘 체계적이고 포괄적인 '학교'를 제안합니다. 그 안에는 각 전문 분야의 학과가 배치되어 있는데, 모든 학교의 교장과 교사는 우리 역사에서 탁월한 역할을 한 인물들입니다. 이는 이 작품이 제안한 학교가 우리의 역사적 위인을 재편한 역사도감임을 알게 합니다. 「몽배금태조」는 박은식이 1911년 4월 서간도 환인현의 신한민촌에 가서, 이국땅에 신한민촌을 건설하며 국권 회복을 기약하는 동포와 망명객의 청소년 자제에게 조국 독립에 대한 굳은 신념을 불어넣어 주고 독립 쟁취의 방법을 가르쳐주고자 지었다 합니다. 때문에 만주 두만강변의 작은 부락에서 2,500명의 병력으로 요나라 70만 대군을 격파하고 북송을 멸망시켜 중원을 차지한 금 태조의 사업을 신한민촌의 사업에 연관시킨 것입니다.[26]

그런데 그는 우리 4천 년 역사와 금나라 역사를 역사 교과서 형식이 아닌 문학, 그것도 허구적 성격이 강한 소설로 담았습니다. 이는 역사적 사실과 소설적 허구 사이의 경계역을 구축합니다. 과거사의 문학적 전유를 통해 경계역을 구축하는 작업은 바로 문명 전환기에서 미래사를 구축하는 작업이기도 합니다. 경험적이고 사실적인 역사 교과서만으로는 불안에 떠는 청년에게 미래사 건설에 대한 신념을 심어주기 어렵다는 판단일 것입니다. 몽유자 무치생은 기나긴 꿈속 문답을 마치고 깨어나, "꿈을 생각하면서 장래를 내 스스로 알게 되었다."고 했습니다. 그리고 "꿈이라고 하기에는 구절구절 이야기가 너무 진정한 것이고, 진실이라고 하기에는 그 거닐었던 바가 너무 꿈같은 경지였다."고 하며 "꿈의 경지에서 진정을 구하면 우리의 영명(靈明)이 천지의 신명(神明)으로 감응을 받을 수 있을 것"이라고 했습니다. 몽유의 문답이 '꿈의 경지에서 얻은 진정'이라 확신하고 꿈을 통해 얻은 신념을 확고히 하는 것입니다. 꿈의 경지에서 구한 진정과 우리의 영명과 천지의 신명이 만나는 자리,

---

26 신용하, 「백암 박은식의 애국계몽사상과 민족주의 역사관」, 7면.

「몽배금태조」가 시대의 진실을 담아내고 새로운 역사의 진정한 주인이 되기를 제안하기 위해 소설을 소환한 것은 이 때문입니다.

"지식은 특정한 역사적 조건 속에서 언어적 실천을 통해 구성된다."[27]는 측면에서 볼 때 박은식이 역사 교육을 위해 고소설 형식을 선택한 것은 역사적 지식을 문학적 실천을 통해 구성하는 작업일 것입니다. 박은식의 소설관은 전래의 그것과 다르지 않습니다. 그는 기본적으로 소설이 사람을 감발해 풍속을 교화하는 데 뛰어나다는 것은 인정하면서도 여항에 성행하는 중국소설과 국문소설에 대해서는 황탄무계하고 음란불경하다고 여겼습니다. 그러나 그는 신지식을 받아들이는 과정에서 소설을 국성(國性)과 민지(民智)에 도움이 되는 교과서로 규정하게 되고, 진실의 복원을 위해 역사 서술에 허구를 도입할 수 있다는 인식의 전환을 이루어냄으로써 역사 서술과 소설의 경계를 새롭게 조정했습니다. 소설의 근대성을 모색한 것입니다.[28]

그렇다면 이러한 조정과 재편 과정에서 왜 서양식 근대소설이 아닌 고소설에 주목했을까요? 앞서 살펴보았듯이 박은식은 작품에서 과거사의 문학적 전유를 시도하는데, 이는 억압적 현실에서 불확실한 미래에 대한 신념을 모색하는 전환기 지식인의 고민을 그대로 반영합니다. 과거부터 현재까지의 역사 앞에서 막연한 미래의 역사를 확고한 마음으로 설계하기 위해, 허구와 전통이라는 특징을 지닌 고소설이 가장 적합했던 것입니다. 그에게 고소설은 우리 민족과 역사를 함께한 전통적 이야기 마당으로, 역사적 사실과 문학적 진실을 담아내며 당대의 문제의식을 펼칠 수 있는 담론장입니다. 때문에 문명 전환기라는 민감한 시기에

27 구장률, 『지식과 소설의 연대』, 소명출판, 2012, 16면.

28 구장률, 『지식과 소설의 연대』 39면.

진화론적·민족 계몽적 역사의식을 고취하면서 동시에 미래사를 구축하는 기반으로 고소설을 소환한 것입니다.

그러나 박은식은 모든 고소설 양식을 전환기의 공론장으로 삼지는 않았습니다. 그는 고소설 형식 가운데 몽유록과 문답체 형식에 주목했는데, 일반 통속소설의 문법과 달리 몽유록과 문답체는 그가 추구하는 '꿈속 진정'을 구현하기에 적절했기 때문입니다. 이는 「몽배금태조」와 같은 시기에 등장한 몽견류 소설이 공유하는 특징입니다. 이는 소설사에서 하나의 흐름으로 연결될 수 있는바, 사상의 일대 전환기였던 15세기에 지식인의 방황과 신념 모색 과정을 그린 김시습의 「남염부주지(南炎浮洲志)」가 대표적이라 하겠습니다.[29] 이로 볼 때 「몽배금태조」는 우리 전통 서사의 커다란 흐름을 이어가며, 동시에 국가 패망으로 역사의 사실적 기반을 상실한 시기, 문명의 전환으로 미래의 현실적 가늠이 어려운 시기에 전통 서사를 소환하되 그것이 '꿈의 경지에서 진정을 구하는 것'이 되도록 의도한 작품임을 알 수 있습니다.

29 김수연, 「사상전환기 지식인의 방황과 신념 모색, 「남염부주지」」, 『고소설연구』 33, 2012, 113-143면.

제5장

21세기 청년 학습자의 삶과 고전문학사: 응전의 지혜와 미래적 통찰, 17세기 문학사

1. 역사 속의 17세기: 전란과 정쟁

월력상의 17세기는 1600년부터 1699년까지 100년으로, 조선 왕조에서는 선조 33년부터 숙종 25년까지에 해당합니다. 그 사이 광해군(15년), 인조(27년), 효종(10년), 현종(15년)이 치세했습니다. 선조는 41년(1567-1608)간 재위에 있었고, 숙종 또한 46년(1674-1720) 동안 국정을 다스렸습니다. 그러나 선조 대 전반기에 해당하는 16세기 말은 17세기 조선사회의 전조(前兆)로 기능하며, 숙종 대의 후반기 또한 17세기적 사회문화 현상의 자장 안에 존재하기에 이 장에서는 역사 속 17세기의 모습을 선조 대에서 숙종 대까지 왕조사의 흐름 안에서 살펴보고자 합니다.

역사가 기억하는 17세기는 '전란(戰亂)과 정쟁(政爭)'의 시대입니다. 전란의 책임이 당파 간 갈등과 무관하지 않으며, 전란에 대처하는 과정에서 정쟁은 더욱 치열해졌습니다. 1592년 조선은 역사상 유례없는 침략전쟁을 맞이합니다. 임진왜란입니다. 일본의 침략이 있기 한 해 전인

1591년 3월, 선조는 통신사로 일본에 다녀온 황윤길과 김성일의 보고를 받습니다. 정사 황윤길은 일본이 조선을 침략할 의도를 가지고 있으며 도요토미 히데요시는 담력과 지략이 뛰어난 인물이라고 했습니다. 반면, 부사 김성일은 일본이 전쟁을 일으킬 가능성은 추호도 없으며 도요토미는 조선을 공략할 인물이 못 된다는 상반된 주장을 했습니다. 이때 정계는 이미 동인(東人)과 서인(西人)으로 갈라졌고, 정국은 다시 주도권을 가진 동인이 남인(南人)과 북인(北人)으로 갈라서기 시작한 상태였습니다. 주도권은 동인계 남인이 쥐고 있었습니다. 당시 동인계 남인의 핵심 인사였던 유성룡이 김성일의 의견에 손을 들어주었습니다. 김성일 또한 남인이었습니다. 국제적 판세를 읽기보다는 계파의 입장을 중시한 결과, 정사 황윤길의 의견은 무시되었고 결국 7년간의 전쟁이 시작되었습니다. 그 여파는 17세기 이후 조선사회에 커다란 영향을 미치게 되었습니다.

임진왜란의 상흔이 치유되기도 전, 조선은 또다시 전란의 화마에 휩싸입니다. 1636년, 중국의 신흥강국 청(淸)이 침략한 것입니다. 병자호란으로 불리는 청의 침공은 임진왜란과는 또 다른 성격의 전란이었습니다. 1년여의 짧은 기간이었지만 철저한 패배로 끝난 전란이 남긴 물질적·정신적 피해는 이루 다 말할 수 없는 것이었습니다. 임진왜란의 참상을 목도했으며, 전란 극복을 위해 직접 민심을 수습하고 의병을 모집한 경험이 있는 광해군은 집권과 동시에 청의 전신인 후금(後金)과 명(明) 사이에서 실리 위주의 중립정책을 폈습니다. 그의 지지자는 북인에서 갈라져 나온 대북(大北) 세력이었습니다. 그러나 반대파인 소북(小北)은 선조의 계비 인목왕후가 낳은 영창대군을 옹립하려 했습니다. 광해군이 후궁 소생이기 때문입니다. 때마침 대북의 강경책으로 인목대비 폐위사건이 일어나고, 서인은 이를 빌미로 인조반정을 일으킵니다. 광해군이 폐위된 이유는 친족에 대한 패륜적 행위도 있었지만, 임진왜란에 원병을 보낸 명나라에 대한 배신이 더욱 큰 문제였습니다. 사대주의에 입각한 서인의 명분론이 광해군의 현실적 외교정책을 누른 것입니다.

인조와 서인 세력은 권력을 장악한 후, 후금과의 관계를 끊고 노골적으로 명을 지원했습니다. 청나라는 정묘호란을 통해 강대한 군사력을 보여주었지만, 조선은 변화하는 국제 정세를 간파하지 못했습니다. 결국 1636년 청이 보낸 국서를 거절함으로써 병자호란이 일어났고, 북방 유목민 출신의 청군은 순식간에 조선을 짓밟았습니다. 왕족과 관료들은 남한산성과 강화도에 쌓아둔 성으로 피난하기에 급급했으며, 누구 하나 백성을 위해 위기를 극복하려 나서지 않았습니다. 당파 간의 분쟁과 관념적인 명분론에 갇혀 변화하는 세계사적 흐름을 포착하지 못한 조선 지배층의 약점이 두 차례의 전란을 통해 명백히 드러난 것입니다. 이후 전란의 수습 과정에서도 이러한 약점이 계속 문제가 되었습니다. 효종과 현종 조에 끊임없이 제기된 북벌론과 예송논쟁 그리고 당파 간 숙청이 반복된 숙종 조의 '환국(換局) 정치'는 바로 이러한 '전란과 정쟁'의 자장 안에서 펼쳐진 것입니다.

17세기 조선은 일견 임진왜란과 병자호란, 그리고 수없이 갈라지는 정파 간의 다툼으로만 얼룩진 듯 보입니다. 그러나 동요와 갈등이 언제나 부정적 결과만을 가져오는 것은 아닙니다. 외부의 침략으로 말미암은 위기의식은 방편적으로나마 현실에 대한 개혁을 가져왔기 때문입니다. 임진왜란 중의 부족한 군비를 충당하기 위해 발행한 공명첩(空名帖)은 결과적으로 천인이나 양인의 신분을 상승시키는 통로가 되었습니다. 어떠한 이유로도 절대 벗어날 수 없을 것 같았던 신분의 굴레가 너무도 쉽게 제거된 것입니다. 특히 돈에 의한 신분제의 동요는 신분사회가 계급사회로 변화하는 계기를 마련해주었습니다. 공명첩의 경험은 이후 서얼에게 과거를 허용하는 서얼허통으로 이어졌습니다.

평민도 양반이 될 수 있다는 의식은 평등의식을 촉발시킴과 동시에 범접할 수 없었던 양반사회에 대한 비판을 가능하게 했습니다. 그 결과 관료 편의주의에 입각해 시행되었던 정책의 폐단을 백성의 입장을 고려해 개선하려 한 노력들이 나타났습니다. 현물 공납에서 발생하는 피해를 줄이기 위해 대동법을 시행했고, 대동법은 대동미(쌀)에서 대동전(현금)으로 공납 수단의 변화를 가져왔습니다. 양인 남성에게만 부과되었던 군역을 돈으로 대신하게 하며, 동시에 양반에게도 군역세를 내게 하자는 호포법에 대한 논의가 숙종 조에 있었던 것 또한 변화하는 신분사회의 모습을 반영합니다. 또한 지나친 당파 대립이 결과적으로 전란을 가져오는 등 사회 발전을 저해하는 요소로 작용한다는 각성이 왕으로 하여금 탕평책을 지시하게 했습니다. 이처럼 내외의 위기와 갈등은 궁극적으로 자신을 반성하고 현재의 문제점을 각성하게 하는 계기가 된 것입니다.

2. 17세기를 바라보는 문학사의 시선들: 안자산, 조윤제, 조동일

문학사 속에 보이는 17세기는, 중세문학을 지키려는 노력과 근대문학을 이룩하고자 하는 움직임이 공존하는 시기입니다. 최근의 문학사는 이를 '이행기'로 명명합니다. 이는 단순한 혼돈기나 과도기와 구분되는, 그 자체로 독자적 성격을 지닌 독립된 문학사의 단계로 인식하는 것입니다. 이 시기 문학사를 중세문학의 연장이나 근대문학의 시작으로 보려는 관점은 다소 무리가 있기 때문입니다. 17세기는 이러한 '이행기'가

시작되는 지점으로, 문학사가들은 시기별로 그 시대의 명칭은 달리하지만 교체와 변혁이라는 점에 초점을 맞추어, 새로운 동력을 지닌 담당층과 문학적 특질을 찾고자 애썼습니다. 이 장에서는 한국 최초의 문학사를 쓴 안자산(安自山, 본명 安廓)의 『조선문학사』, 해방 후 국문학 연구 1세대인 조윤제(趙潤濟)의 『한국문학사』, 최근의 연구자인 조동일(趙東一)의 『한국문학통사』를 일별하는 것으로 그 문학사적 위치를 가늠해보도록 하겠습니다. 관련 부분의 목차와 내용을 발췌하면 다음과 같습니다.

■ 안자산, 『조선문학사』

목차

제5장 근세문학

제25절 유교의 세상

제26절 한글 제작과 칙찬(勅撰)

제27절 궁정 문학

제28절 퇴계와 산림 문학

제29절 난리 및 당쟁과 사상계

제30절 한화(閑話)와 배해(俳諧)

제31절 소설

제32절 희곡

제33절 가사

제34절 근세 문학의 결론

개관

선조 초에 동서 양당의 쟁란에서 시작되매 일반 정서의 분산은 심절(甚切)하게 되니, 이 동요된 감정은 문학으로 하여금 점점 평민적으로 흐르는 경향을 낳으니라. 첫째, 감정이 사화 및 당쟁으로 말미암아 흔들리더니 청천백일에 임진 난리가 이르러 암담한 비운이 하늘과 땅에 흘러넘치매 이 때를 당하여 조선인 특유의 미덕이 일시에 발휘라. 일반 인사는 계급을 묻지 않고 상하 일치로 싸움터에 달려가 의로움을 전하고 공을 다투매 용감하고 장렬한 기풍이 일시 천하를 풍미한지라. 그 충성되고 용감하고 의롭고 열렬한 사적으로부터 나온 문학은 독립 자유 평화의 정조를 드러낸 것이 자못 많으니 이는 곧 여러 종류의 전기(戰記)라. (……)

전쟁의 띠끌이 겨우 수습되면서 일시 휴전되자 문벌의 쟁란이 다시 계속되어 전개되니 이것이 둘째로 감정의 발동이라. 이 문벌 싸움은 정당의 모습을 띠고 나온 것이나, 다른 방면으로 보면 유교에서 배운 충효를 협소하게 운용하여 주종의 관념을 당파에 활용하는 동시에 전공(戰功)을 세우려는 허영심이 발동하여 정부를 사당(私黨)의 진지로 삼은 것이라. (……) 이에 고명한 유자(儒者)와 재주 있는 선비는 다 세상을 피하고 관직을 버리니 이로 말미암아 산림 문학가는 큰 발달에 이른지라. 그러나 산림문학도 역시 이 경향에 젖어 허영의 기풍을 띠다. 옛말을 끌고 옛 예를 증거하여 옛법을 비밀히 전수했다는 권위로써 사회를 지배할 새 비전의 지식이 있는 자는 더욱 학적(學的)인 것을 과장하고 문외한은 무학(無學)이라. '무식한 놈'이라 하는 말투는 항상 하등한 사람에 대하여 현학적인 몸짓을 위세 있게 보이는 것이라. 그 유식하다는 학문은 스스로 번쇄(煩瑣)하매 따라서 사회 의식(儀式)도 번거로워진지라. 그 문은 오직 옛말을 기워 모아 교훈의 자료로 제공하고, 그 지은 시는 육조(六朝)의 변려문(騈儷文)을 삼아 한 구를 얻음에는 고심초려(苦心焦慮)를 다할 새, 좋은 구는 '신명이 이에 감동하고 귀신이 이에 창화(唱和)라' 하는 말이 전함이 적지 않다. 〈소화시평(小華詩評)〉에 "변춘정(卞春亭)·정호음(鄭湖陰) 양공(兩公)도 또한 신의 도움을 자긍했다"하니 오직 변·정 두 사람만 아니라 선조 이후 산림문학은 다 이 기풍을 가졌고 근대의 새로운 소년 문사도 다 이러한 기풍을 그대로 좇느니라. 그런데 산림파는 실상 지식과 학문이 많아 가슴에 만 권의 책을 쌓아 모든 학예에 정통하니 한 번 입을 열면 자자(字字)이 금과 옥돌의 소리러라. 고로 지리학·의학·문학·농학 등 백반 학예의 저(著)가 많다. 그러나 그 양에 비하면 문학적 가치가 많지 않고 그 남긴 책은 고래(古來)의 기이한 일과 이상한 견문을 모은 수록(隨錄)과 시문을 모은 문집 등 800여 종이 있으나 다 천편일양(千篇一様)으로 변화가 없고 창조적인 귀결이 없더라. (……) 그러나 사람의 본성은 진보를 구하는 각성(覺性)이 있고 그 혹독한 속박의 반동적 요구는 자유를 찾아 귀족적인 것을 벗어나 평민적인 방향으로 나아갈 새, 선조 때의 임란은 실상 평민 문학을 재촉하는 한 계기가 된지라.

_최원식 역, 을유문화사, 1984, 159-165면.

■ 조윤제, 『한국문학사』

목차

개관

지나간 국문학사는 겉이나마 그 국학정신이 발전하여 온 자취를 밟아왔다 생각되거니와 이 정신의 소장(消長)은 곧 그대로 국문학의 소장도 되어 국문학의 발전을 위한 소생기(蘇生期)와 육성기(育成期)를 넘어서 발전기(發展期)에 들어와서는 크게 그 국민정신이 앙양(昂揚)되었었다. 그런데 이 국학정신의 앙양은, 경기체가의 붕괴로 말미암아 가사문학이 일어나고, 자연미의 발현에 따라 시가문학이 대진(大進)하며, 또 외국문학의 영향을 입어 소설문학이 발전하여 오는 등 그 내부적인 조건에도 있었지마는, 또 그와 별도로 외부적인 조건에도 있었던 것이니, 그는 즉 임진왜란과 병자호란이다. 조선의 역사를 논하는 이에 임란을 중심으로 하여 전기, 후기로 이조의 역사를 둘로 쪼개는 편이 많으니 그만큼 임란이란 전란은 역사상 큰 사실이었고, 또 그의 조선 각 방면에 미친 영향은 막대하였다. (……)

왜군의 최후의 일병이 완전히 물러갔을 때 비로소 안도의 가슴을 내리었을 것이나, 이 난으로 말미암아 조선이 입은 물질적 피해도 피해려니와 또 정신적 타격과 충격도 컸었다. 위선(爲先) 이렇게 외적에 쪼들리고 보니 적개심이 폭발하였을 것이다. 그러나 적개심은 감정이고, 감정인만치 일시적이라 할 수 있지마는, 그것이 안정되고 냉정하여졌을 그 다음에는 과거의 자기가 너무나 빈약하였음을 통감하였을 것이며, 또 거기서 한걸음 더 나아가 심각한 자기반성 혹은 자아비판을 하였을 것이다. 거기에는 우선 당면한 문제로 국방과 재정에 관한 것도 있었겠지마는 그보다 더 내면적인 문제로는 과거에 있어서 너무 자기(自己)라는 것을 잊어버리고 이미 형성된 형식에만 추종하여 왔지 않았는가 하는 것을 반성하게 되었을 것이다. 여기에 자기를 인식하고 자기를 발휘하자 하는 힘이 솟아올랐으니……

여태까지로 말하면 서얼이라 하면 자기 아버지를 아버지라 부르지 못하고 조상의 제사에 참여하지 못하고 관로(官路)가 막혔지마는 그것을 당연한 도덕이라고만 알고 무조건 그 제도에 복종하여 왔던 것이나, 자기반성으로 자기를 인식하게 되었을 때에 그 모순을 지적하고 감연히 일어서 그 차대(差待)와 계급의 타파를 부르짖었던 것이다. 그리고 또 소설에 「홍길동전」 같은 것도 완전히 자기반성 자기인식하는 힘의 현상으로서 나타난 작품이라 할 수 있으니, 홍길동은 서얼로 태어나 그들이 계급을 대변하여 현실사회의 모순에 반항하고 자기의 힘을 용감하게 발휘하려 한 것이다. 이러한 것은 모두 임란 후 사회에 움직이어 일어난 현상이라 하겠다. 이 밑으로부터 올라오는 힘이 미미하였을지는 모르나 그러나 또한 크고 군세어 그 힘과 정신이 국문학 전면에 있어서는 국학정신으로서 앙양하였던 것이다.

그런데 임진왜란은 대전란이었으나 그래도 형식적으로는 왜병을 격퇴하였다. 그러나 병자호란은 난으로서는 혹은 임란보다 작았을지는 모르고 또 따라 물질적인 피해도 적었을지도 모르되, 정신적인 타격은 도리어 임란보다 더 컸지 않았는가 한다. (……) 시조문학의 대가 고산(孤山) 윤선도(尹善道)도 화의(和議)가 정하여졌다는 말을 듣고 분노를 참지 못하여 해중(海中)으로 들어가 다시 이 세상에 나오지 아니하려 하였던 것이다. 그만큼 병자호란의 정신상에 끼친 충동은 상당히 컸었다. 그에 따라 임란 시에 경험하였던 자기반성 혹은 자기비판은 여기서 일층 더 심각하여졌을 듯하다. 그리하여 국학의 정신은 현저히 표출 앙양되었으니 서포 김만중 같은 이는 단연코 일어서서 국어의 존엄성을 부르짖고 국문학의 우수성을 주장하였던 것이다. 이것은 당연한 주장이고 별로 기이한 것도 아닌 것 같지마는 그 당시 문화사회의 정세로 보아 실로 대담솔직한 발언이라 아니할 수 없고, 또 시대가 시대이었던 만큼 감히 그의 주장에 논박하고 나온 이도 없었다. 이와 같이 임진왜란 병자호란의 양대 전란이 조선사회에 미친 영향은 컸었고, 또 그것이 외부적 조건이 되어 국학정신 앙양에 많은 충동을 주었다. (……)

그리하여 이 시대 즉 발전시대에 들어오면 국학정신의 앙양으로 말미암아 국문학은 대진(大進)하여 시조문학은 본격적인 그 가치를 발휘하여 오고 또 소설문학도 중국 소설문학의 대동이(大東移)에 영향을 받아 많은 발전을 하였다. 그리고 국문학의 측면에 있어 늘 자극하고 추진하는 한문학이 또한 대융성하여 국문학의 발전에 더욱더 박차를 가하였다. 외부적으로는 전란이 거듭하고 내부적으로는 당쟁이 치열한 이때에 국학의 정신은 꾸준히 발달하여 국문학이 일보일보 전진발전하여 가는 것은 또한 국문학의 끈기라 아니할 수 없다.

_탐구당, 1987, 195-199면.

■ 조동일, 『한국문학통사』

목차

개관

1592년(선조 25)에 시작되어 7년 동안 계속된 일본의 침략전쟁 임진왜란은 처참한 희생을 강요한 크나큰 수난이었으며, 나라를 온통 흔들어놓았다. 각처에서 의병이 일어나고 명나라의 원군이 와서 왜란을 평정한 지 한 세대쯤 지나자, 이번에는 북쪽에서 변란이 일어났다. 여진족이 후금을 거쳐 청(淸)이라고 일컬은 강력한 국가를 창건하고 1627년(인조 5)의 정묘호란에 이어 1636년(인조 14)의 병자호란 때 다시 침공해 패배의 굴욕을 안겨주었다. 열등한 야만족이라고 생각하던 일본과 여진이 문명과 예의의

나라를 마구 유린하는 사태에 대처할 능력을 당시까지의 지배층은 가지지 못했다. (……)

전란을 겪으면서 이룩된 각계각층의 수많은 기록과 증언, 술회와 상상은 문학사가 새로운 단계로 들어서게 했다. 엄청난 시련이 닥치자 지금까지 존중하던 격식을 버리고, 보고 느끼고 통탄한 바를 생생하게 나타내는 새로운 표현을 다양한 방식으로 찾아야 했다. 누구든지 그렇게 하지 않을 수 없어, 상하층의 간격이 과거 어느 때보다도 좁아졌다. 중세에서 근대로의 이행기문학이 바로 거기서 출발했다.

공식적인 임무를 수행하는 관원이 남긴 실기나 일기류라도 전란의 경과나 그 뒤에 일어난 일을 자세하게 기록하고 참상을 절실하게 묘사하면서 개탄하는 마음을 나타내 감명을 준다. 워낙 새로운 경험을 했으므로 설명을 할 수 없어 있는 그대로 묘사하는, 전에 볼 수 없던 시도를 할 필요가 있었다. 그와 비슷한 것이 국문본으로 나와 국문 사용의 확대를 입증했다.

감회를 나타내는 데 치중하자면 산문이 아닌 시가를 택할 필요가 있었다. 전통적인 형식을 따르는 한시라도 작품을 다듬어 지을 형편이 아니었으므로 내용을 앞세웠다. 시조와 가사에서는 경험과 감회를 그 자체로서 핍진하게 살리지 못해 고사에 의존하고 명분론적 설명을 개입시키는 경우도 있었다. 설화와 소설에서는 전승적인 유형을 이용해야만 했다.

낡은 수사법과 새로운 경험이 어긋나는 것을 그 뒤 오랫동안 시간을 두고 해결해야만 했다. 중세이념을 재확인하고자 하는 경우에는 새로운 경험을 축소하거나 탈색시켜 조화를 얻으려 했다. 낡은 수사법에서 과감히 벗어나지 않은 채 삶의 총체적인 의미를 다시 묻고자 할 때에는 형식과 내용의 부조화를 나타내는 것이 오히려 긍정적인 의의를 가졌다. 새로운 경험 자체의 논리를 작품 구조로 형상화하는 것은 최하층 문학에서부터 가능할 수 있었다.

_지식산업사, 2005, 9-12면.

이와 같이 문학사를 살펴보면 17세기를 새로운 시대의 시작으로 인식하고 있음을 알 수 있습니다. 조윤제의 『한국문학사』와 조동일의 『한국문학통사』는 17세기를 독자적 단계로 구분한 반면, 안자산의 『조선문학사』는 조선의 전(全) 시기를 '근세문학'으로 한데 묶고 있습니다. 그러나 그 구체적 내용에서는, 안자산 역시 17세기를 전후로 문학사의 경향이 바뀌고 있음을 지적하고 있습니다. 문학사가 17세기를 독립된 시대로 구분하는 외적 요인은 임진왜란과 병자호란으로 대표되는 '전란'이며, 내적 요인은 '정쟁'으로 표현할 수 있는 정치적 분열상입니다. 이는 앞서 설명한 역사상의 17세기와 다르지 않습니다. 그러나 문학사가 주목하는 키워드는 '위기'와 '갈등'이 아니라 '발전, 출현, 준동(蠢動), 대응, 전환, 재검토, 개척, 다양, 변모, 변용'임에 주목해야 합니다. 17세기를 바라보는 문학사의 시선이 초점을 두고 있는 것은 내우외환(內憂外患)의 위기 상황을 도전으로 인식하고 그것에 대한 응전으로서의 문학활동인 것입니다. 이상의 내용을 표로 정리해보면 다음과 같습니다.

문학사 속의 17세기

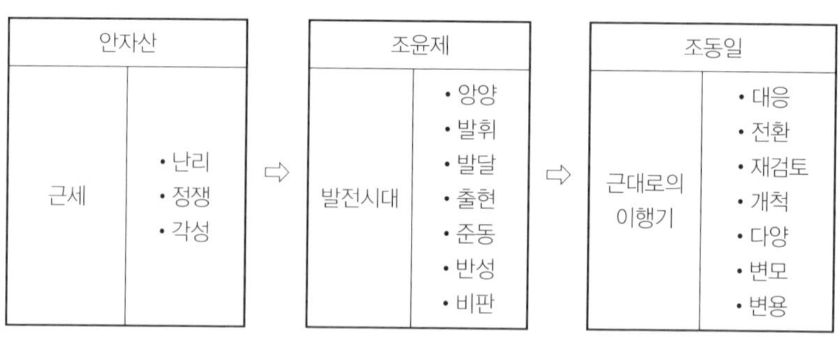

3. 역사적 도전에 대한 문학적 응전의 양상

우리는 17세기 문학사를 조망하면서, 문학이란 그 시대의 현실에 대한 생생한 반응임을 알 수 있었습니다. 17세기에 등장하는 문학 작품과 장르의 특성을 당대의 '시대적 운명'과 결부해 바라보아야 하는 것은 그 때문입니다. 이러한 관점은 비단 17세기에 국한되지 않습니다. 현대 비평에서 주목하듯, 문학은 시대마다 당면하는 새로운 운명에 맞서 끊임없이 자기 갱신과 변화를 실천하고 있기 때문입니다. 시대적 운명, 특히 역사적 위기에 대해 17세기 문학이 대응하는 양상은 첫째, 현실 직시와 관념의 반성, 둘째, 근본의 재성찰과 서정의 회복, 셋째, 전통의 비판적 계승과 새로운 방향 제시입니다. 전란은 관념적이고 이상적인 세계에 대한 막연한 추종에서 벗어나 '지금, 여기'에서 일어나고 있는 일에 주목하게 했습니다. 이 과정에서 문학의 '근본'에 대한 재성찰이 요구되었으며, 그 결과 인간 본연의 서정을 회복하려는 움직임이 등장했습니다. 더불어 기존의 문학 형식을 계승하며 내용과 형식에서 새로운 경험과 변화하는 시대정신을 담아낼 수 있는 방안도 모색했습니다. 이러한 양상을 구체적 작품을 통해 확인해보도록 하겠습니다.

현실 직시와 관념의 반성

실기문학: 당대인의 체험담에서 발견한 진실

이전에 겪어보지 못했던 새로운 경험에 대해 문학은 아직 역사적 평가를 할 여유가 없었습니다. 7년이나 되는 긴 전란 속에서 우선 자신이 서 있는 '지금, 여기'에서 일어나고 있는 일을 기록하기에 바빴기 때문입니다. 이로 인해 17세기에는 전에 없이 실기(實記)문학이 유행했습니다.

나랏일이 다급하고 위태로운 오늘	國事蒼惶日
그 누가 곽자의·이광필의 충성을 다할까?	誰能郭李忠
서울을 떠나와도 큰 계책은 남았으니	去邠存大計
국운의 회복이 그대들에게 달렸도다.	恢復仗諸公
관산에서 달을 보고 통곡을 하며	痛哭關山月
압록강 바람에 마음 아파하노라.	傷心鴨水風
조정의 신하들아, 오늘을 겪고도	朝臣今日後
다시금 서인과 동인을 말할 것인가?	寧復更西東

_ 선조, 「용만서사(龍灣書事)」[1]

선조(宣祖, 1552-1608)가 의주로 피란을 가서 지은 시입니다. 한 나라의 군주로서 서울을 버리고 국경 지역까지 쫓겨간 신세가 되었으니, 자신이 왜 이 지경이 되었나를 돌아보지 않을 수 없었습니다. 부정하고 싶은 현실이지만 객관적이고 냉철하게 지금의 상황을 직시하지 않으면 문제의 원인도, 대책도 마련할 수 없기 때문입니다. 선조는 자신과 국가의 '다급하고 위태로운 오늘(蒼惶日)'이 조정신하들의 '동서분당' 때문이라 여기고 있습니다. 그러나 그저 책망하고 벌주어 내칠 수 없는 것 또한 현실입니다. 극한에 처한 자신과 나라의 운명이 그들에게 달려 있기 때문입니다. 역사서는 전란의 책임을 어느 한편으로 돌리는 데 급급하지만, 전란이 일어나는 과정을 지켜보며 실제 전란을 경험한 선조의 체험기록은 근본 원인이 어느 한쪽에 있는 것이 아니라 분당 자체에 있다는 진실을 알리고 있습니다.

1 이 절에 인용된 시와 그 번역은 조동일, 『한국문학통사』(지식산업사, 2005)를 참고하고, 필요에 따라 수정했다. 이하 동일.

이 시기 실기문학의 대표작으로 유성룡(柳成龍, 1542-1607)의 『징비록(懲毖錄)』을 꼽을 수 있습니다. 유성룡은 임진왜란이 끝나고 벼슬에서 물러난 뒤, 고향인 안동 하회에 '옥연서당(玉淵書堂)'를 짓고 그곳에서 『징비록』을 저술했습니다. 『징비록』은 말 그대로 '오늘날의 잘못을 경계로 삼아 뒷날의 근심을 덜기 위해 쓴 기록'입니다. 징비(懲毖)란 원래 『시경』 「소비(小毖)」 편에 나오는 말로, "예기징이비후환(豫其懲而毖後患)", 즉 '미리 징계하여 후환을 경계한다'는 뜻입니다. 이 책은 외손 조수익에 의해 1647년(인조 25)에 간행되었습니다.

김홍식은 『징비록』을 번역하며, 그 부제를 '지옥의 전쟁 그리고 반성의 기록'이라고 했습니다.[2] 현실에 대한 냉철한 직시는 자기 성찰, 즉 반성과 동궤의 행위입니다. 반성을 위해서는 자신의 부끄러운 치부를 가감 없이 드러내야 합니다. 그래야 문제의 원인을 찾을 수 있고, 적절한 해결책도 모색할 수 있습니다. 그것은 비난을 위한 고발이 아닙니다. 훗날 우리의 자손이 다시는 이러한 근심을 반복해 겪지 않도록 하기 위한 처절한 몸부림인 것입니다. 때문에 유성룡은 전란의 진상과 통치 체제가 무너져내린 양상까지 숨김없이 기록했습니다. 이러한 폭로와 반성이 겨냥하고 있는 것은 그동안 현실과 동떨어져 막연한 이상만을 읊조린 관념론적 가치관과 고답적 문인 지배층일 터입니다.

실기문학이 관념적인 고담준론(高談峻論)에 대한 비판과 반성을 촉구한 것은 거듭된 전란, 즉 병자호란을 거치며 등장한 일기문학에서 더욱 뚜렷이 확인할 수 있습니다. 남업(南業, 1592-1671)의 『병자일기(丙子日記)』는, 군사들이 임금을 만나겠다고 들고 일어나서는 칼을 뽑아 자신들을 저지하는 승지를 비웃으며 '저런 뛰어난 문사(文士)를 적진에 보내 적

2 유성룡, 『징비록』, 김홍식 역, 서해문집, 2003.

병을 막도록 하면 모든 일이 잘될 것'이라고 야유하는 이야기를 싣고 있습니다. 이러한 기록들은 현실 직시를 통한 관념의 반성을 강조하는 것입니다.

시가문학: 하층에 대한 주목과 상층의 반성 촉구

사대부 문사들 가운데는 전통적 한시 방식을 통해 전란에 대한 비판적 평가와 반성을 촉구하는 이들도 있었습니다. 『어우야담(於于野談)』으로 유명한 유몽인(柳夢寅, 1559-1623)은 전란의 시기에 대명 사신의 임무를 맡았습니다. 위기에 처한 나라를 위해 원병을 청하는 임무였지만, 이런 시련을 자처한 '자국'을 향한 비판의 태도도 잃지 않았습니다. 그는 명분론적 사고를 버리고 현실을 직시했는데, 특히 상층의 잘못으로 인해 부질없이 죽어간 하급 무장을 위로하는 시에서는 그가 겨냥하는 바를 은근하면서도 매섭게 나타냈습니다.

주변으로 철벽이 곧게 솟은 강가에	周遭鐵壁矗江潯
나그네 배 멈추니 눈물이 옷 적시네.	征旅凝舟淚滿襟
복 많은 장수는 적진을 압박하지 못하고	福將豈能催敵壘
성스러운 임금도 오랑캐를 교화하지 못했네.	聖君猶未化禽心
사람 해골 드러난 봄 언덕은 불타는 듯	人骸呈處春原燒
귀신불 날릴 무렵 밤안개도 무겁구나.	鬼火飛時夜靄沈
깊은 잔에 제사 술로 종사관을 위로하니	爲酹深盃弔從事
술 한 병이 천금보다 모자라지 않으리라.	一壺其奈欠千金

_ 유몽인, 「임진(臨津)」

'복 많은 장수'란 달아나 목숨을 구한 상층의 무인입니다. 상층은 난리에 도망하느라 급급한데, 하층의 종사관은 그를 위해 싸우느라 목숨을 잃었습니다. 전란의 폐해는 그대로 하층 백성의 몫입니다. 전란 이전, 관념적 사유에 사로잡혀 요순시대를 노래하고 태평성세를 읊조리던 성군은 그 성스러운 덕으로 오랑캐 하나 교화시키지 못하고 무엇을 했던가요? 결국 제 백성만 무참히 죽게 하지 않았던가요?

동주성 서편으로 가을 해 뉘엿뉘엿	東州城西寒日曛
보개산 마루턱엔 저녁노을 끼었구나.	寶蓋山高帶夕雲
객점을 찾아드니 머리 센 할멈 남루한 차림으로	皤然老嫗衣藍縷
사립문 열고 나와서 길손을 맞이하네.	迎客出屋開柴戶
이 할멈 하는 이야기, "나는 본디 서울 사람으로	自言京城老客婦
유리파산하고 외톨이로 타관살이하는 신세라오.	流離破產依客土
지난번 난리에 왜놈들이 서울을 함락할 제	頃者倭奴陷洛陽
자식 하나 데리고 어머님과 낭군을 따라	提携一子隨姑郎
수백 리 먼 길에 발이 부르터 궁벽한 산골짝으로 들어가	重跡百舍竄窮谷
낮에는 가만히 숨었다가 밤이면 나가서 먹을 걸 구하는데	夜出求食晝潛伏
어머님 병환이 나서 남편이 업고 가야 하니	姑老得病郎負行
험준한 산속에 발바닥 뚫어져도 숨 돌릴 겨를 없었더라오.	蹠穿崢山不遑息

(……)

한밤중에 문득 생각나면 눈물로 가슴이 막힌다오.	念之中宵涕橫臆
내 형상 이처럼 변했고 아이는 벌써 장정이 되었으니	我形已瘁兒已壯
행여나 상봉을 한달지라도 서로 알아나 보겠소.	縱使相逢詎相識
늙은 이 몸이야 객지에서 죽더라도 좋지만	老身溝壑不足言
어찌하면 제 아비 무덤 앞에 자식이 따르는	安得汝酒澆父墳

술 한 잔 놓일는지
아아, 어느 시대라 난리가 없으리까마는　　　嗚呼何代無亂離
저의 신세처럼 원통한 여자, 다시 또 있으리오.　　　未若妾身之抱冤

_ 허균, 「노객부원(老客婦怨)」

허균은 평범한 서울 아낙이 전란으로 인해 피란을 하느라 타지를 떠돌다가, 결국에는 시모와 남편을 왜적에게 무참히 잃고 자식과도 이별한 내력을 서사시의 형태로 적었습니다. 자식은 다행히 살아 궁궐의 창두가 되었다는데, 타지 객점에서 늙고 초라한 신세로 허드렛일이나 하고 있는 노모를 떠올릴 리는 만무하다는 여인의 비탄이 목 메입니다. 여인은 마지막에서 전쟁이야 어느 시대나 있는 것이라고 하면서도, 자기처럼 원통한 사람은 없을 것이라 했습니다. 무슨 의도를 담고 있는 것일까요? 역사에서 병가의 상사처럼 흔히 있는 난리이지만, 자신이 겪고 있는 처참함은 유례없이 끔찍한 것이라는 호소는 분명 구체적 대상에 대한 비난을 담고 있는 것입니다. 허균은 기존에 영웅이나 역사를 소재로 거대 담론을 담는 데 활용되었던 한문 서사시의 형식에 새로운 내용을 담았습니다. 그가 하층에 주목한 것은 백성의 일상과 동떨어진 정치, 관념적 쟁론만을 일삼다 결국에는 온 나라를 병화로 휩싸이게 한 이들에게 반성을 촉구하기 위해서입니다.

작가 미상의 가사 「병자난리가(丙子亂離歌)」는 병자호란을 겪은 강화도 사람이 지은 것으로 추정하고 있습니다. 병자호란이 일어나게 된 과정, 피란을 하면서 겪은 비참한 현실, 패전의 책임 추궁, 인조의 항복과 그 뒤의 사태를 이어가며 국정을 담당한 관원들에 대해 비판의 일갈을 날렸습니다. 조정의 대신들은 '의기(義氣)'가 높아 후환(後患)은 생각지도 않고 척화(斥和)만 주장했다고 하여, 변화하는 정세를 제대로 파악하지 못하고 오로지 명분론에 휩싸여 다투기나 하는 관료들의 무능을 꼬집었습니다. 하층이 자신의 삶을 드러내고 상층을 비판하기 위해 문학을 수단으로 삼았다는 점이 주목할 만합니다.

서사문학: 몽유(夢遊) 상상을 통한 현실의 재구성

때로는 허구적 상상이 가장 현실적인 문제를 다루기에 적합합니다. 특히 민감한 문제를 제기할 때 우리는 종종 '꿈'이라는 기제를 빌리곤 합니다. 이는 조선 전기 세조가 단종을 폐위한 사건과 사육신의 죽음을 소재로 집권한 세조를 비판한 「원생몽유록(元生夢遊錄)」에서 그 전례를 찾을 수 있습니다. 조선 후기의 '전란과 정쟁'은 왕과 집권층 및 그들이 고수하고 있는 지배질서에 대한 총체적 비판의 계기가 되었습니다. 즉 우리가 살고 있는 현실이 올바른 방향으로 가고 있느냐는 문제가 제기된 것입니다. 이러한 문제는 관찰자로서 실상을 그대로 기록하는 실기문학이나 현실에 대한 비판적 감회를 토로하는 시가로는 미처 포착하지 못하는 내용입니다. 모순된 현실의 당사자가 직접 문면에 나서서 총체적인 현실을 드러내고 재검토·재구성하도록 해야 하기 때문입니다. 이를 위해서 몇몇 문인은 새로운 세계, 즉 허구적 서사세계를 만든 후 다시 그것을 통해 현실의 모순을 전체적으로 바라보고 새로운 현실을 꿈꾸게 했습니다.

윤계선(尹繼善, 1577-1604)과 황중윤(黃中允, 1577-1648)은 「달천몽유록(達川夢遊錄)」이라는 동명의 몽유록을 지었습니다. 전자는 신립 장군이 패한 충주 달천에서 잠이 든 주인공의 꿈에 전몰한 장졸들의 원귀가 나타나 비명에 죽은 것을 한탄한 내용을 서술했습니다. 이들은 억울한 죽음으로 원귀가 된 것인데, 작가는 꿈에서 깬 뒤 제문을 짓고 제사를 지어 해원해주었다고 했습니다. 이로써 억울한 운명을 조금이나마 돌려

놓고자 한 것입니다. 후자 또한 신립의 전투를 소재로 했습니다. 꿈에서 신립을 만나 이야기하면서, 신립의 말을 통해 그의 패배가 한 사람의 문제가 아니고 외적을 방비할 준비를 갖추지 않았던 상황과, 병농일치(兵農一致)의 군대 편성 및 제도의 미비 그리고 상벌 규칙이 제대로 시행되지 않은 것 등을 패전의 원인으로 꼽도록 해서 당시의 국정 현실 전반에 대해 재검토하고자 했습니다.

병자호란을 배경으로 한 「강도몽유록(江都夢遊錄)」에는 청나라 군대가 침입하자 정절을 지키기 위해 자결한 여성들의 원혼이 등장합니다. 그녀들은 자신들을 지켜주지 못한 무능한 남편들을 비판하며, 자신들의 죽음이 바로 그러한 남성들 때문이라고 했습니다. 남성 중심의 사회에서 숨죽이고 있었던 여성들의 목소리를 강하게 드러내는 것이 허구 속에서는 가능했습니다. 「강도몽유록」이 여성 작가에 의해 창작되었다는 설이 제기된 바 있습니다. 그 근거로는 서툰 한문 문장으로 지어졌다는 점과 여성의 입장을 대변하는 시각을 들었습니다. 작품 가운데 청나라와의 강화를 주장한 남동생을 꾸짖거나 정절을 잃고 추문을 남긴 여동생을 부끄럽게 여긴다는 내용이 있는데, 이는 적절한 시기에 화의하지 못하고 뒤늦게 강제적 화의를 함으로써 수많은 여성을 포로로 끌려가게 한 남성들이 전란 후 아무런 죄의식도 없이 또다시 예의 명분론을 들어 자신들 때문에 포로로 끌려갔다가 살아 돌아온 여성들을 다시금 '죽어야 할 죄인'으로 만들고 있는 것에 대한 책망입니다. 이와 관련한 당시 상황이 인조 16년(1638) 3월 11일 실록 기사에 나옵니다.

신풍 부원군(新豐府院君) 장유(張維)가 예조에 단자를 올리기를 "외아들 장선징(張善澂)이 있는데 강도(江都)의 변에 그의 처가 잡혀갔다가 속환(贖還)되어 와 지금은 친정 부모집에 가 있다. 그대로 배필로 삼아 함께 선조의 제사를 받들 수 없으니, 이혼하고 새로 장가들도록 허락해달라."고 하였다. 전 승지 한이겸(韓履謙)은, 자기 딸이 사로잡혀 갔다가 속환되었는데 사위가 다시 장가를 들려고 한다는 이유로 그의 노복으로 하여금 격쟁하여 원통함을 호소하게 하였다. (……)

좌의정 최명길이 헌의하기를, "…… 신이 고로(故老)들에게 들으니, 선조 조에 임진년 왜변이 있은 뒤에 전교가 있었는데, 지난해 성상의 전교와 서로 부합된다고 하였습니다. 그 말을 자세히 기억할 수는 없지만 여항에서 전하는 바로 말한다면, 그때 어떤 종실이 상소하여 이혼을 청하자 선조께서 허락하지 않으셨으며, 어떤 문관이 이미 다시 장가를 들었다가 아내가 쇄환되자 선조께서 후취 부인을 첩으로 삼으라고 명하였으며, 그 처가 죽은 뒤에야 비로소 정실 부인으로 올렸다고 합니다. 이외에도 재상이나 조관(朝官)으로 사로잡혀 갔다가 돌아온 처를 그대로 데리고 살면서 자식을 낳고 손자를 낳아 명문 거족이 된 사람도 왕왕 있습니다. …… 부모나 남편으로 돈이 부족해 속환하지 못하는 사람들은 장차 차례로 가서 속환할 것입니다. 만약 이혼해도 된다는 명이 있게 되면 반드시 속환을 원하는 사람이 없게 될 것입니다. 이것은 허다한 부녀자들을 영원히 이역의 귀신이 되게 하는 것입니다. …… 그리고 한이겸의 딸에 관한 일은 별도로 의논할 필요가 없습니다. 신이 심양으로 갈 때에 들은 이야기인데, 청나라 병사들이 돌아갈 때 자색이 자못 아름다운 한 처녀가 있어 청나라 사람들이 온갖 방법으로 달래고 협박하였지만 끝내 들어주지 않다가 사하보(沙河堡)에 이르러 굶어 죽었는데, 청나라 사람들도 감탄하여 묻어주고 떠났다고 하였습니다. 또 신이 심양의 관사에 있을 때, 한 처녀를 값을 정하고 속(贖)하려고 하였는데, 청나라 사람이 뒤에 약속을 위배하고 값을 더 요구하자 그 처녀가 돌아갈 수 없음을 알고 칼로 자신의 목을 찔러 죽고 말았습니다. 이에 끝내는 그녀의 시체를 사가지고 돌아왔습니다. 가령 이 두 처녀가 다행히 기한 전에 속환되었더라면 반드시 자결하지는 않았을 것입니다. 비록 정결한 지조가 있더라도 누가 다시 알아주겠습니까. 이로써 미루어본다면 전쟁의 급박한 상황 속에서 몸을 더럽혔다는 누명을 뒤집어쓰고서도 밝히지 못하는 사람이 얼마나 많겠습니까. 사로잡혀 간 부녀들을 모두 몸을 더럽혔다고 논할 수 없는 것이 이와 같습니다. 한이겸이 상언하여 진달한 것도 또한 어찌 특별히 원통한 정상이 있어서 그런 것이 아니겠습니까." 하니, 아뢴 대로 하라고 답하였다. 그러나 이 뒤로는 사대부집 자제는 모두 다시 장가를 들고, 다시 합하는 자가 없었다.

사신은 논한다. 충신은 두 임금을 섬기지 않고 열녀는 두 남편을 섬기지 않으니, 이는 절의가 국가에 관계되고 우주의 동량(棟樑)이 되기 때문이다. 사로잡혀 갔던 부녀들은, 비록 그녀들의 본심은 아니었다고 하더라도 변을 만나 죽지 않았으니, 절의를 잃지 않았다고 할 수 있겠는가. 이미 절개를 잃었으면 남편의 집과는 의리가 이미 끊어진 것이니, 억지로 다시 합하게 해서 사대부의 가풍을 더럽힐 수는 절대로 없는 것이다. …… 절의를 잃은 부인을 다시 취해 부모를 섬기고 종사(宗祀)를 받들며 자손을 낳고 가세(家世)를 잇는다면, 어찌 이런 이치가 있겠는가. 아, 백 년 동안 내려온 나라의 풍속을 무너뜨리고, 삼한(三韓)을 들어 오랑캐로 만든 자는 명길이다. 통분함을 금할 수 있겠는가.[3]

부원군 장유가 병자호란 당시 강화도에서 포로로 끌려갔다가 살아 돌아온 며느리의 절개를 의심하며, 이혼을 요구하는 내용입니다. 이에 최명길은 임진왜란 때 선조가 이혼을 금한 사례를 들고, 또한 급박한 상황에서 몸을 더럽혔다는 누명까지 써야 하는 여성들의 억울함을 호소하고

3 『인조실록』, 한국고전번역원.

있습니다. 만약 사대부 남성이 포로로 끌려간 아내와 이혼하는 것을 국가에서 허락한다면, 아직 청나라에 잡혀 있는 여성들을 적극적으로 속환하지 않을 것이며 이는 수많은 여인들을 타국의 귀신으로 만드는 일이라고 했습니다. 많은 여성들이 무능한 남성들의 실책으로 일어난 전란에서 죽었습니다. 전란 후에는 또다시 남성들의 명분론 때문에 죽어야 했습니다. '환향녀(還鄕女)'와 '호로(胡虜) 자식'이라는 말에서 병자호란 후 고향에 살아 돌아온 여인과 그들이 낳은 자손에게 덧씌워진 혐의를 읽을 수 있습니다. 「강도몽유록」에서 굳이 '정절' 때문에 자결한 여성들의 원귀를 등장시킨 이유가 전란뿐 아니라 남성 중심적 질서가 지닌 전반적 모순에 대한 문제를 제기하는 데 있음을 짐작하기 어렵지 않습니다.

근본의 재성찰과 서정의 회복

한문사대가의 신복고(新復古) 경향

17세기 문단의 변화를 감지하면서 급격한 변화보다는 이전 시대의 가치관을 완화하는 것으로 새로운 상황에 대처하려는 움직임이 있었습니다. 이러한 움직임의 중심에 선 한문사대가는 전통 장르인 한문학을 중심으로 문학의 근본을 다시금 고찰하며, 의고적 문장이 아닌 예술적 문장으로서의 '고문(古文)'을 주장하고 실천했습니다. 이정구(李廷龜, 1564-1635), 신흠(申欽, 1566-1628), 이식(李植, 1584-1647), 장유(張維, 1587-1638)가 그들입니다. 한문사대가는 문학론에 대해 근본에서부터 다시 성찰하며 문학과 도학의 관계에 대한 오랜 논란을 재론해 양자 가운데 어느 쪽에도 치우치지 않으려고 했습니다. 그러면서도 문학의 독자성을 인정하려는 노력을 줄이지 않았습니다. 그들은 문장을 바르게 다듬는 것을 사명으로 하며, 시의 근본에 해당하는 『시경』을 본뜨는 작업을 통해 근체시가 지닌 한계를 극복하려고 했습니다. 또한 민요적 성격을 지닌 노래를 한시로 옮긴 악부시와 시조에도 깊은 관심을 보였는데, 『시경』과 악부시 그리고 시조는 모두 민간에서 기원한 것으로 일반 백성의 서정을 진술하게 표현하고 있습니다.

노래로 삼긴 사람 시름도 하도할샤
닐러 다 못 닐러 불러나 푸돗든가.
진실로 풀릴 거시면은 나도 불러 보리라

_신흠, 「노래 삼긴 사람」

산촌에 눈이 오니 돌길이 묻쳤세라
시비를 여지마라 날 찾을 이 뉘 있으리
밤중만 일편명월(一片明月)이 긔 벗인가 하노라.

_신흠, 「산촌에 눈이 오니」

한문사대가의 한 사람인 신흠의 시조입니다. 첫 번째 시조에서 신흠은 '노래'를 만든 사람은 아마 시름이 많은 사람일 것이라고 했습니다. 말로는 해도 해도 안 풀리는 시름이기에 노래를 불러서 풀었다는 것입니다. 그러면서 자신도 시름을 풀기 위해 노래를 불러보겠다고 했습니다. 그에게 문학은 시름을 풀어내는 자연스러운 방식입니다. '서정', 즉 말 그대로 '감정을 서술'하는 것이 문학입니다. 풀어내야 할 감정이야 여러 가지가 있을 터입니다. 기쁨도 슬픔도 노여움도 서러움도 모두 다 문학적 서술의 대상이 됩니다. 그중에 굳이 시름을 들었습니다. 주로 답답한 마음일 때 우리는 자신의 '속정'을 풀어 서술하고자 하는 욕망이 일어납니다. 그것은 '서정'이 공감과 소통을 소망하는 행위임을 일러줍니다.

요즘의 사람들도 답답한 일이 있을 때 일차적으로는 수다를 떨고, 그것으로도 풀리지 않는 시름일 경우는 노래방에 가 목청껏 노래를 불러 깊은 응어리를 녹여내는 것을 쉽게 볼 수 있습니다.

두 번째 시조를 보면, 신흠이 궁극적으로 지향하는 문학적 세계의 성격을 알 수 있습니다. 그는 지금 고요한 산촌, 작은 초가에 있습니다. 눈이 소복이 내려 자신과 세상을 잇는 돌길이 묻혀버렸습니다. 사립문을 열지 않는 것은 자신을 찾아올 사람이 아무도 없기 때문입니다. 돌길이 눈에 묻히고 사립문을 닫아두었다는 표현에서 스스로 속세의 번다함에서 멀어지고 싶은 마음을 읽을 수 있습니다. 이는 그가 지향하는 세계가 다름 아닌 한밤중에 떠오르는 한 조각 밝은 달과 벗하는 삶이기 때문입니다. 그는 문학, 특히 시문학의 본질을 근원이 되는 『시경』에서부터 재성찰해, 중세 이후 문학이 도학적 규범을 담아야 한다는 재도론(載道論)에 대한 반성을 꾀하며, 스스로 아름다운 언어로 순수한 감정을 담은 작품들을 지어 순정한 문학이 나가야 할 길을 제시했습니다.

택당 이식은 산문도 시에 못지않게 아름다운 예술이 될 수 있다고 하며, 간결하면서도 품격이 높고 꾸미지 않은 것 같지만 우아한 홍취가 살아 있어야 고문다운 고문이라 했습니다. 장유 또한 문학의 독자성과 순수성을 강조했습니다. 그는 『계곡만필(谿谷漫筆)』의 「작시오계(作詩五戒)」에서, 문장을 지을 때 하지 말아야 할 사항으로 '날카로운 기교 사용, 막히고 깐깐한 말 사용, 몰래 표절하기, 모범으로 삼아 본뜨기, 의심스러운 내용이나 궁벽한 말 쓰기'를 들었습니다. 또한 문장을 평가하는 기준으로 미(美)를 강조하며, 문학의 미란 외부 사물과 관련되지 않는 마음의 순수성에 근거를 둔다고 했습니다. 무엇보다 주목할 것은 '시는 천기(天機)이다.'라고 한 천기론(天機論)의 선언입니다. 이는 그동안 문학을 재도론(載道論)이나 성정론(性情論)에 입각해 보려 한 문학관의 반성을 요구하며, 동시에 문학의 근본을 인간의 순수한 마음, 즉 서정의 회복에서 찾고자 한 노력이라 하겠습니다.

형옥이 돌 속에 묻혀 있을 때에는　荊玉隱璞中
오랫동안 막돌과 이웃해 지내더니　長與頑石隣
하루아침에 뛰어난 옥돌장이 만나서　一朝遭卞和
갈고닦아 나라의 보배가 되었구나.　琢磨爲國珍
값은 비록 계속해 오르지만　雖增連城賈
혹시나 천진함이 훼손되지 않았는지　無乃毁天眞
글이 번다해지면 본바탕이 줄어들고　繁文減素質
아름다운 이름은 자기 몸을 망치나니　美名戕其身
지인은 숨김을 귀하게 여기어　至人貴沈冥
빛에 섞인 먼지처럼 세상을 사는구나.　處世混光塵

_ 이식, 「감흥(感興)」

이식의 시 「감흥(感興)」입니다. 제목부터 마음에서 느낀 바를 드러낸다고 했습니다. '화씨지벽(和氏之璧)' 혹은 '형산박옥(荊山璞玉)'이라는 고사를 들어, 뛰어나고 순수한 자질이 드러나지 않았을 때는 막돌들과 다름없지만 그것이 발견되고 다듬어지면 아름다운 국보급 예술품이 된다고 했습니다. 그러나 가장 중요한 것은 본래의 순정한 마음, 즉 본바탕을 잃지 않는 것입니다. 그것은 문장도, 사람살이도 마찬가지입니다. 화려하게 수식을 하느라 본래의 순연한 자질을 잃는다면 훌륭한 문장이 아니고, 명성이 드날리기만을 바라면 오히려 그 몸을 망칠 수 있습니다. 근본을 재성찰하며 순수한 감성을 회복하고자 하는 문학관이 그의 인생관과도 연결되어 있음을 알 수 있습니다.

애정전기의 변모와 비극의 문학적 성취

15세기 김시습의 『금오신화(金鰲新話)』에는 다섯 작품이 수록되어 있습니다. 「만복사저포기(萬福寺樗蒲記)」, 「이생규장전(李生窺牆傳)」, 「취유부벽정기(醉遊浮碧亭記)」, 「남염부주지(南炎浮洲志)」, 「용궁부연록(龍宮赴宴錄)」이 그것입니다. 이 중 앞의 두 작품은 애정전기에 속하고 뒤의 두 작품은 몽유록 계열에 속합니다. 가운데 「취유부벽정기」는 양자의 중간적 성격을 지닌 것으로 언급되어왔습니다. 김시습의 애정전기는 이전 설화 단계의 전기에서 소설로 그 형식을 정비했습니다. 그리하여 전기문학의 양식 속에서 발생한 뛰어난 작품으로 평가받고 있습니다. 그러나 「만복사저포기」와 「이생규장전」은 작가의 생애와 시대적 고뇌가 짙게 배어 있어, 죽은 여인과의 사랑이라는 것이 단종에 대한 김시습의 절의로 치환되어 해석되는 경우가 많았습니다.

정치적 은유로서의 초기 애정소설이 본격적 문학의 갈래로 자리 잡으며 남녀 간의 운명적 사랑에 초점을 맞춘 작품들이 다양하게 등장하기 시작한 것 또한 17세기에 들어와서입니다. 「최척전(崔陟傳)」은 임진왜란으로 남원성이 왜적에게 함락될 때 각각 중국과 일본으로 잡혀간 최척 부부의 사랑을 그렸고, 명나라 군사의 이야기를 듣고 적었다는 「주생전(周生傳)」은 주생이 사랑하던 처녀가 기생이 되자 다른 여자와 사귀어 혼인하게 된 내력과, 혼인을 앞두고 전란이 일어나 조선으로 파병 나오게 되어 이별하게 된 상황을 그렸습니다. 「위경천전(韋敬天傳)」 또한 사랑하는 사람과 이별하고 조선으로 파병 온 명나라 병사의 이야기입니다. 왜란을 배경으로 하고 있지만 전쟁보다는 사랑과 이별 속에서 펼쳐지는 남녀 간 애정에 치중했습니다. 「상사동기(相思洞記)」라고도 하는 「영영전(英英傳)」은 선비와 궁녀의 사랑을 그렸습니다. 성종의 다섯째 아들 회산군의 궁녀를 사랑하게 된 주인공은 회산군 사후 그 부인의 호의로 영영과 결혼을 하는데, 작품은 사랑으로 애태우는 절절한 심정을 부각시켰습니다.

17세기 애정소설의 걸작은 단연 「운영전(雲英傳)」입니다. 김 진사는 안평대군의 궁녀 운영을 사랑해서 애태우다, 담을 넘어 몰래 밀회를 감행하는데 결국 안평대군에게 발각되어 운영은 자결하고 김 진사 또한 따라 죽습니다. 안평대군(安平大君, 1418-1453)은 세종의 셋째 아들로 시·서·화에 모두 뛰어난 예술가였습니다. 그는 단종 즉위 후 수양대군과 권력을 다투다가 죽임을 당합니다. 소설은 전란 후 어느 날 불우한 선비 유영이 안평대군의 왕궁 터인 수성궁을 찾으며 시작됩니다. 당대에 그토록 화려했던 안평대군의 궁궐은 이제 전쟁의 상흔으로 쓸쓸하기만 합니다. 이곳에 김 진사와 운영, 두 사람의 영혼이 나타나 선비 유영에게 자신들의 내력을 말합니다. 작품은 전체적으로 액자 구조를 취하고 있는데, 김 진사와 운영의 이야기는 내부 액자가 됩니다. 내부 액자에서는 운영 자신이 자신의 이야기를 합니다. 여성 인물이 화자로 나선 1인칭 주인공 시점 소설이라는 점이 주목할 만합니다.

운영이 안평대군의 명으로 수성궁에 들어온 것은 겨우 열세 살 때였습니다. 부모 형제 곁을 떠나 낯선 궁궐에서 생활하게 된 운영에게 화려한 궁중 생활은 눈에 들어오지 않았습니다. 그저 집으로 돌아가고 싶은 생각뿐이었습니다. 사람들이 자신을 더럽게 여겨 내보내도록 하기 위해 산발한 머리와 꾀죄죄한 얼굴로(蓬頭垢面) 다니고 옷차림도 남루하게 하였지만(襤褸衣裳) 궁중 사람들은 운영을 '한 포기 연화꽃'에 비유하며 사랑했습니다. 특히 안평대군의 부인은 운영을 친자식과 다름없이 아꼈고, 대군도 운영을 평범한 궁녀로 대하지 않았습니다. 덕분에 운영은 학문도 익히고 음률도 배우며 수성궁 생활에 적응해갈 수 있었습니다. 특히 서궁으로 옮긴 후부터는 악기 연주와 책 읽기에 전념해, 그 수준이 일반 빈객의 글과는 비교할 수 없을 정도가 되었습니다.

그러나 학문이 높아질수록 운영은 남자들처럼 입신양명하지 못하는 자신의 신세를 한탄하게 됩니다. 아무리 뛰어난 재주를 지니고 있어도 자신은 홍안박명(紅顔薄命)으로 심궁(深宮)에서 고목과 더불어 썩어가야 하는 처지이기 때문입니다. 이러한 각성으로 인해 운영은 가슴속에 원한이 쌓입니다. 이렇게 살다가 죽고 나면 그만이니, 아무도 알아주지 못할 모습과 재주가 아름다운들 무슨 소용이고 빼어난들 무슨 소용이겠냐는 탄식이 절로 나오는 것입니다. 얼마나 억울하고 답답했던지, 운영은 비단을 짜다가도 북을 던지고 베틀에서 내려와, 비단을 찢고 옥비녀를 부러뜨립니다. 그러나 가슴의 울화는 가라앉지 않습니다. 그러다 시흥(詩興)이 조금 일어나면 옷을 걷고 나가 산책도 하고 꽃도 따며 글을 외고 시를 읊는데, 그 모습이 어리석은 듯 미친 듯 매우 격렬합니다. 이처럼 자신의 감정을 달래보려 노력하지만 운영의 마음은 잘 다스려지지 않았습니다.

운영이 김 진사를 만난 것은 그녀가 격정의 소용돌이 한가운데에 있을 때였습니다. 그 당시 운영은 획기적인 인생의 전환을 간절하게 꿈꾸고 있었습니다. 그녀와 김 진사의 첫 만남은 사소한 스침이었으나, 운영은 그것을 단순한 우연이 아니라 강렬한 필연이고 특별한 운명으로 여겼습니다. 그녀는 자신과 김 진사가 선남선녀의 외모로써 짝이 될 만하다고 여기다가, 우연하게 김 진사의 붓 끝에서 먹물 한 방울이 자신의 손가락에 튀자 그것을 숙명이라고 말합니다. 두 사람은 함부로 마음을 드러내놓고 사랑을 확인할 수 없는 처지였는데, 이것은 그들의 사랑을 더욱 자극하고 간절하게 느껴지도록 만들었습니다. 그러다 보니 한 번도 제대로 만나 이야기한 적이 없건만, 발 사이로 서로를 엿보고 벽 사이로 편지를 주고받기만 해도 이미 부부의 인연을 맺은 것이라고 생각하게 된 것입니다. 김 진사를 만나기 전의 운영이 뛰어난 재주를 가지고도 입신양명할 길이 없어 방황하고 우울해 하던 여중지사(女中志士)였다면, 지금의 운영은 입신양명 자리에 김 진사를 두고 자신의 온 마음과 정신을 그에게 집중하고 있는 비련의 규중가인입니다.

김 진사를 만난 후로 운영의 눈에는 언제나 김 진사의 모습이 아른거립니다. 그녀는 김 진사에 대한 그리움으로 배꽃이 피어나는 봄밤에 잠을 이루지 못합니다. 두견새의 울음소리와 오동잎에 빗방울 떨어지는 소리를 차마 듣지 못하고, 뜰에 피어나는 고운 풀과 하늘가에 흘러가는 외로운 구름도 차마 보지 못합니다. 때로는 병풍에 의지해 앉아 있거나, 난간에 기대어 서서 가슴을 두드리고 발을 구르며 홀로 하늘에 호소할 뿐입니다. 그 호소의 내용은 이전에 비단을 찢고 비녀를 부러뜨리며 어리석은 듯 미친 듯 고통스러워할 때와 전혀 다릅니다. 지금 운영이 답답해하는 것은 '김 진사도 자신을 생각하고 있는지'입니다. 이제 운영이 한스럽게 여기는 것은 자신의 재주를 세상에 드러내지 못하는 것이 아니라, 김 진사를 만나지 못하고 죽게 되는 것입니다. 이 순간 죽고 싶을 만큼 괴로운 운영의 마음은 삶의 지향을 상실한 좌절 때문이 아니라 사랑하는 대상에 대한 간절한 그리움 때문으로 해석해야 합니다. 결국 「운영전」은 이루어질 수 없는 사랑으로 인해 두 연인이 끝내 죽게 되는 비극적 애정 서사이지만, 우리는 작품의 사이사이에서 애틋하고 간절하며 절절한 마음을 확인할 수 있습니다. 「운영전」이 한국 비극문학의 수준 높은 성취를 보여주는 작품으로 평가받는 이유 또한 이처럼 아름다운 서정성 때문입니다.

전통의 비판적 계승과 새로운 방향 제시

'전(傳)'의 소설화와 「홍길동전」

17세기 문학사의 가장 큰 특징이라고 한다면 단연 소설의 본격화입니다. 「최치원(崔致遠)」과 같이 9–10세기 나말여초에 등장한 전기(傳奇)와 15세기 매월당 김시습의 한문단편집 『금오신화』에서 소설의 선구적인 모습을 확인할 수 있었지만, 이는 예수의 시대를 준비하고 예고하는 세례 요한처럼 시대를 앞선 뛰어난 선구자의 역할을 한 것입니다. 문학사에서 본격적인 '소설의 시대'가 열린 것은 17세기에 와서라고 하겠습니다. 그 처음의 모습은 전통적 한문학 양식인 '전(傳)'의 차용으로부터 시작됩니다. 사람의 일대기를 기록하는 한문학 장르인 전 양식을 가져다 특정한 인물의 문제적 사건을 거론하며 거기에 소설적 전개를 가미했습니다. 그 대표적인 작품이 허균(許筠, 1569–1618)의 '5전(傳)'이라 불리는 「손곡산인전(蓀谷山人傳)」, 「엄처사전(嚴處士傳)」, 「장산인전(張山人傳)」, 「남궁선생전(南宮先生傳)」, 「장생전(蔣生傳)」입니다. 이들은 전이면서 온전한 전이라 할 수 없는 작품들로, 전이 소설화되는 과정을 보여줍니다.

이 다섯 편의 공통점은 불우한 인물을 주인공으로 해서 생애 가운데 특별히 의미가 있는 사건 몇 가지를 나열하고 끝에 논평을 덧붙인 것입니다. '생애담–논평'의 형식은 기존의 전 양식을 계승한 것이지만, 온전한 생애담에서 일탈해 형식적 변화가 이루어졌습니다. 또한 한문학의 전이 세상과 조화로운 삶을 살다간 사람을 기리는 것이 많았다면, 허균의 전은 세상과 갈등하며 뛰어난 재주로도 세상에 쓰이지 못한 인물들에 주목했습니다. 이들이 '일사전(逸士傳)'의 전통 속에 있다고 하는 것은 뛰어난 인물들이 종국에는 죽거나 행방을 감추기 때문입니다.

「손곡산인전」의 주인공 이달은 허균의 스승입니다. 서자로서 영달하지 못했지만 삼당시인의 하나로 꼽히는 훌륭한 시인입니다. 「엄처사전」의 엄 처사는 가난하지만 학식이 매우 뛰어난 선비이고, 「장산인전」의 장산인은 조부 때부터 의원을 하며, 선도를 익혀 귀신을 부릴 줄 압니다. 「남궁선생전」의 남궁두는 아전 출신으로 자신의 친척과 사통한 첩을 죽이고 도망쳐, 선도를 익혀 지상선의 경지에 오른 인물입니다. 「장생전」의 장생은 경복궁 들보 위에 본거지를 두고 도적들을 이끕니다. 겉으로는 평범하지만 이면에는 뛰어난 능력을 지녔습니다. 그러나 세상에 쓰이지 못하고 세상과 갈등하고 있는 점 등 '소설적 성격'이 강화되었습니다. '일사전'의 전통 속에 있지만, 실상 일사소설의 면모를 보이고 있는 것입니다. 세계관의 측면에서는 평범한 백성이지만, 내면적 각성을 이루고 때를 기다려 민란을 주도할 수 있는 '호민(豪民)'을 경고한 허균의 「호민론(豪民論)」과 맞닿아 있습니다.

5전에서 시도한 소설화가 더욱 구체적인 소설로 나타난 것이 「홍길동전(洪吉童傳)」입니다. 최초의 국문소설로 평가받는 「홍길동전」은 그 명칭에서 전(傳) 양식을 계승한 흔적이 있지만, 완전한 소설이라 하겠습니다. 「홍길동전」은 앞에서 언급한 일사전과도 많이 다릅니다. 인물의 생애적 특징을 보여주는 사건에 초점을 맞추는 것에서 멈추지 않고, 일대기 구조를 취해 인물이 태어나서 죽을 때까지의 전 생애를 다루었습니다. 그 인물은 태어나면서부터 비범한 존재입니다. 신화 시대의 주몽과 같은 영웅 일대기 구조를 전체적 서사틀로 활용함으로써, 한문 양식에서의 전(傳) 명칭을 사용하면서 한편으로는 세계에 저항하는 영웅적 캐릭터를 창출해 현실의 관습과 이념의 전복을 꾀하고 있습니다.

이식(李植, 1584-1647)은 허균이 반역을 꾀하는 무리들과 함께 『수호전(水滸傳)』을 읽고 그곳에 나오는 108두령의 이름을 본떠 서로의 별호를 삼으며, 급기야 「홍길동전」을 지어 『수호전』과 견주었다고 했습니다. 황윤석(黃胤錫, 1729-1791) 또한 허균이 「홍길동전」을 지었다고 하면서, 홍길동의 모델이 된 인물로 세종 조의 얼자 홍길동과 연산군 때의 도적 홍길동을 들었습니다. 실상 「홍길동전」의 작가가 누구인지 확정되지 않았고 더불어 「홍길동전」의 원전이 한글본인지에 대해서도 의문이 있습니다. 왜냐하면 현재 전승되는 한글소설 「홍길동전」은 18-19세기 판본들이기 때문입니다.

그러나 「홍길동전」이 보여주고 있는 세계에 대한 태도는 신분에 구애되지 않는 인재 등용(「유재론」), 백성의 성격 변화에 주목해 민란, 즉 혁명의 가능성(「호민론」)을 논의한 허균의 논설과 관련이 깊습니다. 작가 규정은 조금 더 인내심을 갖고 확증할 수 있는 근거를 기다려야겠지만, 「홍길동전」에서 시도된 영웅소설 유형의 서사틀과 기존의 소설을 통해 새로운 시대에 대한 소망을 제시한 작가의 비판정신은 다음 세대 소설 부흥기를 선도한 의의가 크다고 하겠습니다.

규범서의 계승과 소설적 변모: 『사씨남정기』와 『창선감의록』

17세기에 이르면 역사적 집단 전승물이나 전기적 단편 서사물이 주류를 이루던 소설사에 돌연 뛰어난 문학성을 지닌 개인 창작 장편소설이 등장합니다. 『구운몽』, 『사씨남정기』, 『창선감의록(彰善感義錄)』, 『소현성록(蘇賢聖錄)』이 그 대표작입니다. 이들은 문인 작가의 개인 창작 장편소설이라는 점, 한문 문어체를 탈피하고 한글을 창작과 향유의 기반으로 삼았다는 특징을 지닙니다. 이 작품들은 우리 소설사에서 '소설 창작의 전범(典範)'으로 평가받으며 후대에 양산(量産)되는 소설들에 지대한 영향을 미쳤습니다. 이들의 등장은 '본격적 소설 시대'를 개창했다는 의미를 지닙니다.

인생에 남녀귀천을 막론하고 반드시 충효를 근본으로 삼아야 한다. 이것은 우애하고 사랑하는 마음과 선을 좋아하고 덕을 베푸는 의로움이 모두 충효에서 나오기 때문이다. 대개 자손이 번성하고 부귀영화를 누리는 것은 그 복의 기원이 먼 조상에서부터 시작된다. 그러므로 조상이 닦은 덕이 두터우면 자손은 위태한 상황에 처했다가도 반드시 편해지고, 조상이 닦은 덕이 적으면 편한 곳에 있다가도 반드시 위태해지는 법이다. 근래에 나는 천식이 심해져 방에만 누워 지냈다. 매우 무료하여 아이들에게 마을에서 유행하는 한글소설을 가져와 읽게 했는데, 그중에 '원감록'이라고 하는 책이 있었다. 그 내용을 들어보니 억울한 사연과 보복하는 내용이 맞물려 있으며, 뼈에 사무칠 만큼 참혹하고 분한 사건이 그려져 있었다. 그러나 결국에는 착한 일을 하면 복을 받아 번성하고 악한 일을 하면 죄 값을 받아 멸망한다는 내용이었다. 사람을 감동시키는 이야기로, 권장할 만한 책이다.

_ 국도본 『창선감의록』 중에서

17세기 장편소설의 가장 큰 특징은 작품 창작의 변으로 '복선화음(福善禍淫)'의 교화 담론을 뚜렷이 드러내고 있다는 점입니다. 위 인용문은 17세기 후반 재야 학자 조성기(趙聖期)가 지었다고 전해지는 『창선감의록』의 서문입니다. 『창선감의록』이 주장하는 이러한 교화성은 어느 정도 실제 창작 의도와 일치합니다. 『창선감의록』은 소설배격론이 드셌던 조선사회에서 상층 사대부 남성까지도 집안의 여성과 자제들에게 권해 읽고 베끼도록 한 작품이기 때문입니다. 실제로 한국에서 양반가 집성촌이 많은 경북 지역 여성들이 그 당시 가장 많이 읽은 소설이 『창선감의록』이며, 이본도 230여 종이 넘습니다.[4]

4 이지영, 「『창선감의록』의 이본 변이 양상과 독자층의 상관 관계」, 서울대학교 박사학위 논문, 2003, 1-231면.

17세기 장편소설에서 본격화된 '복선화음의 서사화'는 '복을 받는 선인'에 대비되는 '징치되는 악인'의 등장을 필요로 했습니다. '악'은 '선'의 대척점에서 '선'을 부각하고 강조하는 역할을 하기 때문입니다. 교화 담론을 강조하는 소설부터 본격적인 악인 유형이 등장하는 것은 이와 같은 이유에서입니다. 사실 악인 캐릭터는 『사기』 「열전」이나 『열녀전』 등 역사 기록물과 교화서에서 기원하지만, 소설에서 선인과 갈등하는 중심인물로 악인이 자리 잡기 시작한 것은 17세기부터입니다. 악인의 등장은 캐릭터의 확대라는 의미에 머물지 않고, 선악의 대결이라는 서사 구조가 마련되는 데 기여합니다. 선악의 대립은 궁극적으로 악인의 징치로 이어지는데, 이러한 결말 구조는 18세기 이후 양적 확대를 꾀하며 문학사적 위상을 높여가는 소설의 주된 창작틀로 기능합니다.

『사씨남정기』와 『창선감의록』은 선인과 악인의 대결을 '복선화음'의 구도 속에서 풀어나가며 궁극적으로 '선인이 승리하는 행복한 결말'을 취했습니다. 이 중 『창선감의록』은 징치의 대상으로 설정된 악인을 '악인(惡人)과 우인(愚人)'으로 분화하며, '우인(愚人)'에게는 '개과천선(改過遷善)'의 기회를 부여합니다.[5] 특히 선한 주인공과 가족 관계에 있거나 상층에 속한 인물은 한때 주인공과 적대적 위치에 있었다 하더라도 훗날 개과하여 징치당하지 않습니다. 반대로 사회의 주류 계층에 속하지 못하는 하층의 악인은 철저한 인과응보(因果應報)적 결말을 맞이합니다. 주인공 화진은 이념으로서의 '선'을 온전히 체현하는 관념적 인물입니다. 반면 화진의 의모(義母) 심씨는 말을 잘하고 얼굴은 예뻤으나 심성은 사납고 시기심이 많았습니다. 화진의 배다른 형이 되는 심씨의 아들

5 김수연, 「『창선감의록』의 '개과천선'과 악녀 무후」, 『한국고전여성문학연구』 25, 2012, 335-363면.

화춘 또한 타고난 성품이 용렬하여 부친 화욱이 탐탁지 않게 여겼습니다. 심씨는 남편 화욱과 화진의 생모인, "품위 있고 단정하며 맑은 덕성을 지닌(莊靜有淑德)" 정 부인이 죽고 나자, 화진에게 온갖 폭력과 악행을 가합니다. 이는 생전에 화욱이 화진을 편애한 것 때문이기도 하지만 일정 그녀의 기본적 품성과 관련 있는 것입니다. 『창선감의록』은 서문에서 창작의 목적을 "선한 사람은 반드시 번창하고 악한 사람은 반드시 패하니, 족히 사람에게 권선징악을 권할 만하다(爲善者必昌, 爲惡者必敗, 有足可以勸人而懲勸者矣)."라고 분명히 밝히고 있기에, 심씨가 「장화홍련전」의 계모 허씨와 같은 비극적 결말을 맞이한다 해도 창작 취지와 모순되지 않습니다. 그럼에도 심씨는 결말에서 화진의 생부·생모인 화욱과 정부인도 못 누리는 지극한 영화를 누립니다. 화춘 또한 마찬가지입니다.

작품은 심씨와 화춘이 모든 악행을 '어리석은 행동'으로 인정하고 회과를 했기에 복을 누린다고 말합니다. 그러나 화춘과 심씨의 회과는 갑작스럽습니다. 화진은 환란에 빠진 국가를 구하기 위해 출정한 중에, 장평의 고발로 죄가 드러난 화춘이 옥에 갇혀 죽음을 눈앞에 두고 있다는 소식을 듣습니다. 그는 매제 유성양을 통해 처남 윤여옥에게 화춘의 판결을 유예하도록 부탁합니다. 화춘과 심씨의 회과는 이즈음에 돌연 발생하는데, 이는 화춘의 생사여탈권이 화진에게 놓인 상황과 무관하지 않습니다. 즉 이제 믿을 것이라고는 화진뿐이라는 자각이 없을 수 없는 화춘인 것입니다. 작품의 초반부를 보면, 화춘의 성품은 악하기보다는 용렬한 것으로 묘사되어 있습니다. 때문에 화춘의 악행은 우행으로 돌릴 여지가 있고, 그의 회과도 개연성이 전연 없는 것은 아닙니다.

그러나 심씨는 처음 소개부터 품성이 시험(猜險)하다고 했습니다. 게다가 어린 화진에게 가한 폭력은 말할 것도 없고, 화진의 두 부인을 해한 모든 악행에 적극 가담했습니다. 작품은 모든 악행의 책임을 화춘의 첩이었던 조녀에게 돌리고 있지만, 심씨의 악행이 조녀보다 못하다고 하기 어렵습니다. 서술자는, "심씨 하나만으로도 남의 집안을 망하게 하기에 족하다(夫以一沈氏足以亡人之門)."라고 분명하게 그녀의 악함을 인정하고 있기 때문입니다. 그럼에도 종국에는 조녀만 징치당하고 심씨는 용서받습니다. 심씨는 화춘이 옥에 갇히고 오로지 화진의 선처만을 기대할 수밖에 없는 상황에서, 문득 "지난 허물을 돌이키며 착한 마음이 일어났다(追愆思善)."고 했습니다. 이에 대해 화씨 집안의 유일한 어른인 화욱의 누이 성 부인은 심씨 모자가 개과천선해 인륜이 크게 밝아졌고, 황천과 조종이 이미 그 죄를 용서했다고 선언합니다. 천자마저 심씨를 진국대부인(晉國大夫人)으로 봉하고 잔치를 내려 헌수(獻壽)하게 하니 그 영광은 그 어떤 선인도 따를 수 없는 정도입니다.

화춘과 심씨 외에 한때 정적(政敵)이었던 엄숭 또한 훗날 개과하고 용서받습니다. 또한 그의 딸은 화진의 처남인 윤여옥의 첩이 되어, 궁극적으로는 화진의 일가가 됩니다. 이러한 결말은 엄격히 말해 일반적인 '인과응보'에 부합하는 것은 아닐 것입니다. 『창선감의록』이 우인(愚人)으로 설정한 인물들은 심씨와 화춘처럼 선한 주인공과 혈연 관계에 있는 인물이거나, 엄숭처럼 한때 정적이었다 하더라도 훗날 재기가 가능한 상층의 인물들입니다. 작품은 선한 주인공과 가족 관계에 있거나 상층에 속한 인물의 경우, 개과천선의 명분을 제공해 죽음을 피하도록 했습니다. 반면 조녀처럼 하층 인물로 악행에 참여한 이들은 철저한 인과응보를 적용해 끝내 죽임을 당하도록 하고 있는 것입니다.

내 선조 졸수공 행장에 이르기를, "대부인은 고금사적을 두루 꿰뚫고 계셨으며, 만년에는 또 누워서 소설 듣기를 좋아하시어 이로써 잠을 막고 근심을 풀 거리로 삼으셨다. 공께서 스스로 소설을 여러 편 지어드렸는데 세상에 전하는 『창선감의록』, 「장승상전」이 그것이다.

_ 조재삼, 『송남잡지(松南雜識)』 중에서

『창선감의록』의 작가는 어머니를 위해 소설을 지었다고 합니다. 처음부터 당대 중심 담론인 '효'를 위해 소설을 지은 것입니다. 이처럼 『창선감의록』은 사대부 남성이 어머니로 대표되는 가내 여성들을 독자로 예상하고 그들에게 읽힐 흥미로운 교훈서로 창작한 것이기 때문에, 창작의 목적이 애초부터 교화 담론의 강화에 있었습니다. 당대 조선은 남성 가장이 계녀서와 같은 글을 지어 딸들에게 읽히며 도덕 규범을 가르치는 일이 적지 않았습니다. 한국에서 『창선감의록』을 규방소설로 명명하는 것[6] 또한, 소설을 효과적인 교화서로 인식하는 시각이 존재함을 반영합니다.

유서(類書)의 등장과 실학적 사유의 단초

문학이 세상을 바로잡을 방향을 찾는 데 도움이 되어야 함을 강조하고, 그것을 사대부 문인의 사명으로 보는 이들도 있었습니다. 이수광(李睟光, 1563-1628)과 유형원(柳馨遠, 1622-1673)이 대표적입니다. 이들은 각각 『지봉유설(芝峯類說)과 『반계수록(磻溪隧錄)』을 지었습니다. 『지봉유설』은 1614년 20권 분량으로 편찬되었습니다. 『반계수록』은 유형원이 20년에 걸쳐 전라북도 부안군에 은거하며 집필한 것입니다.

이수광은 인조 조에 세 차례 명나라 사신으로 오가며, 새로운 문물을 접했습니다. 그는 유학자들이 주자를 맹목적으로 추종하는 것과 집권층의 학정을 비판했습니다. 그는 『지봉유설』을 통해 천문·역학·지리·역

6 임형택, 「17세기 규방소설의 성립과 『창선감의록』」, 『동방학지』 57, 1988, 103-176면.

사·풍속 등 3천여 개의 항목을 망라해 설명하고, 토지 개혁과 상업의 육성 등 현실적 개혁안을 제시했습니다. 마테오리치의 『천주실의』도 이 책에서 처음 소개되었습니다. 유형원은 일찍 과거시험을 단념하고 은거를 결심했습니다. 그의 『반계수록』은 사회개혁안을 중심으로 다루고 있습니다. 경제제도, 특히 토지제도의 혁신을 주장하며 지주전호제가 아닌 공전제, 즉 국가가 토지를 관리하는 제도를 제시했습니다. 이는 사적인 대토지 소유제가 지닌 모순과 폐단을 바로잡기 위해서입니다. 이수광과 유형원은 이처럼 현실의 문제를 다각도로 다루고, 누적된 시대적 병폐를 바로잡고자 여러 가지 방안을 마련하고 생활에 밀접한 지식을 망라했습니다. 이러한 정신을 우리는 실학적 사유라 합니다. 『지봉유설』과 『반계수록』은 일종의 유서(類書)입니다. 유서란 총서라고도 불리는데, 온갖 만물과 갖가지 사건을 항목별로 나누고, 고금의 서적에서 각 항목에 해당하는 내용을 뽑아 편집해 참고하게 한 책입니다. 오늘날의 관점에서 본다면 백과사전이라 하겠습니다. 이 두 책의 등장은 실학이 본격화된 18세기 이후의 다양한 유서 및 총서가 등장하는 시발점이 되는 동시에 문학이 현실적이고 구체적인 삶에 밀착하는 데 기여했습니다.

4. 오늘날의 삶에서 바라본 17세기 문학사

문학사는 고립된 섬이 아닙니다. 끊임없이 내적·외적 요인들과 조우(遭遇)하고 그들에 반응하며 스스로를 혹은 요인들을 변화시키기 때문입니다. 고전문학사는 등걸 굳어진 고목이 아닙니다. 시대마다 변화의 기미를 민감하게 포착하고 그것에 적절히 대응했던 문학사의 유연함은 우리가 사는 오늘날에도 유의미하게 살아 있습니다. 고전문학사를 요약하자면 시대적·역사적 도전에 대한 문학적 응전을 통해 우리서사를 구축하는 과정이라 하겠습니다. 초기 국가가 형성되는 시기에는 지배자의 힘을 과시하고 피치자들을 결속시키기 위해, 국가 중심의 의례에서 창업주의 내력을 이야기할 필요가 있었기에 건국서사시가 등장했습니다. 한자의 유입이라는 외부적 자극은 구전되던 우리말 노래, 즉 고대가요를 한역하도록 했고, 한문학이라는 보편적 문학 양식에 대한 다양한 수용이 이루어지도록 했습니다. 신라의 통일 과정에서 외교문서와 같은 실용적 문학이 발전했으며, 6두품이라는 관료 문인의 역할이 부각되었습니다. 물론 한편에서는 개인의 서정을 노래한 우리말 노래를 기록하려는 노력이 끊이지 않았는데, 현존하는 향가에서 이를 확인할 수 있습니다.

고려의 통일과 무신란·몽고란은 문벌귀족과 신흥사대부의 문학적 대결 그리고 대외적 상황에 대응하는 항몽문학이 등장하는 계기가 되었습니다. 특히 「동명왕편」과 「단군신화」를 수록한 고려 후기의 『삼국유사』, 우리나라 최초로 발해사를 우리 역사에 포함한 「제왕운기(帝王韻紀)」 그리고 다양한 문학론들이 펼쳐졌던 『파한집(破閑集)』·『보한집(補閑集)』 등의 패관류 등은 시대적 상황과 무관하지 않습니다.

다음으로 우리 문학사에서 주목할 것은 15세기 한글의 창제라 할 것입니다. 어리석은 백성을 가르치기 위한 '훈민'의 정신은, 우리 문학사를 더욱 풍성하게 하는 계기가 되었습니다. 문화 혁명으로서의 한글 창제 이후 우리 문학사는 향유층과 장르가 다양하게 확대되는 양적 팽창은 물론 한문학과 국문문학을 바탕으로 상층문학과 하층문학, 남성문학과 여성문학 등 다양하게 조성되는 대립항들의 경쟁과 합작을 통해 질적 제고도 이루었습니다. 국가 차원에서 한글을 사용해 「용비어천가」와 같은 악장을 제정하고, 불교서사시 「월인천강지곡」을 제작했으며, 다양한 언해 사업과 『동국정운(東國正韻)』과 같은 운서(韻書) 편찬도 진행했습니다. 이처럼 한글 창제는 궁극적으로 문화와 문학의 가치와 비중을 높이는 계기가 된 것입니다. 15세기의 문화적 수준의 제고는 선구적인 시도도 가능하게 해서 본격적 소설 시대를 맞이하기 전, 『금오신화』와 같은 상당한 수준의 작품이 나올 수 있었습니다.

15세기를 이어 문화 역량이 극대화된 16세기는 이른바 '목릉성세(穆陵盛世)'라고 불리는 문학적 난숙기에 해당합니다. 특히 이 시기는 사림의 중앙 진출이라는 사회적 현상이 문학에 영향을 미쳐, '문이재도(文以載道)'가 주된 문학관으로 기능했습니다. 이는 상층 남성들이 주도하는 한문학의 융성, 그리고 상층 남성의 입장에서 하층과 여성을 계도하는 교화 담론의 확대를 가져왔습니다. 이 시기 『소학』과 같은 교화서가 상당수 보급되었다는 것이 이를 증명합니다. 이러한 분위기에 발맞추어 문학 작품에서도 교화적 성격이 강화되는 것을 볼 수 있습니다. 중국에서 유입된 잡극을 번안한 「오륜전전(五倫全傳)」은 효와 우애를 중심으로 한 오륜을 강조한 교화문학의 대표작이라 할 것입니다. 시가문학에서도 주세붕의 「오륜가(五倫歌)」와 정철의 「훈민가(訓民歌)」 그리고 이황의 「도산십이곡(陶山十二曲)」 등 교훈적 성격이 강화되었다는 점 또한 놓치지 말아야 할 부분입니다.

이처럼 문학사는 끊임없이 역사적·시대적 계기들에 유동적으로 대응하며 전개되었습니다. 이 글에서 주목한 17세기 또한 유례없는 격동기로, 17세기 문학사는 바로 그러한 역사적 충격을 도전으로 인식하며 다양한 양상으로 시대적 도전에 응전하고 있음을 살펴보았습니다. 어느 시대에나 시대적 도전이 존재합니다. 우리는 그러한 도전을 '위기'라고 느낍니다. 17세기의 임진왜란과 병자호란, 그리고 피를 부르는 정쟁들이 위기였듯, 오늘날에는 IMF와 금융위기, 실업 등의 전란이 매일매일 우리의 삶을 위협합니다. 사회적으로는 빈부격차, 학교에서는 학교폭력과 왕따, 길거리에서는 묻지마 살인이 동인·서인·남인·북인으로 갈라져 싸웠던 정쟁보다 더욱 살벌하고 심각합니다. 이처럼 구체적 현상은 다르지만, 21세기의 학습자들 또한 자기 시대의 '위기'에 당면하고 있습니다. 그렇다면 17세기 문학사가 보여준 '위기에 응전하는 태도'는 현대 학습자의 삶과도 무관하지 않을 것입니다.

17세기 문학사가 위기에 대처했던 양상을 다시 한 번 환기하면 다음과 같습니다.

- 현실 직시와 관념의 반성
- 근본의 재성찰과 서정의 회복
- 전통의 비판적 계승과 새로운 방향 제시

위기 상황에서 문학은 추상적이고 도덕적인 관념에 경도된 과거를 반성하고 현재 자신이 서 있는 '지금, 여기'의 현실을 직시합니다. 그리고 가장 근원적이고 기본적인 것을 되돌아보고 순연한 '초심(初心)'과 '서정'을 회복해, 각박한 현실이 몰살하려고 한 삶의 가치를 되살렸습니다. 이러한 반성과 성찰, 근본과 서정적 가치의 회복은 전대 문학에 대한 맹목적 추종이 아닌 비판적 계승을 가능하게 했으며, 비판적 계승은 과거를 통해 미래를 건설하는 새로운 비전 제시에 기여했습니다. 이러한 속성이 구체적으로 장르와 사상, 향유층 등에서 어떻게 나타났는지는 앞서 살펴보았습니다. 이러한 17세기 문학사의 특징을 오늘날의 관점에서 재언술하면 다음과 같이 말할 수 있을 것입니다.

- 경쟁과 합작의 균형과 진지한 일탈
- 위기의 질적 변용과 기회의 창출
- 소통에 기반한 삶의 형식 재창조

경쟁과 합작의 균형과 진지한 일탈

17세기의 혼란한 사회상은 상하층의 엄격한 구분에 동요를 가져와 신분적 경계가 해체되기 시작했습니다. 특히 전란 후, 한글 사용의 확대는 여성과 하층이 문학 담당층으로 성장할 수 있는 계기를 마련해주었습니다. 16세기까지 한문학 위주의 문학사에서 핵심 담당층은 상층 남성이었습니다. 그러다가 17세기 이후 여성과 하층이 새로운 문학 담당층으로 등장하며 한문학과 국문문학, 상층문학과 하층문학, 남성문학과 여성문학의 경쟁이 이루어졌습니다. 그러나 이들이 경쟁만 한 것은 아닙니다. 국문문학은 한문학의 전통을 비판적으로 계승하며 새로운 가능성을 시도·제시했고, 한문학 또한 국문학의 장르 특징과 향유층의 정서를 자신들의 전통적 형식 속에 담아내려 노력했습니다. 국문소설은 한문의 '전(傳)' 양식과 밀접한 관련을 갖고 있으며, 한시의 소악부는 민요를 한시 장르 안으로 수용한 것입니다. 남성 또한 여성이 주로 사용하는 한글을 사용해 편지를 쓰기도 하고, 계녀서와 같은 교훈서는 물론 그동안 부정적으로 평가하던 허구적 독서물을 직접 짓기도 했습니다. 작가가 어머니를 위해 창작했다는 『구운몽』과 『창선감의록』 등은 남성과 여성이 문학을 통해 협력하는 양상을 보여줍니다.

이러한 경쟁과 합작의 과정 속에서 새로운 변화를 수용하며 이전에는 볼 수 없었던 새로운 장르가 탄생하는데, 이는 전통 문학사의 입장에서 볼 때 '일탈'이라 하겠습니다. 한시 위주의 문학사가 산문, 특히 소설을 중심으로 변해가기 시작하는 변화의 기미를 17세기에 확인할 수 있습니다. 우리나라 최초의 소설이라 불리는 『금오신화』의 작가 김시습을 방외인이라고 칭하듯, 소설은 문학사의 방외인이었습니다. 그것이 세력을 확장하며 주류로 편입하려는 움직임이 이 시기에 본격화되었습니다. 그러나 소설의 등장은 단순히 치기 어린 반항이 아닙니다. 17세기 문학사가 보여주는 '일탈'은 전대에 대한 비판적 계승이 가능한 후에 이루어진 진지한 성찰의 결과입니다. 그렇기에 17세기 문학사는 향후 18, 19세기 문학사의 문화적 르네상스를 선도하는 새로운 비전을 제시할 수 있었던 것입니다.

현대사회를 흔히 경쟁사회라고 합니다. 그러나 편파적이고 이기적인 경쟁은 나와 상대를 다치게만 할 뿐입니다. 우리가 경쟁을 우려하고 부정적으로 인식하는 것은 경쟁의 속성이 악해서가 아닙니다. 보다 높은 차원의 경쟁, 그리고 궁극적으로 우리가 소망하는 결과를 얻기 위해 우리는 경쟁과 협력이 균형을 이루도록, 경쟁의 파트너를 다시 협력의 파트너로 전환할 수 있어야 합니다. 더불어 기존 질서에 대해 용감하게 문제를 제기하고 저항하되, 그것이 반항을 위한 반항이나 일탈을 위한 일탈이 아니라 철저한 공부와 이해를 바탕으로 한 일탈이어야 함을 잊지 말아야 할 것입니다. 근원적 가치에 대한 진지한 성찰을 바탕으로 한 일탈과 저항만이 우리가 원하는 사회를 만드는 창조적 정신의 근본이 될 수 있기 때문입니다.

위기의 질적 변용과 기회의 창출

중국 전국 시대의 이름난 유세가로, 진시황의 진나라에 맞서 다른 여섯 강대국을 하나로 합종시킨 소진(蘇秦)은 '옛날에 일을 잘 처리했던 사람은 화를 바꾸어 복이 되게 했고, 실패한 것을 바꾸어 공이 되게 했다.' 라는 말을 남겼습니다. 유명한 '전화위복(轉禍爲福)'의 유래입니다. 20세기의 대표적 과학자 아인슈타인도, '위기의 순간에 기회가 온다.'는 말을 끊임없이 강조했습니다. 왜 동서고금을 막론하고 많은 사람들이 '위기(危機)'를 기회로 인식했을까요? 그 답은 '위기'라는 말 속에 있습니다. 위(危)란 위험을 뜻하고, 기(機)란 기미 혹은 기회를 나타냅니다. 위기의 상황을 냉철히 관찰하면 우리는 그 안에서 기회의 기미(조짐)를 포착할 수 있는 것입니다. 위기 자체에 기회가 들어 있기 때문입니다. 그러나 위기가 저절로 기회가 되는 것은 아닙니다. 위기에 내재한 기회를 발현시키기 위한 노력이 필요합니다.

17세기 문학사는 도전에 대한 응전이며, 위기의 속성을 바꾸어 기회로 전환시키는 노력의 과정이었습니다. 이를 현대의 평론에서 사용하는 용어를 빌려 표현하자면, '위기의 질적 변용'이라 할 것입니다. 안자산은 17세기의 '난리'와 '정쟁'에서 '각성'을 발견했고, 조윤제도 이 시기 문학의 핵심을 새로운 문학 양식의 '출현'과 문학사상의 '준동(蠢動)'으로 이해했습니다. 현대의 조동일 또한 이른바 이행기에 해당하는 17세기가 '대응'과 '전환'의 시기이며, 문학 내 '다양한 변용'이 이루어진 기회로 해석했습니다.

전란은 상하층의 간극을 좁히는 데 기여했고, 추상이 아닌 구체적 현실을 바탕으로 한 문학을 가능하게 했습니다. 선조 임금은 백성들의 마음을 위무하기 위해, 전쟁으로 인해 종묘사직이 폐허가 되고 백성이 도륙을 당하게 된 책임이 자신에게 있다고 하며 지위를 가리지 말고 분발해 나라를 구하자는 내용의 교지를 한글로 반포했습니다. 최상층이 '언서방문(諺書榜文)', 즉 한글로 된 방문을 붙여 백성을 설득하려고 노력했다는 사실에서 변화하는 백성의 지위를 확인할 수 있습니다.

하층이 지닌 힘을 각성하고 그들에게 호소하는 글쓰기의 등장은 문학 양식이 중세적 질서에서 벗어나는 계기가 되었습니다. 민중문학이라 할 수 있는 장편소설의 등장은 말할 것도 없고 사대부의 서정시로 기능하던 시조가 민간의 현실을 담아내는 기능을 담당하게 되었습니다. 하층과 여성의 글인 언문 사용의 확대는 문학의 작가층과 독자층의 확대를 가져왔고, 이로 인해 사회적 지식 기반 또한 넓어졌습니다. 여성이 소설과 가사의 독자 및 필사자가 되었고, 필사 과정에서 개작도 이루어져 훗날 『완월회맹연(玩月會盟宴)』과 같은 여성 창작 장편소설의 등장을 예고했습니다.

전란으로 가족과 이산하거나 포로로 잡혀갔던 경험은 우리 문학이 물리적 경계를 넘어서는 계기가 되었습니다. 요즘 말로 한다면 '월경(越境)문학'의 등장일 것입니다. 중국과 일본의 포로로 잡혀갔던 체험을 기록한 실기와, 이러한 체험에 상상을 더해 만든 「최척전(崔陟傳)」과 「김영철전(金英哲傳)」 같은 작품들로 인해 당시 사람들은 조선 밖의 세계까지 시선을 넓힐 수 있었습니다. 더불어 기존의 관념적 중화가 아닌 구체적 실체로서의 중국과, 그동안 주목하지 않았던 국경 밖 세상에 대한 관심을 증폭시켰습니다. 이는 조선인이 국제적 마인드를 지니게 된 계기라 할 것입니다. 당시 조선인은 침략한 왜병과 원병으로 파병되어 온 중국 군사를 통해 실체로서의 일본인과 중국인을 접촉할 수 있었는데, 문학이 현실의 구체적 일상을 주목하며 동시에 경계를 넘을 수 있었던 것입니다.

문학사는 오늘날의 학습자들에게 '위기에 내재한 기회의 속성'과 그것의 발현 가능성을 일깨워줍니다. 우리는 '전란'이라는 역사적 위기를 문학사적 기회로 변용시킬 수 있었던 17세기 문학사의 잠재력에 대해 학습하며, 오늘날 자신에게 닥친 사회적·개인적 위기를 기회로 바꾸기 위해 어떠한 노력을 할 수 있을지에 대해 고민할 수 있습니다. 이것 또한 문학사 학습이 갖는 의미일 것입니다.

소통에 기반한 삶의 형식 재창조

위기의 질적 변용을 통해 창출된 문학사의 '기회'는 상하층의 경계를 해체하고, 남녀의 우열에 기반을 둔 질서에도 균열을 가져왔습니다. 허균은 양반 적자이지만 서얼의 입장에서 그들의 주장을 담은 논설과 한시 작품을 다수 지었습니다. 김만중은 한문학을 중시하는 사대부 문인이지만 국문문학의 예술적 성과를 극찬했습니다. 정철은 여성 화자가 등장하는 「사미인곡」, 「속미인곡」을 통해 연군지정을 그리면서도 그것이 연모지정과 소통할 수 있게 했습니다. 이들은 자신과 다른 사람의 입장에 서려고 했고, 작품 창작을 통해 그 마음을 다시 남들에게 전달하려고 했습니다. 이들은 또한 문학 창작에서 장르 간, 언어 간 소통도 시도했습니다. 이러한 소통의 노력은 궁극적으로 문학의 운명을 바꾸어놓았고, 문학이 새로운 세계를 제안할 수 있도록 했습니다.

17세기 문학사에 등장하는 수많은 대립항은 경쟁과 합작의 사이를 유연하게 오갔습니다. 한문학과 국문문학이 서로의 장르 관습을 수용한 것, 남성 독자가 여성 독자를 의식하고 쓰거나, 여성 서술자와 화자를 등장시킨 작품들이 등장한 것은 퇴보나 일탈이 아니라 혁신적 발전이었습니다. 이러한 소통이 더욱 분명히 확인되는 것은 필사와 개작입니다. 17세기는 아직 상업적 방각본이 등장하기 전이라 독서물을 빌려보는 것이 쉽지 않았습니다. 그리하여 한번 빌리게 되면 그것을 필사해 소장하는데, 필사의 과정에서 독자는 자신의 의견을 반영해 작품의 내용을 바꾸기도 합니다. 이를 개작이라 부릅니다. 작품의 개작은 작중 인물의 운명, 즉 삶의 형식을 바꾸는 것입니다. 이는 궁극적으로 독자 자신의 삶의 형식에 변화를 주고자 하는 욕망의 반영입니다.

『주역(周易)』에 '궁(窮)하면 변(變)하고, 변하면 통(通)한다.'라는 말이 있습니다. '궁함'이란 막혀 있음입니다. 어떠한 일이 막혀 풀리지 않을 때는 변화가 필요합니다. 사람은 스스로 그러한 변화를 만들기도 하지만 때로는 사회적 변동, 즉 우리가 위기로 느끼는 상황이 변화의 기능을 합니다. 위기에서 기회를 포착할 수 있는 것은 이 때문입니다. 변하면 통한다고 했습니다. 변화가 지향하는 바는 막힌 일이 시원스럽게 통하는 것, 막힌 관계가 소통하는 것입니다. 즉 위기가 기회로 변화하는 것은 소통을 전제나 목적으로 했을 때입니다. 소통을 기반으로 한 변화는 우리의 운명을 바꾸어놓습니다. 운명의 변화란 궁했던 과거의 삶을 바꾸어 통하게 만드는 것입니다. 문학사를 학습하며 궁함이 변화로 해결되고, 변화는 궁극적으로 소통을 지향한다는 역동성을 이해할 수 있습니다. 이 과정에서 현재 우리들의 삶에서 '궁함'으로 작용하는 것들과 그것을 해결하기 위해 필요한 변화 및 소통에 대해 진지하게 논의할 수 있을 것입니다.

5. 문학사 읽기의 현재적 의미

'임술지추(壬戌之秋), 칠월기망(七月旣望)'으로 시작하는 「적벽부(赤壁賦)」는 천고의 명문으로 꼽힙니다. 「적벽부」 덕분에 천 년이 지난 오늘날까지 문인 소동파의 이름이 뜨르르합니다. 2012년 우리나라 사람으로는 처음으로 정약용이 유네스코가 선정한 세계문화인물이 되었습니다. 그 이유는 500여 권이 넘는 방대한 저술과 그 안에 담긴 그의 문학과 사상 때문입니다. 소동파와 정약용, 이 두 사람의 공통점은 무엇일까요? 둘 다 젊은 시절부터 국가에 이름이 나 높은 지위에 올랐다가, 정쟁에 휘말려 하루아침에 벼슬을 잃고 척박한 곳으로 유배 가는 신세가 되었다는 것입니다. 그리고 천 년의 명문 「적벽부」와 21세기에 그 의미가 더욱 새롭게 부각되는 정약용의 명저가 모두 유배지에서 이루어졌다는 점입니다. 만약 두 사람이 관직에서 밀려나 유배를 떠나는 위기 상황을 맞지 않았더라면 저 유명한 문장은 세상에 태어나지 못했을 것이며 그들의 이름도 금방 잊혔을 것입니다.

18세기 오스트레일리아 남부에 처음으로 블랙스완이 나타났을 때 사람들은 일반적 통념이 깨지는 충격을 느꼈습니다. 그 후로 금융계에서는 관찰과 경험에 의존한 예측을 벗어나는, 즉 예기치 못한 극단적 상황이 일어나는 일을 일컬어 '블랙스완'이라고 합니다. 아무리 작은 사건이어도 예측을 벗어난 것이면 위기로 느낍니다. 반대로 아무리 큰 위기도 예측이 가능하면 그것은 더 이상 위기가 아닙니다. 우리는 17세기 문학사 읽기를 통해 위기를 어떻게 새로운 운명 창조의 기회로 전환할 수 있는지를 확인했습니다. 이 경험은 앞으로 우리의 삶과 우리서사에 나타날 블랙스완을 위기가 아닌 즐거운 기회로 만들어줄 것이라 생각합니다.

제3부

고전의 치유적 독법:
상호 부조적 관계를 위한 서사의 발견

제1장

‘자기 대화’를 공동으로 수행하는 문학적 자아의 발견, 「최치원」

1. 「최치원」과 여성 인물

『수이전(殊異傳)』 소재 「최치원(崔致遠)」은 한국소설의 초기 형태를 대표하는 작품입니다.[1] 오랫동안 한국소설의 효시로 평가받아온 『금오신화』에 당당히 맞서, 이제는 많은 학자들에 의해 대표적 초기 소설로 인정받습니다. 작품의 창작 시기가 나말여초이든 조선 전기이든 「최치원」이 초기 전기(傳奇)소설이자 형성기 한국소설의 모습을 보여주는, 잘 만들어진 작품이라는 점에서는 큰 논란이 없어 보입니다.[2] ‘잘 만들어진’ 이유는 인물 형상화와 관련이 큽니다. 소설사적 의미 외에 「최치원」이

1 「최치원」은 남송 때 장돈이가 편찬한 『육조사적편류』에 「쌍녀분」이라는 기록으로 처음 등장한다. 이것은 15세기 성임의 『태평통재』에는 「최치원」으로, 16세기 권문해의 『대동운부군옥』에는 「선녀홍대」라는 이름으로 전해졌다. 『대동운부군옥』은 「선녀홍대」가 나말여초에 편집된 『신라 수이전』 소재 기록임을 명시하고 있다.

2 임형택, 박희병으로 대표되는 학자들은 「최치원」을 나말여초 전기로 보고, 박일용은 조선 전기의 소설로 보고 있다. 임형택, 「나말여초의 전기문학」, 『한국문학사의 시각』, 창작과비평사, 1984; 박희병, 「나려시대의 전기소설」, 『한국전기소설의 미학』, 돌베개, 1997; 박일용, 『조선시대의 애정소설』, 집문당, 1993.

지닌 작품성에 대한 논의는, 작중 인물 최치원과 역사적 인물 최치원을 동일시하며[3] 전기적 남주인공이 지닌 불우성과 고독성을 강조하는 입장이 주류였습니다.[4] 그러나 최근에는 "최치원의 한량 이미지와 불우한 남성 지식인 사이의 간극" 혹은 "공존"이 지적되기도 했습니다.[5] 이들은 작중 인물이 구현하는 이미지에 대해서는 반대 입장을 보이지만, 이 작품의 주제와 미학을 남성 인물인 최치원의 '(성적) 욕망'을 통해 규명하려 한다는 점에서 공통적입니다. 이로 인해 의도치 않게 팔랑과 구랑이라는 여주인공들은 논의에서 소외되는 결과를 낳았습니다.

이에 대한 반성으로 「최치원」의 여성 인물 팔랑과 구랑에 주목한 연구들이 등장했습니다. 김현양은 최치원과 팔랑, 구랑이 대상을 모를 때는 희롱하다가 알아가는 과정에서 서로를 이해하고 서로의 존재 가치를 드러내는 상보적 주체임을 지적했습니다.[6] 이대형은 전기가 남성 시각으로 서술되지만, "실제 사건 방향을 제시하고 추동하는 인물은 여성"임을 강조하고, 「최치원」에서도 작품의 핵심 사건인 만남이 "최치원에 의해 대상화되는 기이한 인물인 여성에 의해 주도"되고 있음을 밝혔습니다.[7] 이러한 논의들은 「최치원」에 대한 이해를 풍성하고 깊게 해주었습

---

3 양자를 동일시하는 대부분의 논의에 대해 김현양은 작중 최치원을 "수재형 인물이라면 누구나 대입이 가능"한 인물로 보고, 작품 또한 최치원의 소외에는 무심하다고 주장했다. 김현양, 「최치원의 장르 성격 논의에 대한 비판적 검토」, 『한국 고전소설사의 거점』, 보고사, 2007, 20-33면.

4 박희병, 「나려시대의 전기소설」; 김종철, 「서사문학사에서 본 초기소설의 성립 문제」, 『고소설연구논총』, 다곡 이수봉선생 회갑기념 논총간행위원회, 1988.

5 조혜란, 「남성 환타지 소설의 시작, 최치원」, 『여/성이론』 8, 여이연, 2003, 142면(『고전 서사와 젠더』, 2011, 보고사 재수록); 이정원, 「조선조 애정 전기소설의 소설시학 연구」, 서강대학교 박사학위 논문, 2003, 31-35면.

6 김현양, 「「최치원」, 버림 혹은 떠남의 서사」, 『고소설연구』 32, 2011, 41-63면.

7 이대형, 「전기의 여성 형상, 기이한 대상에서 응시의 주체로」, 『민족문학사연구』 53, 2013, 179-180면.

니다. 그러나 여전히 궁금한 것은 이 작품에서 팔랑과 구랑, 즉 '귀/녀'는 '무엇'인가입니다. 앞서 살펴본 기존 논의를 따른다면 그녀들은 불우한 지식인의 저항이나 욕망이 가탁된 대상일 수 있습니다. 또, 작가 자신을 이해해주는 주체이기도 합니다. 그러나 여전히 남는 질문은 그녀들의 정체는 무엇인가입니다. 사람인가? 아닙니다. 그렇다면 존재하지 않는가? 그것도 아닙니다. 팔랑과 구랑은 '귀녀(鬼女)'로 이야기되니, 사람이 아닌 '귀'이고, 남성이 아닌 '녀'입니다. 그러나 그녀들은 서사세계 안에서 '살아 있음'이란 형태로 존재하지 않으면서, 동시에 하나의 주체로 혹은 대상으로 존재합니다. 여성의 형상이지만 최치원과 다른 구역, 다른 세상의 여성이기에 이몽룡과 성춘향을 지칭할 때 사용하는, 문화적으로 양식화된 이분법으로서의 '남녀' 개념의 '녀'와는 층위와 외연이 다른 것입니다. 그렇다면 다시 묻게 됩니다. 「최치원」의 중심인물 '귀/녀'는 무엇일까요?[8]

이 글은 「최치원」을 중심으로, 남성 전기 작가가 포착한 최초의 서사 캐릭터 귀/녀가 어떠한 맥락에서 선택되었는지에서 시작해, 궁극적으로 그녀들이 '무엇'인지를 고찰하는 작업입니다. 초기 서사인 전기에 나타나는 귀/녀의 정체성을 궁구하는 과정에서, 소설이 발견되는 시기에 함께 부각되는 귀/녀의 의미를 살펴보고자 하는 것입니다. 이를 위해 초기 전기(소설)의 문체적 특징, 전기적 문체를 필요로 했던 남성 작가들의 지위와 심리, 그리고 그들이 품었던 세상에 대한 의문들과 그것을 담기 위한 문화적 단절 공간으로서의 귀/녀 캐릭터의 발견을 논의할 것입니

8 그 밖에 여성 인물(기인한 대상)의 형상화 방식(시선)에 대한 논의들이 있다. 이대형과 엄기영은 작품을 창작하거나 기록한 남성들의 시각을 주목했다. 이대형, 「전기의 여성 형상, 기이한 대상에서 응시의 주체로」; 엄기영, 「「김현감호」와 「최치원」에서의 기이의 형상화 양상과 차별적 시선」, 『일본학연구』 47, 2015, 9-26면.

다. 귀/녀의 인물 정체성의 기원 및 귀/녀가 소설 서사에서 부각되는 배경과 관련해서는 전기의 원형이 되는 도교적 지괴(志怪) 서사의 여성 형상 전통, 당대(唐代) 전기 작가가 남성 주인공과 여성 인물을 선택하는 심리에 초점을 둘 것입니다. 이때 하인즈 코헛의 자기대상 개념이 도움을 줄 것이라 생각합니다. '귀/녀'가 지닌 문화적 공간성에 대한 이해를 위해서는 주디스 버틀러의 젠더이론이 보탬이 될 것입니다.

2. 남성의 신(新)문체 전기와 무성적 경계역 '귀/녀'

「최치원」은 중국 당조(唐朝) 전기의 효시작인 「유선굴(遊仙窟)」의 영향을 받은 작품으로 알려져 있습니다. 「유선굴」은 당 고종(高宗) 조로(調露) 연간에 시인 장각(張鷟, 660-732)이 하원(河源)에 사신으로 가던 도중 신선굴을 찾아가 십랑(十娘)과 오수(五嫂)라는 여인들과 만나 하룻밤을 보내고 이별한 일을 1인칭으로 서술한 작품입니다.[9] 이 작품은 당 전기의 효시일 뿐 아니라 걸작으로 평가받습니다. 그런데 어떤 이유에서인지 중국에서는 이 작품이 사라졌습니다. 현존 판본은 일본에서 전해지던 것입니다. 학자들은 이 작품이 중국에서 전승되지 않은 이유를 "남녀간 정사를 담은 색정소설"이기에 "유교의식이 강한 당시 문인들에게 폄하"된 것으로 보고 있습니다.[10] 그러나 실제 「유선굴」이 창작된 시기의 당나라는 도교가 국교의 지위를 지니며 생활의 전 영역에 영향을 끼치고 있었고, 수도 장안(長安)은 인구 100만의 국제도시로서 매우 개방적

---

9 唐芸芸, 「從〈遊仙窟〉看初唐生活」, 『中華文化畫報』, 2013, 112면.

10 류정선, 「일본 고전문학에 나타난 당대 전기소설 「유선굴」의 수용과 재창조성: 헤이안 시대 모노가타리를 중심으로」, 『일본언어문화』 29, 2014, 440면.

문화를 향유했습니다. 즉 '남녀상열지사'를 이야기하는 조선식의 유교 의식과는 다른 문화 환경이었던 것입니다. 탕윈윈(唐芸芸)도 이러한 전제를 인정하며 노조린(盧照隣)의 시 「장안고의(長安古意)」를 방증 삼아, 「유선굴」에서 펼쳐지는 장각과 여인들의 일은 '야유(冶游)'이며, 이러한 "야유는 당나라 초기 선비들에게 흔히 있는 익숙한 경험"이라고 설명했습니다.[11] 또한 류정선은 일본인과 신라인들이 장각의 시문과 「유선굴」에 심취해서 그것을 구매했다고 보고하고 있습니다.[12] 당나라에 비해 상대적으로 더 유교적이었을 신라의 견당사들마저 심취해 구매할 정도라는 것은 당시 사람들이 「유선굴」을 음서라기보다는, 당나라 선진 문인들의 문화 및 생활상을 담고 있는 문예물로 인지했을 가능성을 말해 줍니다.

또 하나 당 전기에 대한 선호는 생활문화뿐 아니라, 문인들 사이에 새롭게 등장한 신(新)문체에 대한 호기심과 수용을 반영합니다. 「유선굴」 이전에는 이른바 '육조 지괴'류가 성행했는데, 당조에 들어서면서 문인들 사이에 지괴와 다른 문체가 새롭게 발견되고 유행했습니다. 신라 문인들은 견당사로 당나라를 오갔을 뿐 아니라 유학하는 이들도 적지 않았습니다. 「최치원」의 작가라고 추정되는 실제 최치원도 도당 유학생이었음은 잘 알려진 사실입니다. 때문에 「유선굴」 등이 선진 문인이 애호하는 신문체로 인식되며 받아들여졌을 가능성을 배제할 수 없는 것입니다. 신라나 고려의 많은 선비들이 당조 시인의 시에 차운하거나 그것을 기준으로 시 창작을 연습했습니다. 고려조에 이루어진 『명현십초시(名賢十抄詩)』와 『협주명현십초시(夾注名賢十抄詩)』가 이러한 배경을

11 唐芸芸, 「從〈遊仙窟〉看初唐生活」, 112면.

12 류정선, 「일본 고전문학에 나타난 당대 전기소설 「유선굴」의 수용과 재창조성: 헤이안 시대 모노가타리를 중심으로」, 440면.

반영합니다. 『명현십초시』는 당나라 시인 26명과 신라 시인 4명의 시 300편을 모은 것인데, 여기에 협주를 단 『협주명현십초시』는 선비가 과거시험을 위해 시 창작의 교과서로 사용하기도 했습니다.[13] 당조 문인이 향유하는 문체를 선호하고, 그것을 창작의 훈련 기준으로 여겼음은 대표적 시 창작 방식의 하나인 '용사(用事)'에서도 드러납니다. 용사는 전대의 훌륭한 작품을 차용하는 방식 중 하나인데, 신라에서 고려를 거쳐 조선에 이르기까지 한반도의 많은 시인들이 당조 시인의 작품들을 전고로 삼았기 때문입니다. 당조 문예에 대한 선호는 산문에서도 예외가 아니었는데, 그것이 바로 앞의 「유선굴」류나 『태평광기(太平廣記)』의 수용에서 알 수 있는 '전기(傳奇)'라는 새로운 산문 문체에 대한 적극적 유입이라 할 수 있습니다.

전기(傳奇)가 당조 문인들이 발견한 혹은 발명한 '신(新)문체'라는 것은, 기존에 전기를 '기이한 일을 전하는' 장르라고 이해하는 것과 차이가 있습니다. 전기의 본질이 '기이한 일'이라는 이야기의 소재에 있는 것이 아니라, 문인들이 새롭게 시도하는 '문체'라는 데 있기 때문입니다. 중국 학계에서 일고 있는 전기의 지괴 기원설에 대한 의문 또한 전기를 '기이한 일을 전하는' 장르의 명칭이라기보다, 당조에 새롭게 등장한 신(新)문체로 보는 데 초점이 놓여 있습니다.[14] 그리고 이러한 문체는 육조 지괴가 아니라 육조 인물 잡전(雜傳)과의 관계 속에서 기초가 형성된 것으로 봅니다.[15] 즉 소재 차원에서는 지괴적 요소가 적지 않지만, 새로운 문체

13 임형택, 「해제」, 『협주명현십초시』, 한국학중앙연구원 한국학자료총서 39, 2009, 12-15면.

14 李劍國, 「唐稗思考錄」, 『唐五代志怪傳奇敍錄』 '前言', 南開大學出版社, 1993(반건국, 『중국 고소설 목록학 원론』, 김수연 역, 청계, 2010, 39면 재인용). 최근에는 전기체를 사부 인물전 혹은 잡전에 기초한 것으로 보는 것이 주류이다.

15 孫遜·潘建國, 「唐傳奇文體考辨」, 『文學遺産』, 1999年 第6期.

로 발견된 전기의 문체적 본질은 인물 잡전에 더 큰 기반을 두고 있다는 것입니다. 왜냐하면 인물 잡전이 대부분 개인 입전의 단편(單篇) 형식으로 창작 유통되고, 한 인물의 시말을 중심으로 비교적 선명한 주제와 온전한 내용 및 구성을 갖추었으며, 현실에서 소재를 취하면서 허구를 섞는 내용적 특징이 있고, 변려체 등의 운문과 산문이 섞이면서 세부 묘사를 중시하고, 편폭이 지괴보다 훨씬 길다는 점 등 때문입니다.[16] 이러한 특징들은 모두 '전기'와 밀접합니다. 이에 더해 전기 작가들은 잡전을 쓰는 사관과 유사한 신분이며, 전기를 쓰는 창작 동기 또한 사부의 인물전을 쓰듯 역사가의 색채가 강한 점을 들었습니다. 예를 들어 전기 「사소아전(謝小娥傳)」의 작가가 "착한 행실을 알고 있으면서 기록하지 않으면 성인께서 『춘추』를 지으신 뜻에 어긋나도다."[17]라고 한 것이나, 「남가태수전(南柯太守傳)」의 작가가 "이공좌는 정원 18년(802) 8월 오(吳)로부터 낙(洛) 지역으로 가면서…… 우연히 순우분에 대한 이야기를 접하고 그 유적지를 두 번 세 번 반복하여 순방해보니, 모든 것이 사실과 부합되었다. 그래서 이 일을 기록해 전(傳)으로 만들어 호사자에게 도움을 주려고 한 것이다."[18]라고 밝힌 것이 대표적입니다. 실제 있었던 역사적 사실의 기록 혹은 역사의 보충이라는 보사(補史)의식이 전기의 창작 동기로 작동하고 있는 것입니다. 전기를 평한 논평들에서도 이러한 시각을 확인할 수 있습니다. 이조(李肇)의 『국사보(國史補)』 하권을 보면, "심기제가 편찬한 「침중기(枕中記)」는 장자의 우언류이고, 한유

16 대표적 지괴집 『수신기(搜神記)』에 신농씨 이야기는 편폭이 32자 정도이다. "神農以赭鞭鞭百草, 盡知其平毒寒溫之性, 臭味所主, 以播百穀, 故天下號神農也(신농씨는 붉은 채찍으로 온갖 풀을 채찍질해서, 그 풀들의 평, 독, 한, 온의 성질을 알아냈고, 냄새와 맛을 중심으로 온갖 곡식을 파종하였다. 그리하여 천하가 신농이라고 불렀다)." 『수신기』 권1.

17 이공좌, 「사소아전」, 『중국 전기소설선』, 김종군 편역, 박이정, 2005, 322면.

18 이공좌, 「남가태수전」, 『중국 전기소설선』, 215-216면.

가 지은 「모영전(毛穎傳)」은 문장이 높아 사마천에 뒤지지 않으니, 두 편 모두 진정 훌륭한 역사가의 재주이다."라고 평가하고 있습니다. 여기에 당송 시대 문헌 기록들이 전기 작품을 전기(傳奇)가 아닌 전기(傳記)로 명명, 기록하고 있다는 것도 이러한 입장을 지지합니다.[19] 즉 전기(傳奇)는 육조 인물 전기(傳記)를 기본으로 삼고, 거기에 지괴를 포함하는 다양한 요소를 소재로 활용해 시대에 대한 새로운 의식과 시각, 질문을 드러내는 당조 문인들의 신(新)문체라고 할 수 있습니다.

그렇다면 당조 남성 문인들은 왜 새로운 문체가 필요했을까요? 노신(魯迅)은 당조의 전기에 대해 "육조 시대의 지괴(志怪)와 지인(志人)의 문장들은 모두 매우 간단할 뿐 아니라 어떤 사실에 대해 그대로 기록한 것이었다. 당대에 의식적으로 쓴 소설들이 나타났는데, 이는 소설사에 있어 일대 진보라 일컬을 만하다. 더욱이 문장이 매우 길어 묘사를 곡절하게 할 수 있어, 이전의 간단하고 고루한 문체와는 크게 달랐으니, 이것은 문체상의 일대 진보라고도 할 수 있다. 하지만 그때 고문을 지었던 사람들은 매우 불만스럽게 보아, 이것을 '전기체(傳奇體)'라 불렀다."라고 했습니다.[20] 노신의 말대로 당조에 일어난 '문체상의 일대 진보'인 전기

---

19 반건국, 『중국 고소설 목록학 원론』, 49-50면. 최근 전기의 장르 성격에 대한 연구가 무엇보다 강조하는 것은 전기 작품을 수록하기 시작한 당송 시기 목록 문헌에 나오는 '전기'의 명명이다. 적어도 송나라 시대까지는 대부분의 목록이 傳奇를 雜傳記 혹은 傳記로 이름 붙이고 있다는 것이다. 『태평광기』 권484-492에는 당대 전기 13편이 수록되어 있는데, 그 부분은 잡전기로 분류되어 있다. 또한 『군재독서지』 史部 傳記에도 오늘날 傳奇로 언급하는 「보강총백원전」과 「목천자전」, 「녹주전」(송대 전기) 등을 실었다. 『직재서록해제』의 사부 傳記에도 당 전기인 「양사공기」와 「고력사외전」 및 「비연외전」 등을 수록했으며, 『수초당서목』 잡전류에는 「한문내전」, 「조비연외전」 등이 실려 있고, 『통지(通志)』 「예문략」 사부 傳記에는 「보강총백원전」, 「이혼기(離魂記)」, 「규염객전」 등이 들어 있다. 이는 당시 사람들이 초기 전기를 傳記 혹은 잡전의 문체와 깊은 관련이 있는 것으로 인식했다는 것을 알려준다. 「앵앵전」, 「임씨전」 등이 傳奇로 불린 것은 원대 이후에서야 확인된다.

20 노신, 『중국소설사』, 조관희 역, 소명출판, 2004, 774면.

체는 '의식적으로' 쓴 것입니다. 노신의 '의식적으로'라는 말을 주목하지 않더라도, 새로운 문체는 새로운 욕망과 시선을 반영합니다. 남성 작가들이 전기체를 선호했다는 것은 그들의 지위와 심리가 전기에 반영되었음을 나타냅니다.[21] 전기체 선호의 주요 배경은 전기가 행권(行卷)의 주요한 자뢰(資賴)가 되었다는 점입니다.[22] 그들은 사관(史官)의 시선으로 세상을 보고자 하는 관료 지망생 혹은 더 높은 관직을 바라는 '수행적 과정인'의 지위에 있는 인물들입니다. 노신이 "개원, 천보 이후에 이르게 되면, 점차 시에 대한 염증이 일어나서, 이에 소설을 행권에 넣어서 이름을 얻는 경우도 생기게 되었다. 그래서 이전에 소설에 대해 불만스럽게 생각했던 이들도 이때에 이르게 되면 대부분이 소설을 짓기 시작했으며, 이로 인해 전기소설은 일시에 극성하게 되었다."[23]라고 했듯, 당조 남성 문인들은 새롭게 등장한 문체인 전기를 십분 활용해 자신의 문재(文才)와 사상을 드러냈고, 이것을 가지고 고관에게 자신을 추천하는 데 사용했던 것입니다.

이러한 풍경 속에서 자연스럽게 전기의 형식이 마련되었습니다. 자신을 추천해줄 관료 집단이 흥미를 느낄 수 있는 구성 안에 다양한 하위 문체를 넣어 자신의 재주를 드러내고, 민정(民情)에 대한 관찰과 권선징악적 해석을 통해 관리 지원자로서의 (형식적) 품격을 갖추어야 한 것입니다. 이러한 배경하에 행권으로 소용되는 전기는 자연스럽게 공공의 서사물이 되었고, 전기에 담기는 문재와 풍격과 사상(욕망)은 공개적인

---

21 최진아, 「전기로 읽은 당대 남성의 욕망: 애정류 전기를 중심으로」, 『중국소설논총』 14, 2001, 17면.

22 하원수, 「당대의 진사과와 사인에 관한 연구」, 서울대학교 박사학위 논문, 1995(최진아, 「전기로 읽은 당대 남성의 욕망: 애정류 전기를 중심으로」, 19면 재인용); 李建華, 「唐代科擧行卷之風与傳奇小說」, 『玉林師范學院學報』, 2012. 8.

23 노신, 『중국소설사』, 776면.

것이 되었습니다. 관직 추천자에게 읽히도록 하는 경우가 아니라도, 전기는 "일정 집단 사이에서 서로 돌려 읽는 방식을 취한 서사물"로 향유된 것입니다.[24] 한시처럼 지은 것을 서로 돌려 읽으며 품평도 하고, 시회(詩會)를 갖듯 서로 모여 앉아 그 자리에서 전기를 쓰기도 합니다.[25] 이러한 공공성 혹은 공유된 욕망에 걸맞도록 전기 작가는 자신이 경험했거나 들었다는 설정으로 보사적(補史的) 이야기를 만들어갑니다. 그 과정에서 공동 향유자의 호기심을 자극하기 위한 장치로 다소 비현실적인 사건과 인물을 선택합니다. 직접 경험했다는 설정이 많기에 남성 주인공은 주로 작가 자신이 되고, 발단도 확인 가능한 지역이나 장소에서 시작합니다. 그러나 작품의 서사를 이끌어가는 실제적 주인공은 향유자가 관심을 갖고 집중할 만한 인물이 되어야 하는데, 이때 주로 도움을 받는 것이 육조 지괴류에 등장하는 여성 인물형입니다. 즉 한시에서 용사를 사용하듯 신(新)문체 전기도 이전 시대 지괴에서 내용이나 인물 형상을 빌려 작품의 전고로 사용하는 것입니다.[26]

전기의 구조는 일반적으로 중심인물이 현실과 비현실의 경계에 존재하는 특수 공간에서 새로운 중심인물을 만나 '대화'하는 것으로 이루어집니다.[27] 이때 특수 공간의 주인인 새로운 중심인물이 바로 서사를 추동하는 인물이고, 작가가 '대화'를 위해 상상하고 소환한 인물입니다. 때문에 이때 소환된 인물은 작가의 또 다른 생각을 대변해줄, 혹은 작가의 진심을 이야기해줄 문학적 자아가 되고, 특수 공간에서 일어나는 '대화'

24 최진아, 「전기로 읽은 당대 남성의 욕망: 애정류 전기를 중심으로」, 21면.

25 이러한 정황은 많은 전기 작품의 후반부에 잘 드러난다.

26 정출헌은 소설에서 작품 간의 유사성을 용사와 패러디로 해석한 바 있다. 정출헌, 「고전소설의 '천편일률'을 패러디의 관점에서 읽는 법: 전기소설 『금오신화』와 「오유란전」을 중심으로」, 『국제어문』 38, 2006, 35-63면.

27 김수연, 『유(遊)의 미학, 『금오신화』』, 소명출판, 2015, 16면.

는 작가의 '자기 대화'적 성격을 지닙니다.[28] 작가는 자신의 문학적 자아로 흰 원숭이 괴수를 상상할 수도 있고(「보강총백원전」), 윤회의 꿈을 꾸는 도사를 내세우기도 합니다(「침중기」). 그러나 많은 경우 신이한 여성을 문학적 자아로 소환하게 되는데, 특히 삶과 죽음의 경계에 놓인 '환혼(還魂) 여인', 즉 귀/녀에 대한 선호가 적지 않았습니다. 이는 전기 작가와 향유자가 남성 문인이라는 점에서 일견 자연스러운 현상입니다. 그렇다면 남성 전기 작가가 상상하는 '귀/녀' 캐릭터는 어디에서 기원한 것일까요?

전기에서 작가가 문학적 자아이자 특수 공간의 주인으로 대화적 서사를 이끌어갈 신이한 여성 인물을 선택할 때 크게 기여하는 것은 육조 지괴입니다. 그 가운데 『수신기(搜神記)』 등에 수록된 도교적 여성 인물 설화와 관련이 깊습니다. 도교적 여성 인물은 신녀(神女, 女神과 女仙)와 귀녀(鬼女)로 나눌 수 있는데, 이들은 인간계와 비인간계의 경계적 존재로 그려집니다. 때문에 경계적 존재인 이들은 현실계의 여성, 다시 말해 이성애적 문화 기반에서 문화적으로 양식화된 '남성이 아닌 존재로서의 여성'과는 다른 성적(性的) 정체성으로 구성됩니다. 왜냐하면 이들은 현실과 비현실, 인격과 비인격, 남성과 여성, 그리고 삶과 죽음의 경계역이 인격화된 존재이기 때문입니다. 무엇보다 이들은 남성 작가의 문학적 자아라는 점에서 경계적 성, 혹은 무성적 존재라고 할 수 있습니다. 버틀러 식으로 말한다면, '아무것도/그 어떤 것도 아니면서 존재하는 자'인 것입니다.[29] 특히 '환혼 여성'으로 그려지는 귀/녀에서 이러한 성격이 더욱 부각됩니다. 도교 설화에서 귀/녀는 신녀의 변이형으로, 여신이나 여선

28 김수연, 『유(遊)의 미학, 『금오신화』』, 194-225면.

29 주디스 버틀러, 『젠더 트러블』, 조현준 역, 문학동네, 2006, 108-131면.

과 마찬가지로 인간계와 소통하는 초월계/명부의 존재로 등장합니다.[30]

육조의 잡전류와 지괴류 그리고 당조의 전기는 모두 비현실적 세계와의 소통이나 이계 존재와의 교통을 낯선 것으로 여기지 않은 도교적 사유 속에서 향유되었기에, '귀/녀'는 오늘날 생각하는 '기괴하고 낯선 타자/괴물로서의 이방인'[31]과는 다른, 공존 가능한 대상이었습니다. 또한 조선조에 부각되는 원귀와도 성격이 다릅니다. 전기에서 여성 인물이 서사의 주도력을 지니는 것도 도교 설화와 관련이 깊습니다.[32] 도교 설화에서 신녀는 인간 세상에 내려와 인간 남성에게 도결을 전해, 그들이 선인이 되도록 인도하는 고귀한 존재로 그려지기 때문입니다. 이러한 까닭에 신녀가 서사를 이끌어가는 것은 자연스럽고 타당합니다. 귀/녀도 신녀 캐릭터를 계승한 명부 출신이기에 전기에서 서사 전개를 장악하고 인도하는 것입니다. 신녀와 귀/녀는 강림이나 환혼의 형식으로 인간에게 나타났다가 다시 사라지는데, 이것은 이후 '짧은 만남-긴 이별'의 서사틀을 형성하게 됩니다.

짧지만 강렬한 만남은 인귀상련(人鬼相戀)의 형식을 통해 남성 인물과 귀/녀의 대화적 교감을 이루고, 긴 이별은 서로 다른 세계에 대한 그리움으로 채워집니다. 선행 연구에서는 이러한 구조와 내용의 전기를 좁은 의미의 남녀 간 애정으로 해석해 긴 이별을 비극적 정조로 이해하기도 하지만, 이들의 이별은 지괴의 도교 인물을 수용한 전기 문체가 지닌 결국(結局) 부분의 특징으로 보아야 할 것입니다. 그렇기에 작품의 핵심은 짧은 만남에서 이루어지는 인물 사이의 교감이고, 이때 교감의

30 김수연, 「『도장』과 고소설의 여성 인물 상상력」, 『한국고전여성문학연구』 30, 2015, 33-63면.

31 리처드 커니, 『이방인, 신, 괴물』, 이지영 역, 개마고원, 2004.

32 김수연, 「『도장』과 고소설의 여성 인물 상상력」.

대상으로 선택된 귀/녀는 사람과 대응되는 비사람, 남성과 대응되는 여성, 양계에 대응하는 음계로 형상화되지만, 궁극적으로 귀/녀는 '만남-대화'를 통한 두 세계의 공존을 위해 그려진 것입니다. 이때 귀/녀가 지닌 여성성은 '남성에 대응하는 개념의 여성'이 아닌, 인격과 비인격의 경계 존재, 즉 무성적 제3 인격입니다. 귀/녀는 남성 문인들이 자기 대화 혹은 내적 대화를 수행하기 위해 선택한 제3 인격이기 때문입니다. 그렇다면 전기 작가가 귀/녀를 통해 수행하는 것은 무엇이며, 그때 귀/녀의 정체성은 무엇으로 규정할 수 있을까요? 이 문제를 지괴에서 전기로의 이행을 보여주는 「최치원」을 통해 살펴보겠습니다.

3. 세계에 대한 질문을 공동으로 수행하는 문학적 자아

전기 「최치원」은 지괴 서사에서 전기로 재창작되는 과정을 모두 보여줍니다. 『육조사적편류(六朝事跡編類)』에 실린 「쌍녀분(雙女墳)」은 「최치원」의 초기 형태인데, 이는 『수신기』 등에서 익히 보는 지괴 형식의 기록입니다. 계림 사람 최치원이 율수현 현위로 발령받아 가는 길에 쌍녀분이라는 무덤을 보게 되고, 그 무덤 주인에게 조문하는 시를 지었더니, 이에 감동한 무덤 주인이 그날 밤에 최치원을 찾아와서 사례했다는 이야기입니다. 새벽까지 이어지는 그들의 "단란한 이야기"는 하룻밤의 기이한 경험으로 기록되어 있습니다.[33] 율수현 남쪽 110리에 있는 '쌍녀분'이라는 무덤은 기이하지만 실제 있었던 일이라고 전하는 전기체로

33 이대형 편역, 『수이전』, 소명출판, 2013, 153면. 「최치원」의 인용 원문은 이대형 편역, 『수이전』의 교감본을 따랐고, 해석은 해당 번역을 참고해 재번역했다. 이하 동일하며, 본문에서 별도의 쪽수는 생략했다.

담아내기에 적절한 발단을 제공합니다. 또한 무덤은 이승에 있는 저승 공간으로, 전기에서 주로 사용하는 배경, 즉 '경계역의 성격을 지닌 특수 공간'으로 상상이 가능합니다. 게다가 무덤 주인이 여성이니, 전기적 여성 인물의 대표인 '귀/녀'의 캐릭터로 되살릴 수 있습니다. 이러한 방식으로 일상과 단절된 특수 공간 속 시공에서 관료 문인이 신이한 여성을 만나는 이야기를 상상하는 것은 전기 작가들이 접하는 서사세계에서 낯선 것이 아님은 앞서 설명했습니다. 이때 지괴가 전기에 제공하는 여성 인물의 형상은 당시에 널리 유행하던 것이기도 합니다. 『팔조궁괴록(八朝窮怪錄)』에 실린, 무산신녀와 하룻밤을 지낸 소총의 이야기나(『태평광기』 권296), 『수신기』에 나오는 현초와 천상옥녀 지경과의 만남이 대표적입니다. 이러한 지괴 전통의 「쌍녀분」을 소재로 삼아 '의도적으로' 당시에 유행한 새로운 문체인 전기에 담아낸 것이 「최치원」인 것입니다.

「최치원」은 남성 문인이 「쌍녀분」이라는 지괴 서사를 중심 소재로 삼고, 다양한 시문 등을 더해 당대에 유행했던 신(新)문체인 전기로 재창작한 작품입니다. 작가는 전기의 일반 형식을 준수하며, 도입과 전개 이후의 결국 부분에 후일담적 의론을 첨가했습니다. 의론은 최치원이 지은 장편시와 후대인이 덧붙였다는 메타 서사로 이루어져 있습니다. 기존 연구는 이 부분에 초점을 두고 작가의식을 '불우'의 코드에 맞추어 이해하는 것이 보편적이었습니다. 물론 이 부분은 작가의식을 담는 역할을 하지만, 동시에 '남성 주인공의 권계적 언술과 후일담'이라는 전기의 전형적 규식이기도 합니다. 본문에서 펼쳐놓은 애정담과 욕망을 권계적으로 마무리하고 그것을 바탕으로 후인들이 그 본문의 사건이 전기 향유 공동체의 세계에서 긍정적으로 수용될 수 있는 경험으로 재평가하는 것입니다. 이러한 의론은 불연속적이고 단절된 경계역의 시공 속 인물을 일상의 시간 안으로 돌려놓는 역할을 합니다. 그렇기에 이러한 전형구보다는 그가 신이한 인물을 불러내어 이야기하는 부분에 주목하지 않을 수 없습니다. 「최치원」의 작가가 상상하고 소환한 신이한 인물은 또 하나의 중심 화자이며, 서사를 주도하는 실질적 주인공인 귀/녀입니다. 귀/녀는 작가가 하고 싶은 말을 정(正) 혹은 반(反)의 입장에서 진행이 가능하도록 인도하는 자기 대화의 대상/주체, 곧 작가의 문학적 자아라 할 것입니다.

「최치원」의 작가가 문학적 자아로 귀/녀를 선택한 이유는 특수 공간 속 핵심 사건인 '대화'를 진행하기 위해서입니다. 그렇다면 그녀들이 진행하는 자기 대화의 성격에 주목하지 않을 수 없습니다. 그러나 자기 대화의 성격을 논하기 전에, 귀/녀 팔랑과 구랑의 인물 설정에서 항상 논란이 되는 선정성을 설명할 필요가 있습니다. 이들과 연관되는 선정성이 해결되지 않으면, 이들은 무성적인 제3 인격으로서의 문학적 자아로 인정받지 못하며, 여전히 남성의 성적 욕망의 대상이 되는 생물학적 개념의 '여성'으로만 이해될 수 있기 때문입니다. 팔랑과 구랑과 관련해 「최치원」은 다른 전기에 비해 파격적이라는 평가를 받습니다. 왜냐하면 작품의 절정에서 '한 이불 세 베개(排三淨枕, 展一新衾)'로 상징되는, 남성 1인과 여성 2인의 진진한 애정 행위를 서술하고 있기 때문입니다. 이 장면은 많은 연구자들로 하여금 「최치원」이라는 작품을 '남성의 성적 욕망'에 초점을 두고 읽게 했습니다. 그러나 이러한 인물/관계 설정은 이 작품이 귀/녀를 소환한 목적과 그다지 밀접하지 않습니다. 왜냐하면 팔랑과 구랑은 쌍녀분이라는 역사적 소재와 그에 걸맞은 지괴 서사의 전통이 가미되어 만들어진 인물이기 때문입니다. 즉 3인의 애정 행각은, 지괴 전통에서 익숙하게 사용되던 서사를 전고로 사용해 '쌍녀분'의 주인들에 적용한, 남성 향유 공동체가 관심을 지니도록 만든 '흥미로운 상상' 지점인 것입니다. 그녀들은 생물학적 개념의 여성이라기보다 성별 개념에서 자유로운 특수 영역의 시공을 주재하는, 남성 작가가 자기의 문학적 자아로 소환한 무성적 경계역이라 했습니다. 최근 중국 학계의 연구가 이러한 주장을 뒷받침합니다. 리우광밍(劉廣銘)은 「최치원」과 관련된 서사로서, 초기 지괴 작품인 『열선전(列仙傳)』의 「강비이녀(江妃二女)」와 『속제해기(續齊諧記)』의 「청계묘신(淸溪廟神)」 그리고 『수신기』의 「천상옥녀(天上玉女)」를 언급하고 있습니다.[34] 이 가운데 두 여인과의 사랑과 관련해 주목할 것은 앞의 첫 번째 작품, 즉 「강비이녀」입니다. 「강비이녀」는 문인 정교보(鄭交甫)가 상강의 두 자매에게 수작을 걸어 시문을 주고받은 이야기로, 한 사람의 남성과 두 명의 여인 사이의 희롱을 기록한 초기 서사입니다.[35] 하나 더 주목할 작품으로는 『팔조궁괴록』에 실린 「유자경(劉子卿)」입니다(『태평광기』 권295). 「유자경」은 남송 선비 유자경에게 여산 강왕묘의 여신이자 나비의 정령인 두 자매가 찾아와 "당신이 혹시 저희에게 마음이 있지는 않으신지요?"라고 묻습니다. 이에 유자경이 "곡진한 정을 한 번 나누고 싶습니다."라고 답한 후 자매들과 번갈아 사랑을 나눈다는 이야기입니다.[36] 이것은 「최치원」에서 '파격'이라 생각했던 소재가 지괴의 서사세계 속에서 가능했던 상상력임을 말해줍니다.

지괴 전통에서 신령한 여인은 현실과 비현실의 소통 경로이고, 그들과 만나는 시공은 경계적 성격을 지니며, 그들과의 사랑은 불연속적·일회적 사건입니다. 「쌍녀분」 또한 귀/녀인 두 자매를 소환해 실제 장소인 무덤을 경계 공간으로 만들고, 일상과 단절된 시공간 안에서 그들과 대

34 劉廣銘, 「〈仙女紅袋〉 古事: 原型與流變」, 『解放軍外國語學院學報』 27(4), 2004, 111-114면.

35 「강비이녀」는 후대에 상강 신녀 고사와 결합해 아황, 여영 고사를 만드는 데도 작용한다. 김수연, 「『도장』과 고소설의 여성 인물 상상력」.

36 이방 외, 『태평광기』 12, 김장환 외 역, 학고방, 2003, 617-620면.

화하고 사랑하는 이야기를 만들었습니다. 그리고 「최치원」은 이러한 「쌍녀분」을 가지고 의도적으로 새로운 문체로 재창작한 것입니다. 이제 우리는 이러한 질문을 던져볼 수 있습니다. 「최치원」의 작가가 문학적 자아를 소환해 의도적으로 진행한 '자기 대화'의 내용은 무엇인가? 「최치원」의 작가는 왜 이러한 자기 대화를 진행했는가? 기존 연구도 이와 유사한 질문을 던지고, 그에 대한 대답을 찾았습니다. 단지 그 답을 최치원의 욕망에서 찾으려고 했을 뿐입니다. 대화의 내용이 최치원의 욕망 투사로 귀결되면, 귀/녀는 자연히 최치원의 욕망을 투사하는 대상이 됩니다. 그 욕망이 성적 욕망이든 불우를 극복하고자 하는 사회적 욕망이든, 팔랑과 구랑이 최치원의 '대상'이 된다는 점에서는 다르지 않습니다. 이처럼 수동적 대상으로서 파악할 때 팔랑과 구랑의 진정한 정체성을 발견하기는 어렵습니다. 이에 우리는 혼동을 피하기 위해, 같은 내용에 대해 다른 방식으로 질문을 던질 필요를 느낍니다. 후반부의 전형구가 되어버린 권계적 메타 서사 이전에, 이 작품이 작가를 대변하는 인물 최치원과 작가의 문학적 자아인 귀/녀와의 '자기 대화'를 통해 공동으로 수행하고 있는 것이 무엇일까요?

「최치원」의 작가가 '존재하지 않는 존재'인 팔랑, 구랑이라는 귀/녀와 함께 수행하고 있는 것은 '세상에 대한 질문'입니다. 「최치원」은 귀/녀와의 '대화와 성애'라는 방식으로, 이 세상에서 자신이 무엇을 욕망해도 되는지, 무엇은 욕망하면 안 되는지에 대해 질문합니다.[37] 최치원은 오래된 무덤인 쌍녀분 앞에서 시를 통해 말을 건네며, "몇 번의 슬픈 봄을 지낸(機怨春)" 팔랑과 구랑에게 "낙수 여신에 대한 그리움의 노래를 이어가

37 물론 이 질문에 정답은 없다. 욕망하는 것이라 생각했으나, 지나고 나면 다시 그것은 새로운 욕망에 밀려나 더 이상 욕망이 아닌 것, 혹은 변화한 환경에 의해 욕망해서는 안 되는 것이 되기 때문이다.

도 되는지(繼賦洛川神)"를 묻습니다.[38] 이것은 남성 최치원이 여성 팔랑, 구랑을 성애의 대상으로 여기며 희롱하는 말이 아닙니다.[39] 그 지역을 관할하는 관리로서, 그것도 죽은 이를 조문하는 자리에서 처음부터 맥락 없이, 무덤 속 여인들을 성애의 대상으로 상상한다는 것은 서사적으로도 어색합니다. 말 그대로 이 시는 '조의'의 글이며, 동시에 살면서 발생하는 '어긋난 인연과 잃어버린 시간'에 대한 아쉬움을 드러낸 것입니다. 시의 마지막에 나오는 '낙수 여신에 대한 그리움의 노래'가 불러오는 정서가, 조식(曹植)의 「낙신부(洛神賦)」와 연결되어 이미 죽어 헤어진 인연과 어긋난 채 지나간 시간, 그리고 놓쳐버린 삶의 조각에 대한 회한이라는 점에서 그 아쉬움은 더욱 선명해집니다.[40] 이것은 임제(林悌)가 황진이의 무덤 앞에서 불렀다는 "청초(靑草) 우거진 골에 자난다 누엇난다, 홍안(紅顔)을 어듸 두고 백골(白骨)만 뭇쳣난다. 잔(盞) 잡아 권(勸)하리 업스니 글을 슬허하노라."의 정조와 유사합니다. 즉 최치원은 팔랑, 구랑에게 질문하는 형식의 조의시를 빌려, 팔랑과 구랑에게서 환기되는 '엇갈린 운명'과 '잃어버린 시간'에 대한 회복 가능성을 스스로에게 묻고 있는 것입니다.[41]

이때의 어긋난 운명과 놓쳐버린 시간은 남녀의 사랑에 국한된 것은

---

38 이대형 편역, 『수이전』, 36-73면.

39 후반부를 지기적 이해 관계로 보는 연구를 포함해 거의 모든 연구가 초반부 말 건넴의 시문을 희롱으로 본다.

40 「낙신부」는 조식의 어긋난 인연과 과거의 회한을 담은 작품이다. 조식은 마음에 두었던 견일의 딸을 황후로 보내야 했을 뿐 아니라, 황제가 자기 잘못을 깨달았을 때에는 이미 견후가 참소를 받아 죽은 후였다. 이러한 상황에서 지난 인연을 그리며 지은 작품이 「낙신부」이다. 이대형 편역, 『수이전』, 39면.

41 이것은 자문(自問)이다. 이 자문의 답이 '불가(不可)'임을 최치원도 알고 있지만, 스스로 질문하고 스스로 그에 대한 답을 끌어내는 과정, 즉 충분한 애도의 과정을 거치지 않고서는 어긋난 시간과 인연에 대한 미련을 떨칠 수 없는 것이다.

아닙니다. 최치원에게 팔랑과 구랑은 임제의 황진이처럼, 살면서 품어 왔던 회한의 질문들을 꺼내 담을 수 있는 기회와 공간을 제공하기 때문입니다. 오히려 죽은 그녀들이기에, 살아 있는 최치원의 삶에 대한 반추를 담을 수 있었습니다. 최치원의 조문 이후, 귀/녀는 꿈에 나타나 최치원이 던진 질문을 공유하고 그와 함께 대답을 찾아가는 일을 수행합니다. 그러나 귀/녀들은 '비존재'이기에, 자신들의 '말'을 할 수가 없습니다. 귀/녀들의 '말'은 최치원의 언어로 구성되고 있을 뿐입니다. 때문에 그녀들의 대답은 최치원의 자답이 됩니다. 그렇게 그녀들은 '존재하지 않음'과 '비어 있음'을 실현하고, 그것을 자기 정체성으로 삼습니다. 최치원은 귀/녀라는 '빈 공간'에 어떠한 대답을 넣었을까요? 그는 일단은 자기가 던진 질문에 대한 '지지'를 받고 싶었던 것 같습니다. 팔랑은 최치원의 질문에 대해, "한스러운 육신은 무덤에 묻힌 지 오래되었어도, 여전히 청춘의 시간을 잃지 않고 있음을 말하며(幽魂離恨寄孤墳, 桃臉柳眉猶帶春)", "오늘에서야 알지 못하는 사람을 사랑하게 되었다(今日含嬌未識人)."라고 했습니다. 여기서 '알지 못하는 사람'이 다름 아닌 "자기 마음을 알아주는 사람(知妾意)"입니다. 팔랑에게 최치원은 얼굴은 알지 못하지만 마음을 알아주는 사람입니다. 팔랑과 최치원은 서로에게 '모르면서 아는 이'이고, '존재하지 않으면서 존재하는 이'입니다. 그리고, 둘 사이의 '알아줌'이란 바로 지나간 것에 대한 회한과 그것을 돌이킬 수 있는가 하는 고민의 공유를 말합니다. 팔랑의 화답시는 최치원의 질문에 대해 긍정하는 대답입니다. '그래, 그런 질문이 틀린 것이 아니야'.라는 '자기 지지'인 것입니다.

팔랑의 시에 이어 구랑도 "왕래하는 사람 중에 누가 길가 무덤을 돌아보았었는가?"라고 답합니다. 이것 또한 그동안 무덤을 바라보며 지나간 시간과 어긋난 인연을 돌이킬 수 있는지를 질문했던 이들이 없었음을, 그렇기에 최치원의 돌아봄이 귀한 것이라고 응원하는 말입니다. 기존 연구에서는 구랑의 답시에 나오는 마지막 네 구절, "항상 진녀처럼 시속에 얽매지 않을 수 있기를 희망하며, 임희가 사람을 사랑하는 방식은 배우지 않았네. 양왕에게 운우의 꿈 올리고자 하니, 천만 가지 생각들로 정신이 줄어드네(每希秦女能抛俗, 不學任姫愛媚人. 欲薦襄王雲雨夢, 千思萬憶損精神)."[42]라는 구절을 근거로 해서 최치원이 팔랑과 구랑의 정절을 의심하고, 팔랑과 구랑이 이에 대해 항거하는 것으로 이해하기도 합니다. 그러나 여기에 나오는 '진녀'는 시속을 벗어나 소사와 함께 신선이 된 진 목공의 딸 농옥으로, 영원한 인연을 완성한 여성입니다. 반면 임희는 「임씨전(任氏傳)」의 여우 여인으로 알려져 있는데, 정생을 사랑해 희생했으나 결국에는 개에게 물려 죽어 그 사랑을 완성하지 못했습니다. 정생은 임씨 덕에 무과에 급제해 벼슬 살러 길을 떠나게 되자, 임씨와 동행하기를 원했습니다. 임씨는 "서쪽으로 가면 이롭지 않다."는 무당의 말을 빌려 가기를 꺼렸으나, 정생이 강요해 부득이 함께 길을 떠났다가 개에 물려 죽었던 것입니다. 그녀의 죽음에 대해 정생은 자신의 행동을 후회하고 통곡했지만 부질없는 일이었습니다.[43] 이처럼 '임희'의 고사에는 어긋난 인연이자 돌이킬 수 없는 시간에 대한 회한이 담겨 있습니다. 때문에 임희의 사랑을 배우고자 하지 않은 것입니다. 또한 양왕과 운우지정을 나누었던 무산선녀의 이야기도 종국에는 유한하고 어긋난 인연에 대한 아쉬움만 남기기에, 그러한 관계를 바라는 것은 팔랑과 구랑에게 마음이 편하지 않은 일임을 말하고 있습니다.

---

42 媚는 문어체로 '사랑하다, 사모하다'의 뜻이다. 愛媚는 '그리워하고 사랑하다', 혹은 '사랑하고 사모하다'의 뜻으로 해석할 수 있다. 媚를 '아첨하다, 아양부리다'로만 해석할 경우 의미가 확연히 달라지기에 별도로 뜻을 밝힌다.

43 이방 외, 『태평광기』 19, 45-60면.

이러한 지지가 가능한 것은 최치원과 팔랑, 구랑이 같은 질문을 지닌 존재들이기 때문입니다.[44] 팔랑과 구랑이 가까이에서 속내를 드러내 말하자며 만남을 허락하자, 최치원은 "무심코 기대 없이 오래된 무덤 앞에 시 지었으나, 선녀가 세상일을 물어볼 줄 어찌 바랐으리오(偶把狂詞題古墳, 豈期仙女問風塵)."라며 답합니다. 이것은 자신의 질문이 허무한 독백으로 끝날 줄 알았는데, 세상에 대해 같은 질문을 가진 팔랑과 구랑이 그 질문을 격려하며 함께 답을 논의하자고 전해온 것에 대한 기쁨을 드러낸 것입니다. 세상에 대해 같은 질문을 가진 존재들은 그 만남만으로도 즐겁고 행복합니다. 그런 이들을 만날 수만 있다면, "슬프도록 벅차게 환희의 웃음 웃기를 바랄 수 있을 것(斷腸唯願陪歡笑)"입니다. 그녀/귀녀들과의 만남은 죽은 시간의 회복을 의미하기도 하기에, 어쩌면 어긋난 시간과 인연을 돌이킬 수 있다는 가능성을 제공해줄 수도 있을 것입니다. 최치원이 "뜻밖에 파랑새가 그네 일을 알려주니, 일순간 그리움에 눈물이 흐르네. 오늘밤 선녀를 만날 수 없다면, 목숨 걸고 남은 생애 땅속까지 쫓으리라(靑鳥無端報事由, 暫時相憶淚雙流. 今宵若不逢仙質, 判却殘生入地求)."며 간절하게 팔랑, 구랑과의 만남을 바란 것은 이 때문입니다. 그런데 막상 만나고 보니, 팔랑과 구랑은 말이 없습니다. 이에 최치원은 팔랑과 구랑에게 "진실부(秦室婦)"라 생각했는데 알고 보니 "식부인(息夫人)"이라고 농담을 건넵니다. 이 말에 대해서도 그동안은 정절의 개념으로만 해석했는데, 이들에 대한 이해도 궁극적으로는 어긋나지 않은 인연을 이룬 진라부나 농옥을 의미하는 '진실부'[45]와 어긋난 인연과 돌이킬 수 없

44 이것은 최치원이 팔랑, 구랑을 문학적 자아로 소환한 이유이기도 하다.

45 대부분의 주석서와 연구는 진실부를 진라부로 보고 있다. 최근 엄태식이 이에 대해 의문을 제기하며 진실부를 작품의 앞에 나온 진녀, 즉 농옥으로 보아야 한다는 주장을 제기했다. 엄태식, 「「최치원」의 창작 배경과 서사적 특징」, 『고소설연구』 30. 2010, 161면. 진라부는 조왕의

는 시간에 괴로워하며 말을 잃은 '식부인'으로 이해할 수 있을 것입니다.[46] 즉 최치원의 농담조 말은 팔랑, 구랑이 자신과 같은 질문을 하고, 지나간 시간과 인연을 함께 회복할 수 있는 대상이라 생각했는데, 자신이 잘못 안 것이냐는 최치원의 도발적 물음입니다. 이에 대해 팔랑과 구랑은 자신들은 아직 한 남자도 만난 적이 없다고 대답합니다. 이것은 단순히 정절의 문제만을 의미하는 데 멈추지 않습니다. 최치원과의 만남 이전에는 진정한 혹은 온전한 '인연'이 없었다는 것, 때문에 지금 비로소 함께 온전한 인연을 재구(再構)할 수 있다는 의지를 드러낸 것입니다. 이 대답을 통해 팔랑과 구랑은 자신들을 최치원이 질문한 '삶의 돌이킴'에 대한 '가능성'으로 설명하고 있습니다.

여기까지의 문답은 최치원이 처음에 던진 질문에 대해 희망적 전망을 제시합니다. 그가 놓친 시간들, 인연들, 기회들, 그 모든 아쉬움들을 재연하고 재구할 수 있다는 '대답'을 팔랑과 구랑이 비존재적 존재로 되살아나 수행하고 있기 때문입니다. 그녀들이 스스로의 정체를 '돌이킴과 재생 가능성'으로 채우고 구성하는 것은 세상과 삶에 대해 질문을 던진 최치원의 희망이고, 바람일 것입니다. 이어지는 팔랑, 구랑과의 대화는 두 여인의 과거사, 돌이킬 수 없는 어긋난 삶에 대한 이야기입니다. '지방의 토호인 장씨의 두 딸로, 부모님이 소금 장수, 차 장수와 혼인을 강요하는 탓에 마음에 울적함이 맺혀 요절하게 되었다.'는 팔랑과 구랑의 회고담은 그녀들이 왜 최치원과 같은 질문을 갖게 되었는지에 대한 배경을 제공합니다. 그리고 쌍녀분 앞을 "왕래하는 이들이 하나같이 비루한 사내들이라(往來者皆是鄙夫)" 그녀들의 이야기를 이해할 수 있는 사

유혹을 물리쳐 남편과의 인연을 이어갔으며, 농옥은 소사와 영원한 사랑을 완성했다.

46 식부인은 초왕에 의해 남편 식후와의 인연이 어긋난 것에 대한 회한의 시간을 침묵으로 보낸 여성이다.

람, 그녀들과 같은 질문을 던질 수 있는 사람이 없었다는 것, 그리고 "지금에야 다행히 오산처럼 기개가 빼어난 수재를 만나, 깊고 깊은 삶의 이치를 말할 수 있게 되었다(今幸遇秀才, 氣秀鼇山, 可與話玄玄之理)."는 여인들의 말은, 최치원과 팔랑, 구랑이 서로가 서로를 채워주는 존재임을 나타냅니다. 그 '채워줌'이란 세상을 바라보는 시선의 동일함, 세계에 대해 회의하는 질문의 동질성으로 구성됩니다. 이때 '채워줌과 채워짐'은 최치원과 팔랑, 구랑이 동참하는 '한 이불 세 베개(排三淨枕, 展一新衾)'의 잠자리에서 완성됩니다. 최치원과 팔랑, 구랑은 '채워줌과 채워짐'을 상호 대등하게 수행합니다. 최치원과 귀/녀는 서로가 서로를 이루어주는, 상호 구성적 정체성을 지닌, 같은 존재의 두 자아이기 때문입니다.

그러나 달이 지고 닭이 울자 두 여인은 놀랍니다(月落鷄鳴, 二女皆驚). 날이 밝아오면서 어젯밤에 질문했던 '돌이킬 수 없는 삶'이 다시 살아나기 때문입니다. "즐거움이 다하면 슬픔이 오고, 이별은 길고 만남은 짧다(樂極悲來, 離長會促)."라는 팔랑과 구랑의 말은 돌이킬 수 없는 시간에 대한 아쉬움을 드러냅니다. "삶과 죽음의 길이 다르고 부침의 길이 다르니 어찌하겠습니까(況乃存沒異途, 昇沈殊路)?"라는 것도, 이미 어긋난 인연을 회복할 수 있다는 희망과 바람이 사실은 "하룻밤의 즐거움(一夜之歡)"에 불과한 것이고 불가능성의 현실은 "천 년의 길고 긴 한을 짓게 하는(作千秋之恨)" 것임을 나타냅니다. 어제와 달리 최치원도 "내가 이곳에 와 팔랑과 구랑을 만난 것은, 양왕이 꾼 운우몽과 아련히 닮았도다(我來此地逢雙女, 遙似襄王雲雨夢)."라며 끝나버린 인연의 '돌이킬 수 없음'을 받아들이며, '하룻밤 더'를 소망하는 연연함을 드러내지 않습니다. 이는 자아 간 대화를 통해 삶의 어긋남에 대한 질문이 그릇되지 않았음을 지지받았기 때문입니다. 자신들이 소망했던 '복구 가능성에 대한 바람'을 충분히 이해받고 긍정 받고 격려받았으며, 충분한 애도의 시간을 공유했기에 최치원과 팔랑, 구랑은 이제 현실의 '불가능성'을 받아들일 수 있었던 것입니다.

4. 불연속적 '빈 공간'으로서의 '귀/녀'

전기는 소설이 소설로서의 형태를 갖추기 시작하는 초기 장르입니다. 때문에 전기는 문인 작가들이 소설의 서사를 발견해가는 처음 여정이라 할 수 있습니다. 그러한 전기의 문체를 발견하면서, 작가들은 자기 목소리를 전달하는 수행자로 귀/녀를 선택했습니다. 귀/녀는 소설의 발견과 더불어 서사세계 안에서 중요한 캐릭터로 부각되었던 것입니다. 대표적 작품이 「최치원」입니다. 「최치원」의 작가가 소환한 귀/녀는 살아 있지 않기 때문에 스스로 존재할 수 없고, 산 자들에게 존재로 인정받지도 못합니다. 존재하지 않는 존재이자 '비존재적 존재'인 것입니다. 비존재로서의 귀/녀는 최치원과 공동으로 수행하는 대화, 즉 '말'을 통해 존재성을 드러내지만 그것은 그저 최치원의 '말'일 뿐입니다. 그렇다면 귀/녀는 무엇일까요? 바로 '말', 다름 아닌 최치원의 자기 대화를 담는 빈 그릇입니다. 버틀러 식의 젠더 개념과 같이, 고정된 명사가 아닌 연행성 혹은 수행성으로 존재하는 것이[47] 귀/녀입니다. 귀/녀는 행위로만 존재할 뿐, 스스로 자기 목소리를 내는 행위자는 될 수가 없기 때문입니다. 자기 대화, 자기 목소리를 담기 위한 빈 그릇으로서의 귀/녀. 이것이 「최치원」의 작가가 쌍녀분에 잠들어 있는 귀/녀를 깨운 이유이기도 합니다.

---

47 주디스 버틀러, 『젠더 트러블』, 21-27면.

'귀/녀'가 작가의 목소리를 담는 빈 그릇으로, 작가와 공동으로 자기 대화를 수행한다는 점에서 팔랑과 구랑은 「최치원」 작가의 문학적 자아입니다. 다른 초기 전기가 그러하듯, 「최치원」에 등장하는 귀/녀 또한 오늘날 관점에서 바라보는, 두려움을 야기하는 기이한 존재와 다른 것입니다. 초기 전기가 존재했던 문화 풍경 속에서 최치원과 귀/녀는 공존 가능한 다른 세계의 존재들입니다. 귀/녀는 작가와 같은 입장에 서서 대화와 소통이 가능하며, 같은 세계에 사는 사람들이 읽지 못하는 작가의 내면을 더 잘 이해하는 인물입니다. 이러한 인물은 사실 작가가 상상하고 소환한 존재이며, 작가의 문학적 자아인 것입니다.[48] 귀/녀를 문학적 자아로 소환한 것이 성별로서의 남성이 "사회적으로 허용된 서사" 안에서, 사회적으로 허용되는 대상인 "신녀나 선녀, 혹은 기녀"를 대상으로 "사회적 출세와 자유로운 연애라는 두 가지 욕망"을 펼치는 것이라고 이해할 수도 있으나,[49] 궁극적으로 문학적 자아인 귀/녀는 작가와 독자들에게 "비물질적 세계와 내가 속한 물질세계"의 만남을 제공하고, "우리가 다른 세상의 존재와 대화하고 교감할 때 느끼는 내적 충격"인 감동을 경험하게 합니다. "다른 세상과의 조우, 물질과 비물질의 경계를 넘어선 합일은 우리의 오랜 문학적 상상력이 지향한 바"[50]로서, 초기 전기에서 귀/녀는 이러한 상상력의 실천적 선택인 것입니다.

만남, 대화, 교감, 합일 등을 지향하는 실천으로서, 작가가 귀/녀를 소환하는 것은 쌍둥이 자기대상을 제공하고 제공받고자 하는 작가의 심리

48 김수연은 『금오신화』를 중심으로, 전기소설에 대화 상대로 등장하는 비현실적 인물(최랑, 귀녀, 기씨, 염왕, 용왕)을 작가의 문학적 자아로 논의한 바 있다. 김수연, 『유(游)의 미학, 금오신화』.

49 최진아, 「전기로 읽은 당대 남성의 욕망: 애정류 전기를 중심으로」, 23-25면.

50 김수연, 「『도장』과 고소설의 여성 인물 상상력」, 59면.

와 관련이 있습니다. 쌍둥이 자기대상은 고전 정신분석학을 자기애적 관점으로 재해석한 코헛의 개념으로, "본질적인 똑같음이 있음을 경험" 하도록 도와줌으로써 유대감과 연대감을 느끼도록 하는 대상입니다.[51] 개인이 내적 견고함과 응집성을 형성할 수 있도록 하는 심리적 대상인 쌍둥이 자기대상은, 자기감이 형성되는 단계에 있는 어린아이의 경우 외부에서 제공해주어야 하지만 성인의 경우는 스스로 제공할 수 있습니다. 「최치원」의 문학적 자아 귀/녀는 작가가 지닌 세상에 대한 질문을 지지하고 공감하며, 자신들도 같은 질문을 지니고 있음을 충분한 대화를 통해 공유했습니다. 그 과정에서 최치원은 새로운 연대를 확인하고 현실의 '불가능성'을 수용할 만큼 견고해질 수 있었던 것입니다. 때문에 최치원의 내면을 종국까지 '불우와 고독'으로 읽는 것은 재고해야 할 것입니다.

「최치원」 작가의 문학적 자아인 팔랑과 구랑은 최치원의 질문을 받아주고, 공감하고, 그 질문을 통해 스스로의 정체성을 구성하며, 대답을 수행하는 존재입니다. 「최치원」에서 귀/녀는 질문을 담는 '빈 그릇'으로 행위하고, 그 행위로 존재합니다. 귀/녀는 실질적 주체가 없는 상상된 관념만으로 존재하지만 그 행위만은 매우 구체적입니다. 버틀러의 '수행적 행위'와 같은 '다양한 존재를 담음으로써, 정체성을 스스로 구성하는 행위'를 통해 그들은 존재하는 것입니다. 작품의 결말인 '귀/녀의 사라짐'도 같은 맥락에서 이해할 수 있습니다. '사라짐'은 그녀들이 행하는 구성적 실천 행위가 지속 가능하게 하며, 귀/녀가 동사적 속성으로 존재할 수 있게 합니다. 귀/녀가 환생한다면, '빈 그릇'으로 존재하고 행위하는 무성적 제3 인격은 문화적·이분법적으로 양식화된 '명사적 여성'의

51 Heinz Kohut, *How Does Analysis Cure?*, The University of Chicago Press, 1984, p.194.

개념 안에 갇히게 되기 때문입니다. 귀/녀가 여성이 되는 순간 그녀들의 정체성은 동사적 구성 행위에서 명사적 존재로 전환되고, 그 결과 존재하지만 존재하지 못하는, 그래서 더 이상 최치원과 더불어 '세상에 대한 질문'을 수행할 수 없게 되는 것입니다. 이것이 '귀/녀의 사라짐'으로 인한 '오랜 이별'을 비극으로만 읽을 수 없는 이유이기도 합니다.

귀/녀들의 정체성은 명사로 규정되는 것이 아니라 동사로 채워지기에, 「최치원」 이후 귀/녀를 소환하고 그녀들과 대화하기를 원하는 많은 전기소설 작가들에게 늘 열려 있습니다. 귀/녀는 채워도 채워도 끊임없이 채울 공간을 제공하는 '빈 그릇'으로 존재/행위하기 때문입니다. 귀/녀라는 '비어 있음/비존재'를 채우는 질문과 그에 대한 대답은 귀/녀를 원하는 주체가 마주하는 세상/환경에 따라 움직이기에, 유동적이고 불연속적입니다. 「최치원」은 이러한 불연속성을 경계적 시공간으로 표현했습니다. 그러나 무엇보다 '돌이킬 수 있는 가능성'이라는 대답이 다시 '돌이킬 수 없는 불가능성'으로 변화하는 지점에서, 이 불연속성은 분명하게 나타납니다. 환경과 교유하는 인간, 특히 현실과 이상, 지식과 실천 사이에 서 있는 지식인들은 스스로 아무리 하나의 영역 안에 있다고 주장해도 본질적으로 경계적 존재입니다. 마찬가지로 스스로 아무리 일관됨을 주장해도, 결코 일관된 존재가 아닙니다. 그렇기 때문에 매순간 새로운 질문과 대답으로 자기를 재구성해야 합니다. 그러한 재구성을 시도하는 공간이 바로 귀/녀의 정체인 것입니다.

제2장

사랑과 죽음 그리고 치유적 텍스트로서의 고전, 「운영전」

1. 고소설의 현재성과 「운영전」 읽기

「운영전(雲英傳)」은 고전 애정소설의 대표작입니다. 이 작품이 운영의 자살을 중심 서사로 하며 비극성 혹은 비장미를 주된 정조로 하고 있다는 점에는 커다란 이견이 없습니다. 운영의 죽음은 김 진사와의 비극적 사랑과 관련해 인간의 자유의지를 가로막는 중세 권력에 대한 저항으로 이해할 수 있습니다.[1] 이러한 관점은 작품의 사회 역사적 맥락을 중시한 것으로 특히 운영의 비극을 설명하는 데 적절하고 중요한 분석 기제가 되었습니다.[2] 이 장에서는 선행 연구를 바탕으로 하면서 고전이 지니는 현재적 의미를 고구하고자 합니다. '지금, 여기'에 의미 있는 고

1 정출헌, 「「운영전」의 중층적 애정 갈등과 그 비극적 성격」, 『고전문학과 여성주의적 시각』, 정출헌 외, 소명출판, 2003; 정길수, 「「운영전」의 목소리」, 『고소설연구』 28, 고소설학회, 2009는 「운영전」을 자유와 권력의 대결 혹은 저항 관계로 보고 있다.

2 신경숙, 「「운영전」의 반성적 검토」, 『한성어문학』 9, 한성대학교, 1990; 박일용, 「「운영전」과 「상사동기」의 비극적 성격과 그 사회적 의미」, 『조선시대의 애정소설』, 집문당, 1993; 이상구, 「「운영전」의 갈등양상과 작가의식」, 『고소설연구』 5, 한국고소설학회, 1998.

전이란 무엇일까요? 그것은 고전소설이 갖는 현재성과 연계됩니다. 소설은 현재적 장르입니다. 그럼에도 고전이라는 수식구 때문에 작품의 현재적 의미와 역할을 쉽게 간과하게 됩니다. 소설의 현재성은 텍스트 자체의 내용뿐 아니라 '지금, 여기'에서 이루어지는 독서 과정과 관련이 있습니다. 독자가 소설을 읽는 시점에서 그 작품의 현재적 의미가 창출되기 때문입니다. 지금의 독자가 오래전에 쓰인 고전 작품을 읽는다 해도 독서 과정에서 발견하는 '무엇'은 오로지 독자가 속한 상황과 시대의 문제입니다.

우리가 사는 시대는 어떠한가요? 지금 한국에서는 매일 35명, 한 해 12,800여 명이 자살을 하며 그 수는 매년 증가하고 있습니다.[3] 이것은 무엇을 의미하는 것일까요? 마음에 상처를 지닌 사람들이 점점 많아지고 있다는 뜻입니다. 마음의 상처는 최첨단 로봇 수술로도 치유가 불가능합니다. 최근에 등장한 문학치료, 독서치료는 마음의 상처에 관심을 기울이자는 문학계의 움직임입니다. 독서가 단순한 '마음의 양식'에서 벗어나 적극적인 위로자, 치유자가 되어야 함을 천명한 것입니다. 이것은 '문학이 그것을 읽는 사람들에게 일정한 역할을 하는, 즉 치료제가 될 수 있다.'라는[4] 입장이 전제된 작업입니다. 독서가 마음의 위안이 되고 상처를 보듬을 수 있다는 사실은 누구나 공감합니다. 연구자로서 관건으로 삼아야 할 것은 문학이 구체적으로 어떠한 역할을 해야 하는가를 기획하고 제안하는 일일 것입니다.[5]

---

3 인터넷『경향신문』2010년 4월 15일자 기사.

4 조셉 골드,『비블리오테라피』, 이종인 역, 북키앙, 2003, 6면.

5 문학치료적 관점의 고전 연구는 정운채에 의해 적극적으로 이루어지고 있다. 정운채,「문학치료학의 학문적 특성과 인문학의 새로운 전망」,『겨레어문학』39, 겨레어문학회, 2007;「고전문학 교육과 문학치료」,『국어교육』113, 한국어교육학회, 2004;「「바리공주」의 구조적 특성과 문학치료적 독해」,『겨레어문학』33, 겨레어문학회, 2004;「고전시가론에 대한 문학치

「운영전」은 매우 섬세한 작품입니다. 그 안에는 다양한 사람들의 미묘한 심리가 실타래처럼 얽혀 있습니다. 중요한 것은 현재의 우리에게도 그 복잡한 감정의 결들이 낯설지 않다는 점입니다. 작품 속 인물들은 대개 마음에 상처를 지닌 인물들입니다. 인물들은 독자들이 책을 읽는 동안 말로 표현하기 어려운 '느낌'을 독자들에게 전달하고 그들과 공유하고자 합니다. 독자는 체험적 독서를 통해 인물들의 감정을 이해하며 동시에 자신의 상황을 객관화할 수 있게 됩니다. 본고가 분석의 초점으로 삼은 운영의 '자살 심리'는 오늘날의 사회적 문제와 무관하지 않습니다. 자살이란 하나의 원인에 의해 촉발되는 것이 아니라 다양한 심리적 기제에 의해 발생합니다. 그렇기에 자살에 대한 논의는 결과로서의 자살 행위가 아닌 자살이 실행되기까지의 과정을 살피고 그 안에서 파악되는 감정의 문제들을 다루어야 합니다. 따라서 이 장에서는 「운영전」이 향유되는 과정에서 독자들에게 어떠한 감정들을 야기하고 그들과 어떻게 소통하는지 살펴보고 그것이 상처를 안고 있는 현대인에게 치유적 텍스트로 기능할 수 있는지의 가능성에 대해 언급하고자 합니다.

2. 운영은 왜 자살하게 되었는가?

운영은 안평대군의 왕자궁인 수성궁의 궁녀입니다. 그녀는 대군을 비롯해 대군의 부인과 다른 궁인 등 궐내 모든 사람들에게 뛰어난 용모와 자질로 사랑을 받았습니다. 그러한 그녀가 자살을 했습니다.

료학적 조명」, 『한국시가연구』 10, 2001; 「「무왕설화」와 「서동요」의 주역적 해석과 문학치료의 구조화」, 『국어교육』 110, 한국어교육학회, 2001.

그 밤에 첩이 나건(羅巾)으로써 스스로 목매어 죽었나이다.[6]

운영은 스스로 목매어 죽었습니다. 운영이 목을 맨 일차적 원인 제공자는 연인 김 진사의 노복인 특입니다. 운영을 연모하는 마음으로 초췌해진 김 진사를 위해 특은 수성궁 높은 담을 넘을 수 있는 사다리와 소리 없이 오갈 수 있는 털버선을 만들어줍니다. 월장하며 운영을 만나던 김 진사가 행여 대군에게 들킬까 노심초사하자 특은 운영과 도주하라 부추기고 자진해서 그 일을 돕겠다고 나섭니다. 김 진사는 그 말을 믿고 운영과 도주할 계획을 세운 후 우선 운영의 궁중 재산을 내와 특에게 맡기지만, 사실 특은 김 진사를 죽이고 운영과 재물을 가로챌 속셈이었습니다. 그래서 스스로 자신의 몸에 상해를 입혀 강도를 만나 재물을 빼앗겼다고 거짓말을 했다가, 후에 김 진사가 전말을 알게 되자 도망갈 계획을 세우고는 김 진사와 운영의 일을 폭로해 그들을 궁지로 몰아넣은 것입니다.

내 향자(向者)에 일이 있어 새벽에 이 궁장 밖을 지나더니, 어떤 사람이 궁중으로부터 서원(西園)을 넘어 나오는지라, 내 도적이라 하여 소리를 지르고 쫓아가니 그 사람이 그 가진 바를 버리고 가거늘, 내 가지고 돌아가 감추어 두고 임자 찾기를 기다리더니, 우리 주인이 본대 염우(廉隅) 없는지라, 나의 물건 얻음을 듣고 몸소 와서 찾거늘, 내 대답하되 다른 보배는 없고 다만 금천(金釧) 하나와 보경(寶鏡) 일 면뿐이라 한즉, 주인이 나이 젊고 글이 능한지라 조만(早晩)에 번번이 급제할지라, 탐도(貪饕)함이 여차하니 타일 입조(入朝)하매 용심(用心)을 가히 알리로다.[7]

---

6 이재수본(本) 「운영전」, 김일렬 주해, 형설출판사, 1982, 92면. 앞으로 인용문의 면수는 이 책을 기준으로 한다.

7 「운영전」, 87-88면.

자신의 죄가 드러나자 도망을 계획한 특이 수성궁 담장 밖에 사는 맹인을 찾아가 전한 이야기입니다. 누군가 수성궁 서궁에서 나오며 금천과 보경을 흘리고 간 것과 그것을 김 진사가 탐내 가져갔다는 것입니다. 이 말은 곧 퍼져 양평대군의 귀에 들어가게 됩니다. 양평대군은 남궁의 시녀 5인에게 운영을 비롯한 다섯 궁녀가 사는 서궁을 뒤지게 합니다. 그 결과 운영의 의복과 보화가 없는 것을 알고 서궁의 시녀 다섯 사람에게 형장을 가하는데, 이때 자란을 비롯한 서궁의 궁녀들은 남녀의 정욕은 인지상정이니 김 진사를 사랑한 운영은 무죄하다며 차라리 자기를 벌주라고 하는 초사(招辭)를 올립니다. 이에 안평대군은 운영을 별당에 가두고 나머지는 방송하는 것으로 사건을 일단락 짓지만, 결국 그날 밤 운영은 스스로 목을 맵니다.

운영이 자살하게 된 직접적 동기는 분명하지 않습니다. 김 진사와의 이루어질 수 없는 사랑에 비관한 것으로 볼 수 있지만 그것은 이미 두 사람이 만날 때부터 알고 있던 사실입니다. 또한 김 진사와 운영의 관계를 알게 된 양평대군의 문초가 운영을 죽음으로 몰아간 것으로 볼 수도 있겠으나 운영의 자결은 양평대군이 운영의 죄를 용서한 이후에 발생합니다. 양평대군은 앞서도 몇 차례 운영과 김 진사의 관계를 감지하지만 "시녀 중 만일 하나라도 궁문 밖을 나간즉 그 죄 마땅히 죽을 것이요, 바깥 사람이 궁인의 이름을 알면 그 죄 또한 죽으리라."[8]던 자신의 규율을 스스로 어기며 운영을 번번이 용서해주었습니다. 이 때문에 궁중 사람들은 안평대군이 운영을 사사로운 마음으로 대한다고 여긴 것입니다.[9] 따라서 운영의 죽음을 단지 김 진사와의 일이 대군에게 발각된 것에 대

8 「운영전」, 19면.

9 「운영전」, 24면. "대군이 본디 첩에게 사사(私私) 뜻이 없건마는 궁중지인(宮中之人)이 다 대군이 첩에게 뜻을 둔 줄로 아는지라."

한 두려움 때문이라고만 보기도 어렵습니다. 앞서 말한 특의 계략도 운영을 궁지로 몰아넣기는 했지만 거짓된 모함은 아니기에 운영의 죽음을 억울한 누명에 대한 항변으로 보기는 더욱 힘듭니다. 물론 선행 연구에서 운영의 죽음을 사회 역사적 맥락에서 인간 해방을 가로막는 시대의 압박을 죽음으로 표현했다고 보는 입장은 타당합니다.[10] 그러나 운영의 죽음 자체는 공익을 위한 희생이나 순교와는 다소 거리가 있습니다.

> 주군의 은혜 산 같고 바다 같거늘, 능히 그 절(節)을 지키지 못하오니, 그 죄 하나요, 전일 지은 바 글에 의심됨을 주군께 뵈오나 마침내 직고(直告)ㅎ지 아니하오니 그 죄 둘이요, 서궁 무죄한 사람이 첩의 연고(緣故)로써 죄를 한 가지로 입게 하니 그 죄 셋이라. 이 세 가지 죄를 짓고 살아 무슨 면목으로 사람을 대하리이꼬. 만일 혹자 아니 죽이셔도 첩이 마땅히 자결(自決)하리이다. 다만 서궁지인(西宮之人)은 과연 무죄하오니 억울지탄(抑鬱之歎)이 없게 하소서.[11]

운영은 죽기 직전 초사(招辭)에서 자신의 죄를 세 가지로 꼽고 있습니다. 첫째는 안평대군의 은혜에 대한 절개를 지키지 못한 것이고, 둘째는 미리 자신의 일을 바로 아뢰지 않은 것이며, 셋째는 서궁의 동료 궁인들에게 피해를 끼친 것입니다. 이 세 가지로 인해 운영은 사람을 대할 면목과 살아갈 염치를 잃게 되었으며, 양평대군이 죽이지 않는다 해도 스스로 자결하겠다고 말한 것입니다. 그러나 운영은 자신이 죽어 마땅한 죄의 항목 어디에도 김 진사와의 사랑을 거론하고 있지 않습니

---

10 정출헌, 「「운영전」의 중층적 애정 갈등과 그 비극적 성격」, 148면.

11 「운영전」, 91면.

다. 즉 그와의 사랑을 잘못이라고 인정하지 않는 것입니다. 이것은 운영이 자결을 할 수밖에 없는 이유가 그들의 사랑에만 국한하지 않음을 보여줍니다.

운영은 어려서부터 부모 형제의 각별한 사랑을 받았고, 수성궁에 들어와서도 늘 특별한 애정의 대상이었습니다. 그녀는 미모는 말할 것도 없고 재덕이 당대 문사들을 압두했으며 재산 또한 넉넉했습니다. 이러한 사실을 스스로도 알고 자부했었습니다.[12] 또한 궁중을 배경으로 삼고 있으니 당시로 보면 어느 것 하나 부러운 것이 없는 전문직 엘리트 여성이라 볼 수 있습니다.[13] 그러나 김 진사를 만날 즈음 운영은 자신의 삶에 대해 새로운 자각을 하게 됩니다. 그동안 자신이 살아온 삶이 공허한 것이라는 생각이 싹트게 된 것입니다.

> 나이 십삼에 주군이 부르시매 부모를 이별하고 형제를 멀리하여 궁문에 들어오매 돌아가기를 생각하는 마음을 금ㅎ지 못하여 봉두구면(蓬頭垢面)과 남루의상(襤褸衣裳)으로써 보는 사람의 더럽게 여김을 삼고자 함이요, 뜰에 엎드려 우니 궁인들이 가로되 한 포기 연화꽃이 뜰 가운데 났도다 하며, 부인이 또한 사랑하심이 기출(己出)에 다름이 없사오며, 주군이 또한 심상(尋常)히 보지 않으시고, 궁중 사람들이 친애함을 골육같이 아니 함이 없는지라. 그리저리하여 세월을 보내고 학문을 익히매 자못 의리(義理)를 알고 능히 음률(音律)을 살피는 고로 궁중인이 경복(敬服)지 않을 이 없더니 서궁에 옮은 후로 금서(琴書)를 전일(專一)히 하매 짓는 바 더욱 깊

12 운영은 스스로 자신의 용모가 다른 9명의 궁녀보다 낫고 빈객이 지은 글이 하나도 눈에 들지 않으며, 궁중에 모아둔 재산 또한 말 열 필로도 다 싣지 못할 정도라고 했다. 「운영전」, 60-74면.

13 궁녀들은 전문직 교육을 받았으며 경제적으로도 충분한 대우를 받았다. 차옥덕, 「궁녀들은 어떻게 살았을까?」, 『조선시대 서울사람들 (1)』, 서울문화사학회, 어진이, 2003, 73-92면.

> 은지라. 무릇 빈객(賓客)의 지은 바 글이 하나도 눈에 들것이 없어 재조의 능통함이 이렇듯한지라. 시러 남자가 되어 입신양명(立身揚名)ᄒ지 못함을 한탄하고 한갓 홍안박명(紅顔薄命)의 몸이 되어 한번 심궁(深宮)을 다다르매 마침내 고목과 같이 썩음을 원한(怨恨)할 따름이라. 인생이 한 번 죽은 후면 뉘 다시 알리요. 이러므로 한(恨)이 심곡(心曲)에 맺히고 원(怨)이 흉해(胸骸)에 메여 수를 놓다가도 버리고 마음을 등화(燈火)에 붙이며 비단을 짜다가도 북을 던지고 틀에서 내리며 나위를 찢어 버리고 옥잠(玉簪)을 꺾어 마음을 정ᄒ지 못하고, 적이 시흥(詩興)이 난즉 옷을 걷고 산보하여 꽃도 따며 풀도 꺾어 글을 외며 시를 읊어 여치여광(如癡如狂)하여 정을 스스로 억제ᄒ지 못하더니……[14]

그녀는 열세 살에 자신을 극진히 사랑해주던 부모 형제를 떠나 낯선 궁에 들어옵니다. 그때 운영은 오로지 집으로 돌아가고 싶은 생각뿐이었습니다. 그래서 머리를 산발하고 용모를 더럽게 해서 사람들에게 밉보이려 했는데 뜻대로 되지 않고 오히려 아름다움이 돋보여 사랑을 받습니다. 친부모를 떠나 낯선 곳에 홀로 버려진 느낌은 어린 운영이 처음 겪는 무서움이었을 것입니다. 그래도 자식처럼 사랑해주는 대군의 부인과 특별한 관심을 보이는 대군, 그리고 가족 같은 궁궐 사람들의 애정 속에서 운영은 차차 수성궁 생활에 적응합니다. 그녀는 학문과 음률에 전일했는데, 아마도 이것이 그녀의 마음을 붙잡는 데 도움이 되었을 것입니다. 그러나 학문이 점차 완성되고 재주가 통하지 않는 곳이 없는 수준에 이를 즈음 그녀는 이러한 재주로도 남자처럼 입신양명하지 못하고 궁에 갇혀 살아야 하는 자신의 운명을 자각하게 됩니다. 이렇게 그녀의

14 「운영전」, 61-62면.

첫 번째 원한은 홍안박명으로 심궁에서 고목 같이 썩어가야 하는 자신의 삶에 대한 각성에서 비롯된 감정입니다. 세상 빈객들이 눈 아래로 보일 만큼 자신의 재주에 자부심이 강하지만 세상 밖으로 재주를 펼칠 수 없는 신세가 마음에 우울함을 만들고 그 한은 뼈 속 깊숙이 새겨져 쉽사리 떨쳐지지 않습니다. 그 때문에 비단을 짜다가도 북을 내팽개치며, 비단을 찢고 옥비녀를 부러뜨리는 등 답답함을 풀어보려고 하지만 되지 않습니다. 그래서 정원을 배회하며 시흥으로나 우울한 심사를 달랬던 것입니다.

> 상년(上年) 추월지야(秋月之夜)에 한번 군자의 옥용(玉容)을 보매 문득 천상선인(天上仙人)이 진토(塵土)에 적하(謫下)한가 여기고, 첩의 용색(容色)이 또한 아홉 사람에 지남이 있더니, 무슨 숙연(宿緣)이 있음을 어찌하여 붓끝에 한 점 먹으로 마침내 흉중(胸中)에 원(怨)이 맺힐 줄 알았으며, 발 사이에 바라봄으로써 키 받드는 인연을 짓고, 꿈 가운데 봄으로써 장차 알지 못할 은혜를 입을 줄 알았으리요. 비록 한 번 금리(衾裏)에 즐김은 없으나 옥모수용(玉貌秀容)이 자못 안중(眼中)에 벌여 있어, 이화(梨花)에 두견의 울음과 오동에 밤비 소리를 차마 듣지 못하고, 뜰 앞에 고운 풀의 생(生)하는 것과 하늘가의 외로운 구름 날리는 것을 차마 보지 못하는지라. 혹 병풍을 의지하여 앉으며 혹 난간을 지혀 서서 가슴을 두드리고 발을 굴러 홀로 창천(蒼天)에 사를 뿐이라. 아지 못게라. 낭군도 또한 첩을 생각함이 있나뇨? 다만 한하기를 이 몸이 군자를 보지 못하고 먼저 합연(溘然)한즉 지로천황(地老天荒)할지라도 차한(此恨)을 민멸(泯滅)ㅎ지 못할지라. 금일 완사하는 길에 양궁(兩宮) 시녀가 다 모였으매 이곳에 오래 머물지 못할지라. 눈물이 떨어져 종이를 적시고 혼이 깁실에 맺히는지라. 엎드려 바라건대 낭군은 한번 굽어보시고 또 졸(拙)한 글귀를 화답(和答)하시면 이로써 미사(美事)를

삼고 길이 좋은 뜻을 바치리이다.[15]

우울한 나날을 보내던 운영은 어느 날 용모가 아름답고 재주가 뛰어난 김 진사를 만납니다. 무언가 획기적인 인생의 전환을 꿈꾸던 시기였기에 운영은 그와의 만남을 더욱 특별한 것으로 느끼게 됩니다. 그래서 궁중에서 가장 아름다운 자신과 천상의 선인 같은 김 진사가 만난 것을 운명이라 여기고 이에 더해 붓 끝에서 튄 먹물 한 방울에 치명적으로 빠져드는 사랑의 의미를 부여한 것입니다. 더구나 드러내놓고 만나볼 수도 없는 상황은 그들의 사랑을 더욱 자극하고 더욱 간절하게 만들어, 발 사이로 엿보고 벽 사이로 편지를 주고받는 것만으로도 부부의 연을 맺었다 생각하게 됩니다. 이전의 운영이 자신의 재주로 추구할 인생의 목표가 없어 방황하고 우울해 했다면 이제는 김 진사를 추구할 대상으로 삼아 자신의 온 마음과 정신을 그것에 집중하는 것입니다. 그렇기에 배꽃 핀 봄밤 두견새 울음소리나 오동잎에 빗방울 떨어지는 소리에 잠을 이루지 못하며, 난간에 기대어 가슴을 두드리고 발을 구르며 하늘에 호소하는 행위는 앞서 비단을 찢고 비녀를 부러뜨리며 이리저리 방황할 때의 마음과는 다릅니다. 그때는 삶의 목표를 찾지 못하는 우울이라면 지금은 '낭군도 또한 첩을 생각함이 있는지', 혹은 '그도 날 이렇게 그리워하고 있을지', '군자를 보지 못하면 어쩌나' 하는 그리움 때문인 것입니다. 그렇기에 이때의 '죽고 싶음'은 좌절이라기보다 간절함으로 해석해야 합니다.

운영이 마음을 고백한 편지를 받아 본 김 진사는 그녀가 빨래터에서 돌아올 때까지 무녀의 집에서 기다립니다. 이것으로 김 진사도 운영과 같은 마음임을 보여준 것입니다. 두 사람의 마음이 확인되자 운영은 혜

---

15 「운영전」, 62-63면.

어져 있던 1년 동안의 그리움을 한데 쏟아내려는 듯[16] 조금의 주저함이나 두려움 없이 자신의 금반지를 신물로 주며 목숨을 걸고 사랑을 맹세합니다. 또한 자신은 서궁에 있으니 밤을 타 찾아오라 하고, 다른 사람의 불안함과는 상관없이 궁 안에서 김 진사와 밀회를 즐기기도 하며 심지어 그와 함께 궁을 빠져나가기 위해 재산을 미리 궁 밖으로 내보내는 등 적극적이고 과감한 모습을 보입니다.[17] 그렇다면 나약하지도 어리석지도 않은 운영이 왜 죽음을 선택할 수밖에 없었던 것일까요?

> 첩이 대왈 "작석(昨夕)에 일몽(一夢)을 얻으니 한 사람이 상모(相貌)가 영악(獰惡)한데 목특선우라 하고 가로되 이미 숙약(宿約)이 있는 고로 장승(長丞) 아래서 기다린 지 오래노라 하거늘 놀라 깨달으니 몽조(夢兆)가 심히 불길한지라, 낭군은 또한 생각하라." 진사 왈, "몽리(夢裏) 허탄지사(虛誕之事)를 어찌 가히 믿으리요." 하거늘 첩이 가로되, "그 일은 장승자(長丞者)는 궁장야(宮墻也)요, 이 이른 목특자는 이 특(特)이라. 세상사(世上事)는 불가측(不可測)이니 낭군이 특의 마음을 익히 아나니이까?" 진사 왈, "이 놈이 본대 완흉(頑凶)함이 심한지라, 그러나 내게 구는 바는 충성을 다하고 정성이 극진한지라, 오늘날 낭자로 더불어 이렇듯 인연을 맺음이 다 이 놈의 계교라. 어찌 처음에 충성을 드리고 후에 악을 비롯할 바이리요." 하니 첩이 또한 반신반의(半信半疑)하나 거절할 길이 없는지라 이에 가로되, "낭군의 말이 어찌 감히 사양(辭讓)하리요마는 다만 자란으로 더불어 정약형제(情約兄弟)라 가히 이르지 아니ㅎ지 못할 것이니이다."[18]

---

16 운영이 김 진사를 처음 만난 것은 작년 가을이고, 무녀의 집에서 재회한 것은 그 다음 해 중추절이다.

17 여기에서 운영이 애정 장애를 인식할지언정 아직은 그것에 좌절하지 않고 있음을 알 수 있다. 「운영전」, 71-73면.

18 「운영전」, 76-77면.

운영과의 도주를 계획 중이던 김 진사는 어느 날 안평대군의 명으로 비해당(匪懈堂)의 상량문을 짓게 됩니다. 글 가운데 '담을 넘어 풍류(風流)를 도적하리란 말'[19]이 있어 안평대군의 의심을 사게 되자 지레 겁을 먹은 김 진사는 운영에게 도주를 서두르자고 재촉합니다. 이때 운영은 사태가 불길한 쪽으로 흐르고 있음을 감지합니다. 그러나 그녀가 느낀 불길함은 김 진사가 안평대군에게 발각될 것을 두려워하는 것과 다릅니다. 그녀는 어렴풋이나마 특에게서 고심사단(故尋事端)의 가능성을 느낀 것입니다. 그래서 꿈 이야기를 빌려 특에 대한 김 진사의 맹목적 믿음에 주의를 줍니다. 그러나 김 진사는 특의 완흉함을 안다고 하면서도 자기에게만은 충성을 다한다며 그를 두둔합니다. 운영은 여전히 불안하지만 더 이상 그의 말에 반대하지 않습니다. 운영이 김 진사의 말에 반대하는 것은 특을 의심하는 것이 아니라 김 진사의 사람 보는 안목에 대한 불신으로 보일 수 있으며 또한 특같이 완흉한 사람마저도 충성을 다한다고 믿는 김 진사의 자존심을 건드릴 수도 있기 때문일 것입니다.

위기의 순간에 드러나는 김 진사의 성급함과 나약함 그리고 인생을 건 중대사를 특 같은 무뢰배에게 맡기는 것 등은 운영에게 김 진사와의 일을 다시금 숙고하게 하는 계기가 됩니다. 그래서 운영은 형제의(兄弟義)를 들어 평소 자신을 가장 잘 이해하고 조언과 조력을 아끼지 않는 자란에게 그들의 계획을 알리자고 한 것입니다. 이것은 김 진사와의 도주를 통보하겠다는 뜻보다 자란의 입을 통해 다시금 김 진사에게 숙고하도록 조언하고 싶었기 때문일 것입니다. 이것은 자란의 말을 들은 후 송연(悚然)한 태도를 보이며 말없이 고개 숙이는 운영의 모습에서 알 수 있습니다.

---

19 「운영전」, 75면.

즉시 자란을 불러 이르매 첩이 진사의 계교로써 고(告)한대 자란이 듣고 크게 놀라 꾸짖어 왈, "서로 즐김이 날이 오래매 빨리 화(禍)를 부르고자 하느냐. 수삼 삭(數三朔) 즐김이 또한 가히 족(足)하거늘, 사람이 족한 줄을 알지 못하면 재앙(災殃)이 내리나니, 하물며 담을 넘어 도망함이 어찌 사람의 차마 할 바리요. 또 차마 버리지 못할 바가 네 가지라. 주군이 뜻을 기울이신 지 이미 오랜지라 그 가히 버리지 못할 것이 하나요, 부인의 사랑하심이 지극 간절하시니 그 가히 버리지 못할 것이 둘이요, 화가 양친께 미치리니 그 가히 버리지 못할 것이 셋이요, 죄가 서궁에 미치리니 그 가히 버리지 못할 것이 넷이라. 이 가히 가지 못할 것이요. 또 천지 사이가 한 그물 속이라, 승천입지(昇天入地)하기 전은 도망하여 어데로 가리요. 만일 잡히게 되면 그 화가 어찌 낭자의 일신에만 미치리요. 낭자는 익히 생각하여 보라. 몽조가 불길함은 이르지도 말고 설혹 길조(吉兆)라 하여도 낭자가 즐겨 갈 터이냐. 그런 생각과 저런 염려를 다시 말고 마음을 굽히고 뜻을 억제하여 분의(分義)를 지키고 고요히 있어 천명(天命)을 들을 따름이라. 낭자가 나이 차고 용모가 쇠사(衰謝)한즉 주군의 은권(恩眷)이 적이 풀릴 것이니 그 사세(事勢)를 보아 가며 칭병(稱病)하고 오래 누웠으면 주군이 반드시 고향으로 돌려 보낼 것이니, 당차지시(當此之時)하여 쾌히 낭군으로 더불어 손을 이끌고 한 가지로 돌아가 마음대로 해로(偕老) 하리니 다행함이 이만큼이 없거늘 이런 일은 생각지 아니하고 망녕(妄靈)되이 감히 패악(悖惡)한 계교를 내어 되지 못할 일을 하려 하니, 네 눈을 속이며 또한 하늘을 속일소냐. 깊이 헤아리고 다시 생각하여 청춘이 아직 저물지 않았으니 일이 되어 감을 보라." 하거늘, 첩이 그 말을 들으매 송연(悚然)하여 고개를 숙이고 답할 말이 없는지라.[20]

20 「운영전」, 77-78면.

운영은 자란을 불러 '진사의 계교'를 알려줍니다.[21] 이에 자란은 주군과 부인, 부모와 동료들에 대한 도의(道義)를 들어 그 일이 부당함을 말합니다. 그리고 현실적으로도 도망하는 것이 불가능하며, 현재의 즐거움에 만족하면서 기다리다 보면 절로 나이가 들고 그때 병을 핑계 삼으면 대군도 기꺼이 운영을 고향으로 보내줄 테니 그때 가서 김 진사와 해로하면 된다는 제안을 합니다. 이것은 천명과 도의를 모두 지킬 수 있는 이성적이고 합리적인 판단입니다. 그러면서 자란은 이런 생각에 미치지 못하고 패악한 계교를 내어 불가능한 일을 하려고 하는 어리석은 조급함을 탓합니다. 모든 것을 고려할 때 사리에 타당한 자란의 말은 하나에 매몰되어 다른 일을 살피지 못했던 운영에게 송연한 마음이 들게 합니다.

낭군이 소년 표치(標致)로 문장조화(文章造化)가 세상에 독보(獨步)하는 지라, 사리(事理)에 통달(通達)하고 매사에 쾌활하실지라, 어찌 그 하나만 알고 그 둘은 알지 못하며 그 앞만 보고 그 뒤는 살피지 못하시니이까? 남녀의 정욕(情欲)이야 고금(古今)이 다르며 귀천(貴賤)이 있으리까? 운영의 사람되옴이 낭자 혜질(惠質)이 규합(閨閤)에 뛰어나고 빙정요라(娉婷窈孋)함이 속태(俗態)를 머물지 않았으며, 서시가 재생(再生)하고 비연이 다시 돌아옴이라. 총명재예(聰明才藝)와 문장학행(文章學行)이 또한 대군자(大君子)를 압두(壓頭)할 것이어늘, 이 같은 풍신(風身)으로 궁벽(窮僻)한 심궁에 잠겨 화조월석(花朝月夕)과 도요방년(桃夭芳年)을 덧없이 보내고 외로이 냉금(冷衾)에 길들여 고등(孤燈) 잔월(殘月)과 추월 춘풍을 헛되이 지내니, 단장소혼(斷腸消魂)이 몇 번이리요마는, 주군이 사랑하시고 부인이 애휼(愛恤)하시

---

21 운영이 '진사와 자신의 계교'라거나 '자신의 계교'라 하지 않고 '진사의 계교'라고 한 것에 주목하자.

며, 자매 십 인이 서로 위로하여 지내더니……[22]

자란이 운영에 이어 곁에 있던 김 진사에게 하는 말입니다. 자란은 진사처럼 총명하고 사리에 통달한 사람이 어찌하여 '하나는 알고 둘을 모르며 앞만 보고 뒤를 살피지 않는' 경솔함을 보이냐는 것으로 이야기를 시작합니다. 그러고는 운영의 처지에 대해 말합니다. 운영은 아름다운 용모와 뛰어난 자질을 지녔으며, 학식 또한 대군자를 압두할 만합니다. 이런 재주로 심궁에 갇혀 인생의 한창 때를 외롭고 헛되이 보내야 하는 것은 그 자체로 몇 번이나 '단장소혼'할 신세인 것입니다. 그나마 주군과 부인이 사랑으로 돌보고 같은 처지의 궁녀들이 서로 위로하면서 그럭저럭 견뎌내고 있었습니다. 운영은 앞서 김 진사에게 보낸 편지에서도 자신의 뛰어난 재주를 세상에 드러내지 못하고 심궁에 갇혀 있어야 하는 상황에 답답해하던 속내를 드러낸 적이 있었습니다. 이것은 단지 이성을 만나지 못하는 외로움만을 말하는 것이 아닙니다. 그들이 자부하듯 '대군자를 압두하고' 빈객의 글을 낮보는 학식을 지니고도 심궁에 갇혀 살아야 하는 처지에 대한 우울함이 깔려 있습니다. 그러던 차에 만난 김 진사를 인생의 돌파구라고 생각했던 것입니다.

청소가기(請巢佳期)가 지중(至重)하므로 낭군을 한번 만나매 문득 초월(楚越)의 사귐 같고 목란(木蘭)의 종군(從軍) 같은지라. 구차이 벽을 뚫고 발을 드리워 낭군의 뜻을 머무나, 다만 어안(魚雁)이 절핍(絶乏)하고 표신(標信)이 무료(無聊)하여 거문고 줄을 이을 길이 없는지라. 첩이 저로 더불어 정(情)은 형제 같고 의(誼)는 교칠(膠漆) 같아 사생고락(死生苦樂)을 같이 하

22 「운영전」, 78-79면.

려 맹세한지라. 저의 정세(情勢)를 긍측(矜惻)이 여기고 애용(愛容)을 사랑하여 밥 먹기를 잊고 잠자기를 폐(廢)하여 다행히 진진(秦晉)의 좋음을 믿고 그윽히 월옹(月翁)의 줄을 이은지라, 비록 왕래하기 괴롭고 상봉(相逢)하기 어려우나 기간(其間) 삼사 삭(三四朔)에 비린지회(鄙吝之懷)를 베푼지라 단회지기(團會之期)야 그리 바쁘리이까. 자연 일구월심(日久月深)하여 수삼 년만 기다리면 좋은 모책(謀策)을 얻을 것이니, 당기시(當其時)하여는 첩도 또한 힘쓸지라 지자우귀(之子于歸)에 이여동귀(異旅同歸)하리니, 대장부의 일이 물탄물벌(勿歎勿罰)할 것이요, 여자로 하여금 반점(半點) 구차함이 없게 하리니, 이제 낭군은 어찌하여 생각이 암매(暗昧)하고 헤아림이 바히 없어 무지한 노(奴)의 사나운 꾀와 어지러운 말을 곧이 듣고 대사(大事)를 소홀히 하리요. 월장찬벽(越牆鑽壁)에 절부이도(竊負而逃)는 무거패자(無據悖子)의 할 일이라 어찌 군자의 행할 바이리요. 낭군은 그윽히 생각하여 보소서. 주군의 대접하심이 어떠하시며 낭군의 재명(才名)이 또한 어떠하시니이꼬. 이만 일을 부합(符合)지 못하게 하사 대군의 외오여기심을 받고 아녀자(兒女子)로 하여금 그른 곳에 빠지게 하며 악한 추명(醜名)이 꾸짖음을 면ㅎ지 못하리니, 여차(如此)즉(卽) 비록 아무 염려 없이 편히 산다 한즉 하(何) 면목으로 세인(世人)을 대하리요. 하물며 대군의 높은 성이 발(發)하는 바에 어데 가 안신(安身)하며 무엇으로 더불어 즐기리이꼬, 원ㅎ건대 낭군은 모로미 첩의 말을 우직(愚直)다 마시고 채랍(採納)하시기를 바라나이다. 첩이 비록 용렬(庸劣)하나 어찌 낭군과 다못 운영의 일을 힘쓰지 않으리이꼬.[23]

자란의 말은 이어집니다. 운영은 궁녀라는 특수 신분으로 인해 김 진

23 「운영전」, 79-81면.

사와 자유롭게 만날 수 없었지만 그 때문에 사랑은 더욱 간절해졌고 그러한 간절함이 김 진사로 하여금 궁을 넘어오도록 했으며, 몇 달째 즐거움을 누릴 수 있도록 한 것인데 이 일은 운영과 김 진사 두 사람뿐 아니라 이를 지켜보는 모든 궁녀들에게도 조마조마한 일입니다. 그럼에도 김 진사는 자신의 불안이나 입장만 생각해 수년을 기다리지 못하고 성급하게 '단회지기'를 당기려 하고 있으며, 또한 그것은 모든 조건을 충분하고 현명하게 고려한 결정이 아니고 '생각 없이 무지한 노복의 사나운 꾀와 어지러운 말'에 휘둘린 것이니 어떻게 대사를 소홀히 다룰 수 있냐는 질책입니다. 이것은 현실적으로 불가능한 것은 둘째 치고 김 진사에게 베푼 대군의 각별함을 저버리는 것이고 진사의 명예도 손상시키며 가장 중요한 것은 운영으로 하여금 그릇된 곳에 빠지게 해서 '추명'을 얻게 하는 점임을 강조하고 있습니다. 자신이 사랑하는 여인을 세상의 손가락질 받는 처지로 전락시키는 계책은 진정한 사랑이 아니라는 뜻입니다. 어느 것 하나 부당한 부분이 없다고 생각한 김 진사는 참회의 눈물을 머금고 "복이 우몽(愚蒙)하여 사세(事勢)를 깨닫지 못함이 많은지라, 바라건대 낭자도 복의 황독(遑篤)함을 개념(改念)ㅎ지 말라."[24]며 운영의 방을 나섭니다. 자란의 조언으로 인해 두 사람의 도주 계획은 사실상 백지화되었습니다. 그렇다고 서로의 만남까지 그만둔 것은 아닙니다. 자란이 말했듯 남녀 간의 정은 고금 귀천에 다르지 않은 것으로 그 자체가 죄는 아니기 때문입니다.

그러던 어느 날 안평대군이 철쭉을 보고 짓게 한 운영의 절구시에 사람을 생각하는 뜻이 또다시 드러나 대군의 의심을 받게 됩니다. 이때 대군은 앞서와 달리 그냥 '사람을 생각하는 뜻'에서 멈추지 않고 '김생을

24 「운영전」, 81면.

생각하는 뜻'이냐고 추궁합니다. 이에 운영은 "주군이 한번 의심을 보이심에 그때 즉시 자진(自盡)코자 하오나 연(年) 미이순(未二旬)에 또한 부모의 얼굴을 보지 못하고 죽으면 마음이 심히 원통할지라, 이러므로 투생(鬪生)하와 이때까지 왔삽더니 이제 또 의심을 뵈온지라 한 번 죽음이 무엇이 아까우리까. 천지귀신이 삼별 듯 벌어있고 시녀 오인이 경각(頃刻)을 떠나지 아니는지라. 음예(淫穢)한 이름을 홀로 첩신(妾身)에게 돌려 보내시니 첩이 이제 죽을 곳을 얻었나이다."[25]라며 스스로 난간에 목을 맵니다. 그러나 대군은 진짜로 죽일 의사가 있었던 것이 아니므로[26] 자란에게 그녀를 구하게 하고 오히려 운영을 포함한 다섯 궁녀 모두에게 시를 잘 지었다며 포상합니다.

안평대군은 이전에도 운영과 김 진사와의 일을 용서했었습니다. 안평대군이 운영을 죽이거나 운영에게 벌을 주려는 생각이 없다는 것은 궁녀들뿐 아니라 운영 자신도 잘 압니다. 그럼에도 운영은 안평대군 앞에서 김 진사와의 일을 부정하고 목을 매는 행위로 그 결백을 호소하려 했습니다. 이것은 누구를 위해서인가요? 자신의 목숨을 부지하려거나 김 진사를 구하기 위해서라기보다 안평대군의 믿음을 저버리고 싶지 않아서였던 것은 아닐까요? 자란의 말을 통해 운영은 자신의 외롭고 힘들었던 어린 시절을 사랑으로 보살펴준 대군과 궁중 사람들을 다시금 생각하게 되었습니다. 애정에 매몰되어 도의를 저버리려 했던 잘못을 깨달은 운영은 대군과 주변 사람들을 배신하거나, 그들이 자기로 인해 상처받는 것을 원하지 않았을 것입니다. 그래서였을까요? 운영은 이 일이 있은 후 찾아온 김 진사에게 결별을 통보합니다.

25 「운영전」, 82면.

26 「운영전」, 82-83면.

모년(某年) 월(月) 일(日)에 박명(薄命) 첩 운영은 재배하고 김생 휘하(麾下)에 원(願)을 사뢰나이다. 첩이 비박지재(非薄之才)로서 불행이 낭군의 유의(留意)함이 되어 서로 생각함이 몇 날이며, 서로 바람이 몇 때런고. 다행히 하루 밤 즐김을 이루매 바다같이 깊은 정과 태산같이 중한 뜻을 다하지 못하여 인간 호사(好事)를 조물(造物)이 다시(多猜)하매 궁인이 다 알고 주군이 의심하매 화(禍)가 조석에 급함이 있어 죽은 후 말리니, 첩이 청춘지년(青春之年)에 부모의 얼굴을 다시 보지 못하고 함원요사(含怨夭死)함을 생각하니 차한(此恨)이 면면부절(綿綿不絶)이라. 비사고어(悲思苦語)를 사를 곳이 없고 천수만한(千愁萬恨)을 고(告)할 데 없는지라. 엎드려 바라건대 낭군은 이렇듯 이별한 후로 천첩(賤妾)을 회포간(懷抱間)에 두어서 심회를 상하지 마소서. 합내(閤內)에 현숙(賢淑)한 부인이 계시고 겸하여 남자라, 어찌 첩의 애원(哀怨)한 회포에 비기리이꼬. 모로미 심사(心思)를 거두고 마음을 진정하여 학업을 힘써 하여 높이 갑제(甲第)에 뽑히고 청운(青雲)에 올라 이름을 후세에 날려 부모를 현양(顯揚)하소서. 첩의 의복 보화(寶貨)를 모두 화매(和賣)하여 부처께 공양(供養)하시고 백반기축(百般祈祝)하여 지성발원(至誠發願)하사, 삼생(三生)에 미진(未盡)한 연분(緣分)으로 하여금 다시 후생(後生)에 잇게 하소서. 붓을 들고 종이를 임하매 흉격이 억색(臆塞)하고 눈물이 앞을 가리워 고할 바를 알지 못하나이다.[27]

언표상으로는 사랑 때문에 죽을 위기에 처한 운영이 어쩔 수 없는 이별을 고하는 듯합니다. 그렇다면 조물이 시기해 궁인과 대군이 알게 된 것이 진정 '화'로써 그녀의 목숨을 위협하고 있다는 말일까요? 사실 수성궁 내 궁인들은 모두 그녀의 입장을 이해하고 동정하며 오히려 도움

27 「운영전」, 84면.

을 주고 있습니다. 대군도 마찬가지로 여러 차례 자신이 운영을 다치게 할 의도가 없음을 공개적으로 드러냈습니다. 그렇다면 운영 스스로 김 진사와의 사랑 때문에 당장이라도 죽을 각오를 한 것일까요? 그녀는 오히려 부모를 다시 보지 못하고 죽는 것을 한으로 생각하고 있습니다. 이것은 앞서 안평대군에게 했던 스무 살도 안 되는 나이에 부모를 보지 못하고 죽을 수 없어서 목숨을 부지했다는 말과도 통합니다. 그녀는 부모를 저버리면서 자살을 결심할 만큼 사리분별이 없지 않습니다.[28] 또한 편지의 어디에서도 자신이 죽음을 결심했다는 단서는 없으며 단지 헤어질 것만을 말하고 있습니다. 또한 김 진사는 아내도 있고 남자이니 자신만큼 슬프고 억울하지 않을 것이라는 말에는 다소 김 진사에 대한 원망도 담겨 있습니다. 그리고 자신의 재산은 부처께 공양하는 데 쓰라고 당부를 하고 있습니다.

김 진사는 특에게 맡긴 운영의 재산을 거두려 하지만 특은 강도를 당했다 속이고 그 재물을 가로챕니다. 후에 이 일이 발각되자 도망을 결심한 특은 김 진사와 운영의 일을 성 밖 맹인에게 말함으로써 이들의 일이 결국은 수성궁 밖으로 퍼지게 되었습니다. 수성궁 내에서 두 사람의 밀회는 사실 공공연한 비밀이었습니다. 안평대군이 운영의 시구절로 인해 김 진사와의 일을 의심했다가 용서하기를 두 번이나 했지만, 드러나지 않은 용서와 묵인도 수없이 많았을 것입니다. 겨우내 눈 위에 어지럽게 난 김 진사의 발자국을 궁중 사람들이 다 알고 조마조마했는데 안평대군만 몰랐을 리 없습니다. 그러나 안평은 그것을 묵과했습니다. 수성궁 내에서는 자신이 침묵하는 한 어느 누구도 그 일을 제기하거나 이의를

28 이것도 자란의 조언을 들은 후의 일이라는 점에서 주변에 대한 도의를 자각한 시점이라 볼 수 있다.

달 수 없기 때문입니다. 그런데 문제가 밖으로 퍼졌고, 심지어 서궁의 재물이 외부로 유출된 사건은 성 밖에서 먼저 알려졌습니다. 이로 인해 안평대군은 어쩔 수없이 남궁의 궁녀들로 하여금 서궁을 뒤지게 합니다. 운영이 밖으로 도주하려 했던 사실은 안평에게 치명적 상처를 주었습니다. 그는 배신감과 분노로 형장을 갖추었지만 궁녀들이 욕망을 가로막는 궁중 생활의 비정함을 들어 운영의 정욕을 옹호하고 그 죄를 함께 받겠다고 나서자 차츰 마음을 풀고 운영을 용서합니다.

김 진사와의 이별 앞에서도 죽음을 말하지 않았던 운영은 이 과정에서 자살을 결심합니다. 그녀가 걱정하던 일, 즉 자신으로 인해 대군이 상처받고 궁인들이 억울한 형장을 당하는 일이 벌어졌기 때문입니다. 그럼에도 그들은 자신을 원망하지 않고 옹호하며 오히려 그들의 죄라 자처하고 안평대군도 자신에게 벌을 가하지 않고 별당에 가두는 것으로 사건을 마무리합니다. 지적이고 자존감이 강한 운영에게 이것은 매우 치명적인 상처였을 것입니다. 그래서 운영은 마지막 유언처럼 "주군의 은혜 산 같고 바다 같거늘, 능히 그 절(節)을 지키지 못하오니, 그 죄 하나요, 전일 지은 바 글에 의심됨을 주군께 뵈오나 마침내 직고(直告)ㅎ지 아니하오니 그 죄 둘이요, 서궁 무죄한 사람이 첩의 연고(緣故)로써 죄를 한가지로 입게 하니 그 죄 셋이라. 이 세 가지 죄를 짓고 살아 무슨 면목으로 사람을 대하리이꼬. 만일 혹자 아니 죽이셔도 첩이 마땅히 자결(自決)하리이다."[29]라는 말을 남기고 스스로 목을 맨 것입니다. 이제 운영에게 이루어지지 않은 사랑은 죽음으로 호소할 대상이 아닙니다. 사랑의 좌절이 죽음을 결심하게 한 것이라면 그것을 밝히지 않을 이유가 없습니다. 곧 죽을 상황에서 사람은 자신의 진심을 드러내는 데 두려워할 필요가

29 「운영전」, 91면.

없기 때문입니다. 사랑은 죄도 아니지만 죽음의 진짜 원인도 아닙니다.[30] 그녀는 자신이 추구하던 인간관계, 인간으로서의 도의 등이 한순간에 무너지는 것을 경험하면서 자신의 존재 의의를 상실한 것입니다.

3. 운영의 자살 심리: 상실-고독-슬픔-우울에 의한 극단적 절망감

운영의 일생을 다시 한 번 정리해보겠습니다. 운영은 열세 살 어린 나이에 사랑하는 부모 곁을 떠나 층층시하의 낯설고 무서운 수성궁에 들어옵니다. 어떻게든 집으로 돌아가려 했지만 결국 뜻을 이루지 못하고 학업을 닦으며 외로움을 극복합니다.[31] 학문이 일정 정도 수준에 오르자 그녀는 자신의 능력이 세상에 쓰이지 못하고 심궁에 갇혀 살아야 하는 신세의 비참함을 깨닫습니다. 재주가 있어도 삶의 목표를 지닐 수 없다는 상실감은 그녀를 배회하게 했고 그러던 차에 만난 김 진사는 그녀가 집중할 목표가 되어주었습니다. 더구나 자유롭지 않은 신분으로 인해 쉽게 만날 수 없는 상황은 김 진사에 대한 사랑을 간절한 운명처럼 생각하게 만들었습니다. 1년여 동안 홀로 애태우던 운영은 결국 무녀의 집에서 김 진사를 만나 마음을 확인하고 육체적 관계를 시작합니다. 궁중 사람들의 묵인과 도움 아래 김 진사는 궁을 오가며 운영을 만나다가, 상량문 사건으로 지레 겁을 먹고 간특한 노비 특의 말에 따라 운영에게 도망할 것을 제안합니다. 운영은 특에 대한 우려를 드러내지만 김 진사

30 물론 죽음을 결심한 하나의 요인으로 작용한다는 것은 부정할 수 없다.

31 이 외로움은 완전히 극복된 것은 아니다. 궁녀들의 대화 속에 그들의 외로움에 대한 흔적은 지속적으로 발견된다.

는 그를 신뢰하는 어리석음을 보입니다. 그러나 결국 자란의 이성적 판단과 충고에 의해 도주 계획은 수포로 돌아갑니다. 자란은 운영의 행동이 주위 사람들에게 도의적인 배신이 된다는 사실을 환기시키고 운영은 김 진사에게 결별을 선언했는데, 김 진사가 특에게 재산을 맡긴 것이 사단이 되어 이미 백지화된 도주 계획이 들통나고 그로 인해 운영은 자신을 믿고 사랑하는 안평대군과 궁중 사람들에게 배신감과 실망을 끼치게 됩니다. 그럼에도 그들이 자신을 옹호하고 용서하자 운영은 더욱 자존감에 상처를 입고 자살을 한 것입니다.

이로 보면 운영의 자살은 단지 벽에 부딪힌 사랑 때문이 아닙니다. 궁극적으로는 훼손된 자존감 때문입니다. 그러나 또한 자존감의 훼손만을 자살의 유일한 원인으로 지목할 수 없습니다. 자살은 하나의 원인으로 설명할 수 없는 복잡한 심리의 결과적 행동이기 때문입니다. 운영은 어려서 부모에게서 버려지는 혹은 부모를 빼앗긴 상실의 경험이 있었습니다. 그것은 그녀의 내면에 원초적 외로움을 형성했고 홀로 감당해야 하는 층층시하의 궁궐 생활은[32] 운영을 매사 어려워하고 조심스러워해야 하는 성격으로 변하게 했을 것입니다. 운영은 안평대군의 가르침에 힘입어 학문적으로 발전하지만, 학문의 진보는 그녀의 자부심이 되는 동시에 자신의 신세를 객관적으로 파악하게 하는 계기가 됩니다. 학문적 성취가 뛰어나다는 것은 그녀가 지닌 지적 능력이 우수하다는 것을 의미합니다. 지적 능력이 뛰어나다는 것은 자신의 능력을 펼 수 없는 현실에 대해 불만을 갖게 합니다. 이러한 불만은 울화를 만들고 그것은 비단을 찢거나 비녀를 부러뜨리는 공격적인 행동으로 돌출되기도 합니다.[33]

---

32 신명호, 『궁녀』, 시공사, 2004, 145-154면.

33 한문 교감본에는 '놓던 자수를 등불에 태우고 짜던 베틀 북을 집어 던지며, 비단 휘장을 찢고 옥비녀를 부러뜨리며, 술 마시고 맨발로 산보를 하고 섬돌 꽃과 뜰의 풀을 꺾기도 했다(停刺

부모를 상실한 것에 기인한 고독과 새로운 궁중 생활로 인한 두려움, 그리고 지적인 성숙과 더불어 야기된 삶에 대한 불만과 답답함은 어느 것 하나 해소되지 못한 채 지속적으로 누적됩니다. 단지 변화가 있다면 어린 시절 부모와의 결별로 인한 외로움과 그리움이 열일곱 살 꽃다운 나이가 되면서 이성을 그리는 마음으로 전이되었다는 사실입니다. 김 진사는 다소 과격한 성향마저 보이며 돌파구를 찾아 배회하던 운영에게 지금의 삶을 변화시킬 것 같은 희망적 메시지처럼 다가왔습니다. 특히 다른 빈객들의 글은 눈에 들지도 않았던 운영에게 김 진사의 뛰어난 문장은 김 진사를 특별하고 위대한 사람으로 느끼게 했습니다. 한번 감탄하고 존경하는 마음이 들자 그는 이 세상에서 유일한 의미가 되었고 결국 운영은 먹물 한 방울에 운명을 걸게 된 것입니다.

김 진사와의 금지된 사랑은 금지된 만큼의 간절함을 불러옵니다. 운영이 김 진사와 재회하기 전 1년 동안의 생활은 애태움이지 좌절은 아닙니다. 그때의 '죽고 싶음'은 간절함의 표현입니다. 그것은 김 진사와의 재회 후 불처럼 번져가는 육체적 사랑으로 확인됩니다. 운영은 김 진사를 다시 만나 편지를 건네주는데, 그것은 자신이 얼마나 그리움의 시간을 보냈는가에 대한 이야기와 김 진사도 자신을 그리워했는가를 물어보는 전형적인 고백의 연서입니다. 김 진사도 자신을 그리워했음을 확인하자 운영은 그 자리에서 김 진사에게 서궁의 담을 넘어 자신을 찾아오라는 과감한 제안을 합니다. 이것은 일종의 도발로 간절함이 무모함과 손잡는 순간입니다. 이때 운영은 김 진사와의 만남 외에 다른 것은 전혀 고려하지 않습니다. 이것은 운영이 한껏 감정적으로 치달아 있음을 의미합니다.

繡而付之燈火, 罷織錦而投杼下機, 裂破羅幃, 折其玉簪, 暫得酒興, 則脫舃散步, 剝落階花, 手折庭草)'고 했다. 박희병 표점·교석, 『한국한문소설 교합구해』(제2판), 소명출판, 2005, 363면.

이러한 무모함은 결국 위기를 맞게 되고 그 과정에서 김 진사는 특이라는 무뢰배에게 일을 맡기는 어리석음을 보입니다. 운영이 특에 대해 염려하는 마음을 표해도 김 진사는 운영의 말에 귀 기울이지 않고 오히려 완악한 특에 대한 신뢰를 드러냅니다. 이것은 김 진사의 우활한 허세를 드러내는데, 운영은 '반신반의'하면서도 더 이상 반론을 제기하지 않습니다. 대신 자란의 입을 통해 특이 제안하고 김 진사가 실행하려고 한 계책이 무모하다는 사실을 인식시킵니다. 이때 자란의 말은 운영 자신에게도 상황을 객관적이고 합리적으로 자각하고 자신이 지켜야 할 도의를 깨닫게 했습니다. 결국 운영은 사랑 자체가 죄는 아니지만 다소 무모했던 애정 행각은 부끄러운 것임을 송연히 깨닫게 됩니다. 사실 운영은 자신의 인생이 더 넓고 큰 곳으로 나가지 못함을 한탄하던 중 김 진사를 만난 것입니다. 그러나 자란의 충고에서 보듯이 위기 상황에서 드러난 김 진사의 나약함과 무모함은 오히려 자신을 더럽고 낮은 곳으로 이끌어가려던 것이었습니다. 운영이 자란의 말에서 부끄러움을 느낀 것은 그 점을 깨달았기 때문입니다. 결국 운영은 고독과 상실감 그리고 삶에 대한 불만 중 어느 것 하나 해소하지 못하고 자신에 대해 실망마저 더하게 됩니다. 이는 자존감이 높았던 그녀가 자신의 모습을 부끄럽게 여기기 시작했다는 것에서 알 수 있습니다.

또한 김 진사에 대한 실망과 원망도 싹트고 있음을 볼 수 있는데, 이는 결별을 통보하는 편지에서 "합내(閤內)에 현숙(賢淑)한 부인이 계시고 겸하여 남자라, 어찌 첩의 애원(哀怨)한 회포에 비기리이꼬. 모로미 심사(心思)를 거두고 마음을 진정하여 학업을 힘써 하여 높이 갑제(甲第)에 뽑히고 청운(靑雲)에 올라 이름을 후세에 날려 부모를 현양(顯揚)하소서."[34]라

34 「운영전」, 84-85면.

고 한 표현에서 느낄 수 있습니다. 김 진사가 아무리 힘들어해도 자신만큼은 아니라는 말 속에 이미 두 사람의 마음이 어긋나 있음을 알 수 있습니다. 두 사람의 마음이 일치해 시작된 만남이 어느새 한쪽이 다른 한쪽보다 더 억울하고 원통한 이별로 끝나고 있는 것입니다. 물론 그 원통함이 김 진사 하나에 기인한 것은 아닙니다. 자신과 헤어진 후에도 김 진사는 예전처럼 평온한 가정생활을 유지하고 심지어 과거에 급제해 입신양명할 수 있지 않느냐는 말은 김 진사 개인에 대한 원망이자 그가 남자이므로 누릴 수 있는 사회적 우위에 대한 원망이기도 합니다. 이것은 앞서 "서궁에 옮은 후로 금서(琴書)를 전일(專一)히 하매 짓는 바 더욱 깊은지라. 무릇 빈객(賓客)의 지은 바 글이 하나도 눈에 들것이 없어 재조의 능통함이 이렇듯한지라. 시러 남자가 되어 입신양명(立身揚名)ㅎ지 못함을 한탄하고 한갓 홍안박명(紅顔薄命)의 몸이 되어 한번 심궁(深宮)을 다다르매 마침내 고목과 같이 썩음을 원한(怨恨)할 따름이라."[35]던 운영의 한탄과 겹쳐지는 부분입니다.

운영이 김 진사와 결별한 이후, 뜻밖에 도주하려 했던 사실이 발각됩니다. 이미 백지화된 사건이지만 그것이 미치는 파급 효과는 치명적이었습니다. 그것은 운영으로 하여금 더 이상 안평대군을 대할 면목이 없게 했습니다. 안평대군이 또 한 번 용서를 해준다 해도 운영 자신이 용납할 수 없는 것입니다. 더구나 자신 때문에 형장에 처한 궁녀들이 한결같이 자기를 옹호하고 죄를 자처하는 것에 운영은 더 큰 죄책감을 느꼈습니다. 자신의 이기심을 무한히 용납해준 그들을 볼 면목이 없고 그들에게 더 이상 해를 끼쳐서는 안 되겠다는 생각, 즉 자신만 없으면 다른 사람들에게 고통을 주지 않을 수 있다는 생각이 결국 그녀 스스로 목숨

---

35 「운영전」, 62면.

을 끊게 한 것입니다.

운영의 죽음은 의사표현의 통로를 박탈당한 상태에서 말하기로서의 죽음, 저항으로서의 죽음[36]이라기보다 극단적 절망과 슬픔으로 인해 내면으로 침잠하는 죽음에 더 가깝습니다. 자아를 축소하고 자신의 종적을 감추는 기제로서의 슬픔은 실연이나 자신의 무능함을 자각했을 때 드러납니다.[37] 일단 슬픔에 빠지면 '나는 고독하다.'거나 '아무에게도 도움을 주지 못하는 존재로, 나를 필요로 하는 사람은 아무도 없다.'는 생각으로 이어지고, 과도해진 슬픔은 사회로부터 자신을 멀어지게 합니다. 운영의 경우 어려서 형성된 원초적 고독과 성장하면서 느끼게 된 삶의 목표 상실, 거기에 애정의 실패 등이 겹쳐져 슬픔과 우울에 빠지게 됩니다. 거기에 자신을 무익한 존재로 여기게 되는 상황까지 겹쳐지면서 슬픔과 우울은 극단적 절망으로 치닫게 됩니다.

마지막 초사에서 나타나는 운영의 심리는 일종의 자기 소외 경향이라 볼 수 있습니다. 자기 소외 경향이란 우울한 상태가 되었을 때 사고가 경직되면서 고통에서 벗어나기 위해 공격 목표를 정하게 되는데, 그 공격 목표가 자신을 향하는 경우를 말합니다. 즉 모든 상황이 자기로 인한 것이며 이 고통이 모두 자기 때문이라고 생각하는 것입니다. 경직된 사고는 오랫동안 축적된 정신적 피로 상태를 벗어나기 위해 빨리 원인을 결정지으려는 경향을 말하는데 이것은 모든 상황을 자기의 무능력으로 돌리게 하며 쉽게 절망으로 이어집니다. 대개 '모두에게 너무 죄송합니다. 사라져버리고 싶습니다.'라는 식의 유서를 남기는 자살자가 그러합니다. 자기 소외와 피로가 지속되고 자신감 상실이 극단에 다다를 때

---

36 길태숙, 「민요에 나타난 '여성적 말하기'로써의 죽음」, 『여성문학연구』 9, 2003, 202면.

37 시모조노 소우타, 『사람은 왜 죽고 싶어하는가』, 이수진 역, 홍익출판사, 2004, 34면. 자살 심리와 관련해서는 이 책의 관점에 도움을 받았다.

모든 것을 포기하려는 인식 기제가 작동하고, 그것이 극단에 이른 순간 그 포기의 대상은 '삶'이 되어버립니다.[38]

「운영전」은 자살을 둘러싼 다양한 심리 기제를 모두 표현하고 있습니다. 자살은 '정신병적 발전의 마지막 단계'로, 위축과 억눌린 공격성 그리고 현실도피와 같은 복잡한 심리적 징후가 얽히고설키며 상호 작용하는 가운데 최종적으로 발생하는 결과입니다.[39] 그렇기 때문에 자살의 분명한 원인을 찾는 것은 불가능하며 의미도 없습니다. 운영의 자살은 상실-고독-슬픔-우울이 극단적 절망감에 이르면서 발생한 것입니다. 운영의 상실과 고독은 인간관계의 강제적 소거, 즉 어려서 부모 형제와 분리되는 것에서 비롯됩니다. 이것이 운영의 내면에 원초적 고독을 만든 것입니다. 하지만 운영은 학문에 힘쓰는 것으로 이를 극복하는 듯 보입니다. 그러나 다시 궁녀라는 신분이 학문적 능력의 발산을 가로막는 장애임을 인식하게 되어 미래 삶에 대한 총체적 희망을 상실했으며, 그것을 대체하려던 김 진사와의 연애마저 순조롭게 이루어지지 않자 슬픔은 우울적 성향으로 발전합니다.

우울증은 운영으로 하여금 침식을 전폐하고 외출도 삼가는 퇴행적 행태를 보이게 합니다. 우울증은 자살 성향과 밀접한 연관을 가지는 정신 작용입니다. 자살 성향은 독립적 정신 장애가 아니라 우울성 장애의 한 증상으로 간주됩니다. 운영의 우울증은 스스로를 무가치한 것으로 여기게 하는데, 이는 도주 계획이 발각되었을 때 최고조에 이릅니다. 안평대군과 동료들에게 폐를 끼친 존재라는 자책과 더 이상 희망이 없다

38 시모조노 조우타, 『사람은 왜 죽고 싶어하는가』, 60-78면. 그러나 이러한 유형의 자살은 결과적으로 자신이 폐를 끼치고 싶지 않았던 사람들에게 더 큰 슬픔과 고통을 줄 뿐이다. 이는 운영의 죽음으로 파급되는 궁중 내 비통함과 김 진사의 자살에서도 알 수 있다

39 토마스 브로니쉬, 『자살』, 이재원 역, 이끌리오, 50면.

는 극단적 절망은 모든 일의 책임을 자신에게 돌리게 하면서 그 해결책으로 자살을 선택하게 합니다. 우울적 성향에는 공격성이 내재하는데, 우울이 극단적 절망으로 치닫는 순간 그 공격성은 자기 자아를 향하게 됩니다. 이렇게 우울 성향이 자살 성향으로 전위되면 죄책감, 자기 비하를 거쳐 마침내 자기 살해인 자살로 표현되는 것입니다.[40] 「운영전」은 자살과 관련한 모든 심리적 기제들을 '태어나 죽음에 이르기까지 정상적인 발달 과정에서 겪게 되는 수많은 문제적 위기'와[41] 연결시킴으로써 한 가지로 꼭 집어 분명하게 말하기 어려운 자살 심리를 단계와 상황별로 잘 드러내고 있습니다.

4. 「운영전」의 치유적 텍스트로서의 가능성

고대 이집트 왕실에서는 도서관을 '영혼을 치유하는 장소'라고 불렀다 합니다. 이로 본다면 책을 통한 마음 치유는 상당한 역사를 갖는다고 하겠습니다. 이덕무도 '감당할 수 없을 만큼의 슬픔이 밀려와 사방을 둘러봐도 막막하기만 하여 그저 땅을 뚫고 들어가고 싶을 뿐 살고 싶은 마음이 조금도 없을 때' 책을 읽으면 억눌렸던 마음이 진정된다고 했습니다.[42] 그렇다면 모든 책이 우리 내면을 치유할 수 있을까요? 아니면 치유서로서의 책은 별도로 존재하는 것일까요? 마음의 상처는 보편적 사회 경험뿐만 아니라 개별자의 경험과도 관련이 있습니다. 또한 동일한 경험이라 해도 그것을 받아들이는 사람들에 따라 정도의 차이가 있습니

40 토마스 브로니쉬, 『자살』, 55면.

41 이영식, 『독서치료 어떻게 할 것인가』, 학지사, 2006, 22면.

42 이덕무, 『책에 미친 바보』, 권정원 역, 미다스북스, 2004, 47면.

다. 그렇기 때문에 치유서로 기능하는 책 또한 개별자마다 다를 것이고 그 미치는 영향의 정도도 다양할 것입니다. 즉 개별 독자가 독서 행위를 통해 감동과 위안을 얻을 수 있는 책이라면 어느 것이라도 치유서가 될 수 있다는 뜻입니다. 그러나 막연한 위안과 치유를 구분할 필요는 있습니다.

치유라는 개념은 치유 받아야 할 대상, 즉 상처[아픔]와 관련이 있습니다. 아픔을 유발한 원인을 찾아야 치유가 가능합니다. 단순한 '위로'는 친구에게서도 받을 수 있지만 '치유나 치료'를 위해서는 전문가의 도움을 받아야 하는 것은 이 때문입니다. 아픔에는 원인이 존재하고 그 원인에 직접 다가갈 수 있어야 치유가 가능합니다. 그렇기 때문에 단순한 위로에서 더 나아가 내면의 상처를 돌볼 수 있게 하는 책이 치유서로서 더욱 적합할 것입니다. 김정근은 상처를 직시하고 불능을 치유함으로써 새로운 출발이 가능하다고 했습니다. 그러기 위해서는 현재 상처의 원인이 어디에서 연유하는지를 되짚어가며 그 연결되는 과정을 확인하는 작업이 필요하다는 것입니다. 그 과정은 독자의 마음속에 동일화와 카타르시스 그리고 통찰의 연쇄 반응이 일어나도록 하고, 상처의 진원지를 확인하게 하는데, 이처럼 독자들이 무의식 속에 잠자던 지난 경험을 직면하는 과정에서 치유 효과가 발생한다고 보았습니다.[43]

이런 점에서 「운영전」은 치유서로서의 역할을 할 수 있는 텍스트라 하겠습니다. 「운영전」이 치유 텍스트로서 기능할 수 있는 것은 다음의 세 가지 이유에서입니다. 첫째, 「운영전」은 자살을 유발하는 다양한 심리와 정서(느낌)를 환기시키며, 사건과 연관된 감정의 근원을 생장 과정부터 차근히 짚어나가고 있습니다. 둘째, 액자 구성 내부의 1인칭 서술

43 김정근 외, 『체험적 독서치료』, 학지사, 2007, 27-29면. 독서치유 과정과 관련해서는 이 책을 참고했다.

은 상담치료에서 사용하는 대화와 유사한 기능을 하고 있으며, 독자(내담자)[44]는 인물이 직접 전하는 스토리에 쉽게 공감할 수 있습니다. 셋째, 운영의 생애 진술과 독자(유영)의 그것을 조우하도록 해 독자로 하여금 자신의 삶에 대한 새로운 통찰을 이끌어내도록 하며, 독서활동에 의해 유입된 정보가 독자의 행동에 변화를 불러일으킨다는 점입니다.

「운영전」은 운영의 자살을 중심으로 그것이 발생하게 된 과정을 보여줍니다. 운영의 죽음은 하나의 사건과 일대일 인과 관계로 설명되는 단순한 것이 아닙니다. 그것은 운영이 어렸을 적부터 성장하면서 겪어 온 부모와의 이별, 외롭고 답답한 궁녀 생활, 삶의 한계에 대한 자각 그리고 실연 등에 기인합니다. 각각의 인생 마디에서 발생하는 심리적 피로는 해소되지 못한 채 누적되면서 끝내는 자존감을 상실하게 되는 단계에 접어듭니다. 스스로를 불필요한 존재 혹은 다른 사람들 앞에 떳떳이 설 수 없는 존재로 인식하는 순간 내면에 엉켜진 심리적 기제가 동시에 발동하며 삶을 포기하게 한 것입니다. 운영의 내면세계에 대한 진술은 운영 스스로 고백하고 있다는 점에서 독자에게 더욱 진실하게 와 닿습니다.[45] 독자는 운영이 죽음을 선택할 수밖에 없었던 기나긴 사연을 들으며 자신의 상처를 돌아보게 됩니다. 그것은 자신이 지금 절망에 빠진 이유가 어느 지점에서 발생했는가를 확인하는 작업이 됩니다. 원인을 알고 해결 방안을 찾는 데 드는 노력은 막연한 상태가 주는 불안보다 고통이 덜합니다.

---

44 인본주의 심리학은 정신분석의 비인간성을 지적하며 치료를 위한 상담 과정에서 사용하던 '환자'라는 용어를 '내담자'라는 인간중심적 개념으로 바꾸어 사용하고 있다. 이영식, 『독서치료 어떻게 할 것인가』, 30면.

45 「운영전」은 1인칭 주인공 시점을 취함으로써 서술자 운영의 심리를 세밀하게 탐색할 수 있다. 김경미, 「「운영전」에 나타난 여성 서술자의 의의」, 『한국고전여성문학연구』 4, 한국고전여성문학회, 2002, 43-60면.

실제로 자살자는 대개 왜 살기 싫은지 꼭 집어 말하기 어려운 상태일 때 자살을 합니다. 자살을 하는 사람은 심각한 정신 피로 상태에 있는 경우가 보통인데, 이것은 우울, 불안, 슬픔, 공포, 분노 등 피로를 유발하는 감정소가 지속적으로 존재하기 때문입니다. 그러다 피로감이 극에 달한 순간 모든 것을 포기하려고 하는 절망으로 치달으며 자살을 하게 됩니다. 자살 유혹을 느끼는 사람들마다 고통을 주는 감정은 다를 수 있습니다. 그러나 공통된 점은 현재 상태에서 벗어나고 싶어 한다는 것입니다. 그렇지만 왜 벗어나고 싶냐고 묻는다면 분명한 이유를 말하지 못합니다. 왜냐하면 죽고 싶다는 것은 일종의 느낌인데, 이 '느낌'이란 실로 말로 표현하기 어려운 것이기 때문입니다. 그렇기 때문에 독서가 치유가 되려면 독자가 자신의 느낌을 찾아내는 데 도움을 주어야 합니다. 「운영전」은 자살을 생각하는 독자가 경험할 수 있는 다양한 심리를 구체적으로 다루고 있다는 점에서 유용합니다. 독자가 작가가 표현한 언어를 통해 자신이 지금 왜 죽고 싶은지 확인하거나 표현할 수도 있기 때문입니다.

타인의 비극적 사연 읽기는 자신보다 더 큰 슬픔에 처한 사람과 대면하게 함으로써 독자를 심리적 우월자로 만들어줍니다. 화면이나 지면상으로만 만나는 사회 지도층이나 유명 연예인의 죽음은 일가친척의 죽음만큼이나 사람들에게 미치는 영향이 큽니다. 유명인의 죽음에 대한 반응은 대개 놀랍다거나 이해할 수 없다가 먼저입니다. '사회적으로 부러울 것 없는 조건의 사람들이 왜 자살을 할까. 나에게 그 사람과 같은 지위와 부가 있다면 정말 행복하게 잘 살 텐데.'라는 것입니다. 그러나 그들이 자살을 하게 된 과정을 알게 되면 연민의 마음이 일어나고 그들을 안쓰럽게 여기게 됩니다. 평소 늘 그들보다 못한 삶을 살고 있다고 생각했더라도 그 순간만큼은 자신이 그들보다 나은 위치에서 그들을 위로할 수 있게 되며, 이것은 독자가 겪고 있는 고통을 희석시킵니다. 운영은 아름답고 능력도 있으며 물질적으로나 권세 면에서 부러울 것 없는 여성이며, 김 진사 또한 당대 최고의 선비였습니다. 독자는 그들을 위로하는 과정에서 자신의 처지에 대한 위안을 얻을 수 있습니다.

「운영전」은 그 자체가 '독서 과정'을 형상화하고 있는 텍스트입니다. 액자 구성 혹은 몽유적 구성의 내부는 기실 유영이 운영의 이야기를 독서하는 과정인 셈입니다. 개인적인 자질은 뛰어나나 세상과 조화를 이루지 못해 마음에 울적함을 지닌 선비 유영이 바로 운영 이야기의 일차적인 독자인 것입니다. 그는 운영과 김 진사의 이야기를 듣고 그들의 처지를 이해하며 자신의 불우(비회)와 유사한 상황에 공감합니다. 1인칭 시점으로 서술되는 액자 내부는 사건의 중심인물과 직접 대화하는 효과를 주어 독서치료에서 중시하는 인물과 독자의 '동일시'가[46] 더욱 촉진됩니다. 그 과정에서 유영은 자신의 처지보다 더 비극적인 운영의 이야기를 통해 자신의 비회를 객관적으로 직시하고 받아들일 수 있게 됩니다. 동일시를 통한 공감은 독자의 심리와 행동에 변화를 가져옵니다.

"영이 창연(愴然) 무료(無聊)하여 책을 거두어 소매에 넣고 집에 돌아와 협사(篋笥)에 감추어 두고 때로 혹자(或者) 열어보면 망연자실(茫然自失)한지라. 일로부터 침식(寢食)을 구폐(俱廢)하고 명산대천(名山大川)에 두루 놀아 그 마친 바를 알지 못하더라."[47]라는 결말부 서술을 보면 유영의 행동은 '소외와 고독을 이기지 못하고 사회적·정치적 불우감이 극한적 지경으로 치달아 삶을 포기하는 것' 혹은 '자신이 희구했던 문인 학자를 우대한 수성궁의 질서가 기실 인간의 진정한 삶을 훼손시키는 횡

---

46 조셉 골드, 『비블리오테라피』, 350면.

47 「운영전」, 101면.

포임을 알고 삶의 정향을 상실한 것'으로 해석할[48] 수 있습니다. 그러나 한편으로 유영이 보이는 행동 변화, 즉 술병을 들고 홀로 과거 문인들이 성시를 이루던 수성궁을 배회하던 삶에서 벗어나 다시는 수성궁을 찾지 않게 된 것이 운영의 이야기를 듣는 시점을 기준으로 발생했다는 사실은 운영의 이야기가 유영에게 어떠한 자각과 통찰을 가능하게 했음을 암시합니다. 유영은 막연히 옛 성시를 그리워하며 자신의 불우를 시대의 탓으로 돌리고 우울해하기만 했습니다. 이것은 자신의 불행을 직시하지 않으려는 인간의 보호본능에서 나온 것입니다. 대개의 사람들은 자신의 상황을 객관화해서 바라보기 어렵습니다. 그때 외부 자극으로 주어지는 정보, 즉 독서는 독자로 하여금 현실을 직시하도록 하며 그로 인한 행동의 변화를 유발합니다. 즉 운영의 이야기는 유영의 불우한 삶과 조우해 유영으로 하여금 그동안의 삶을 돌아보게 함으로써 목표와 그리움의 대상을 상실했지만 그것을 부정하고 거부했던 삶에서 벗어나 그 상실을 인정하고 엄연한 사실(현실)로 받아들이도록 한 것입니다. 그렇기에 유영이 '침식을 구폐하고 명산대천을 두루 노는 것'은 완전한 치유의 전 단계인 자기 애도의 한 방식으로 볼 수 있습니다. 충분히 슬퍼하고 애도하는 과정을 거쳐야 진정한 심리적 치유가 가능하기 때문입니다. 결말을 유영의 '부지소종'으로 처리해 완전한 치유 여부를 작품에 드러내지 않은 것도 마음의 상처를 가볍게 다루지 않고 작품의 독자 몫으로 남겨두어 스스로 생각하도록 한 것입니다.

「운영전」은 비극적인 작품입니다. 인물의 비극을 공유하는 것은 독자의 내면에 존재하는 삶의 비극을 돌아보고 그것을 꺼내어 말함으로써 온전히 그 슬픔을 향유할 수 있도록 합니다. 이것은 상황을 바꿀 수는

48 정출헌 외, 『고전문학과 여성주의적 시각』, 124-133면.

없더라고 자신이 처한 상황의 실체가 무엇인지 바르게 인지하며 그것을 통해 자신이 꿈꾸는 것이 무엇인지를 올바르게 확인할 수 있는 계기가 됩니다. 즉 과거의 나에서 새로운 나로 거듭나는 것, 새로운 삶을 가능하게 하는 원동력이 되는 것입니다. 「운영전」은 17세기에 창작되어 한문본과 한글본의 여러 이본을 두루 갖추고 있습니다. 또한 1921년 자유토구사(自由討究社)가 기획한 『통속조선문고』 시리즈 간행 목록에도 포함되었고[49] 1925년에는 영창서관에서 구활자본으로 간행되었습니다.[50] 이것은 중세를 지나 근대까지도 독서 대중에게 끊임없이 애독되었던 작품임을 말해줍니다. 「운영전」이 확보한 대중성이 단지 감각적 자극에 호소하는 것이 아니라 마음을 어루만지는 데 기반하고 있음을 생각한다면, 치유서로서의 「운영전」에 대한 논의는 고소설의 대중성 개념에 대해 다시 한 번 생각하게 하는 계기가 될 것입니다. 대중이 자기 경험을 토대로 문화 상품들을 재해석한다는 점에서[51] 개별 독자에게 치유서로서 기능하는 소설의 대중성은 일층 고양된 개념일 터입니다.

5. 자기 치유적 대화를 위한 고전 읽기

마음의 슬픔과 고독이 어우러져 절망으로 치닫고 있는 사람들에게는 누군가 자신의 입장을 이해해주기 바라는 마음이 존재합니다. 자신의

49 『통속조선문고』는 조선 상고 이래 정사와 야사, 소설, 시가 등을 선별해 다달이 시리즈 형식으로 간행한 것으로 여기에 선정된 작품들은 당시 독자들이 특별히 선호한 작품임을 알 수 있다. 송미경, 「여규형본 「춘향전」 각본의 형성과 독서물로서의 수용 전화」, 『판소리연구』 28, 판소리학회, 2009, 273-274면.

50 이주영, 『구활자본 고전소설 연구』, 월인, 1998, 103면.

51 김창남, 『대중문화와 문화실천』, 한울아카데미, 1995.

나약하거나 비이성적인 심리를 나무라는 것이 아니라 이해해주는 것입니다. 절망이 더 이상 커지지 않도록 하는 가장 좋은 방법은 누군가에게 자신의 마음을 드러내는 것입니다. 그러나 한국인들은 예나 지금이나, 성별을 막론하고 우울증과 같은 감정을 공개적으로 말하는 것에 익숙하지 않습니다. 그러기에 더 큰 우울과 절망을 경험하게 됩니다. 마음이 아픈 사람들이 대화를 원하는 이유는 상대가 해결책을 제시해주기를 바라서가 아닙니다. 그저 누군가 자신의 말을 들어주고 이해해주기 바라는 마음이 큽니다. 자신이 '힘들어요'라고 말할 때 상대가 '힘들군요'라며 자신의 말을 들어주고 있다는 신호를 보내주기 바라는 것입니다. 그러면 자신이 이해받고 있고 그럴 가치가 있는 사람이라고 생각하게 됩니다. 이것이 안 될 경우, 또 다른 방법은 자신과 같은 처지에 있는 사람의 말을 들어주는 것입니다.

이야기책을 읽으면 인간의 칠정을 두루 갖춘 인물의 이야기를 듣게 됩니다.[52] 독자는 인물의 이야기를 자신의 체험 요소와 결합해 새로운 해석을 하게 되는데,[53] 자신과 같은 상태의 인물들을 만나게 되면 '그렇구나, 너도 그렇구나'라고 동정하고 이해하는 감정이 생기기도 합니다. 이때 마음에 상처가 있는 독자는 자신의 문제가 스스로의 무능력에 기인한다는 생각에서 벗어나 객관적으로 사태를 바라볼 수 있게 됩니다. 그러다 인물과 대화를 할 수도 있는데, 독자가 책(인물)과 대화하는 것은 심리치료에서 치료자와 고객 사이에 벌어지는 상호 작용과 유사한 효과를

52 "가정에 계신 귀부인 숙녀께서 간단없이 계속하여 보시면 분할 때 원통할 때 장쾌할 때 섭섭할 때 재미있을 때 온갖 우리 사람의 가진 七情이 한 시간에도 몇 번씩 솟아나와 먹는 것 잠자는 것 더운 것 추운 것 다 잊어버리고 이 소설이 아니면 우리 인생의 쾌락을 어디서 구하리요 하는 마음이 저절로 생길 터이올시다." 『매일신보』, 1914. 6. 9.

53 박성봉, 『대중예술의 미학』, 도서출판 동연, 1995, 230-258면.

낳습니다.[54] 독자는 인물의 눈에 비친 세상을 이해하는 과정에서 자신의 문제가 어떠한 성격인지, 원인이 무엇인지 분명하게 인식하게 됩니다.

독서는 밥 먹는 행위와 마찬가지로 생물학적 필요가 깃든 행위입니다.[55] 이는 밥 먹는 것이 건강에 좋은 것임을 알려주지 않아도 우리 몸이 스스로 알아내고 갈구하듯 독서 또한 그러하다는 점을 강조하는 말입니다. 이 사실은 우리의 선인들도 잘 알고 있었던 것 같습니다. 사람마다 지어내고 집집마다 읽어대며,[56] 부녀자들이 음식 장만하고 베 짜는 책임을 팽개치고 비녀와 팔찌를 팔거나 빚을 내면서까지 책을 빌려보는[57] 사태가 발생하기도 했으니 말입니다. 소설은 자발적 독서의 대상이라는 점에서 의미가 있습니다. 자발적 독서는 파도와 같이 밀려드는 우울(자살 유혹)에 유연하게 대처할 수 있습니다. 이것은 강요된 독서의 대상인 『열녀전』류가 독자들에게 행하는 폭력성과는 전혀 다른 차원의 세상으로 안내합니다.

이 글은 고전소설을 통한 문학치유의 가능성을 타진하는 시론입니다. 원래는 「운영전」과 더불어 「숙영낭자전(淑英娘子傳)」, 「양산백전(梁山伯傳)」을 아우를 계획이었습니다. 일군의 애정소설들에서 감각을 자극하는 통속물의 차원을 넘어 치유서로서 기능할 수 있는 가능성을 발견했기 때문입니다. 「운영전」이 슬픔과 우울이 어우러진 극단적 절망감에 의한 자살 심리를 드러내고 있다면, 「숙영낭자전」에서 숙영의 죽음은 처절한 복수심에 의한 자살, 즉 복수를 위한 극단적 자해의 양상을 보이고, 「양산백전」의 추양대는 낭만적 희구에 의한 자살이라는 점이

54 조셉 골드, 『비블리오테라피』, 342면.

55 조셉 골드, 『비블리오테라피』, 8-9면.

56 이덕무, 『책에 미친 바보』, 183면.

57 채제공, 『樊巖集』 권33, 「女四書序」.

흥미롭습니다. 각각의 자살 심리는 그저 일람하는 독서로는 읽어내기 어렵습니다. 그러다 보니 한 작품을 꼼꼼히 파악하는 데도 지면이 부족합니다. 다른 작품들은 추후 논의에 부치기로 합니다.

제3장

아픈 사랑의 치유적 독법, 「주생전」

1. 사랑을 읽는 방법

우리 이야기 전통에서 '사랑'은 중요한 화두 중 하나입니다.[1] 408년에 만들어진 고구려 고분벽화에 선명히 기록되어 있는 견우직녀의 사연부터,[2] '사랑'은 현실과 문학 속에서 끊임없이 이야기되고 있습니다. 우리의 소설도 바로 이러한 '사랑 이야기'와 더불어 시작했습니다.[3] 그런데 많은 애정소설 앞에는 '비극적'이라는 수식어가 붙습니다. 너무도 오랜 시간을 함께해서인지, 이제는 힘들고 아파야 진정한 사랑이라 여겨지고 순탄하고 평온한 사랑에 대해서는 그 진정성을 의심하기도 합니다. 이

1 사실 '사랑'은 우리 삶의 중심 화두이기도 하다.

2 408년에 조성된 것으로 알려진 덕흥리 고분의 벽화 속에는 다양한 별자리와 신화적 도상들이 새겨져 있다. 그중 남쪽 하늘을 새긴 벽화를 보면 푸른 물줄기를 사이에 두고 소를 끌고 가는 남성과 그 뒷모습을 아련히 쳐다보는 여인이 보이는데, 남성의 그림 옆에는 '견우지상(牽牛之象)'이라 적혀 있고 여인의 그림 옆에는 '직녀지상(織女之象)'이라 쓰여 있다. 김일권, 『고구려 별자리와 신화』, 사계절, 2008, 69-70면.

3 소설의 발생과 관련해 그 효시가 되는 작품과 시점에 대해서는 논란이 있으나 그들이 공통적으로 애정전기의 성격을 지닌 작품이라는 점에서는 대체적으로 일치된 견해를 보인다.

제는 그러한 '소설적 사랑'이 현실을 감염시키고 있으며, 종종 우리의 삶을 해칠 정도의 내상(內傷)을 야기합니다. 때로는 우리가 꿈꾸는 '소설 같은 사랑'이 자신을 파괴하는 상태에 이르렀음에도 그것을 '운명적 사랑'이라 이름하며 더욱 그것에 빠져듭니다. 진정한 비극은 이야기의 구조나 사건이 아니라 그것을 읽고 받아들이는 방식인지도 모릅니다.

우리는 사랑에 대해 잘 알지 못한다고 인정하면서도 무의식적으로 그것이 관계한 모든 것들에 대해서는 아름다운 해석을 입히려 노력합니다. 혹여 사랑으로 인해 부정적 결과가 야기된다 해도 그 원인을 사랑 그 자체 혹은 사랑에 대한 나(너)의 인식이나 태도에서 찾기보다는 제3자를 포함한 외부 세계, 즉 현실적 조건 탓으로 떠넘깁니다. 어쩌면 우리가 머리로 생각하는 사랑과 발 딛고 서 있는 곳의 사랑은 전혀 다른 세상의 것인지도 모르며, 내가 절대시하는 사랑이 기실은 너무 과장되거나 축소된 그것의 그림자일 수도 있습니다. 사랑은 현실적 질곡에 의해 절망하는 우리를 대변하기도 하지만 그 자체가 우리 삶의 질곡이 되기도 한다는 것을 기억할 필요가 있습니다. 더욱 관심 가져야 하는 것은 그것이 삶의 굴레가 되어간 이유와 과정입니다. 이를 위해 비극적 사랑 이야기의 독법을 고민하는 것입니다.

이러한 고민을 함께하기 위한 도움서로 우리 소설 「주생전(周生傳)」을 선택했습니다.[4] 역대 소설 가운데 가장 비극적 사랑 이야기로 꼽히는

---

4 「주생전」은 교감본과 번역본이 다수 나와 있다. 소인호는 이본 대비를 통해 북한본이 원전에 가까운 형태임을 밝혔다. 장효현 외 교감본과 박희병 교감본 또한 북한본을 저본으로 삼아 교감을 진행했다. 소인호, 「「주생전」의 이본 존재 양태와 소설사적 의미」, 『고소설연구』 11, 2001, 177-200면; 장효현 외, 『교감본 한국한문소설 전기소설』, 고려대학교 민족문화연구원, 2007; 박희병, 『한국 한문소설 교합구해』, 소명출판, 2005; 간호윤, 『새로 발굴한 쥬싱뎐 위싱뎐의 자료와 해석』, 박이정, 2008. 이 장에서는 장효현 외, 『교감본 한국한문소설 전기소설』, 218-266면을 기본 텍스트로 해서 해당 원문을 인용했다.

「주생전」은 사랑의 문제를 현실적으로 집어냈다고 평가받는 작품입니다.[5] 그동안 수많은 연구가 「주생전」의 애정갈등에 주목하며 그 원인을 모색했고, 대체로는 전란이나 인물의 불우한 처지 등 현실적 문제의 문학적 반영이라는 측면에서 그 답을 구했습니다.[6] 조금 더 천착해 작품이 지닌 현실과 욕망의 괴리에 주목한 성과가 나타났으나[7] 이 또한 '현실적 질곡에 대한 낭만적 저항'이라는 자장 안에서 작품의 당대적 의미와 문학사적 위상을 점검하는 데 의미를 두었기에, 이 작품이 오늘날의 일반 독자에게 하나의 '사랑 이야기'로 어떠한 시사점을 줄 수 있는지에 대한 고민과는 다소 거리가 있습니다. 기실 이 작품이 담지하는 현실성은 시대 상황의 문학적 반영에 멈추지 않습니다. 오히려 '현실적 질곡에 대한 낭만적 저항'으로 읽었던 사랑에 대해 새로운 시각을 제안한다는 점, 그리고 이전 소설과 달리 낭만적 환상성만으로 회복하기 어려운 자연인으로서의 인간이 지닌 내상에 대해 고민하고 있다는 점과 관련이 있을 것입니다.

고전을 통해 독자가 고민하는 지점과 만나기 위해서는 작품에서 확인되는 문제적 행위가 오늘날에도 발견된다는 사실의 확인을[8] 넘어 독

---

5 정환국, 「16-7세기 동아시아 전란과 애정전기」, 『민족문학사연구』 15, 1999, 61면.

6 정환국 「16-7세기 동아시아 전란과 애정전기」; 조광국, 「「주생전」과 16세기 말 소외양반의 의식변화와 기녀의 자의식」, 『고소설연구』 8, 1999; 정규식, 「「주생전」의 인물연구: 상호적 관계성을 중심으로」, 『고소설연구』 28, 2009. 「주생전」에 대한 논의는 장르 전통, 작가의식과 서술 시각, 문학적 의의, 비교문학적 접근 등 다양한 방면에서 진행되고 있으나 창작 당시 사회현실과의 연계를 전제로 하는 것은 크게 다르지 않다. 「주생전」에 대한 연구 성과는 신재홍, 「주생전 연구사」, 『고소설 연구사』, 월인, 2002와 박일용, 「「주생전」의 환상성과 남녀 주인공의 욕망」, 『고전문학과 교육』 25, 2013에서 정리했다. 애정소설 전반에 관한 본격적 논의에서도 애정 문제가 시대와 역사를 초월하는 범주의 것임을 인정하면서도 고소설의 애정은 역사성과 사회성을 강하게 드러내며 장르 전통에 따라 그 의미의 차이가 발생한다는 시각을 취하고 있다. 박일용, 『조선시대의 애정소설』, 집문당, 1993, 13-18면.

7 박일용, 「「주생전」의 환상성과 남녀 주인공의 욕망」, 『고전문학과 교육』 25, 2013, 399-426면.

8 「주생전」을 대상으로 치료적 의미를 모색한 최근 논의 또한 애정 자체의 속성에 대한 검토보다는 이미 이루어진 삼각관계를 중심으로 배도, 주생, 선화가 각자의 입장에서 얼마나 '상대에

자와 작품이 공유하는 문제의 본질적 속성을 검토해야 할 것입니다. 애정 서사의 관점에서 볼 때 「주생전」은 모두가 치열하게 사랑했으나 그 누구도 행복하지 못했던, 실패한 사랑 이야기입니다. 그 안에는 아픈 사랑도 있고 나쁜 사랑도 있습니다. 이 작품에 대한 새로운 독서는 이성적으로는 설명할 수 없는 운명적 사랑으로 당황해하는 사람들을 이해하고 어루만지는 위로의 방식이 될 것입니다. 그 과정에서 우리는 이 작품이 시간의 간극을 채워가며 '위안과 지혜의 서(書)'로 끝없이 재독서될 수 있는 가능성도 발견할 수 있기를 바랍니다.

사실 '사랑'에 정답이 없다는 것을 우리 모두는 알고 있습니다. 그것이 주는 아픔 또한 사랑의 한 당연한 속성이라 생각합니다. 그렇기에 무조건 아픔을 치유해야 한다거나 비극성을 극복해야 한다는 식의 주장은 감히 할 수가 없습니다. 단지 너무도 당연하게 여겨지는 '사랑의 위상'에 대한 반성적 고찰을 시도하는 것뿐입니다. 이 글은 사랑에 대해 서툴고 갈팡질팡하는 연구자 자신의 탐색 과정을 그대로 노정할 것입니다. 이 글을 마무리할 즈음에는 지금 전제하는 생각들을 모두 부정하게 될지도 모릅니다. 상하사방(上下四方)과 왕고래금(往古來今)을 아우르는 우주만큼[9] 속과 깊이를 알 수 없는 사랑에 대해, 불완전한 인간의 인식이 그 일면이라도 제대로 포착하는 것은 쉬운 일이 아닐 터입니다. 하물며 인식도 온전히 담지 못하는 언어로 그것을 표현하려는 것은 그 자체가 무모한 도전입니다. 사랑이 '어떠하다'라고 말하는 순간 우리는 사랑이 지닌

게 집착하고 부정직하며 타인을 배려하지 않는가'라는 인물의 행위에 초점을 두었다. 서은아, 「「주생전」의 애정삼각관계와 문학치료적 의미」, 『고전문학과 교육』 18, 2009, 205-230면. 이 글은 그러한 문제적 행위의 치유를 위한 독법 제안을 위해, 근본 원인으로서 사랑의 본래적 속성과 그것에 대한 사람들의 인식을 검토하려고 한다.

9 『천자문』의 첫 구 "天地玄黃, 宇宙洪荒"에 대한 주석에서 우(宇)는 '상하사방'의 공간을 가리키고, 주(宙)는 '왕고래금'의 시간을 의미한다고 설명하고 있다.

본래의 의미를 모조리 잃어버릴 수도 있습니다. “길을 갈 수는 있으나 우리가 선택한 그 길이 늘 그리로만 가야 하는 정답의 길은 아니며(道可道, 非常道), 사물에 이름을 지어 부를 수는 있으나 그것이 사물의 속성을 온전히 드러내는 불변의 이름은 아니다(名可名, 非常名)”[10]라는 노자의 말처럼, 우리가 ‘사랑’을 자신의 방식대로 할 수는 있으나 그것이 ‘언제나 누구에게나 그러한 사랑’은 아닐 것이기 때문입니다.

2. 「주생전」의 ‘사랑’

삼각 구도: 절대적 사랑의 가벼움

「주생전」은 우리 소설사에서 처음으로 애정소설에 삼각 구도의 틀을 도입한 작품입니다. 삼각 구도의 도입으로 우리는 이전 「만복사저포기」나 「이생규장전」 등에서 극단적으로 절대화되었던 ‘사랑’에 대해 다시금 생각해보게 됩니다. 두 사람만이 존재하던 애정 서사의 세계에 힘도 권력도 없는 나약한 여인 하나가 더 끼어든 것만으로 우리의 절대적 사랑은 너무도 가볍게 흔들리고 부유하기 때문입니다. 이는 앞의 소설들에서 부모의 강력한 반대나 외적의 침입 등으로 인해 사랑이 좌절되는 순간에도 그 마음을 놓지 않으며, 심지어 생사의 경계를 넘어서까지 그 사랑을 이어갔던 것과는 판이한 모습입니다. 이른바 삼각 구도라는 ‘사랑의 궤적’은 언제나 영원을 말하는 사랑이 기실 일개 감정으로서 얼마나 쉽고 가볍게 움직일 수 있는지를 적나라하게 보여주는 장치라 하겠습니다.

10 『도덕경』 제1장에 대해서는 다양한 해석이 존재한다. 여기서는 필자가 논지와 관련된 측면을 부각해 의역했다.

언제나 영원을 맹서하고 불변을 노래하는 사랑이 이처럼 가벼워지는 것은 무엇 때문일까요? 이는 그 영원의 맹서가 사랑 그 자체에 의한 것이 아니라 순간적이고 가변적인 외물(外物)에 기대고 있기 때문입니다. 「주생전」의 세 주인공, 주생·배도·선화는 모두 외물에 기대어 불변의 영원한 사랑을 맹서합니다. 조금 더 구체적으로 말하면, 그것은 인간의 '몸과 말'입니다. 주생이 배도와 선화를 만나 첫눈에 사랑에 빠지는 계기는 그녀들의 아름다운 육체이며, 배도와 선화는 주생의 세레나데와 서약의 말을 절대적 사랑이라 생각했습니다. 인간의 육체와 언어, 이것은 찰나적이고 순간적인 존재라는 점에서 그들의 사랑은 처음부터 일시적 '사랑땜'임을 예고합니다.[11]

> ① 배도는 웃으며 말하였다. "낭군께서는 배로 돌아가실 필요 없이 저희 집에 계셔도 됩니다. 제가 마땅히 낭군을 위해 아름다운 짝을 찾아드려야지요." 이렇게 말한 것은 배도가 주생에게 마음이 있었기 때문이다. 주생도 배도의 고운 자태를 보고 마음을 빼앗긴 터였다. 주생은 웃으면서 사례하였다. "그것까지야 바랄 수 있겠소." …… 주생은 배도가 미색이 뛰어난 것도 기쁜데 그 시를 보니 정과 뜻이 미혹되어 다른 생각은 모두 사라지고, 차운하여 배도의 뜻을 떠보고자 하는 마음뿐이나 생각을 짜내어 읊으려 애써도 시의(詩意)를 완성할 수 없었다. 어느새 밤이 깊어 달빛이 뜰에 가득하고 꽃그림자가 드문드문 비치었다. …… 배도의 방이 보이는데 그리 멀지 않았다. 비단 입힌 창 그림자 안에서 촛불이 환히 빛나고 있었다. 주생이 가만히 가 안을 엿보니, 배도가 홀로 앉아 채운전을 펼쳐놓고, 〈접원화〉

---

11 사랑땜은 새로 가지게 된 것에 얼마 동안 사랑을 쏟는 일을 말한다. 사람마다 그 '얼마'의 시간은 차이가 있으나, 인생 백 년을 생각할 때 평생을 온전히 사랑한다 할지라도 영원 앞에 찰나일 뿐이다.

사(詞)를 쓰고 있었다. 겨우 앞부분만 완성하고 뒷부분은 아직 짓지 못한 채였다. 주생이 창을 열며 말하였다. "주인의 사를 객이 채워도 좋을까요?" 배도는 짐짓 화난 양 말하였다. "미친 객[狂客]이 어찌하여 여기까지 오셨나요?" 주생이 말하였다. "객이 본래 미친 것이 아니라, 주인이 객을 미치게 한 것이라오."[12]

② 주생은 몸을 숨기며 다가가서는 숨을 죽이고 엿보았다. 황금빛 병풍과 채색 비단요가 사람의 시선을 빼앗았다. 부인은 자주빛 저고리에 비단 적삼을 입고 백옥 책상에 비스듬히 기대앉아 있었는데, 나이는 쉰 살에 가까웠으나 조용히 돌아보는 모습에 너그럽고 넉넉한 아름다움이 있었다. 부인 옆에 앉아 있는 소녀는 나이가 열너덧 살은 됨직하였다. 검푸른 머리를 탐스럽게 쪽지고 얼굴은 발그레 붉은 빛을 띠었다. 맑은 눈동자를 흘리는 모습은 맑게 흐르는 물에 비치는 가을 달빛 같았고, 예쁘게 웃을 때 생겨나는 보조개는 봄꽃이 새벽이슬을 머금은 것 같았다. 배도가 그들 사이에 있으니 봉황 사이의 올빼미요, 진주 구슬 사이의 조약돌에 불과하였다. 주생은 혼이 구름 밖까지 날고 마음은 허공으로 떠올라, 몇 차례나 거의 미친 듯 부르짖으며 불쑥 들어가려 하였다.[13]

---

12 桃笑曰: "願郎君不必還舟, 可寓在妾家. 妾當爲君求得一佳耦也." 盖桃意屬生矣. 生亦見桃姿姸態艶, 心中其醉, 笑而謝曰: "不敢望也." …… 生旣悅其色, 又見其詩, 情迷意惑, 萬念俱灰, 心欲次韻以試桃意, 而凝思苦吟, 竟莫能成, 而夜已深矣. 月色滿地, 花影扶踈. …… 見桃所在室, 不甚遠, 紗窓影裡, 紅燭熒煌. 生潛往窺見, 桃獨坐, 舒彩雲牋, 草「蝶怨花」詞, 只就前疊, 未就後疊. 生忽啓窓曰: "主人之詞, 客可足乎?" 桃佯怒曰: "狂客胡乃至此?" 生曰: "客本非狂耳, 主人使客狂耳."

13 生匿身而往, 屛息而窺, 金屛彩褥, 奪人眼睛. 夫人衣紫羅衫, 斜倚白玉案而坐, 年近五十, 而從容顧眄之際, 綽有餘姸. 有少女年可十四五, 坐于夫人之側, 雲鬟綠鬢, 醉臉微紅, 明眸斜眄, 若流波之暎秋月, 巧笑生渦, 若春花之含曉露. 桃坐於其間, 不啻若鴟梟之於鳳凰, 沙礫之於珠璣也. 生魂飛雲外, 心在半空, 幾欲狂叫突入者數次.

위 글은 각각 주생이 배도와 선화를 처음 만나던 날의 모습을 나타낸 것입니다. 주생은 아름다운 여인의 모습을 볼 때마다 미친 듯한 사랑을 느낍니다. 과거에 실패한 후 상선(商船)을 타며 장사를 하다가 우연히 고향 전당(錢塘)에 닿아, 어릴 적 소꿉동무인 배도(裵桃)를[14] 만났을 때 그의 눈에 가장 먼저 들어온 것은 배도의 고운 자태입니다. 그녀의 미색에 푹 빠진 주생은 그저 한마음, 그날 밤으로 배도를 유혹하고자 하는 생각뿐입니다. 그는 늦은 밤 배도의 방을 찾아 그녀로 인해 광객(狂客)이 되었음을 고백하면서, 그러한 미친 마음이 '청산과 녹수처럼 영원한 사랑'이라 맹서합니다.[15] 그러나 그것은 그녀의 몸에 대한 욕망일 뿐입니다. 그렇기에 기적(妓籍)에 올라 정절을 지키지 못했다는 배도의 부끄러운 고백과[16] 후일 입신출세해 자신을 기적에서 빼내달라는 간절한 소망 앞에서도 진지하게 경청하고 고민하기보다 성급한 약조를 먼저 하는 것입니다.[17] 육체에 기반한 사랑이 기약하는 '영원'이란 배도보다 새롭고 아름다운 선화가 등장할 때까지입니다. 그는 선화를 보는 순간 또다시 광객이 되고, 조금 전까지 '영원'이었던 배도는 봉황 앞의 올빼미로 전락합니다. 그는 배도에게 영원을 말했듯, 선화의 아름다운 육체를 위해 죽음을 각오하며 담을 넘습니다.

주생이 시각적 외물인 몸에 기반한 사랑을 한다면, 배도와 선화는 서

---

14 '俳桃'나 '徘桃'로 되어 있는 이본도 있다.

15 青山不老, 綠水長存. 子不我信, 明月在天.

16 雖欲守靜自潔, 名已在於妓籍, 不得已强與人爲宴樂.

17 言訖, 淚下如雨. 生大憾其言, 就抱其腰, 引其袖拭其淚曰: "此男兒分內事也. 汝雖不言, 我豈無情者哉?" 주생은 배도가 눈물을 보이자 바로 허리를 끌어안으며, 남자로서 그녀가 말하지 않아도 그리 해줄 생각이라며 호언을 한다. 여인이 눈물을 흘릴 때는 걱정이 있어 의지할 사람을 필요로 하는데, 「메밀꽃 필 무렵」의 허생원 말처럼 "걱정이 있을 때는 누그러지기도 쉬운 듯해서" 남녀 간의 일도 쉽게 성사되는 법이다. 아마 주생도 배도의 눈물에서 그것을 포착했는지 모른다.

약의 말 그 자체에 신뢰를 둡니다.[18] 배도를 만난 주생은 그녀의 집에 들어선 직후 배도에게 시를 하나 지어줍니다. 배도를 당나라 때의 명기 두추랑에 빗대며 그 아름다움을 노래한 것입니다. 배도는 이 시를 읽고, 시에 대한 평가를 그대로 주생에 대한 판단 근거로 옮기며[19] 자신의 집에 머물라고 제안합니다. 뛰어난 문장력, 특히 여인의 마음을 잘 읽고 그녀가 듣고 싶은 말을 적절히 구사하는 그에게 배도는 자신의 모든 것을 걸고, 그의 아내가 될 것을 맹서하는 것입니다. 이는 그녀의 바람이 궁극적으로 기적에서 몸을 빼는 신분상승의 욕망이라 하더라도, 주생의 언약이 그러한 욕망을 실현해주리라 믿기 때문입니다. 그렇기에 그녀는 곱고 귀한 비단을 꺼내 약조의 말을 적어달라 부탁하고,[20] 그가 써준 열여섯 글자를 '마음으로 봉하고 피로 묶듯이' 정성껏 간직합니다.[21]

선화 또한 주생의 말로 확인되는 혼인 약속이 사랑을 지속시킬 수 있다고 믿습니다. 주생과 첫날을 보내고도 선화는 여전히 근심이 남습니다. '비밀이 새나가면 사생(死生)이 걱정되니, 다시는 오지 말라'[22]는 농담이[23] 기실은 그녀의 근심을 반영합니다. 이는 주생이 돌아가고 난 후 지은 시 「조하문효앵(早夏聞曉鶯)」의 "봄날의 근심은 봄과 함께 가지 않고, 또다시 새벽 꾀꼬리 좇아 베갯머리에 와 있네(春愁不共春歸去, 又逐曉鶯來枕邊)."라는 구절에서도 알 수 있습니다. 그녀는 육체의 결합으로 사랑이 완성된다고 생각하지 않습니다. 그렇기에 여전히 외부에 발각될까

---

18 남성은 시각적인 것과 여인의 몸, 여성은 청각적인 것과 남성의 말에 집착하는 것은 오늘날의 이성 간 사랑에서도 쉽게 확인할 수 있다.

19 裵桃大驚曰: "郎君有才如此, 非久屈於人者, 一何泛梗飄蓬若此哉?"

20 郎君若不遐棄, 願立盟辭.

21 桃心封血緘, 藏之裙帶中.

22 此後勿得再來! 機事一泄, 死生可念.

23 前言戲之耳. 將子無怒, 昏以爲期.

걱정하며 원망을 하는 것입니다. 그러나 주생에게 후일 예법대로 맞이할 것이라는 약조를 듣고는 그와의 관계를 지속하기로 결심합니다. 실제 매파가 오간 것도 아니고 부모에게 허락을 받은 것도 아닙니다. 변한 것은 하나도 없습니다. 그럼에도 그저 주생의 말 한마디에 그녀는 두려움 없는 사랑을 시작하는 것이며, 그 말이 그들의 사랑을 영원하고 절대적인 것으로 만들어준다고 믿는 것입니다.

낭만적 비극: 감정 중독과 마비적 사랑

「주생전」이 그리는 남녀 간의 애틋함은 매우 낭만적이나, 궁극은 아프고 나쁘고 실패한 사랑들이기에 비극적이라 하겠습니다. 작품은 삼각구도를 통해 불변의 절대적 가치로 여겼던 사랑이 얼마나 쉽게 움직이는지 보여줍니다. 남녀 두 사람이 하나의 선으로 이어진 서사에서는 그 흐름이 오로지 상대를 향하고 있기에 그 움직임의 가벼움을 알 수 없었으나, 꼭짓점이 하나 더 생김으로써 유동적 부유가 고스란히 드러난 것입니다. 그리고 그러한 부유의 원인이 실은 사랑이 외물에 기대어 있기 때문이라 했습니다. 그러나 외물에 기대는 사랑 그 자체가 아프거나 나쁜 사랑은 아닙니다. 문제는 그러한 사랑법이 어느 순간 외물에 대한 집착을 불러일으키고, 그 집착을 사랑으로 착각하도록 만든다는 데 있습니다. 감각으로 확인 가능한 외물이 우리 안의 집착을 끌어내는 과정에서 우리의 감각은 주위를 주변화시키며, 맹목적으로 대상에 몰입하게 만듭니다. 그러한 몰입은 우리의 감각과 사고의 불균형을 야기하고, 자신의 세계를 세상과 단절시키고 고립된 섬으로 만듭니다. 과도한 몰입과 고립은 일종의 중독입니다. 중독은 이 순간, 이 자리 그리고 내가 바라보는 대상을 실제보다 과도하게 확대시키고 그들에게 과중한 의미를 부여하며, 그 과정에서 그 외의 모든 시공과 인간관계는 흐릿하게 지웁니다.[24] 하나의 대상과 감각만이 극단적으로 활성화되면서 그 밖의 것들에 대한 인지는 마비되는 것입니다.

이처럼 중독적이고 마비적인 사랑은[25] 극단적 흑백논리에 쉽게 지배당합니다. 흑백논리는 외물에 기대는 집착과 연결되어 몸이 함께하면 사랑이고 함께하지 못하면 사랑이 아니라거나, 다른 사람에게 마음이 가면 나에게 있던 마음이 그만큼 줄어든다고 생각하게 만듭니다. "선화를 본 후로 배도에 대한 정이 얇아졌다."[26]는 주생의 속내는 그의 사랑이 중독적이고 마비적인 것임을 고백하는 것입니다. 마비적 사랑은 집착하는 외물이 투영하는 이미지로 인해 사랑도 외물처럼 소유의 대상으로 인지합니다. 따라서 그것이 소유되지 못한다고 느껴지면, 어느새 분노와 질투가 일어납니다.[27]

③ 어느 날 주생은 배도를 찾아보지 않았음을 생각하고, 그녀가 의심할까 걱정하여 곧장 배도의 집으로 가 (그날은) 돌아오지 않았다. 선화는 늦

---

24 "자신이 보고자 하는 것을 볼 때 눈동자는 더 뚜렷해지지만 대신 주변의 다른 것들은 희미해짐으로써 시야에서 사라진다. 사람은 보이는 대로 보는 것이 아니라 인지적 의도에 따라 시력의 강렬도가 증폭되거나 축소되기 때문이다. 그래서 노자는 과잉된 인지가 개입된 신체 감각기관의 활동을 구속적 정서라고 비판한다." 정용환, 「해체: 구속적 정서」, 『유교·도교·불교의 감성이론』, 정용환 외, 경인문화사, 2011, 83면.

25 이러한 사랑을 사랑이라 부를 수 있는지는 회의적이나, 지금도 여전히 강렬하게 빠져드는 사랑이 진정한 사랑이고 운명적 사랑이라는 생각이 우리들 안에 지배적으로 작용하고 있다. 그러나 사랑을 처음 시작할 때의 마음을 잘 돌이켜보면 중독적이고 마비적인 사랑이 우리가 추구했던 사랑의 본래 모습과 거리가 있음을 알게 될 것이다.

26 生自見仙花之後, 向桃之情淺薄

27 사실 분노와 질투가 사랑과 별도로 존재하는 것이 아니라 사랑이 분노와 질투로 이동하는 것이다. 사랑의 유동성은 인간이 지닌 보편 감정, 즉 희노애락애오욕(喜怒哀樂愛惡欲)의 수시적 상호 변화성을 의미하기도 한다.

은 밤에 주생의 방에 갔다가 주생이 소지품을 넣어 다니는 주머니를 가만히 풀어보았다. 거기에서 배도가 주생에게 보낸 시가 여러 장 나오자, 선화는 참을 수 없이 화가 나고 질투가 일었다. 그녀는 책상 위의 필묵을 가져다 그것을 까맣게 지워버리고, 자신이 지은 「한아창(恨兒唱)」 한 편을 푸른 비단에 써서 그 주머니에 넣고는 가버렸다.[28]

④ 주생은 이날 밤 술에 취해 피곤하여 인사를 살필 수 없었다. 배도는 잠들지 않고 홀로 앉아 있다가 우연히 주생의 주머니를 열어보게 되었다. 자기의 사(詞)가 먹물로 어둡게 지워진 것을 보고, 속으로 자못 괴이하게 여기고 있다가 「한아창」 사(詞)를 발견하고는 선화가 한 일임을 알았다. 이에 몹시 노하여 그 사를 소매 속에 넣고는 다시 주머니 입구를 이전 대로 봉하고 앉은 채로 아침을 기다렸다. 주생이 술에서 깨자 배도는 천천히 입을 열어 물었다. "낭군이 이곳에 오래 계시면서 돌아가지 않는 것은 무엇 때문입니까?" 주생이 말하였다. "국영이 아직 학업을 마치지 못했기 때문이오." 배도가 말하였다. "첩의 동생을 가르치시니 전심전력하지 않을 수 없는 것이군요." 주생은 부끄러움으로 목까지 붉어지며 말하였다. "이것이 무슨 말이오?" 배도가 한참 동안 말이 없자, 주생은 당황하며 어찌할 바를 몰라 고개를 숙였다. 그러자 배도는 그 사를 꺼내 주생 앞으로 던지며, "유장상종(踰墻相從)이요, 찬혈상규(鑽穴相窺)라더니, 이 어찌 군자가 할 일입니까. 저는 이 사실을 부인께 아뢰겠습니다."라고 말하며 바로 몸을 일으켰다. 주생은 망연자실 걱정하며 그녀의 허리를 끌어안고 사실대로 말하고는 머리를 박으며 애걸하였다. "선아와 나는 아름다운 맹서를 영원히 맺었

28 一日, 生念不見裵桃, 恐桃見怪, 乃往桃家不歸. 仙花夜至生舘, 潛發生藏囊, 得桃寄生詩數幅, 不勝恙(恚)妬, 取案上筆墨, 塗扶(抹)如鴉, 自製「恨兒唱」一闋, 書于翠綃, 投之囊中而去.

는데, 어찌 차마 사람을 죽을 곳에 버려둘 수 있단 말이오."[29] 배도는 비로소 마음을 돌리고 말하였다. "낭군은 즉시 저와 함께 돌아가셔야 합니다. 그렇지 않으면, 낭군이 이미 약속을 어겼으니 제가 어찌 약속을 지키겠습니까?" 주생은 하는 수 없이 다른 이유를 대고 다시 배도의 집으로 돌아왔다. 배도는 선화의 일을 알고 난 이후로 다시는 주생을 선랑이라 부르는 일이 없었는데, 이는 마음이 불평해서이다.[30]

선화는 주생이 배도의 집으로 간 날, 그의 주머니에 들어 있는 배도의 사(詞)를 보고 불같이 질투하며 지워버린 후 푸른 비단에 자신의 사를 적어 그 대신 넣어둡니다. 그리고 며칠 후 배도는 그것을 발견합니다. 배도는 자신의 글이 감정이 가득 느껴지도록 검게 뭉기어 지워진 것과 선화가 넣어둔 사를 보고는 몹시 화가 나 결국에는 주생을 협박해 그를 데리고 집으로 돌아옵니다. 선화와 배도에게는 말과 글이 그들의 사랑을 지지하는 증표이기에, 다른 이의 연서는 자신의 사랑을 빼앗는 것입니다. 선화의 일을 알게 된 배도는 주생에게 '낭군이 이미 약속을 어겼으니 자신도 약조를 지키지 않겠노라.' 선언을 합니다. 약속을 지키지

---

29 기존 번역서에서는 '선아'를 '선화'로 보았으나, 여기서 말하는 '선아'는 배도를 가리킨다. 선아와 선랑은 주생과 배도가 서로를 부르는 애칭이다. 이미 서로 좋은 인연을 약속한 사이이니, 승상부인에게 고해 자신을 죽게 하지 말라고 애걸하는 것이다. 어느새 선화에 대한 주생의 사랑이 두려움으로 변화하는 것을 볼 수 있다. 위급한 상황에서는 선화에 대한 사랑도 잊고 마는 주생의 사랑이 참으로 가볍고 또 가볍다.

30 生是夜爲盃勺所困, 矇不省事. 桃獨坐無寐, 偶發藏囊, 見其詞爲墨汁所昏, 心頗疑之. 又得「恨兒唱」詞, 知仙花所爲, 乃大怒, 取其詞納諸袖中, 又封其囊口如舊, 坐而待朝. 生酒醒, 桃徐問曰: "郎君久於此而不歸, 何也?" 曰: "國英時未卒業故也." 桃曰: "教妾之弟, 不用不盡力也." 生赧赧然回頸發赤曰: "是何言歟?" 桃良久不言. 生惶惶失措, 以面掩地. 桃乃出其詞, 投之生前曰: "踰墻相從, 鑽穴相窺, 豈君子所可爲哉? 我將白于夫人." 便引身起. 生悅惘抱腰, 以實告之. 且叩頭哀乞曰: "仙娥與我, 永結芳盟, 何忍置人於死地?" 桃意方回, 曰: "郎君便可與妾同歸. 不然, 則郎旣背約, 妾豈守盟?" 生不得已托以他故, 復歸桃家. 自覺仙花之事, 不復稱生爲仙郎者, 恙(盖)心不平也.

않겠다는 선언은 사랑의 파기와 같습니다. 그녀에게 약조는 변해서는 안 되는 절대적 대상이고 사랑 그 자체이기 때문입니다. 집으로 돌아와서도 더 이상 주생을 선랑으로 부르지 않는 것 또한 말(호칭)이 그 사랑을 증명하는 것이라 여겼기 때문입니다.

외물에 기대고 그것에 과하게 몰입하는 것은 사랑을 명사적 실체로 바라보는 시각을 전제로 합니다. 사랑을 명사적 실체로 인식하는 순간, 그것은 소유와 확인이 가능한 대상으로 여겨지며 동시에 그것에 영원불멸성을 기대하게 됩니다. 온전히 고립된 나만의 전유물이고자 하는 것입니다.[31] 그러나 우리가 누군가를 사랑한다고 할 때 그것은 서로의 마음을 그 시간 그 순간에 묶어두어 화석화하고 떠받들며 자신을 그것에 구속시키자는 것이 아닐 터입니다. 사랑이 우리 안에 절대화된 물신(物神)으로 자리 잡고 있는 한, 우리는 아프고 나쁜 사랑에서 자유로울 수가 없습니다.

3. 아픈 혹은 나쁜 '사랑'의 치유적 독법

과정으로서의 사랑에 대한 성찰

사랑이라는 것이 실체를 지닌 '어떤 것'이 아니기에, 그것의 참모습에 대해서는 단정해 말하기 어렵습니다. 『설문해자(說文解字)』는 사랑[炁, 愛

---

31 애정의 고립성은 「이생규장전」이나 「만복사저포기」와 같은 초기 전기소설의 특징이기도 하다. 그것은 사랑의 낭만성과 절대성을 한껏 보장한다. 이러한 애정의 고립성 정도의 변화는 애정 전기소설의 추이와도 무관하지 않다. 16-17세기 「주생전」이 창작될 무렵의 애정소설은 이제 절대화된 낭만과 고립된 애정을 호소하기에는 현실의 사랑이 녹녹하지 않음을 발견하게 된다.

의 고자]을 '은혜를 베풀다[惠]'로 풀이하고 있습니다. 『중문대사전』 또한 사랑[愛]의 기본 뜻을 '은혜를 베풀다[惠]'로 보고, 이것이 '가련하고 어여삐 여기다[憐]', '친하게 대하고 사이좋게 지내다[親]', '좋아하고 기뻐하다[好樂]' 등의 뜻으로 확장됨을 설명합니다.[32] 여기서 우리가 막연히 '사랑'이라고 인식하고 있는 것의 원모습이 실은 앞의 단어들을 포함하는 의미의 '사랑하다'인 것을 알 수 있습니다.

우리가 '사랑하기' 위해서는 최소한 사랑하는 주체와 사랑하는 대상, 그리고 양자를 잇는 '무엇(형식이나 느낌)'이 있어야 합니다. 여기서 문제는 주체와 대상을 잇는 '무엇'이 분명하지 않다는 데 있습니다. 그러나 많은 사람들은 분명하지 않은 '무엇'이 우리의 사랑을 입증하는 핵심이라 생각합니다. 그래서 '무엇'이 분명한 형태를 띨수록 진실한 사랑이라 여기며, 끊임없이 확인 가능한 '무엇'을 만들어내려고 고심합니다. 빨간 하트 모양의 이미지가 그렇고, 수없이 많은 기념일과 선물들이 그렇습니다. 자물쇠에 두 사람의 이름과 하트를 새기고 단단히 걸어놓는다 해서 '무엇'이 실체를 지니게 되는 것이 아님에도, 우리는 종종 우리가 만든 가상의 형체에 집착하며 그로 인해 우리의 '사랑함'에 상처를 주기도 합니다. 기념일을 잊어서, 선물이 빈약해서, 혹은 더 확실한 무엇을 보여주지 못한다는 이유로 사랑함을 의심하는 것은 외물과 사랑을 혼동하는 까닭입니다. 굳이 '무엇'에 성격을 부여하자면, 사랑하는 주체로부터 대상으로 향해 가는 과정일 것입니다. 그러나 그 과정은 나에서 시작해 특정한 개체적 대상에서[33] 끝나는 단기적이고 구체적인 단계가 아니

---

32 『중문대사전(中文大辭典)』은 각 어의의 예문으로 『여씨춘추』「節喪」의 "慈親之愛其子也. [注] 愛, 心不能忘也."와 『예기』「曲禮 上」의 "賢者狎而敬之, 畏而愛之.", 『南史』「顔延之傳」의 "如初發芙蓉, 自然可愛." 등을 들고 있어 愛가 지닌 속성이 동사적임을 나타내고 있다.

33 특정한 개체적 대상이란 이를테면 소위 연애라는 이름하에 함께 있는 특정의 남녀 개체를 말

라,[34] 나와 대상이 함께 추구하는 행복을 향해 가는 장기적인 실천의 방향성입니다. 그 과정은 길고 멀어 도착이나 완성의 개념이 쉽게 성립되지 않으며, 단지 그 과정에 참여한 주체가 경험하는 대상에 대해 은혜를 베풀고, 어여삐 여기며, 친하게 대하고, 좋아하고 기뻐하는 다양한 마음 상태와의 조우가 있을 뿐입니다. 그것이 모두 '사랑하는' 일입니다.

다양한 마음 상태를 노정하며 경험하는 과정으로서의 사랑은 앞서 보았듯 외물에 쉽게 영향을 받으며, 영향받는 외물에 따라 마음 상태가 쉽게 변합니다. 때문에 주체는 자신의 마음이 무엇에 영향을 받으며 어떠한 상태에 있는지를 분명히 자각할 수 있어야 합니다. 일찍이 공자는 우리의 마음 상태를 대표하는 일곱 가지 보편 감정을 '희노애구애오욕(喜怒哀懼愛惡欲)'으로 정리하며 이를 칠정(七情)이라 이름하고, 사람은 배우지 않고도 절로 이것에 능할 수 있으나 반드시 '예(禮)'로 이들을 다스려야 한다고 말했습니다.[35] 기대승은 '칠정(七情)은 마치 물속의 달빛에 밝고 어두움의 차이가 있는 것과 같고, 칠정에 밝고 어두움이 있는 것은 물의 청탁(淸濁) 때문이다.'[36]라고 했습니다. 이로 보면 '애(愛)', 즉 '사랑'이란 독립적이고 특별한 지위를 지닌다기보다 인간의 보편 감정인 '희

한다. 즉 000이라는 이름을 지닌 개별체로서의 사람이다.

34 단기적이고 구체적인 단계는 일반적으로 '만남-사귐-결혼'으로 구획되는 진도이다. 그러나 사랑함의 과정이란, 계단처럼 분명한 구획과 진도의 설정이 가능한 실체가 아니다. 오히려 그러한 실체 개념으로서의 사랑에 대한 반성에서 나온 실천의 방향성이다.

35 『예기』「禮運」. "何謂人情? 喜怒哀懼愛惡欲, 七者弗學而能. 何謂人義? 父慈, 子孝, 兄良, 弟弟, 夫義, 婦聽, 長惠, 幼順, 君仁, 臣忠, 十者謂之人義. 講信修睦, 謂之人利. 爭奪相殺, 謂之人患. 故聖人之所以治人七情, 修十義, 講信, 修睦, 尙辭讓, 去爭奪, 舍禮何以治之? 飮食男女, 人之大欲存焉, 死亡貧苦, 人之大惡存焉, 故欲惡者, 心之大端也. 人藏其心, 不可測度也. 美惡皆在其心, 不見其色也. 欲一以窮之, 舍禮何以哉."

36 기대승(奇大升), 『高峯集』「高峯答退溪再論四端七情書」. "況所謂四端七情者, 乃理墮氣質以後事, 恰似水中之月光, 而其光也, 七情則有明有暗, 四端則特其明者, 而七情之有明暗者, 固因水之淸濁, 而四端之不中節者, 則光雖明, 而未免有波浪之動者也."

노애구애오욕' 중 하나임을 알 수 있습니다. 즉 사랑을 포함한 일곱 가지의 감정이 전체로서 하나인 마음 상태이며, 그 안의 구분은 상대적인 명암 차이에 의한 명명일 뿐입니다. 게다가 그들의 관계는 그라데이션(gradation)처럼 경계가 뚜렷하지 않으며 연속적입니다. 그런데 그 마음 상태가 어둡고 밝은 차이를 띠게 되는 이유는 '물의 청탁' 때문이라 했습니다. 이는 하늘의 달과는 무관한 것입니다. 즉 외물에 간섭에 의해 마음이 기쁨에서 슬픔으로, 사랑에서 증오로 쉽게 오갈 수 있다는 뜻입니다. 그러기에 지금 나의 마음이 어떤 상태인지 돌아보고, 내가 원하는 빛을 유지하기 위해 유연하게 반응하도록 노력해야 합니다. 이것이 공자가 말한 '예'로 마음을 다스리는 일일 것입니다.

사실 끝없이 변화하는 내 안의 마음, 그중 '사랑'의 움직임을 관찰하고 인지하는 것은 쉽지 않습니다. 주생은 이미 '욕망'으로 이동한 마음을 사랑이라 여겼고, 배도와 선화 또한 주생의 서약이 파기된 지점에서 자신들의 감정이 이미 '분노'와 '증오'로 바뀌어 있음을 간파하지 못했습니다. 배도에게 느껴지는 마음이 사랑이 아니고 욕망임을 직시할 수 있다면, 주생은 배도에게 영원을 서약하지 않았을 것입니다. 그렇다고 해도 그녀와의 육체적 관계가 불가능한 것은 아닙니다. 그녀는 기적에 오른 신분이기에 희망적 서약이 아닌 욕망의 솔직한 고백도 수용했을 것이기 때문입니다.[37] 그러나 주생은 자신의 욕망을 사랑이라 말하며 영원을 맹서함으로써, 배도에게 헛된 희망과 그것의 좌절이라는 고통을 주었습니다. 청산녹수처럼 변함없을 것이라는 주생의 맹서와 훗날 기적에서 빼내주겠다는 헛된 약조는 배도에게 일종의 '희망고문'이 된 것입니다. 배도는 주생을 만나던 날 그의 시를 보고 '그가 오랫동안 남들에게 몸을

---

37 이미 배도는 주생을 만나기 전 절강의 명기로 자부심을 지니며, 여러 손님들을 상대했다.

굽힐 사람이 아니라'고 생각하고, 그에게 훗날 벼슬해 기적에서 빼내줄 것을 약속받습니다. 그러나 우리는 이것이 주생에 대한 과대평가임을 알고 있습니다. 이미 작품의 서두에서 시사(詩詞)는 잘 짓지만 과거에는 번번이 낙방하는 주생의 실체를 말하고 있기 때문입니다. 즉 주생은 배도를 유혹하기 위한 시사는 잘 지어도 그녀를 기적에서 빼내주기 위한 학문과는 거리가 먼 사람인 것입니다.[38] 배도가 느낀 고통은 고스란히 선화와 주생의 사랑을 가로막는 장애로 작용해, 결국 주생은 자신이 간절히 바랐던 선화와의 사랑도 순탄치 못하게 됩니다.

선화 또한 배도의 시를 본 순간 자신의 사랑이 분노와 증오로 변화하고 있음을 돌아보지 못했습니다. 아니 어쩌면 그 분노와 질투가 주는 강렬함을 '운명적 사랑'이라 여겼는지 모릅니다. 때문에 그녀는 서슴없이 배도의 글을 뭉기듯 지워버리고, 결과적으로 그녀를 자극하게 됩니다. 선화는 배도의 글이 자신의 사랑을 빼앗아가는 것이라 생각했고, 자신의 집착과 분노가 사랑을 지키는 정당한 방법이라 여겼을 것입니다. 그렇기에 버젓이 배도가 볼 수 있도록 주생의 주머니 속에 자신의 글을 적은 비단을 넣어둘 수 있었습니다. 그러나 선화는 주생에 몰입하는 사이, 그가 배도의 연인이었고 기실 그녀가 배도의 주생을 빼앗은 것임을 잊었습니다. 그러한 망각으로 그녀가 그토록 걱정하는 주생과의 이별이 정작 자신의 분노로 인해 일어나리라는 것도 예상하지 못한 것입니다. 마찬가지로 배도 역시 사랑이 비단에 적힌 열여섯 글자의 서약으로 고정되는 실체가 아니며, 억지로 주생을 선화의 집에서 데려오고자 하는 마음이 더 이상은 사랑이 아니고 원망과 분노인 것을 돌아보았다면, 몸

38 여기서 전기소설 주인공의 재자가인적 성격의 변화 또한 읽을 수 있다. 15-16세기 애정전기와 달리 17세기 애정소설의 주인공들은 사랑뿐 아니라 문장력과 안목에 있어서도 가벼움과 얕음을 드러내고 있는 것이다.

은 옆에 와 있으나 마음은 다른 여인을 그리며 앓아 누워 있는 주생 앞에서 그리 외롭게 죽어가지 않았을 것입니다.

우리가 끊임없이 사랑하고자 하는 이유는 사랑이 우리를 행복한 삶으로 인도해줄 것이라 믿기 때문입니다.[39] 즉 사랑은 우리가 행복으로 이르는 과정으로서, 우리가 행복함을 느끼는 데 기여해야 합니다. 순자(荀子)는 전국 시대 당시 절대적인 존재로 여겼던 형이상학적 하늘에 대해서마저도 인간사회를 지배하거나 화복을 내리는 절대적 존재로 보지 않고 하나의 자연현상으로 보며, '위대하다고 여겨 사모하고 우러러 좇으며 칭송만 하는 것, 가만히 앉아 바라보고 기다리며 얻어지는 사물이 절로 많아지기를 바라는 태도'를 비판하고 하늘의 운행에 '사람이 참여하여 노력하여 사물을 잃지 않고, 사물이 완성되는 것에 관여해야 한다.'고 했다[40]는 것입니다. '사랑하는 것'도 마찬가지가 아닌가 합니다. 우리가 사랑을 절대적인 대상으로 상정하는 순간, 사랑은 우리의 노력이 닿을 수 없는 곳으로 가버립니다. 그렇게 떠받드는 사랑은 우리가 기르고 제어할 수도 없으며, 더욱이 그것의 변덕스러운 변화에 대응할 수 없습니다. 우리는 사랑이 절로 행복을 만들어준다고 여기며 넋 놓고 기다릴 수만은 없습니다. 우리는 우리가 사랑하는 일이 자신이 바라는 행복을 향해 가는 올바른 과정인지 점검해야 할 것입니다. 사랑의 시작점이 곧바로 행복의 완성이 아니기에, 그 순간에 멈추어 서서 그것을 고정

39 여기서 행복이란 행복한 관계를 의미할 것이다. 사랑이 고립적으로 존재할 수 없는 것이듯, 행복도 그렇기 때문이다.

40 『순자』 17편 「천론(天論)」. "大天而思之, 孰與物畜而制之!從天而頌之, 孰與制天命而用之! 望時而待之, 孰與應時而使之! 因物而多之, 孰與騁能而化之! 思物而物之,孰與理物而勿失之也! 願於物之所以生, 孰與有物之所以成! 故錯人而思天, 則失萬物之情." 순자의 주장은 궁극적으로 인간의 도리와 노력을 강조하는 통치철학을 이야기하는 것이나, 여기서는 '절대적 관념에 대한 성찰의 필요성을 제기했다'는 점에서, 사랑을 절대화하는 우리에게 시사점을 준다 하겠다.

시키는 데 힘을 쏟는 자신에게 말을 걸어야 합니다. 우리는 사랑이라는 과정과 그 과정에서 접하는 다양한 마음 상태의 변화를 자연스러운 것으로 받아들이며, 마음의 변화와 변화를 야기하는 것들에 세심히 주목하고 사랑이 가야 하는 방향을 설정하는 일에 적극적으로 참여할 수 있습니다. 서약의 순간을 절대화하며 사랑을 하나의 물신(物神)으로 만들어놓고, 그 환상에 사로잡힌 채 우리가 해야 할 일을 잊는다면 우리의 '사랑함'은 본래의 지향을 잃게 될 것입니다.

하늘이 그러하듯 사랑은 우리들에게 한없이 자비로운 절대신이 아니며,[41] 우리를 둘러싼 모든 관계를 만들어가는 공평한 과정입니다. 우리가 할 일은 그 과정에 성실히 참여하는 것입니다. 성실하고 세심한 참여는 궁극적으로 나와 대상이 독립적인 존재로 온전히 서면서도 서로가 서로에게 간절하고 유의미하며 지속이 가능한 관계가 되도록 도와줍니다. 확인을 강요받는 실체가 아닌 '과정'으로 사랑을 이해할 때, 우리는 단절과 고립과 절대화 속에서 만들어내는 '영원하고 절대적이지만 아프고 나쁜' 사랑의 허상에서 자유로워질 수 있을 것입니다.

---

41 『노자』, 5장. "천지는 불인하며, 만물을 풀강아지로 삼는다(天地不仁, 以萬物爲芻狗)." 도올 김용옥은 이 구절에 대해, 천지는 특정한 목적을 가지고, 특히 인간을 위해 일부러 인(仁)한 일을 하지 않으며 인간을 포함한 만물을 자연의 풀강아지처럼 내버려둔다는 뜻으로 해석했다. 천지가 인간에게만 인(仁)하다면 결과적으로 사물에는 공평하지 않는 것이 되기에, 천지는 불인(不仁)함으로써 만물을 공평히 대한다는 것이다. 이 부분에 대해 왕필은 "천지는 짐승들을 위해 꼴을 기르는 것은 아니나 동물은 꼴을 먹으며, 천지는 사람을 위해 개를 낳은 것은 아니지만 사람은 개를 먹는다(天地不爲獸生芻, 而獸食芻, 不爲人生狗, 而人食狗)."라고 설명했다. 이 또한 목적론적 사유를 부정하는 것이다. 김용옥, 『노자와 21세기』, 통나무, 1999. 이 부분은 『순자』의 "하늘은 사람들이 추위를 싫어하더라도 겨울을 없애지 않고, 땅은 사람들이 그 넓고 먼 것을 싫어하더라도 땅의 넓음을 거두지 않는다(天不爲人之惡寒也, 輟冬, 地不爲人之惡遼遠也, 輟廣)."라는 말과 통한다.

사랑-분노-슬픔에서의 유영(遊泳)

칠정(七情) 중에서 사랑은 밝은 쪽일까요, 어두운 쪽일까요? 일반적으로 우리는 사랑을 좋은 감정으로 생각합니다. 그러나 아무리 훌륭하고 좋은 것이라 해도 그것이 과도한 지위를 얻게 되면, 그에 대한 기대가 커지기 마련입니다. 그렇기에 지나친 기쁨은 오히려 슬픔을 불러오기 쉽고 과한 사랑은 노여움과 질투를 야기하게 됩니다. '희노애락애오욕(喜怒哀樂愛惡欲)'의 배열은 우리가 절대적이라 생각하는 사랑의 옆자리에 극단적 분노나 절망이 있음을 일러줍니다. 장자(莊子)는, '걸왕이 백성들을 힘들게 하여 그 본성을 괴롭게 한 것뿐 아니라 요임금이 (도덕을 일으켜) 백성들을 기쁘게 한 것도 본성을 고요히 두지 않았다는 점에서 덕이 아니라'고 했습니다. 이는 '사람들이 크게 기뻐하면 양으로 치우치게 되고, 크게 노하면 음으로 치우치게 되는데, 음양이 한쪽으로 치우치면 조화를 잃고 결국에는 사람을 상하게 한다.'는 것입니다. 양(陽)의 기운이 아무리 좋아도 일 년 내내 여름이면 만물이 상하는 것과 같은 이치입니다. 사람의 감정도 이와 같아서 '기쁨과 노여움이 제자리를 지키며 균형을 잃지 말아야 한다.'고 했습니다.[42] 우리가 언제나 옳은 것이라 여기는 '선(善)'마저도 강력한 '절대선'의 지위에 오르는 순간, 그보다 열등한 것에 대한 비난과 비판, 즉 도덕적 분노가 일어납니다.[43] 이는 17세기 이후 '효'를 강조하고 절대화하는 과정에서 순수했던 효가 희생을 강요하며 사람을 상하게 하는 효로 변질되고, 효를 증명하는 강도도 높아져 상대적 불효가 많아지는 결과를 초래한 것에서도 알 수 있습니다. 과

---

42 『莊子』, 「在遊」.

43 한스-게오르그 묄러, 「비판: 감성과 도덕성」, 『유교·도교·불교의 감성이론』, 정용환 외, 경인문화사, 2011, 70면.

도한 효의 집착이 도리어 불효의 사회를 만든 것입니다. 이처럼 우리가 사랑을 함에 있어서 경계할 것은 제자리에 놓이지 않은 '절대애'입니다.

무소불위의 '절대애'를 해체하고 그로부터 자유로워지는 것이 큰 사랑, 즉 '대애(大愛)'라 하겠습니다.[44] 큰 사랑은 보이지 않아 확인할 수 없기에 사랑을 하지 않는 듯도 보입니다. 큰 사랑이 추구하는 것은 삶의 넓은 지평으로서의 행복과 큰 사랑을 위한 구체적 단계로서의 현상적 사랑[45] 사이에서 균형을 잃지 않으며, 무엇보다 사랑이라는 이름으로 자신과 대상을 구속하지 않는 것입니다. 큰 사랑은 특정한 상황이나 대상에 기대지 않으며, 지평에 도달하는 과정으로서의 현상적 사랑이 지닌 가능성에 유연하고 넓게 열려 있어야 합니다.[46]

이러한 큰 사랑을 설계하는 방법은 우리의 마음 상태, 즉 사랑이 쉼없이 이동하는 지점들, 즉 '희노애락애오욕'의 사이에서 자신이 자유롭게 유영(遊泳)하는 것을 허락하는 것입니다. 감정들 사이의 유영은 우리가 좁은 사랑에 고착되어 그것을 증명하는 확인 가능한 실체를 조작하는 일에서 벗어나도록 합니다. 그리고 사랑을 과정으로 인식하며 그 과정에 주체로서 성실하고 섬세하게 참여하게 만듭니다. 여기서 성실하고 섬세한 참여란, 자신의 감정이 변화하는 것을 성실히 관찰하고 마음의 흐름을 직시하며 그 흐름을 조심스럽고 세심하게 조정하려고 노력하는 일입니다. 그런데 나의 마음은 외부 조건과 무관하지 않아, 마음이 비추

44 『노자』 25장에 "吾不知其名, 字之日道, 强爲之名日大."라고 했다. "나는 그 이름을 모른다. 글자로 말하면 도라 할 것이고 굳이 이름하자면 대라 할 것이다."라는 뜻이다. 이름을 모른다는 것은 언어로 규정하는 것을 부정하고 해체하는 것이다. 그러나 언어로 전달할 수 없는 진리를 언어로 전달할 수밖에 없는 역설적 상황에서 굳이 이름하자면 '大'라 할 수 있다는 뜻이다. 여기서 '대애'는 이러한 노자의 관점을 차용한 말이다.

45 현상적 사랑은 칠정(七情) 중 하나로서의 사랑이다.

46 큰 사랑은 필요에 따라서는 구체적 단계로서의 현상적 사랑에 대한 기획과 경로를 수정하거나 취소하는 것도 허용한다.

는 외물에 따라 흐름이 수시로 변합니다. 따라서 나의 시선은 나의 안과 밖을 유연하게 통찰할 수 있어야 합니다. 무엇보다 나의 시선과 정신이 특정 대상에 한정되어 가려지는 것을 발견해야 할 것입니다. 이것은 초월적 종교인만이 가능한 고답적 수행이 아니라, 평범한 우리들이 경험했고 경험할 수 있는 '사랑함'의 방식입니다. 실제 우리는 사랑을 시작하는 즈음, 상대를 마주함으로써 전 우주를 보는 인드라망(Indra's net)처럼 대상을 통해 더 넓은 관계를 살필 줄 알게 되는 자신을 발견하기도 합니다.[47] 주변의 사람들에게 관대하고 친절해지는 경험, 그로 인해 나의 사랑에 그들의 축복이 더해지는 행복. 이것이 바로 내가 참여하는 사랑과 무관해 보이는 외부의 수많은 관계들이 나의 사랑에 연기적(緣起的) 존재로 동참하고 있음을 증거합니다. 그리고 아쉽게도 우리가 금방 잊게 되는 이 마음이, 실은 우리가 추구하는 사랑의 본질인 것입니다.

배도는 주생에 몰입하는 동안 선화와의 관계를 소홀히 했습니다. 배도는 평소에 선화와 연회를 함께하며 시사를 주고받는 사이였음에도, 주생과 만나던 날은 선화의 집에서 부르는 것을 거절합니다. 또한 선화가 지은 「풍입송」 사의 내용이 '연못의 짝짓는 오리를 부러워하고,[48] 봄날 규방의 깊은 원망을 토로하는 것'[49]임을 이미 외워 부를 정도로 자세히 알고 있었으나,[50] 그러한 선화 앞에서 주생과 인연 맺은 사연을 자

47 '마음이 넓어지고 예뻐질 것 같아요'라는 대중가요의 노랫말은 우리가 현실에서도 큰 사랑을 실천하고 있으며 실천할 수 있음을 증명한다. 즉 사랑을 시작할 때 우리는 우리가 꿈꾸는 사랑의 본래 모습을 분명히 볼 수 있다. 문제는 집착과 분노로 넘어간 뒤에도 그것을 처음의 사랑과 같은 것이라 생각하는 데 있다.

48 沙頭彩鴨倚斜照, 羨一雙 對浴春池.

49 却把瑤琴輕弄, 曲中幽怨誰知?

50 仙花字芳卿, 年纔三五, 姿貌雅麗, 殆非塵世間人, 又工詞曲, 巧於刺繡, 非賤妾所敢望也. 昨日新製「風入松」詞, 欲被管絃, 以妾知音律故, 留與度曲耳.

세히 늘어놓습니다.[51] 선화가 주생을 받아들임에 배도를 전혀 고려하지 않은 것이 그녀를 단지 기녀로만 보았기 때문일 수도 있습니다. 그러나 주생에게 눈이 가리워 선화의 근심과 부러워하는 마음을 배려하지 못한 배도의 무관심이 선화로 하여금 주생의 유혹을 기꺼이 받아들이게 했는지도 모릅니다. 만약 배도가 자신이 경험하는 사랑의 즐거움을 통해, 선화의 외로움을 더 잘 이해하고 진심으로 위로했다면 선화 또한 주생과 배도의 사랑에 긍정적인 조력자로 참여했을 것입니다.

선화도 마찬가지입니다. 그녀 스스로 고백했듯 선화는 주생과의 첫날 이후 '헤어져 있을 때는 만나기를 원하고, 만나면 헤어질까 두려워하는'[52] 근심을 알게 되었습니다. 만약 그 시선을 자신과 주생에 국한하지 않고 자신으로 인해 사랑하는 사람과 헤어지게 된 배도의 처지까지 넓혀 살필 수 있었다면, 배도가 두 사람의 사랑에 파괴자로 참여하지는 않았을 것입니다. 선화와 배도는 모두, 두 사람의 사랑은 두 사람만의 서약으로 시작되고 완성되며 그 밖의 관계는 그들의 사랑과 무관하다고 여긴 것입니다. 그러나 세상의 모든 존재는 나와 그물망처럼 얽혀 있어, 아무리 멀리 있어 보이지 않아도 그것의 조임과 풀림에 따라 내 자리의 그물코도 영향을 받습니다. 배도와 선화가 서로를 자신의 사랑에 참여하는 존재로 인식하고 배려했다면, 『구운몽』의 계섬월과 정경패처럼 긍정적 조력자가 되어 자신뿐 아니라 상대의 사랑도 분노와 증오로 흘러가지 않도록 노력했을 것입니다.

큰 사랑에서의 유영은 사랑을 절대적 실체가 아닌 과정으로 인식하며 그 흐름에 유연하게 참여하는 것에 그치지 않습니다. 우리가 고전을 읽

---

51 遂將與生結緣事, 細說一遍.

52 女子一身, 與愁俱生, 未相見, 願相見, 旣相見, 恐相離. 女子之身, 安往無愁哉?

으며 스스로 자신의 내상을 어루만지는 과정에서 무엇보다 중요한 것은 사랑을 바라보던 시선을 그대로 옮겨 사랑이 이동하는 다른 지점들을 바라보는 것입니다. 앞서 우리가 사랑에 불변적 영원성을 입히지 않으려 노력했듯, 그것이 이동한 자리, 즉 분노나 슬픔으로 흘러간 마음에 대해서도 과장해 인식하거나 중독되지 말아야 합니다. 과정으로서의 사랑은 물의 흐름과도 같아서 웅덩이를 만나 흐름이 더딜 때도 있고, 오던 길로 뒷걸음쳐 역류하는 때도 있습니다. 그 순간 우리는 이미 두려움과 슬픔과 분노로 이동한 사랑을 발견하게 됩니다. 그러나 앞에서의 사랑이 어느덧 분노와 슬픔으로 흘러온 것처럼 이들도 머지않아 다시 기쁨과 사랑과 즐거움으로 흘러가게 됩니다. 눈앞에 보이는 작은 줄기에 몰두하느라 물줄기가 궁극적으로 바다로 향하고 있음을 잊어서는 안 될 것입니다.[53]

사랑이 멈춘 듯 보일 때 일어나는 분노와 슬픔 그리고 절망은 우리가 확인한 주생의 사랑처럼 가볍게 부유하는 감정의 지점입니다. 사랑을 극단적으로 높이는 것이 집착을 가져오듯 분노와 슬픔을 극단적으로 배척하는 것 또한 우리를 절망에서 벗어나지 못하게 합니다. 우리는 사랑에게 그러했듯 분노와 슬픔도 내가 최선을 다해 참여해야 하는 과정으로 여기고, 그러한 지점에 있는 나의 마음에 말을 걸어 위로할 것입니다. 그것은 내 마음의 분노와 슬픔을 확인하고 그러한 변화의 이유가 외물에 기한 것인지 혹은 내 안에서 비롯된 것인지를 스스로에게 이야기해주는 것입니다. 분노와 슬픔도 사랑과 동등한 위치를 지닙니다. 아니 이들은 사랑의 다른 이름입니다. 때문에 우리는 과정으로서의 사랑에서 그러했듯 과정으로서의 분노와 슬픔 속에서도 유연히 노닐 수 있습니

53 물론 그 바다는 결혼이라는 확인 가능한 절차적 단계가 아니라 사랑의 과정을 주체로서 걸어가는 나와 대상의 행복이다.

다. 사랑과 분노, 그리고 슬픔 사이에서 노니는 것은 내 삶의 정체와 후퇴를 의미하지 않습니다. 사랑-분노-슬픔 속에서의 유영이 종종 불안함으로 느껴지기도 하지만, 흔들리는 나침반만이 상황에 따른 나의 위치를 점검하고 유연하게 방향을 설정하도록 돕는다는 사실을 기억한다면 우리는 불안까지도 사랑의 과정에 긍정적 참여자로 여길 수 있을 것입니다. 기실 그 불안은 지금 내가 하는 사랑이 바른 길을 찾으려 노력하고 있다는 증거이기 때문입니다. 우리가 해야 할 일은 흔들리는 나침반의 바늘에 휘둘려 내 몸이 흔들리지 않도록 하는 것, 그리고 가는 것을 멈추지 않는 것입니다.

4. 실패한 사랑 서사를 읽는 방식

글을 시작하며 언급했듯, 지금으로부터 1600여 년 전 어느 여름밤 우리 조상들은 드넓은 하늘을 마주하고 누워 광대한 우주 속에 사랑 이야기를 상상하고 그것을 무덤의 벽화로 남겼습니다. 견우직녀 이야기는 한(漢)나라 때 형성된 동아시아 보편의 설화이지만, 같은 동아시아 문명권에서도 가장 이른 시기에 그것을 구체적으로 이미지화했다는 점은 우리의 보편 정서 속에 '사랑'이 뿌리 깊은 감정으로 자리한 지 매우 오래되었음을 말해줍니다. 그런데 그 기록한 모습이 심상치 않습니다. 견우지상(牽牛之象)이라 적힌 남성은 푸른 은하수 물줄기를 사이에 두고 소를 끌고 가고 있고, 직녀지상(織女之象)이라 쓰인 여성은 견우의 뒷모습을 아련히 쳐다보고 서 있습니다.[54] 견우와 직녀는 서로를 바라보고 있

54 김일권, 『고구려 별자리와 신화』, 69-70면.

지 않으며, 더구나 직녀는 눈물이 그렁한 듯 애잔한 시선으로 떠나가는 견우의 뒷모습을 뒤좇습니다. 어느새 은하수에 닿아 있는 직녀의 발걸음에서 그 애틋한 슬픔을 읽을 수 있습니다. 이 도상은 하늘 별자리의 직녀성과 견우성이 일 년에 한 번씩 가까워진다는 사실에 근거한 것일진대, 왜 벽화는 두 사람의 만남에 초점을 두지 않고 헤어지는 모습을 그리고 있는 것일까요?

그 대답을 「주생전」을 통해 짐작해볼 수 있었습니다. 앞서 「주생전」은 우리 소설에서는 처음으로 삼각 구도의 틀 속에서 애정 문제를 다루었다고 했습니다. 삼각 구도는 애정 당사자들 사이에서 움직이는 사랑이라는 감정의 흐름을 분명히 포착하도록 돕습니다. 작품은 두 사람만 존재하던 애정 서사의 세계 속으로 단지 한 명의 인물을 더 입장시킴으로써 우리가 숭고하게 여겼던 사랑이 얼마나 가볍고 유동적이 될 수 있는지 적나라하게 보여줍니다. 이러한 사랑은 15-16세기 애정소설 속 주인공들이 이승과 저승을 초월하며 보여주었던 절대적 사랑과 전혀 다릅니다. 이들과 비교한다면 「주생전」의 사랑은 아프고 나쁜 사랑이면서 실패한 사랑이지만, 우리는 「주생전」이 사랑이 실패할 수밖에 없는 현실을 보여주면서 우리를 절망시키려 한다고 생각하지 않습니다. 그것은 우리로 하여금 실패한 사랑을 직시하고 실패의 원인을 통찰하도록 제안합니다. 그러한 통찰은 외물에 기댄 사랑이 얼마나 부질없으며, 대상에 대한 집착과 몰입이 어떻게 감각의 균형을 깨뜨리고 마비시키는지 이야기합니다. 또한 사랑은 특정 대상을 소유하는 것이 아니라 여럿이 함께 참여해 서로의 행복을 만들어가는 과정이며, 이를 위해서는 극단적 절대애에서 자유로워지도록 하는 큰 사랑을 설계해 그 안에서 유연히 노닐 것을 제안합니다.

무엇보다 우리는 사랑이 절대적이고 불변의 것이 아니라는 것에서 그로 인한 분노와 슬픔도 우리를 영원히 가둘 수 없다는 점을 확인할 수 있습니다. 작품은 사랑이든 분노든 슬픔이든, 모두가 내 안에 있는 한가지 마음 상태의 부면(部面)들이기에, 그들 중 어느 하나에 몰입해 과장되게 해석하지 말고 다른 것들과의 균형을 잃지 말라고 경계합니다. 산소도 과하면 우리 몸을 노화시키고, 일산화탄소도 적절하면 항염증 작용과 세포 보호 기능을 합니다. 사랑과 기쁨도 과하면 우리를 해치고 슬픔이나 욕망도 적절하면 우리를 정화시키고 활기차게 한다는 것을 깨닫는 과정, 그리고 그러한 감정들 사이에서 자유롭게 유영하는 나를 발견하는 체험이 실패한 사랑 서사를 읽는 방식일 것입니다.

제4장

소통과 치유를 꿈꾸는 상상력, 「숙향전」

1. 문학적 상상력의 근원: 신화성

환상적 세계를 창조하는 힘은 상상력입니다. 상상력은 인간이 지닌 무한한 창조력이며 그것은 현실에 대한 분명한 인식에서 비롯됩니다. 환상이 동반하는 낯선 느낌이 소설 속 인물이나 독자에게 '머뭇거림'을 느끼게 하더라도,[1] 그것이 성공적으로 창조해낸 2차 세계에 독자가 빨려 들어가게 되는 것은 환상적 세계의 내적 리얼리티가 주는 믿음 때문입니다.[2] 그 믿음은 환상적 세계가 우리가 사는 세계와 무관하지 않다는 믿음이며, 동시에 현실에서 꿈꾸는 것이 실현 가능하고 때로는 기존 현실에 대한 전복을 통해 새로운 현실을 창조할 수도 있다는 믿음입니다.[3] 기존 고전문학의 환상성에 대한 논의는 꾸준했습니다.[4] 그러나 대개의

1 츠베탕 토도로프, 『환상문학 서설』, 이기우 역, 한국문화사, 1996.

2 2차 세계는 J. R. R. 톨킨의 용어이다. 황병하, 「환상문학과 한국문학」, 『메타비평을 위하여』, 민음사, 1997, 373면.

3 로즈메리 잭슨, 『환상성: 전복의 문학』, 서강여성문학연구회 역, 문학동네, 2001.

4 김문희, 「고전소설의 환상성의 양식과 인식적 기반」, 『고소설연구』 19, 한국고소설학회,

환상성 담론이 소설적 환상의 근원과 본질에 접근하기보다는 서사 기법이나 화소 차원의 논의에서 반복되거나, 환상성 자체의 성격 규정도 뚜렷하지 않은 상태에 머물고 있다는 지적이 있습니다.[5] 이는 서양의 환상성 담론을 서둘러 적용했던 초기 연구와 인문학의 위기를 문화산업과의 제휴를 통해 손쉽고 빠르게 극복해보려는 오늘날의 연구가 함께 고민해야 할 부분일 것입니다.

소설을 비롯한 문학적 작품에서 그려지는 환상은 상상력에서 비롯됩니다. 상상력은 근대 이후 새롭게 외부에서 전입되어온 것이 아닙니다. 상상력은 인류 보편의 창조적 동력입니다. 동양의 경우 상상력의 기원을 하나라 우임금 때 편찬되었다는 신화지리서 『산해경(山海經)』에서 확인할 수 있습니다. 『산해경』은 소위 중원이라고 하는 중국 내륙에서 이루어진 것이 아니라 연(燕)·제(齊)·초(楚)를 포괄하는 고대 동이문화권에서 형성되었다는 것이 근래의 주장입니다.[6] 동아시아 문화권의 최초 신화서가 한국을 중심으로 하는 동이문화권에서 형성되었다는 점은 한국 고전문학에서 발견되는 환상성의 근원을 확인하는 작업에서 중요한 의의를 지닙니다.

고소설은 신성소설이든 세속소설이든[7] 대개가 환상적 속성을 지닙니다. 고대문학에 나타나는 환상성의 근원에 대해 대개는 도교와 관련해 논의합니다.[8] 도교가 지니는 환상성은 도교 발생 이전의 신선가와 신선

2005; 강상순, 「고소설에서 환상성의 몇 유형과 환몽소설의 환상성」, 『고소설연구』 15, 한국고소설학회, 2003; 김성룡, 「고소설의 환상성」, 『고소설연구』 15, 한국고소설학회, 2003.

5 정환국, 「고전소설의 환상성, 그 연구사적 전망」, 『민족문학사연구』 37, 민족문학사연구소, 2008.

6 『산해경』 편찬 시기에 대한 논의는 하나라부터 위진 시대까지 분분하나 작자 및 성립 지역에 대해서는 중국 내 학자들도 그 타당함을 인정하고 있다. 정재서, 『불사의 신화와 사상』, 민음사, 1994, 23-25면.

7 이상택, 「고전소설의 세속화과정 시론」, 『한국고전소설연구』, 1983, 75-76면.

설화에 빚진 바 많고 신선 설화는 궁극적으로는 신화서에 의지하고 있기 때문에 보다 근원적인 의미로 본다면 문학적 환상성의 근원을 신화적 상상으로 보는 것이 타당할 것입니다. 문학적 환상성의 근원으로서의 신화적 상상력은 신화서, 신선 설화 그리고 이후 도교로 이어집니다. 도교는 당대(唐代)에 가장 크게 번성했다가 이후 불교의 유입과 유교의 발흥으로 사상의 중심에서 밀려납니다. 그러나 그 생명력은 줄어들지 않고 민간에 유입되어 기층문화를 주도하게 됩니다. 이러한 양상은 무가 등 민간신앙에서 도교적 사유가 여전히 힘을 얻고 있다는 사실을 통해 확인할 수 있습니다. 소설 또한 민간 기층문화를 대표하는 장르로 그 바탕에는 신화에서 기원한 도교적 사유가 깔려 있습니다.[9] 이렇듯 신화서-신선 설화-도교로 이어지며 민간문화의 기반이 되는 문학적 상상력의 총체를 이 글에서는 '신화성'이라고 이름하겠습니다.[10] 이는 '도교적 사유'라고 한정할 경우, 자칫 당대(唐代) 이후 관방화된 도교만을 떠올릴 수 있기 때문입니다.[11]

신화서에서 출발한 상상력은 신선 설화나 신선전을 통해 문학적으로 형상화됩니다. 이들은 주로 신인들의 행적이나 일대기가 중심이 되는 득선(得仙) 설화와 그들이 사는 공간이 중심이 되는 선경 설화로 나뉩니다.[12]

---

8 서유경, 「「최고운전」의 도교적 성격과 그 문화적 의미」, 『선청어문』, 2003; 허원기, 「「손천사영이록」의 도교적 상상력」, 『고소설연구』, 2010; 최윤희, 「「손천사영이록」의 도교적 면모와 의미」, 『우리어문연구』, 2010.

9 이러한 이유 때문에 다수의 고전소설을 '신성소설'로 분류하기도 한다.

10 본고의 '신화성'은 신화서를 근원으로 한 신선 설화와 도교적 사유를 포괄하므로, 이후 신화와 신선 설화 및 도교적 사유를 '신화성'의 범주 내에서 혼용했음을 미리 밝힌다.

11 관방 종교화된 도교는 내단과 외단의 수련 방식과 개인적 불로장생을 중시하는 것으로 경도되는데, 도교적 상상력으로 한정할 경우 자칫 도교가 뿌리 두고 있는 신화적 상상력의 범주를 제한할 수 있다.

12 정재서, 『불사의 신화와 사상』, 142-151면. 신화서 및 신선 설화의 특징에 대한 부분은 이 책에 크게 빚지고 있다.

이는 신화서와 신선 설화가 득선의 과정과 선경으로 표현되는 공간 이미지에 큰 의미를 부여하고 있음을 알려줍니다. 득선의 과정과 공간 이미지의 결합은 '주인공의 배경-득선의 과정-능력의 발휘-최후의 귀숙(歸宿)'[13]으로 이루어지는 신선 설화의 서사 구조 전반에 걸쳐 중요한 기능을 합니다. '주인공의 배경'에서는 주인공이 현실과 분리되는 계기, 즉 질병이나 유기(遺棄) 등이 나타납니다. 그리고 최후의 귀숙은 신화적 설화가 궁극의 목적으로 삼는 득선(천상선), 즉 승천 등으로 마무리됩니다. 이야기의 중심부인 '득선의 과정-능력의 발휘'에서는 수련과 선업(善業)을 통한 득선(지상선)과 그 과정에서 획득한 치유력의 발휘가 중심 사건입니다. 더불어 이 부분에서는 공간 이미지도 극대화됩니다. 주목할 것은 득선의 여정과 능력 발휘의 공간이 동일 공간이며 현실세계와 초현실세계가 이어지는 곳에 있다는 점입니다. 이 공간은 신선 설화 가운데 선경 설화에서 주목하는 '낙원'의 이미지로 형상화됩니다.

신화적 상상력이 지배하는 신선 설화의 경우 주인공이 현실을 떠나 이루어지는 '여행'의 과정 그 자체를 수련의 방식으로 삼는 경우가 많습니다.[14] 여행의 과정에서 만나는 사람들은 모두 주인공의 득선을 도와주는 스승이 되고 그들이 부여하는 시련 또한 득선을 위한 수련입니다. 이 과정에서 주인공은 다른 사람을 위해 희생하고 봉사하는 자세 등을 배우며 완전한 인격체로 거듭납니다. 성실한 덕성을 인정받지 못하면 득선할 수 없다는 것이 고대 신선 설화가 전제하고 있는 득선의 조건이

13 정재서, 『불사의 신화와 사상』, 144-147면.

14 후대 협의의 도교 설화에서는 내단법을 중시해 특정한 공간에 머물면서 스승에게 사역이나 시험을 당하고 단약을 복용해 득선을 하게 되는 경우가 많다. 이때의 공간은 시험의 장소로서, 득선이 이루어지거나 실패한 이후에는 사라져버린다. 공간 이미지가 축소되면서 설화의 성격도 '불로장생을 추구하는 개인'이라는 이기적 차원에 머물게 된다.

기 때문입니다. 수련의 과정을 무사히 마치고 득선을 한 주인공은 획득한 능력을 발휘하는데, 능력 발휘는 수련을 위해 지났던 여정을 거슬러 돌아오며 이루어집니다. 주인공의 능력 발휘란 다름 아닌 '생명을 살리는 일'입니다. 후대 도교에서 말하는 '양생(養生)'이 개인적 차원으로 협소화된 개념이라면 신화세계에서의 양생은 '모든 생명을 기르는 일'입니다. 이런 의미에서 신화적 상상력이 만들어낸 선인은 단순히 죽지 않는 사람이 아니라 인내와 봉사의 과정을 통해 완벽한 인성을 획득한 '전인(全人)'이며 그 능력을 (동물을 포함해) 가난하고 힘없는 자를 살리는 데 사용하는 진정한 '영웅'입니다. 이 때문에 동양 신선 설화의 구조가 서양 학자가 주장한 '출발-입문-회귀'라는 영웅 신화의 과정과[15] 자연스럽게 겹쳐지는 것입니다.

이 장에서는 신화 및 신선 설화의 논의를 바탕으로 한국 고소설에 나타난 환상성의 근원과 본질을 살펴보고자 합니다. 논의를 위해 조선 후기 국문소설 「숙향전(淑香傳)」을 텍스트로 삼았습니다.[16] 이는 「숙향전」이 고소설 가운데 환상성을 가장 잘 구현한 작품으로 평가받고 있기 때문입니다.[17] 그럼에도 환상성의 근원과 본질에 초점을 둔 것이 상대적으로 적음을 인정하지 않을 수 없습니다.[18] 「숙향전」이 신화적 상상력을

15 조셉 캠벨, 『천의 얼굴을 가진 영웅』, 이윤기 역, 민음사, 2004. 「숙향전」의 구조가 서사무가와 친연성을 갖는 이유도 여기에 있다. 기존의 가치에 반하고, 민중에 기반하는 신화적 영웅은 중앙집권화가 공고화되는 중세기를 거치면서 문학의 주류인 문언이 아니라 비주류인 민간 서사문학 속으로 숨어 그 명맥을 유지하고 있기 때문이다. 그렇기에 「숙향전」과 서사무가가 지니는 공통성에 대해서도 그 기원을 신화적 상상력에 두고 논의해야 할 것이다.

16 기존의 이본 연구가 비교적 선본이라 평가한 이화여자대학교 소장본(『숙향전』, 한국고대소설총서 1, 이화여자대학교 한국문화연구원 편, 통문관, 1958)을 인용 텍스트로 삼는다. 차충환, 『숙향전 연구』, 월인, 1999, 33-139면.

17 차충환, 『숙향전 연구』; 최기숙, 「17세기 장편소설 연구」, 연세대학교 박사학위 논문, 1998; 이상구, 「「숙향전」의 문헌적 계보와 현실적 성격」, 고려대학교 박사학위 논문, 1994; 조용호, 「「숙향전」의 구조와 의미」, 『고전문학연구』 7, 한국고전문학연구회, 1992.

어떻게 수용하고 서사화하고 있는지가 이 장의 주된 논의가 될 것입니다. 저는 「숙향전」이 신화적 상상력을 서사화하기 위해 사용하고 있는 구조의 핵심을 '수련과 선업의 득선 여행'으로 보았습니다. '득선 여행'의 전반부는 주인공 숙향이 평범한 개인에서 능력을 지닌 '전인'으로 변모하는 수련의 과정입니다. 후반부는 능력을 획득한 숙향이 그 능력을 발휘하며 선업을 쌓는 과정입니다. 능력 발휘 과정에서 당시 사람들이 꿈꾸는 신화적 공간의 성격이 구체화됩니다. 그것은 '선경과 낙원'입니다. 단순히 아름다운 경치만을 이야기하는 것이 아니라 더불어 함께 살아갈 수 있는 지상의 낙원입니다. 상상이 만들어낸 세계는 대개 현실에 대한 반란입니다. 이는 현실의 결핍을 드러내는 방식이기 때문입니다. 따라서 「숙향전」의 환상세계는 현실에 대한 대안 세계로서의 의미를 지닙니다. 마지막으로 숙향의 배우자인 이선이 선계를 여행하고 신선들과 교유하는 것의 의미를 고찰했습니다. 이 글이 신화 시대에서 한참이나 멀어져버린 17-18세기에 여전히 신화적 상상력이 서사 창작에 유효하게 기능하고 있다는 점을 확인하고, 당대 사람들이 상상해낸 서사 공간을 통해 그들이 말하고자 하는 현실의 모습을 읽어내는 데 도움이 될 수 있기를 바랍니다.

2. 득선(得仙) 여행: 수련과 선업(善業)

대개의 환상소설은 여행 구조로 이루어져 있습니다. 이는 환상소설의 상상력이 신화성에 근원하고 있기 때문입니다. 신화적 설화의 구조

18 김문희, 「「숙향전」의 환상성의 창출양상과 의미」, 『한민족어문학』 47, 한민족어문학회, 2005.

는 '주인공의 배경–득선의 과정–능력의 발휘–최후의 귀숙'으로 이루어져 있습니다. 이는 '탐색'을 핵심으로 하는 영웅 신화의 구조와도 유사합니다.[19] 여기에서 말하는 '탐색의 과정'이 바로 여행입니다. 그렇기에 여행은 일종의 모험이 됩니다. 모험은 신기로운 세상을 향한 발걸음이며 그 과정에서 수많은 만남이 기대되고 실현됩니다. 신화적 인물(영웅)이 여행에서 만나는 대상은 일반적으로 우리에게 익숙하지 않은 말하는 동식물이나 사물, 기괴한 모습의 생명체, 혹은 인간의 형상을 닮았지만 전혀 다른 세상에 사는 신적 존재 등입니다. 이것들은 모두 상상력이 만들어낸 신화적 이미지들입니다. 「숙향전」 또한 여행 구조를 채택하고 있습니다. 「숙향전」의 여행에는 김전과 숙향, 그리고 이선이 참여합니다. 이들이 참여하는 여행 경로는 서로 연결되기도 하고, 특정 시점과 공간에서 결합했다 분기되기도 합니다. 김전과 숙향, 그리고 이선이 번갈아가며 여행의 주체가 되는데, 그들이 접하게 되는 대상은 다양합니다. 김전은 명산대천 → 반하수 → 동정호(백운교) → 집(처가) → 산중(피난) → 낙양 → 계양 → 양양 → 반야물가 → 양양 → 황성의 이동 경로를 거칩니다. 그 과정에서 '구워 먹힐 위기에 처한 거북'을 구해주기도 하고 자신이 '물에 빠져 죽을 위기'에 처해서는 그 거북의 도움으로 살아나기도 합니다.[20] 딸 숙향이 다섯 살 되던 해는 난리를 만나 산속으로 피난을 가는데, 이 시점에서 본격적 여행 주체로 숙향이 등장합니다.

일반적으로 아동 판타지에서 모험의 주인공은 소년, 소녀입니다. 이들은 평범한 일상 중에 뜻밖의 사건으로 모험을 시작하게 됩니다. 그 계기는 주로 부모의 부재에서 비롯됩니다. 숙향의 모험도 마찬가

19 그렇기에 신화적 인물은 자연스럽게 영웅성을 지닌다. 「숙향전」을 여성영웅소설로 볼 수 있는 것도 그러한 이유이다.

20 「숙향전」, 2-3면.

지입니다. 김전이 다섯 살 된 숙향을 난리 중에 버린 것을 부친으로 표상되는 가부장적 사회제도의 폭력이나[21] 전쟁고아의 비참한 현실로도[22] 볼 수 있습니다. 그러나 작품 내적으로 볼 때 전쟁과 유기는 숙향의 모험을 위해 필연적으로 마련되어야 하는 부모 부재를 위한 서사적 장치입니다. 아동 판타지에서 친숙한 부모의 부재와 모험은 기실 신화성을 기반으로 합니다. 주지하듯 신화적 설화의 서사 구조가 '주인공의 배경'으로 시작하고 있는데, 이 부분에서 주인공의 내력을 소개하고 득선의 과정으로 접어들게 되는 계기, 즉 질병이나 유기 등이 제시됩니다.[23] 종래 숙향을 중심으로 작품을 이해하려 할 때, 서두의 김전 이야기는 작품을 유기적으로 이해하는 데 다소 걸림돌이 되었습니다. 그러나 김전이 거북이를 구해주는 것을 숙향의 내력과 선연(仙緣)을 암시하는 기능으로 이해할 때[24] 그 의미는 보다 분명해집니다. 이렇듯 김전 이야기와 전쟁에서의 유기는 숙향이 득선 여행을 시작하게 되는 계기가 됩니다.

산속에 버려진 숙향은 '산중 → 역마을(유곡역) → 큰 마을 → 산 위 궁궐(명사계) → 장승상 댁 → 표진강 → 갈대숲(노전) → 이화정'을 거쳐 '서왕모의 집'에 이릅니다. 숙향은 여행길에서 수많은 대상을 만납니다. 그들은 도적, 잔나비, 황새, 까치, 후토부인, 사슴, 장승상, 사향, 거북(용

---

21 최기숙, 「17세기 장편소설 연구」.

22 이상구, 「「숙향전」의 현실적 성격」, 『고전문학연구』, 1991, 71-84면.

23 고소설 가운데 대표적 신선소설인 「남궁선생전」의 경우도, 서사의 시작이 남궁두가 나병으로 인해 부모에게 버려지는 것으로 되어 있다.

24 김전이 혼인 전 신령한 거북을 구해주고 그 덕에 얻은 개안주는 김전에서 숙향 그리고 이선에게로 옮겨가며 숙향의 선연(배경)-고난(득선 과정)-보은(능력 발휘)과 긴밀한 관련을 지닌다. 또한 선산(仙山)을 지탱하는 신령한 거북을 대인(大人)이 잡아가는 이야기가 『열자(列子)』 「탕문(湯問)」에 등장하는데, 이를 통해 거북이 선계와 깊은 관련이 있는 상징임을 알 수 있다.

녀), 항아의 시녀, 화덕진군, 마고선녀, 청조, 서왕모 등입니다. 이들은 대개 힘없는 민중이나 동물들, 아니면 신인적 존재들입니다.[25] 이들은 모두 숙향의 조력자입니다. 유일한 악인인 사향도 숙향의 수련 과정에 필요한 고난을 증대시키고 있다는 점에서 조력자의 범주에 듭니다.[26] 사향의 모함을 비롯해 장승상 댁에서의 10년 고공살이,[27] 경액과 선과의 복용은 신선가가 말하는 수련의 방식들입니다. 신선가들이 추구하는 궁극적 목표는 완전한 인간, 즉 불사적 존재가 되는 것입니다. 이러한 경지에 이르기 위해 우선 정신수련과 육체수련을 거쳐야 합니다. 정신수련의 방법으로는 인격 수양을 위한 인내가 있고,[28] 육체수련의 방법에는 복약, 단약, 금액, 제지(諸芝) 등 선약을 복용하는 방법이 있습니다. 선약을 복용하면 몸이 가벼워지고 가볍고 빠르게 걸을 수 있으며 온갖 병이 낫고 도로 젊어지기도 합니다.[29] 숙향이 사향의 모함을 겪어내고 장승상 댁에서 10년의 고공살이를 성실히 이행한 것은 정신수련에 해당하며, 신령한 동물과 신인적 존재가 준 경액과 선과를 복용해 몸이 가벼워지고 온갖 피로와 우울한 마음을 치유하는 것은 육체수련에 해당합니다. 또 불길에 싸인 노전 300리를 무사히 건넌 것은 육체수련이자 동시에 선인의 대표적 능력인 불에 대한 통어력을 지니게 되는 과정입니다. 이때 화덕진군이 숙향으로 하여금 입고 있던 옷을 모조리 벗게 하는

25 장승상 부인도 적강한 선녀이다.

26 선인의 득선 과정에서 반드시 필요한 훌륭한 스승은 주인공의 득선을 위해 연단의 비법도 전수하지만 극복해내야 할 시련도 함께 제공한다.

27 숙향 스스로 장승상 댁에서의 삶을 고공살이로 표현했다.

28 『산해경』에 최초로 주석을 달기도 한 대표적 신선가 갈홍(葛洪)은 "신선이 되고자 하는 사람은 충효화순인신(忠孝和順仁信)을 근본으로 삼아야지, 덕행을 닦지 않고 방술만 힘쓰면 결코 장생할 수 없다."고 했다. 갈홍, 『포박자·내편』 권3, 「對俗」. "欲求仙者, 要當以忠孝和順仁信爲本, 若德行不修, 而但務方術, 皆不得長生也."

29 정재서, 『불사의 신화와 사상』, 43-54면.

데, 이는 육체의 껍질을 벗어버리고 신선이 되는 시해선(尸解仙)처럼 존재의 상승적 변화를 의미합니다. 불의 위기를 극복하게 해준 화덕진군이나 벌거벗고 굶주린 숙향을 데려다 성숙한 여인이 되도록 도와주는 마고선녀는 그 자체가 신화적 존재일 뿐 아니라 숙향을 득선하도록 인도하는 스승의 역할을 합니다.[30]

숙향이 요지연까지 이르게 되는 여정은 득선을 위한 수련 과정입니다. 숙향은 육체적·정신적 수련 과정과 속세의 육체에서 벗어나는 존재 변화를 경험한 뒤 어린아이에서 성숙한 여인이 됩니다. 숙향의 존재 변화는 그녀가 신인적 능력을 획득했음을 의미합니다. 그렇기에 숙향은 고난이 끝난 지점에서 신선들의 모임인 요지연에 참석해 전생이 천상의 선녀였음을 확인할 수 있었던 것입니다. 즉 고된 여정은 숙향이 본연의 신인성을 회복하기 위한 과정인 셈입니다. 그러나 요지연은 득선 여행의 궁극점이 아닙니다. 요지연까지 이르는 수련 과정에서 획득한 신인적 능력은 일종의 지상선으로서의 능력입니다. 선인이 궁극의 목표인 천상선이 되기 위해서는 선업을 닦는 과정이 필요합니다. 요지연은 수련에서 선업의 단계로 넘어가는 전환점이 됩니다.[31]

숙향은 요지연에서 천정인연인 이선을 만나 혼인하게 됩니다. 이후 이선은 양왕의 청혼을 피하기 위해 형주자사를 자임해 먼저 떠나고 숙

---

30 신선 설화에서의 탐색의 과정은 득선을 향한 과정으로 주인공은 유기되거나 가난, 질병 등의 열악한 환경 속에서 스승을 만나게 되고 시험과 사역을 당하는 등 갖가지 고초를 겪으면서 스승을 섬긴 끝에 비결을 전수받아 불사의 단약을 합성하게 된다. 그리고 득선 이후의 활동담과 최후의 귀숙이 뒤를 잇고 신선 설화는 끝을 맺게 된다, 정재서, 『불사의 신화와 사상』, 168-169면.

31. 숙향의 득선 여행은 다음과 같은 대칭 구조를 이룬다.

산 →	마을 →	명사계 →	장승상 댁 →	표진강 →	노전 →	이화정 →	서왕모 집
← 양양	← 계양	← 장사 땅	← 장승상 댁	← 표진강	← 노전	← 이화정	

향은 홀로 그 뒤를 따릅니다. 양왕의 청혼은 혼사장애적 고난에 해당하면서 동시에 숙향이 다시 홀로 여행하며 선업을 닦게 하는 서사적 장치가 됩니다. 남편의 부임지로 향하는 숙향은 노전 → 양양강 → 표진강 → 장승상 댁 → 장사 땅 → 계양 → 양양 → 황성을 지납니다. 선업 과정은 앞서 수련 여정을 거슬러 가는 것입니다. 수련 과정에서는 단계마다 신인적 존재들에게 도움을 받거나 시험에 들기도 하며 육체와 정신을 단련시켰다면, 선업 과정에서는 자신에게 도움을 주었던 이들에게는 은혜를 갚고, 고난을 주었던 이들은 용서합니다.[32] 선업의 과정은 신화적 설화 구조에서 '능력의 발휘'에 해당합니다. 숙향은 이제 옛날의 나약한 어린아이가 아닙니다. 그녀의 존재 변화는 이선과의 혼인에서 비롯된 지위 변화를 의미하지 않습니다. 그녀는 앞서 민중과 동물 그리고 신인적 존재에게 보호받고 시험당하던 존재에서 그들에게 베풀고 그들을 용서할 수 있는 존재로 변화한 것입니다. 이러한 변화는 숙향이 내적·외적으로 성숙한 '전인(全人)'이 되었음을 의미합니다.[33] 능력의 발휘가 보은과 용서(해원)의 형태를 띠면서 다시 신적 존재들에게 신물(神物)을 얻는 것은 선업이 숙향에게 더 큰 능력(양생과 치유의 능력)을 획득하게 하는 득선 과정임을 알게 합니다.[34]

---

32 노전에서는 화덕진군에게 제를 올리고 그 감응으로 화주 2개를 얻고, 표진강에서는 용녀에게 제를 올린 후에 금은보화와 오리알만 한 구슬을 얻는다. 장승상 댁에 가서는 해원과 보은의 잔치를 열고 장사 땅에서는 잔나비와 사슴, 황새에게 삼백 석 밥을 지어 보답한다. 그리고 양양으로 가서 부모와 상봉해 버림받았던 한을 푼다.

33 득선을 하기 위해 '선을 쌓고 공을 세우며 사물에 대한 자비심을 가지고 자신을 용서하듯 남을 용서하고 어진 마음이 곤충에게까지 미쳐야 한다.' 갈홍, 『포박자·내편』 권6, 「微旨」, "欲求長生者, 必欲積善立功, 慈心於物, 恕己及人, 仁逮昆蟲."

34 숙향이 신물을 이용해 아랫사람들과 동물들에게 밥을 해 먹이고 이후 죽은 황태후를 살리는 것에서 숙향이 획득한 능력이 생명을 기르는 '양생(養生)과 치유'의 능력임을 알 수 있다.

3. 환상의 세계, 소망적 현실: 대안 공간

「숙향전」의 서사 구조가 득선 여행으로 이루어졌으며 그 성격은 수련과 선업의 과정임을 살펴보았습니다. 득선 여행에서 숙향이 지나고 머물렀던 공간은 현실이면서 현실이 아닌 세계입니다. 이곳에는 생물과 무생물, 인간적 존재와 신적 존재, 종교적 존재와 우주적 존재가 공존합니다.[35] 그들은 어떠한 경계 짓기도 하지 않고 물리적 거리와 시공의 차원도 무시한 채 공존합니다. 즉 「숙향전」의 세계에는 '현실계(지상계)·천상계·지하계·신선계·용궁계' 등으로 나눌 수 있는[36] 서사문학의 모든 계가 동일 공간 안에 공존하는 것입니다.[37] 특히 기존의 관념적인 천상계와 구별되는 구체적인 별나라도 등장합니다. 이는 기실 신화적 상상력에 기반을 둔 것입니다.[38] 주목할 것은 「숙향전」의 수많은 초월계들이 현실계와 이어지는 하나의 공간 안에서 원근의 차이만으로 존재한다는 점입니다.

숙향이 수련 과정에서 후토부인을 만나는 명사계(冥司界)는 "산곡의 흔 궁궐"이나[39] "셩황"으로[40] 묘사되며, 용궁계의 용녀를 만난 것도 해중

---

35 종교적 존재는 유불도 3교와 관련한 존재들이며 우주적 존재는 별나라로 형상화된 세계의 존재들이다.

36 조희웅, 「한국서사문학의 공간개념」, 『고전문학연구』 1, 1971.

37 천상계와 지상계가 설정된 고소설의 경우 대개 천상계는 지상계와 분리된 초월세계로 설정되어 있다는 점에서 「숙향전」의 공간 구조와 차이를 보인다.

38 「숙향전」의 별세계는 『산해경』에 등장하는 상상국이다. 『산해경』은 고려조 기록에서부터 국내 유입이 확인되고, 특히 조선 문인들 사이에서 주요 독서물로 읽혔다. 이 책은 문인들의 시적 상상력을 자극하거나 전고로 활용될 만큼 보편성을 확보한 소통의 매개였고, 역사지리서로도 인지되었다. 최기숙, 「조선시대 사대부 문인의 '환상'인식과 문학적 향유」, 『문학교육학』 30, 2009, 38-43면.

39 「숙향전」, 15면.

40 「숙향전」, 83면.

수부(水府)인 용궁이 아니라 표진강 위입니다. 산 위나 물 위로 묘사되는 명사계나 용궁계는 우리의 민간신앙과 결부되는 공간으로 신적 공간이자 현실의 공간입니다. 숙향의 여행에서 가장 원거리에 있으며 전환점이 되는 "서왕모 집"도[41] 완전한 천상계가 아닙니다. 그곳은 모든 신들이 모이는 공간이지만 천상의 상제도 육룡이 끄는 황금수레를 타고 내려와야 하는[42] 지상 위의 천상입니다. 상제는 서왕모의 집에서 신인들의 하례를 받는데, 이는 서왕모의 집이 상제의 지상 도읍이기 때문입니다.

> 서남쪽으로 400리를 가면 곤륜구라는 곳인데 바로 여기는 천제의 하계의 도읍으로 신 육오가 맡고 있다. 이 신의 형상은 호랑이의 몸에 아홉 개의 꼬리, 사람의 얼굴에 호랑이 발톱을 하고 있는데, 이 신은 하늘의 아홉 구역의 경계와 천제의 정원의 사계절을 주관하고 있다. 이곳의 어떤 짐승은 생김새가 양 같은데 네 개의 뿔이 있다. 이름을 토루라고 하며 사람을 잡아먹는다. 이곳의 어떤 새는 생김새가 벌 같은데 큰 것은 원앙새와도 같다. 이름을 흠원이라고 하며 벌침으로 새나 짐승을 쏘면 죽고 나무를 쏘면 시든다. 이곳에 이름을 순조라고 하는 새가 있는데 이 새는 천제의 온갖 기물과 의복을 맡고 있다. 이곳의 어떤 나무는 생김새가 아가위 같은데 꽃이 노랗고 열매가 붉으며 맛은 오얏 같으나 씨가 없다. 이름을 사당이라고 하며 물을 막을 수 있어서 이것을 먹으면 물에 빠지지 않는다. 이곳에 이름을 빈초라고 하는 풀이 있는데 생김새는 해바라기 같고 맛은 파와 같으며 먹으면 근심을 덫게 된다. 황하가 여기에서 나와 남쪽으로 흘러서 동쪽으로 무달에 들어가고 적수가 여기에서 나와 동남쪽으로 범천수에 흘러든다. 양수가 여기에서 나와 서남쪽으로 추도수에 흘러들며, 흑수가 여기에

41 「숙향전」, 61면.

42 「숙향전」, 61-62면.

서 나와 서쪽으로 대우에 흘러든다. 이곳에는 괴상한 새, 짐승들이 많이 산다.[43]

서왕모가 책상에 기대어 있는데 머리꾸미개를 꽂고 있다. 그 남쪽에 세 마리의 파랑새가 있어 서왕모를 위해 음식을 나른다. 곤륜허의 북쪽에 있다.[44]

서해의 남쪽, 유사의 언저리, 적수의 뒤편, 흑수의 앞쪽에 큰 산이 있는데 이름을 곤륜구라고 한다. 신—사람의 얼굴에 호랑이의 몸인데 꼬리에 무늬가 있으며 모두 희다—이 있어 여기에 산다. 산 아래에는 약수연이 둘러싸여 있으며, 그 바깥에는 염화산이 있어 물건을 던지면 곧 타버린다. 어떤 사람이 머리꾸미개를 꽂고 호랑이 이빨에 표범의 꼬리를 하고 동굴에 사는데 이름을 서왕모라고 한다. 이 산에는 온갖 것이 다 있다.[45]

천제의 하계 도읍으로 대표되는 초월계에는 서왕모와 같은 신인과 온갖 기인한 동식물이 공존합니다. 그곳에는 천제의 기물과 의복을 담당하는 새, 먹으면 물에 빠지지 않거나 근심을 잊게 하는 열매와 풀, 그리고 음식을 날라다 주는 파랑새 등이 있습니다. 숙향이 천상에서 상제의 기물 중 하나인 월연단을 훔쳤다거나 김전이 상제에게 꿀을 늦게 바쳤기에 적강하게 되었다는 것, 굶주린 숙향에게 먹으면 배가 불러지는 꽃봉오리를 날라다 준 청조, 먹으면 정신이 상쾌해지고 근심을 잊게 하는 동정귤과 대추와 같은 열매, 그리고 물 위를 평지 걷듯 다니는 용녀

43 정재서 역, 『산해경』, 민음사, 1985, 92면. 『산해경』의 인용은 이 책으로 한다.

44 『산해경』, 271면.

45 『산해경』, 312면.

나 선관 이적선 등의 모습은 이러한 초월계의 모습과 닮아 있습니다. 이로 볼 때 「숙향전」의 공간은 여행의 출발지인 현실계를 제외하고 대부분 신화적 상상력으로 만들어진 환상세계임을 알 수 있습니다.

「숙향전」의 공간, 즉 환상세계가 지니는 성격은 숙향의 득선 여행에서 구체화됩니다. 숙향의 득선 여행은 서왕모의 집을 반환점으로 해서 대칭 구조를 이루는데, 이는 수련과 선업의 과정이라고 했습니다.[46] 그렇다면 숙향이 수련을 하고 선업을 닦는 공간은 어떠한 세상일까요? 부모에게 버림받아 산속에서 굶주려 울고 있는 숙향을 보고 도적은 자식 또래의 아이가 호환(虎患)을 만날까 걱정해 업고 역마을로 데려다줍니다. 또한 잔나비는 먹을 것을 구해다 주고 황새는 추운 몸을 덮어줍니다. 뒤이어 청조, 후토부인, 흰사슴, 장승상 부부, 용녀, 화덕진군, 마고선녀 등 숙향의 여정은 수많은 조력자들과 만나는 과정입니다. 숙향에게 주어진 고난 반복의 운명은 기실 지속적으로 새로운 조력자들을 만나도록 하는 계기가 됩니다. 여기서 조력자들은 현실계에서는 하층에 속하는 도적이나 피난민이며 그 밖에는 자연물 그리고 신인들입니다. 이들의 '조력'이란 어려운 상황에 처한 어리고 나약한 숙향의 생명을 길러주는 것입니다. 그들이 공존하는 세계는 현실의 부모가 버리고 죽음으로 몰아넣은 아이를 다시 살게 하는 세상입니다. 이것은 권세를 지닌 이들이 시혜적으로 베푸는 은혜가 아니라 민중이 서로 돕고 자연과 인간이 하나로 이어지며 천상과 지상이 소통하는 세계인 것입니다.

---

46 숙향의 여행을 배우자 탐색을 위한 여행으로 간주할 수도 있다. 조용호, 「「숙향전」의 구조와 의미」, 『고전문학연구』 7, 한국고전문학회, 1992, 267-271면. 그러나 두 사람의 만남이 여행의 궁극적 목적이 아님은 작품이 배우자 탐색으로 마무리되고 있지 않다는 사실에서 확인할 수 있다. 숙향의 여행은 일종의 존재 변화를 위한 수련 과정이고 숙향과 이선의 만남은 숙향의 존재 변화를 상징한다.

서왕모의 집으로 가는 길/세계가 수많은 조력자들과의 만남이 이루어지는 공간이라면 서왕모의 집에서 돌아오는 길/세계는 "왕연 오날날이 물의 슉냥ᄌ를 만낫더니 금연 오날날 또 슉부인을 만낫도다."[47]라는 표진강 선녀의 말처럼 이미 정체성이 달라진 숙향이 지난 은혜를 갚고 한을 풀며 용서하는 공간입니다. 서왕모 집으로 갈 때의 숙향은 자신의 처지를 끝없이 원망하며 세상에 의존해야 하는 나약한 존재였다면 서왕모 집에서 돌아올 때의 숙향은 용서할 줄 알고 베풀 줄 아는 존재가 되었습니다. 서왕모의 요지는 숙향에게 베풀 수 있는 힘을 부여하는 공간인 것입니다. 숙향은 요지에서 회복한 능력을 발휘해 자신에게 도움을 주었던 대상들을 하나하나 찾아 보답합니다. 이것은 단순한 선행이나 윤리적 보은 개념에[48] 머물지 않는 득선(천상선)을 위한 선업입니다.

선업의 공간은 수련의 공간과 별개의 세계가 아닙니다. 선업이 수련 과정에서 거쳤던 곳을 거슬러 가며 이루어지기 때문입니다. 수련의 공간은 민중이 서로 돕고 자연과 인간이 이해하며 천상과 지상이 소통하는 조화로운 세계였습니다. 선업의 공간은 수련의 공간 위에 보은하고 감응하며 용서하고 해원하는 세계의 이미지를 더하고 있습니다. 게다가 사흘 동안의 큰 잔치와 백미 삼백 석으로 밥을 지어 보답하는 장면은 이 세계가 풍요로운 지상 낙원의 이미지를 지향하고 있음을 알게 합니다. 「숙향전」의 세계는 조화와 이해를 꿈꾸고 용서와 화해를 지향하는 풍요로운 세계로, '지상 낙원'이라는 신화적 이미지와 연결됩니다.[49]

---

47 「숙향전」, 154-155면.

48 최기숙, 「17세기 장편소설 연구」, 52면.

49 「숙향전」의 환상세계는 신화세계의 선경과 낙원 이미지에서 가져온 것이다. 신선 설화 가운데 선경 설화로 분류되는 것들은 말 그대로 아름다운 신선세계이다. 선경 설화의 주인공은 대개가 범인이다. 평범한 사람이 우연한 기회에 선경에 들어가게 되는데 그곳에는 선인은 물론 선약과 기묘한 동식물이 있고 아름다운 경치가 있다. 남자 주인공은 아름다운 미녀를 만나 사

그렇다면 왜 「숙향전」의 작가는 현실계와 공존하는 환상세계를 만들었을까요? 어찌하여 초월계를 현실과 동떨어진 이원적 세계로 만들지 않고 현실계와 이어진 일원적 세계 속에 포섭한 것일까요? 이는 「숙향전」의 환상세계가 '현실에 존재했으면' 하는 사람들의 소망을 담고 있기 때문입니다. 소망적 세계로서의 환상세계는 현실의 결핍을 반영합니다. 현실의 부조리와 폭력이 해소된 세계가 저 먼 하늘나라에 존재하는 것이 아니라 현실계에 있기를 소망하는 것입니다. 이는 「숙향전」의 환상세계가 현실을 대체하는 대안 공간임을 의미합니다. 대안 공간은 현실 공간 안에 신화적 공간을 포섭해 하나의 세계로 공존시키고자 하는 인식이 만들어냅니다.[50] 그렇기에 대안 공간은 현실과 초현실을 분리하지 않습니다. 그곳은 고대 신화세계와 마찬가지로 현실적 존재와 초현실적 존재가 공존하며 공생하는 곳입니다. 그곳은 현실의 결핍 상태에 대한 자각과 그것을 치유하고자 하는 소망을 반영합니다. 숙향이 자신의 집을 떠나 여행을 하며 거쳐 간 공간은 인간과 동물이 소통하고 선인과 속인이 대화할 수 있는 곳입니다. 소통의 코드가 통일된 공간이기에 언어가 달라도 마음이 통합니다. 배고픈 자에게 먹을 것을 주고 죽어가는 자를 살리는 공간입니다. 이처럼 「숙향전」의 작가는 당시 사람들이 소망하는 세상을 신화적 상상력을 빌려 만들어낸 것입니다. 이 세계는 단지 현실을 비판하기 위해 만들어진 세계가 아니라 현실이 지향해야 할 전망을 제시하는 현실 대안적 공간입니다.[51]

랑을 속삭이고 도술을 획득하거나 선물을 받기도 한다. 정재서, 『불사의 신화와 사상』, 150면.

50 현실계에 상상계를 포섭해 하나의 공간에 공존시키려는 욕망은 「숙향전」과 유사한 시기에 만들어진 〈원형 천하도〉에서도 확인할 수 있다.

51 현실에 존재하지 않는 공간을 창조하는 것은 소망하는 바가 거기에 있기 때문이다. 「태원지」의 작가가 화이관의 전도를 말하고자 하여 『산해경』의 상상력에 의뢰해 새로운 공간 '태원'을

4. 「숙향전」의 지향: 교감과 치유

「숙향전」의 환상세계는 신화적 상상력을 빌려 만들어낸 지상의 낙원입니다. 그것은 현실에 대한 전망을 제시하는 대안 공간이라는 성격을 지닙니다. 그렇기에 그 세계에는 당대인의 소망이 반영되어 있습니다. 그렇다면 작품이 대안 공간을 통해 궁극적으로 말하려고 한 전망이란 무엇일까요? 「숙향전」은 다른 고소설에 비해 선악 갈등 구조가 심각하지 않습니다. 숙향을 모함해 장승상 댁에서 쫓겨나게 한 사향을 제외하면 악인은 존재하지 않는다고 볼 수 있습니다. 사향의 경우도 그 악행이 작품 전체를 일관하는 것이 아니라 장승상 댁에 머물던 숙향이 다시 여행길에 오르도록 하는 장치로만 기능합니다. 일반적으로 「숙향전」에서 갈등이나 위기로 볼 수 있는 상황들은 모두가 숙향(혹은 이선)으로 하여금 새로운 여행을 시작하게 하는 계기로 작용합니다. 부모의 버림, 사향의 모함, 양왕의 청혼 등이 그것입니다. 그러나 조금 더 세밀히 들여다보면 「숙향전」에도 가치에 대한 호오(好惡)가 존재합니다.

> ᄌᆞᆼ회의 부인니 보고 왈 공후 부가의셔 구혼ᄒᆞ미 구롬 갓거늘 굿틔여 검전으게 허락ᄒᆞ시니 이제 납폐ᄒᆞᆫ 것실 보ᄆᆡ 그 간난ᄒᆞ물 가히 알지라 장회 왈 혼인논ᄌᆡ난 이젹의 도라 제 비록 간난ᄒᆞ나 우리 유여ᄒᆞ니 무ᄉᆞᆷ ᄌᆡ물을 탐ᄒᆞ리요.[52]

> 쳔승이 웃고 왈 네 승ᄉᆞᆼᄃᆡᆨ 모든 일을 맛타 온갖 것실 도젹질ᄒᆞ다가 ᄉᆞᆷ

만들어낸 것과 같다. 소망하는 바는 현실의 결핍이고 새로이 창조된 공간은 현실에 대한 대안 공간으로 결핍을 치유할 방법을 제시하는 공간이다.

52 「숙향전」 4면. 이후 본문 속 인용문 끝에 면수 표기.

월슴일의 승ᄉᆞᆼ이 부인을 청ᄒᆞ여 영츈당의셔 잔치할 제 네 봉치와 ᄌᆞᆼ도를 도적ᄒᆞ여 슉향의 함의 넛코 슉향이 도적ᄒᆞ엿다 ᄒᆞ고 거짓 승ᄉᆞᆼ의 말슴과 부인 말슴을 위죠ᄒᆞ여 왕복ᄒᆞ고 부인니 승상게 나온 ᄉᆞ이예 네 슉향을 구박ᄒᆞ여 등미러 ᄂᆡ치고 드러와 허무ᄒᆞᆫ 말노 속여 엿쥬고 부르러 가난 체 ᄒᆞ고 마을집의 슘엇다가 빗비 드러와 무거ᄒᆞᆫ 말노 온가지로 지어 아니ᄒᆞ엿난다 너 승ᄉᆞᆼ과 부인은 만가지로 속여도 ᄒᆞ날은 속이지 못ᄒᆞ리라. (48-49면)

승ᄉᆞᆼ이 크게 깃거 ᄌᆞᆼᄉᆞ ᄯᆞ의 가 됴ᄌᆞᆼ을 ᄎᆞᄌᆞ 그 화ᄉᆞᆼ을 구ᄒᆞ니 됴ᄌᆞᆼ 왈 어ᄃᆡ셔 긔림갑실 만니 쥬ᄆᆡ 판지 오ᄅᆡ라 ᄒᆞ거날 승ᄉᆞᆼ이 굿틔여 청ᄒᆞ다가 못ᄒᆞ여 그 긔림 판 곳ᄃᆡ 가 물너달나 ᄒᆞ시며 ᄇᆡᆨ금 일ᄇᆡᆨ양을 ᄂᆡ여 쥬니 그제야 그 화ᄉᆞᆼ을 ᄂᆡ여 쥬거날(53면) …… 됴ᄌᆞᆼ 왈 나는 본ᄃᆡ ᄌᆞᆼᄉᆞ라 니를 취ᄒᆞ미니 본ᄃᆡ ᄇᆡᆨ금을 쥬고 ᄊᆞᆺᄉᆞ오니 갑실 더 쥬오면 팔고 가리니다. (77면)

숙향의 외할아버지가 되는 장회는 구슬 두 개를 예물로 보낸 김전을 못마땅해하는 부인을 타이르고, 장승상 댁 살림을 맡는 동안 도적질하며 자신의 이익만을 챙기던 사향은 천벌을 받습니다. 물욕과 거기에 더해진 부정함에 대한 경계는 인간의 보편적 윤리의식에 따른 것이기에 특이하다 여길 것은 아닙니다. 그런데 보편적 경계 대상인 물욕을 이 작품에서는 장사하는 사람의 본성으로 파악하고 있습니다. 상인 조장은 악인이 아닙니다. 그가 물건을 사고팔며 홍정하는 모습은 상업이 발달한 당시의 사회상에 대한 자연스러운 반영일 것입니다. 그러나 간절히 그림을 원하는 승상에게 다른 곳에 이미 팔았다고 해 그림 값을 올리거나 본래 장사치의 속성은 이익을 취하는 것이라고 공표하며 값을 더 많이 주면 팔겠다는 모습은 그다지 긍정적이지 않습니다. 또한 마고선녀가 술 파는 상인인 줄 안 숙향이 선녀에게 "원컨ᄃᆡ 서로 속이지 말고 ᄇᆡᆨ

연을 흔갈갓치 지닉다가 죽어 흔 곳딕 뭇치물 바릭오며"라고 한 간절한 부탁에서 이익을 추구하는 상인의 속성을 남을 속이는 것과 연결하고 있음을 알 수 있습니다. 이러한 표현들이 쓰인 것은 작품이 부정함과 쉽게 결탁할 수 있는 세속적 물욕과 점차 상업화되는 사회에 대해 우려의 시선을 지니고 있기 때문일 터입니다.

> 그날 밤 꿈의 흔 부체 와 이르되 승셔 형벌이 엄흐여 무죄흔 빅셩을 만니 쥭여시믹 무즈식흐게 흐여더니 부인의 정셩이 지극흐믹 귀즈를 졈지흐니 줄 지루라. 흐고 간딕 업거날(68면) …… 이난 반다시 익믹흔 스람을 즁흐의 쥭이려 흐니 흐날이 도우시난가. (110면)

> 승승과 부인의 꿈의 흔 선녀 구름 속으로 나려와 계화 흔 가지를 쥬며 왈 네 젼싱의 죄 즁흐여 무즈식흐게 흐여더니 남으게 익믹이 잡펴 셜음으로 지닉믹 이 쏫틀 쥬나니 줄 간슈흐라. (22면) …… 익믹흔 슉향을 도젹흐여 갓다고 소동흐여 져를 닉치려 흐오니 그런 불승한 일이 업스오며(34면) …… 오직 스향이란 연은 부인을 익믹이 익명 입된 죄로 항아 옥뎨게 아뢰여 천벌을 치게 흐여스오니. (42면)

이선의 부친 이상서는 학식과 덕망이 뛰어나고 부귀가 조정에 으뜸이지만 늦도록 자식을 두지 못합니다. 평소 형벌을 엄하게 해서 무죄한 백성을 많이 죽였기 때문입니다. 그에 대한 처벌이 가문의 대를 끊는 무후인 것은 생명 경시와 지나친 폭력에 대한 경고인 셈입니다. 이러한 경고는 후에 죄 없는 숙향을 죽이려 하자 하늘이 도와 나장들의 곤장이 움직이지 않도록 한 것에서도 드러납니다. 폭력과 더불어 억울함에 대한 경계도 있습니다. 장승상 부부는 전생에 죄를 지어 무후할 운명이었으나 지금 세상에서 애매한 누명을 입고 서럽게 살고 있기에 그 죄를 용서받고 양녀 숙향을 얻게 됩니다. '애매함'이란 억울함입니다. 억울함은 진실이 가려지고 거짓이 가로막을 때 발생합니다. 그런데 애매한 처지를 경험했던 장승상과 그 부인이 사향의 이간질에 눈과 귀가 멀어 숙향의 애매한 누명을 바로 보지 못합니다. 결국 숙향이 떠난 후 그들은 끊임없이 숙향의 '애매함'을 슬퍼하며 속죄하는 마음으로 지내게 됩니다. 마고선녀가 숙향과 이선에게 번갈아 연분의 상대가 눈멀고 참혹하게 병든 사람이라고 하며 포기할 것을 종용해도 "연분니 지즁ᄒᆞ면 병인이라도 엇지 관계ᄒᆞ리요", "진실로 ᄐᆡ을션군니면 비록 두 눈 멀고 ᄎᆞᆷ혹ᄒᆞᆫ 병인인들 관계ᄒᆞ오릿가"라며 보지 않고도 믿고 약속(연분)을 지키려는 태도를 소중하게 바라보는 시선에서도 작품이 진정한 소통이 가로막힐 때 생기는 불신을 경계하고 굳건한 신뢰의 중요성을 강조하고 있음을 알 수 있습니다.

> 과연 그달븟터 ᄐᆡ긔 잇스니 김젼니 크게 깃거 아달 낫키를 축슈ᄒᆞ더라. (6면) …… 김젼니 ᄯᅩᄒᆞᆫ 진력ᄒᆞ여 닷지 못ᄒᆞ니 졍히 망극ᄒᆞ여 ᄌᆞᆼ시다려 왈 도젹이 급히 ᄯᆞ로고 ᄂᆡ 힘이 진ᄒᆞ니 우리 두리 다 ᄉᆞ라나면 슉향갓튼 ᄌᆞ식을 다시 보려니와 우리 다 쥭으면 신ᄎᆡ를 뉘 거두며 부모의 제ᄉᆞ를 뉘 밧드리요. 아모리 인졍의 망극ᄒᆞ고 제 졍ᄉᆞᆼ이 잔잉ᄒᆞ나 슉향을 니곳ᄃᆡ ᄯᅮ고 잠간 피ᄒᆞ엿다가 젹병이 지ᄂᆡ간 후 다시 와 다려가ᄉᆞ이다. (9면) …… 슉향을 져리 ᄉᆞ랑ᄒᆞ면 무ᄉᆞᆷ 일노 반야산 돌 틈의 바리고 가며 낙양 옥즁의 갓쳐실 제 엇지 ᄎᆞᆺ지 아니ᄒᆞ고 늘근 날다려 과로이 여러 말 뭇난냐. (172면)

김전은 난리 중에 산속으로 피난하다 도적의 추적이 급해지자 부인에게 숙향을 버리고 갈 것을 제안합니다. 부부 두 사람만 살아 있으면 언제라도 숙향 같은 자식을 둘 수 있다고 생각했기 때문입니다. 이러한 생각은 부인이 태몽을 꾸었을 때 아들 낳기를 기원했던 바람과 무관하지 않은 듯합니다. 김전은 훗날에도 낙양의 옥(獄)에서 만난 숙향을 알아보지 못합니다. 나중에야 딸을 찾겠다고 나서자 반야용왕은 과거의 잘못을 지적하며 그 정성을 시험합니다. 즉 말로만 하는 형식적 부정(父情), 딸에 대해 무정한 아버지에 대한 질책인 것입니다. 용왕은 질책과 더불어 김전의 마음이 간절한지를 시험한 후에 숙향의 거취를 알려주며, 이렇게 하는 것은 자신의 딸 용녀를 위해서임을 거듭 강조합니다.[53] 김전의 행동에 대한 비판적 시선은 김전이 서둘러 숙향을 버리고 간 뒤, 뒤쫓던 도적이 오히려 "나도 너와 갓탄 ᄌᆞ식이 잇더니 이러ᄒᆞᆫ가 불ᄉᆞᇰᄒᆞ고 잔잉ᄒᆞ다."라고 하며 숙향을 구해주는 것과 대조를 이루며 더욱 선명하게 드러납니다.

이렇듯 「숙향전」이 불편하게 바라보는 것은 세속적 물욕, 지나친 폭력과 생명 경시, 소통의 단절로 인한 불신과 가족 관계에서의 무정함 등입니다. 이들은 모두가 관계의 단절과 분리를 조장하는 것이며 서로에게 죽음과 억울함 등의 상처를 남깁니다. 주목할 것은 이러한 단절과 분리의 패러다임이[54] 지배하는 곳이 주로 현실계, 즉 인간들의 실제적 삶의 영역이라는 점입니다. 이것은 현실이 문제적 시공이며 결핍의 공간임을 의미합니다. 「숙향전」은 이러한 현실을 직접적으로 비판하지 않고 상상력으로 그 위에 새로운 현실을 덧입힘으로써 그 해결의 실마리를 제공하려 합니다. 새로운 현실, 즉 대안 공간에서 이루어지는 진정한 관계 맺음을 통해 당시 사람들이 소망하는 세계의 모습을 제시하고 있는 것입니다.

53 「숙향전」, 173면, "나도 ᄌᆞ식을 위ᄒᆞ여 그ᄃᆡ 은혜를 갑푸려 ᄒᆞ고……".

54 에드가 모랭, 『20세기를 벗어나기 위하여』, 고재정·심재상 역, 문학과지성사, 1996, 464면.

대안 공간을 통해 작품이 궁극적으로 지향하는 세계는 서로가 이해하고 서로의 상처를 치유해주는 건강한 세상입니다. 삶의 건강함은 일방적 관계가 아닌 호혜적 관계, 즉 상호 평등한 소통과 이해를 바탕으로 합니다. 소통과 이해는 교감을 통해 이루어집니다. 소통의 대상들은 물질이 아닌 마음으로 서로를 확인합니다. 부귀한 부친은 어린 딸자식을 버렸지만 무자비할 것 같은 도적은 진정한 측은지심으로 살려주고, 피난 중이던 마을 사람들은 자신들의 먹을 것을 나누어줍니다.[55] 진정한 소통을 바라는 소망이 상상의 힘을 빌리면 이름 모를 풀과 작은 짐승까지도 그 대상으로 포섭할 수 있으며, 실제적 삶의 경계를 넘어 신적 존재들도 인간의 삶에 끌어들일 수 있습니다. 소통을 소망하는 대안 공간에서는 청조가 말을 하고 삽살개가 글을 써서 위기를 극복하게 하고, 까치는 고난을 미리 알려줍니다. 이들은 말하지 않아도 그 뜻을 알아 헤어진 연인에게 편지를 전해주고, 신기한 음식물을 가져다주어 배고픔을 잊게 합니다. 숙향이 장승상의 양딸이 되자 만물이 시드는 가을날에도 새로이 꽃이 피고[56] 숙향이 모함을 받고 쫓겨나 물에 빠져 죽으려 하자 풀나무도 슬퍼하고 새들도 슬피 웁니다.[57] 이것은 자연과 인간이 교감하고 인물(人物)이 소통하는 세계의 표지입니다. 대안 공간에서는 자연과 인

55 「숙향전」, 13-14면. "마을 가온ᄃᆡ 드러가며 실피 부모를 부라니 보난 ᄉᆞ람이 불ᄉᆞᆼ이 네겨 왈 일정 란즁의 부모를 일은 아ᄒᆡ로다. 음식을 쥬어 먹이며 그 비ᄉᆞᆼ한 얼골을 보고 지루고져 ᄒᆞ나 져의도 피란ᄒᆞ여 동셔 분쥬ᄒᆞᄆᆡ 다려가지 못ᄒᆞ더라."

56 「숙향전」, 23면. "예 업던 구름이 동산의 어리엿고 괴이ᄒᆞᆫ 향ᄂᆡ 진동ᄒᆞ거날 승ᄉᆞᆼ이 혼ᄌᆞ 말노이라되 잇ᄯᆡ 츄절이라 오ᄉᆡᆨ 구름 일 ᄯᆡ아니요 ᄯᅩᄒᆞᆫ 나무 입과 ᄭᅩᆺ 펠 ᄯᆡ 아니라. 어ᄃᆡ서 고이ᄒᆞᆫ 향ᄂᆡ 나난고 ᄒᆞ며 쥭쟝을 집고 동산의 올나 ᄇᆡ회ᄒᆞ더니 모란화 나무의 입피 ᄉᆡ로 퓌여 나고 ᄭᅩᆺ치 만발ᄒᆞᆫᄃᆡ ᄒᆞᆫ 게집 아ᄒᆡ 안ᄌᆞ 죠울거날."

57 「숙향전」, 37-38면. "ᄋᆡᆨ명을 입고 이 물의 ᄲᆡ져 쥭ᄉᆞ오니 천지 일월 셩신은 어엽비 네긔소셔 실피 통곡ᄒᆞ니 슈운니 ᄎᆞᆷ담ᄒᆞ고 비풍이 습습ᄒᆞ며 초목이 실허ᄒᆞ난듯 ᄒᆞ며 ᄒᆡᆼ인도 눈물 아니 흘니리 업더라. ᄒᆡ난 ᄯᅥ러져 서산의 넘어가고 골ᄉᆡ난 물가의 실피 우니."

간이 모두 고통 없는 삶을 만드는 주체이며 평등한 가치를 지닌 존재가 됩니다.

「숙향전」의 세계는 소통과 교감을 통해 궁극적으로 현실의 상처를 치유하고자 합니다. 기존 연구에서 윤리적 보은 행위로만 평가받은[58] 숙향의 귀로에는 보은 이상의 의미가 포함되어 있습니다. 숙향이 제사를 올려 화덕진군과 용녀에게 보은하자 그들은 화주 두 개와 금은보화, 그리고 개안주를 답례로 줍니다. 이는 숙향이 제문에서 "슈륙이 다르오나 미셩을 감응ᄒᆞ쇼셔."라고 말했듯 신과 인간의 교감을 나타냅니다. 이러한 교감을 통해 신인은 숙향에게 치유력을 부여합니다. 화주와 개안주는 숙향으로 하여금 일행의 배고픔을 해결해주고, 죽은 황태후를 소생하게 할 수 있기 때문입니다. 또 숙향의 귀로 중 장승상 댁에서 연 잔치 또한 단순한 보은이 아니라 용서와 해원의 잔치입니다. 숙향이 장승상 댁에 들려 지난날의 억울함을 풀고 자신을 오해한 장승상 부부를 용서하는 것은 자신과 장승상 부부의 내적 상처를 치유하는 과정이기 때문입니다.[59] 이처럼 숙향이 수련과 선업을 통해 획득한 것은 현실의 고통, 즉 배고픔과 마음의 병 그리고 죽음을 치유할 수 있는 힘입니다. 집으로 돌아가는 길의 숙향은 단지 지위가 높은 귀부인이 아니라 육체와 정신의 상처를 어루만지는 고대의 여신과 같은 모습입니다.[60] 이는 「숙향전」이 숙향의 여정을 통해 궁극적으로 지향하는 바가 현실의 치유임을 의미합니다.

---

58 심치열, 「숙향전 연구」, 『한국언어문학』 38, 1997, 5면.

59 장승상 댁에서 나온 숙향은 그 쫓겨남의 원인이 애매한 누명임을 누차 말해왔으며, 장승상 부부 또한 숙향을 오해해 죽음으로 몰아붙인 상황에 대해 죄책감을 지니고 있었다.

60 작품에서 자주 등장하는 배고픔의 호소는 곧 결핍을 의미하며, 배불리 먹임은 결핍에 대한 치유를 의미한다. 서왕모로 대표되는 고대의 여신은 대개가 생명을 불어넣거나 죽음을 치유하는 능력을 지닌다.

5. 축제와 승선(昇仙)

「숙향전」의 상상력은 궁극적으로 치유를 꿈꿉니다. 치유의 대상은 배고픔, 죽음, 단절 등으로 나타나는 현실의 모든 결핍입니다. 이러한 소망의 실현을 위해 작가는 숙향으로 하여금 수련과 선업의 과정을 겪게 하고 더불어 현실에 대한 전망을 제시하는 새로운 세계를 만들었습니다. 사실 득선 여행을 통해 얻은 숙향의 신인적 치유력이 가장 빛을 발하는 순간은 죽음의 치유, 즉 황태후를 위한 구약(求藥) 여행이라 할 것입니다. 죽음의 치유는 지상선이 구현할 수 있는 최고의 경지로 이 경지에 도달하면 승선(昇仙)해 천상선이 될 수 있기 때문입니다. 「숙향전」이 준비한 여행도 황태후를 위한 구약 여행에서 완성되는 만큼 이 부분의 의미는 작지 않습니다. 그러나 구약 여행은 숙향이 아닌 이선이 담당합니다.

이선의 여행은 크게 꿈속 여행과 꿈 밖 여행으로 구분됩니다. 장자의 「호접몽(胡蝶夢)」이나 황제의 「화서몽(華胥夢)」 및 이를 계승한 원대 대표적 신선도화극(神仙道化劇) 「개단천교황량몽(開壇闡教黃粱夢)」[61] 등, 꿈은 깨달음의 과정으로서 문학의 중요한 소재가 되어왔습니다. 꿈을 통한 깨달음은 신선들의 정신적 수련 과정 중 하나인 것입니다. 이선은 꿈속 요지연에서 자신의 선연(仙緣)을 깨닫고 꿈에서 깨어난 후에는 숙향의 여정을 그대로 따라감으로써 숙향과 마찬가지로 상승적 존재 변화를 경험합니다. 이선은 마고선녀와 표진강 용왕 그리고 표덕진군의 시험을 인내심을 지니고 성실히 이행하는데, 이는 이선의 여행도 득선의 수련

61 「개단천교황량몽」은 여동빈이 꿈을 통해 주색재기(酒色財氣)에 대한 집착을 단절하고 득선의 자격을 획득하는 과정을 그리고 있다.

과정임을 의미합니다. 이처럼 이선이 정신적·육체적 수련 과정을 모두 견뎌내며 숙향과 동일한 경로의 득선 여행을 통해 숙향이 획득한 치유력을 공유하게 되었기 때문에, 이후 황제의 명을 받아 선계로 구약 여행을 갈 수 있게 된 것입니다.[62]

일반적으로 구약 서사는 희생과 결부됩니다. 바리공주 무가에서도 약을 얻는 과정에 바리공주의 희생이 전제되어 있습니다. 그러나 이선의 구약 서사는 신선들과의 축제적 성격을 지닙니다. 바리공주는 구약 과정에서 자신의 노동으로 길 값 등을 치르지만 이선은 모든 수고를 용자가 대신합니다. 선관들이 술이나 먹으러 가자며 괴롭히지만 이러한 짓궂음은 실상 장난이며 궁극적으로는 먼 길을 돌지 않고 빨리 목적지에 도달할 수 있도록 도와준 것입니다. 이선은 이적선, 두목지 등과 술잔을 주고받으며 목적지인 봉래산으로 향합니다. 그 사이 양왕 등이 모함하지만 황제는 믿음을 저버리지 않으며, 이선이 병들면 누렇게 될 거라던 동백나무는 점점 더 씩씩하고 무성해집니다.[63] 이것은 그의 여행이 순조로울 것을 의미하고 궁극적으로 그의 구약 여행은 성공을 거두어 황태후가 소생할 것을 예고합니다. 즉 이선의 여행은 생명의 구제를 담보한 축제인 것입니다.

신들의 축제는 이선과 숙향의 승선을 암시합니다. 이선은 봉래 선경에서 여러 신선들과 어울려 놀며 황룡을 타고 천계를 여행합니다. 이선

62 생명을 살리기 위한 채약이나 구약은 신선 설화에서 흔히 볼 수 있다. 신선가가 자신의 능력을 발휘하는 구체적 방법의 대표적인 양식이 치료 행위이기 때문이다. 신선 설화에서 다수의 선인들은 채약이나 매약(賣藥)을 직업으로 삼고 있으며 치료 행위를 주된 활동으로 삼는다. 『열선전』에는 최문자(崔文子)라는 선인이 환약을 만들어 팔며 돌림병이 나자 집집마다 다니면서 약을 복용하게 해 많은 생명을 살린 이야기가 기록되어 있다. 『산해경』에서 서술되어 있는 불사약도 생명을 살리는 행위에서 비롯된 것이다.

63 「숙향전」, 223면.

은 이미 숙향의 득선 여정을 반복해 선인의 자질을 획득했습니다. 거기에 황태후를 위한 구약이라는 적극적인 선행이 더해지니 그 다음 단계는 승선하는 것입니다. 이선의 천계 여행이 비상(飛翔)의 이미지를 내포하고 있다는 점도 승선의 과정과 관련이 있습니다.[64] 이로 본다면 희생과 고난을 강요하지 않는 치유의 방식, 즐겁고 건강한 세계를 소망하는 「숙향전」은 소통과 치유를 꿈꾸는 신화적 상상력이 만들어낸 희망의 서사라 할 것입니다.

그러나 생명수 탐색의 의미를 지닌[65] 구약 여행을 숙향이 아닌 이선이 담당한 것에 대해 혐의가 없을 수 없습니다. 이는 소설이 현실 반영의 속성을 지니고 있기 때문일 것입니다. 동일한 신화적 사유를 기반으로 창작 전승된 서사무가의 경우 신인적 능력의 중심은 마지막까지 여성에게 있습니다. 이는 서사무가가 다른 장르에 비해 고대 신화의 사유를 원형에 가깝게 보존하고 있기 때문입니다. 그러나 「숙향전」과 같은 소설의 경우 창작 당시의 사회적 풍토에서 자유롭기 어렵습니다. 그렇기 때문에 현실의 불합리와 가부장적 폭력성을 부정적 시선으로 보면서도 궁극의 해결에서는 남성을 주체로 삼고 여성은 집안에서 기다리며 보좌하는 역할로 축소한 것이 아닌가 합니다. 이에 대해서는 향후 논의에서 좀 더 보완되어야 할 것입니다.

---

64 기존 연구에서는 천상선과 이선의 만남에 대해 신적 존재들이 단일한 의지와 명령 체계에 의해 움직이지 않고 다양한 욕망에 의해 행동하고 있는 세계 작동원리에 주목했다. 지연숙, 「「숙향전」의 세계형상과 작동원리 연구」, 『고소설연구』 24, 2007, 191-217면. 본고에서는 동일 장면을 승선을 준비하는 신선들의 축제로 보았다.

65 조용호, 「「숙향전」의 구조와 의미」.

제5장

'내 복'의 연기성과 관계의 선업, 「내 복에 산다」

1. '내 복'을 바라보는 시각

『삼국사기』「온달전」에 따르면, 고구려 25대 평원왕(재위 559-590년)의 딸 평강은 온 나라가 다 아는 바보 온달과 혼인하고, 이후 온달은 국가에 큰 공을 세우는 장수가 됩니다. 『삼국유사』「무왕」 조에는 신라 26대 진평왕(재위 579-632년)의 셋째 딸 선화공주가 백제의 가난한 서동과 결혼을 해서, 마를 캐어 팔던 서동이 훗날 백제의 무왕이 된다는 이야기가 실려 있습니다. 이때 온달이 장수가 되고 서동이 왕이 된 것은 공주들의 덕일까요, 자신들의 복일까요? 「온달전」과 「무왕」에는 '공주 덕분에'라는 말맛이 있으나, 우리가 만약 온달과 서동이라면 마음 한편에 '내 복' 때문이라는 생각이 전혀 없지는 않을 것입니다. '잘되면 내 탓, 못 되면 조상 탓'이라는 관용 표현은, 누구에게나 좋은 일을 '내 복'으로 돌리고자 하는 심리가 존재함을 이야기합니다. 그렇다면 정녕 우리를 찾아오는 '복'은 누구의 것일까요? 이러한 질문에 답변을 시도한 것이 '내 복 설화'입니다.[1]

'내 복 설화'는 전국의 구전 설화를 채록해 모은 『한국구비문학대계』에 소개된 것만 해도 60편이 넘는, 한국의 대표적 광포 설화입니다.[2] 각편(各篇)들의 기본 줄거리는 유사합니다. 부잣집 셋째 딸이 누구 덕에 사냐는 아버지의 질문에 제 복에 사는 것이라고 대답해서 쫓겨나고, 가난한 숯장수와 결혼해 부자가 된 후에 몰락한 부친을 구제한다는 이야기입니다. 현재 『한국구비문학대계』는 분류 체계상 '내 복 설화'를 '잘되고 못 되기' 유형에 포함하고 있습니다. 이 유형의 이야기는 유래가 오랩니다. 해당 유형에 속한 「서동요」 및 무왕 설화를 고려할 때[3] '내 복 설화'는 삼국 시대부터 널리 회자된 설화 유형임을 알 수 있습니다. 그간의 연구는 주로 이야기의 유형적 특징과 화소 연구,[4] 서사무가 「삼공본풀이」와의 공통점에 주목했습니다.[5] 문학치료학에서는 진단 도구를 개발하기 위한 목적하에, '내 복 설화'를 '자녀 서사' 가운데 '부모 되찾기 서사'로 분류해 고찰했습니다.[6]

이 장에서는 설화 「내 복에 산다」와 그것의 원형이 되는 작품을 통해, 이 이야기 속 '내 복'을 어떻게 읽어야 하는지 고민하고자 합니다. 이는 선행 연구가 주목한 작품의 유형적 특징과 문학치료학이 주목한 진단 도구 개발, 이 두 가지 측면과 관련을 가지면서도 구분되는 시각일

---

1 「내 복에 산다」를 대표 각편으로 하는 설화군은 '내 복 설화'로, 대표 각편을 일컬을 때는 「내 복에 산다」로 지칭할 것이다.

2 김종진, 「무왕설화의 형성과 「서동요」의 비평적 해석」, 『한국문학연구』 27, 2004, 246면.

3 민찬, 「서동요 해독 및 해석의 관점」, 『한국문화』 33, 70면; 김종진, 「무왕설화의 형성과 「서동요」의 비평적 해석」, 246면; 임재해, 「무왕형 설화의 유형적 성격과 여성의식」, 『여성문제연구』 10, 1981.

4 황인덕, 「불전계 한국민담 연구」, 『어문연구』 17, 1988, 239-419면.

5 최운식, 「쫓겨난 여인 발복설화고」, 『한국민속학』 6, 1973; 임승균, 「'복 많은 여자'계 민담연구」, 계명대학교 석사학위 논문, 1981.

6 강미정, 「자유연결형 자녀서사진단검사도구의 문항설정과 문항분석」, 『문학치료연구』 11, 2009. 4; 「자녀서사진단검사도구의 문항설정」, 『문학치료연구』 10, 2009. 1.

것입니다. 현존하는 서사의 유형 확인을 넘어[7] 그 서사의 원형을 추적함으로써 지금의 서사에서 지워진 사람들의 심성이 무엇인지, 그리고 그것이 왜 치료학에 의미 있는 서사가 될 수 있는지를 고찰하는 작업이기 때문입니다.

2. '내 복 설화'의 발복(發福) 양상

황인덕은 불전계 민담을 고찰하며, '내 복 설화'의 구조를 "(1) 부친이 불합리한 요구를 함 (2) 소신이 강한 딸이 부친의 요구에 불응함 (3) 부친이 혹심한 박해를 '함' (4) 딸의 자아실현에 의한 우위 확보 (5) 부친의 패배 (6) 딸이 부친에게 효성을 발휘함 (7) 부친이 딸에게 구원받아 행복하게 삶"[8]으로 나누고, 이들의 조합에 따라 1유형: (1)(2)(3)(4), 2유형: (1)(2)(3)(4)(5), 3유형: (1)(2)(3)(4)(7)로 나누었습니다.[9] 이 유형들은 ① 딸이 부자 되는 결말 ② 부자 된 딸을 본 아비가 딸의 복을 인정하는 결말

7 황인덕은 불전계 민담을 1. 비유담 2. 전생담 3. 본생담 양식으로 나누고, 전생담의 대표 유형으로 '내 복 설화'를 들며, 그 원형으로 불전 설화 「바사닉왕녀선광연」을 소개했다. 그 의의가 적지 않다. 그러나 황인덕의 논문은 오늘날 현존하는 '내 복 설화'를 구조에 따라 유형을 나누고 변이 양상을 드러내는 데 그치고 있다. 「바사닉왕녀선광연」은 설화 유형을 나누기 위한 기준점으로 사용된 것이다. 그는 「바사닉왕녀선광연」의 서사 구조를 7단계로 제시하고 현존 '내 복 설화'의 각편들이 7단계 단락을 어떻게 조합하고 있는지에 따라 계열을 구분하며, 그 변화 요인으로 민중의 의식이 반영되었음을 이야기했다. 이는 설화 유형의 양상을 확인하는 데 목적을 둔 작업이다. 본고의 목적은 설화 유형 및 변모 양상의 확인이 아니라, 변모 과정에서 사라진 설화의 원래적 의미를 복원하는 것이다. 그리고 그 과정에서 확인된 '복'의 속성과 의미를 중심으로 「내 복에 산다」를 읽어내는 것이 작품을 치료학적으로 해석할 수 있는 기반이 됨을 밝히는 작업이다.

8 황인덕, 「불전계 한국민담 연구」, 317-120면.

9 황인덕, 「불전계 한국민담 연구」, 324면.

③ 부자 된 딸이 몰락한 부모를 구제하는 결말로 정리할 수 있습니다.

① 딸이 부자 되는 결말에 해당하는 대표적 이야기는 『한국구비문학대계』 2집에 실린 「자기 복으로 잘 산 사람」입니다.

그건 뭐, 어느 나라의 공주, 어느 나라 공주가 공주가 인제 그런 얘기 있잖아. 왜 공주가 삼 형젠데, 삼 형젠데 아버지가 불러 가지고서, 넌 뉘 덕에 니가(네가) 잘 살지. "뉘 덕에 이래 호강하고 잘 사느냐?" 기레니(그러니), "아버지 덕이지요." 이제 그랬거든. 둘째를 또 불러 가지고, "그래 니 뉘 덕에 이래 잘 사느냐?" "그게 다 아버지 덕입니다." 이래. 세째를 불러 가지고 그레니까, "아, 다 제 복에 살지 누구 남의 복에 살겠습니까." 이랬단 말이야. 그래 그 아버지가 괘씸해서 내쫓았어. 내쫓았는데 하인을 하나 줘서 내쫓았어. 내쫓으니 하인을 하나 내쫓았어. 그래서 그 하인을 데리고선 인제 그 어디 인제 부지거처로 가는 기라. 한 군데 가가지구선 터를 잡고 앉았네. 하인일망정 그기 양반의 핏줄이라. 옛날에 인제 부귀빈천이라고 안 그러나 '부하면 귀하고, 빈하면 천하다' 그 천해서 이제 하인이 됐거든, 그렇지만 양반이야. 그래서 그 사람하고 함께 가서 황무지를 저 황무지를 개간하고 거(기거서) 사는 기라. 그런디(그런데) 인제 하룻밤에 꿈을 꾸니까, 그 밤에 양반이 하나 왔을 때래(때에) 하나 왔는 기, "니가 응, 니 아무 데 가서 거기 발 밑에 파면 거기 니 보물이 있으니 그 보물을 찾아 가지고 살아라. 그걸 내가 거기다 묻어 놨다. 내가 너의 [제보자: 몇 대존지 잊어 버렸어.] 몇 대조 할아버지다." 이래더래. 그래서 꿈을 꾼거야. 그래서 이거 거기를 갔거든. 가서 보니 이상하게 그 안에서 쿵쿵 소리가 나더니만 이런 이런 말이야, 통이 몇 통 나와. 나와서 꺼내니깬(꺼내니까) 거기 아주 일금 보물이 꽉 찼어. 그래서 꺼내고 꺼내고 또 꺼내고 꺼내고 꺼내고 보니 거기다 인제 주소를 썼는데, '몇 대조 할아버지 누구 응, 누구 누구라' 이렇게

했더래. 그래서 부자로 잘 살았데.[10]

어느 나라의 왕이 공주 삼 형제에게 누구 덕에 잘 사는지 묻습니다. 두 언니는 아버지 덕이라고 대답하지만, 셋째는 '제 복'에 사는 것이라고 답합니다. 화가 난 아버지는 셋째 딸을 하인 하나와 함께 내쫓습니다. 그런데 알고 보니 그 하인은 양반 핏줄이었습니다. 둘은 황무지를 개간하며 살았는데, 어느 날 꿈에 하인의 조상이 나타나 보물 묻은 곳을 알려주어 부자가 되었다는 이야기입니다. 주인공으로 설정된 셋째 딸이 당당히 '제 복'에 산다고 했고, 결과적으로 부모 곁을 떠나서도 잘 살게 되었으니, 표면상으로 볼 때 「자기 복으로 잘 산 사람」이 말하고 있는 발복(發福)의 원인은 자신인 듯합니다. 그러나 서사를 다시 살펴보면, 그 복이 배우자인 하인의 조상 덕분임을 알 수 있습니다. 이것은 사소해 보이지만 매우 중요한 사실의 흔적입니다.

② 부자 된 딸을 본 아비가 딸의 복을 인정하는 결말에는 『한국구비문학대계』 4집에 실린 「내 복으로 먹고 산다」가 속합니다.

… 전략 … 밉살머리시러서 앙것두 안해주구 막 저 숯장수놈 저어 산골이 가서는 골라 가지구 여웠어. 앙것두 읎넌 눔. [청중 1: 지가 나갔지요. 누가 해줬남? 지가 나갔지.] [제보자: 햐. 그럼. 거기서.] 그 그래서 숯장사를 읃어 줬는디. 아이 앙것두 읎는디 숫(숯)얼 굿는디 밥얼 해 가지구 가닝깨애 사아무 누우런 금독이 이맛독(부엌 이맛돌)여. 숯구뎅이가. 그래서 그 눔얼 그 사내더러 빼 가지고 오라구 그랬댜. 빼가지구 오라구 그래서 갖다 웁묵이다 놓구 디립다 절허구서 그눔얼 가서 팔으라구 했어. 팔어서 제집

10 「자기 복으로 잘 산 사람」, 양양읍 설화 52(채록자: 김선풍·김기현·이경주 조사. 구연자: 정연옥), 『한국구비문학대계』 2집 5책, 한국정신문화연구원, 1981, 122-123면.

문앞이 거시기다가 워떻던지 즈이집 재산보다 훨씬 잘 해노라구 그랬어. 즈 친정 거시기보다. 아 즈이집은 다 망했어어? 그래 다 해서는 인저 거 가 이사 [청중의 반응에] 응. 이사가서 이서, 암디 암디서 왔다아 하닝깨는 그 엄니 아버지가 구경을 오더라네. 오는디 보닝깨 즈 엄니 아버지여. 그 가만히 보닝깨는 그 즈 딸여 그만. 막내딸. 그래 개를 하나 참 복있는 개가 있드랴. 그래서 그눔을 잡어서 좀 쌂어서 해달라구 하닝깨나 쌂다가 소두방이 후울렁 열리더니 개고기 한 덩어리가 쑥 나오더라네. 그러닝깨 그눔얼 줏어먹으닝깨 그게 복덩어리더랴. 그것두. 그래 즈 딸이 줏어먹어 뻔졌어. 그래 잘살었대요. [청중 1이 계속해 나감] 줏어먹구, 그 친정아부지 줏어서 갖다 중개, 친정아부지가, "너 뭐 너 여기서 뭐 앙 건져 먹었네?" 항게루 건져 먹었다구 했지. [청중 2: 웃음] 그렁개, "그게 네 복이다." 그러구 말더라구 했잖여요. [청중: 그게 제 복여 참 그게.] [청중: 그래 제 복잉개 제 입으루 되들어강 거여.][11]

「내 복으로 먹고 산다」 또한 아비가 딸 삼 형제에게 누구 덕에 사느냐고 묻는 설정입니다. 아비는 '제 복'에 산다는 셋째를 가난한 숯장수에게 시집보냅니다. 딸은 숯장수 집 부엌 이맛돌이 황금임을 발견하고, 그것을 팔아 부자가 됩니다. 딸은 부모집 근처로 이사를 오고, 부모는 새로 생긴 부잣집에 구경을 갑니다. 집주인이 딸임을 안 아비는, 그 집에

11 「내 복으로 먹고 산다」, 부여읍 설화 47(채록지: 정동리 오얏골, 채록자: 박계홍·황인덕 조사, 구연자: 박용애), 『한국구비문학대계』 4집 5책, 한국정신문화연구원, 1982, 188-189면. 전략 부분은 다음과 같다. "[청중: 해봐. 그 얘기.] 누가 딸을 삼 형제 뒀는디이. [청중: 얘기 북실북실 잘한다아?] [제보자: 북실서 와서 그려.] [일동: 웃음] 누가 딸 삼 형제 뒀는디, 딸이, 큰딸을 불러서. "너 누구 복이루 먹구사니이?" 즈 아부지가 하닝깨, "어머니 아부지 복이루 먹구살지 누구 복이루 먹구살겄냐." 구. 두채딸을 불러서 그렁깨 또 그 역시 그러더랴. "어머니 아버지 복이루 먹구살지 누구 복이루 먹구살겄어요?" 시채딸을 불러서, 그러닝깨는, "너 누구 복이루 먹구사니?" 그러닝깨는, "제 복이루 먹구살지 누구 복이루 먹구살어요." 그러드랴. "

서 복 있는 개를 발견하고 딸에게 개를 삶아달라고 합니다. 딸이 개를 삶는데, 갑자기 솥에서 개고기 한 덩이가 튀어나옵니다. 떨어진 고기를 아버지께 드릴 수 없다고 생각한 딸은 그것을 자신이 주워 먹고 나머지 고기를 아비에게 드립니다. 그런데 알고 보니 딸이 주워 먹은 고기가 복고기였습니다. 이를 안 아버지는 '그것이 네 복'이라며 딸의 복을 인정했다는 이야기입니다.

주목할 것은 「내 복으로 먹고 산다」에서 발견되는 발복의 구체적 계기입니다. 작품은 딸의 발복이 숯쟁이 남편의 집에서 발견한 황금 이맛돌에서 시작됨을 분명히 기록하고 있습니다. 황금 이맛돌은 서동 설화에서 서동이 마 캐는 곳에 쌓여 있던 황금과 같은 기능을 합니다. 서동과 숯장수는 자신이 황금을 지녔으나 알아채지 못했고, 공주들은 그들의 황금이 지닌 가치를 알아보았습니다. 가치의 발견은 공주의 복이겠으나, 사실 그 복도 황금(혹은 잠재력)을 지닌 배우자들과의 만남을 통해서 드러나게 됨을 기억해야 합니다. 이것이 '내 복 설화'에 남겨진 원래 의미의 흔적이기 때문입니다.

③ 부자 된 딸이 몰락한 부모를 구제하는 결말의 이야기로는 「쫓겨난 딸과 숯 굽는 총각 (2)」가 대표적입니다.

㉠ … 전략 …

㉡ 그 딸 이름이 복남이라 이기지. 그래서 그 복남이라 카는 딸이 쫓아내기까 거기겉이 하고 걸어서 가다가 찾아 간다고 간 것이 노상에서 만낸 것이 아니라, 산중을 들어갔더라 이기라. 그라이께 밤은 깊어졌는데, 불빛이 있으니까 불빛이 나는 곳을 찾아가니까 마침 말이지 조그마한 울막이 하나 있어 찾아 들어가니, 그기 숯 꾸 묵는 사람이라 이기지. 그런 곳에 생

전 그 사람 안 오는데 그런 아주 꽃 같은 처녀가 찾아 들어가니 얼매나 좋겠는가. 그러나 그 숯 꾸 묵는 사람은 모자가 살고 있었더라 이기야. 아들은 숯을 굽고, 어마니는 참 그 뒷바라질 하고 이래 가지고 살고 있는데, 그 뭐 난데없는 그런 말이지 아가씨가 찾아 와서로, 그 뭐 좀 자고 가자 카고 그래 잘 자고 가라고 했이몬 자고 났이몬 갈 것인데, 안 가고 말이지 있는 거로 그라이께 가라 쿨 수도 없는 기고 대접은 착실히 했겠지. 그래 하루 이틀 얻어 묵고 있이면서 살살 새귀고 보이까 그 집에서야 어떠케 아이가 예쁘고, 와서로 일로 거들아 주고, 나 만(나이 많은) 사람이 그란해도(그리 안 해도) 뭣이 하고 싶지도 않은 데다가 그런 분이 와서로 있으이께네, 그 뭐 일거리가 좀 많아질 기라 생각했는데, 오히려 와서 거들어 주이까네 수월해졌더라 이기지. 기러니까 그마 하루 더 있이라고 자꾸 붙잡는 판이지. 그러이께네, 또 자기도 욕심도 생겼겠지 어마니가. 그래서 자꾸 하루하루 붙잡았는데,

ⓒ 그래 그 아이가 말하자면 가만이 있어보이, 우째서 이 좋은 세상에 이리키 산중에서 말이지 저 먹칠을 해 가지고서 저 숯을 꾸 묵고 살아도 그 윤택하게 못 살고 이러는고 해서 그 숯굴로 한 번 가 보자꼬. 그래서 그 구경이나 한 번 시켜 달라고 이랜 기지. 구경시키려 간다고 덛고(데리고) 간것겠지요. 그래 가 보니까니 숯 굽는 굴 우게 덮은 그 모두 구들쟁이가 말짱 생금댕이더라 이기지. 그래 그걸 보고 온 그 처녀가 내일부터서는 숯을 꿋지 말고 이 숯 굴 우게 덮어 놓은 이 말이지 구들장으로 한 짐씩 당신 힘대로 지고 가서 시장에 가 팔아 가 오너라. 그러니까니 저 사람이 깜짝 놀랬지. 그 놈의 그 노모도 말이지 깜작 놀랬지. 아이고 이 처이 말 듣다가 난중에(나중에) 우리가 말이지 숯도 못 끗고 이거 뭐 낭파 새겼다 이러키까지 소동이 났지. 그러니까 아무 걱정하지 말고 말이지 이 숯굴 이것 좌우

간 다 뜯어서 내가 폴아 오도록까지 폴아 가 오면 좌우간 말이지, 그 동안에 묵고 지내는 거는 내가 어떻게 하던 간에 이런 밥 안 묵고도 이하리(좋은) 쌀밥에다가 잘 포식으로 지내도록 내가 모실 기니까니, 그래 오라는 기지. 그러니까 [청중: 값지 값대로 받으라 카고 그랬나.] 예. [청중: 값지 값대로 받으라고.] 그러이 그 할 수 없이 시키는 대로 지는 한 짐 짊어지고 지 힘대로 지고 바치는 기지. 그 모도 지내는 사람이 앗다 좋은 물건 왔다고 와서 뭐 얼마 받을 기냐고 하니 값을 알 수가 없는 기지. 그러니까 그 처녀가 일러 준 것이 아니라 자기가 그 은가(原價)를 모르니까 얼매 달라고 못 한께, "마 금지 금대로 받십니다." 이래 되는 기라. 답이 내온(나온) 것이 [청중: 그렇지.] 금지 금대로라 카이께나 매도 맞을 놈이 말이지 올리 때리라 내리 때리라 할 수는 없는 기고, 이러고 보이께 자꾸 묻지요. 그래 물으니까 끝까지 이 사람은 답은 금지 금대로거든. 그러이께 남의 물건을 중한 물건을 갖다가 젝기도(적게도) 줄 수도 없는 기고, 고만 몇천 냥을 줄거마 이러이께네, 이기 실무시(슬쩍) 못 이기는 득이(듯이) 주고 보이께, 한 짐을 폴고 보이께, 하 이기 돈이고나! 이것을 알아서 그때부터서는 자꾸 뜯어다 팔기를 시작했지. 이러고 보이까 그 굴 다 팔고 나 놓은께, 뭐 청기와집을 몇 채를 짓고서 배가 불러 가지고 대문을 짜는데, 열 두 대문을 짜는데, 그 대문이 전부 소리로 하도록 짜라 이리 되는 기지. 이래노니 그 대문을 말이지 우떻기(어떻게) 하던 간에 옛날 우리 목공들이야 그 비상하게 다 그런 머시로 잘 한다 말이야. 이러고 보이 대문을 열어도 '복남아' 닫치도 '복남아' 이런 소리로 하도록 맹글았다 이기지.

㉣ 이러자, 고만 그 딸 하나 쫓아낸 그 집안에는 하루 하루 날이 갈수록 쇠락해져 가지고, 그만 난중에 망해 가지고 결국 아바니도 처처로 방방곡곡으로 뭐 얻어 무로(먹으러) 나서고, 어마니도 얻어 무로 나서고, 이래 가

지고 그날 아바니 어마니는 딸네들은 치았것고, 이러고보이 둘이 떨어져 댕길 수는 없고 묵으나 굶으나 같이 댕긴다. [청중: 방방곡곡으로 댕긴다.] 간다고 간 것이 그 곳에 다달했는데, 한 곳에 가이 좋은 청기와집이 줄줄하이 수십 채가 들어 이래 있는데, 주인이 있는 제일 큰집이 있어, 그 집을 찾아가서 밥이라도 한 술 얻어 묵을 기라고 대문을 떡 들어서이께, 대문을 떡 잡아 댕기이 우리딸 이름을 부른다는 기지. "복남아." 이러이께, 금시 밥 얻어 무로 간 이 배 고픈 거는 잊어삐리고, 또 한 번 열어보면, "복남아." 닫치보면, "복남아." 이라 칸께 자꾸 이놈을 열었다가 닫치다가 이랬던 모양이지. 이러고 보이께 잊어버린 딸이 말이지 그 감정이 소아쳐 가지고서, 거서 통곡을 한 기지. 대문을 잡고 우리딸 복남이는 어데로 가고, 이 대문이 말이지 우리 복남이를 찾으이 말이지, 이 얼매나 이 말이지 절통한 일이냐고 하고서, 그 영감 할미는 그 대문을 아듬고(부둥켜 안고) 아침내 통곡을 하고 열었다가 닫쳤다가 이랬던 모양이지.

⑪ 그 열 두 대문에 그 짓을 하니, 그 안에서 알았다 이기지. 주인이 그 대문 밖에 누가 저 대문을 말이지 저러키 요란시럽기 하는가 하이께, 하인이 말이지, "어떤 노파가 와 가지고 대문을 검어쥐고 밥 줄라는 말도 안하고 말이지 [웃음] 아침내내 말이지 닫았다 열었다 합니다." 이렇게 되니까, 그래 그 노파를 모셔들이라 이래 됐는 기라. 그래 그 하인이 나가서, "아이 여보시오! 왜 넘우 대문을 잡고 말이지 이렇게 통곡을 하오?" 하니까, "아이구 그런 기 아닙니다. 처음에는 우리가 밥을 얻어 먹을라고 왔는데, 그 우리 막내이 딸이 말이지 이름이 복남인데 대문이 우리 막내 딸 이름을 자꾸 말이지 불러싸아서 그래 우리가 비감이 생겨서 그래 그렇십니다." 그러이께네, 주인한테다가 여내 그 사실을 갖다가 여쭌 기지. 그러고 보이께네 그 주인이 말이지 여내 그 보선발로 참 뛰어 나가 가지고 자기의 부모를

모시 가 가지고 그래 그 부녀상봉이 되고, 그 자리에서 그 날부터서 발복을 했다 하는 기 그기 전설이지요.[12]

㉠ 전략 부분은 앞의 유형들에서도 반복되었던 내용으로, 한 영감이 세 딸에게 누구 덕에 먹고 사는지 묻고, 막내딸 복남이만 '내 덕'에 산다고 이야기합니다. ㉡ 쫓겨난 복남이는 산중에 들어가 숯 굽는 사람 집에서 묵게 됩니다. ㉢ 복남이는 숯 굽는 굴을 구경 갔다가 굴을 덮고 있는 것이 생금덩이임을 알아보고, 숯쟁이에게 이것을 짊어 와 내다 팔게 합니다. 천금을 번 복남이는 청기와집을 짓고, 대문은 여닫을 때마다 '복남아'라는 소리가 나도록 만듭니다. ㉣과 ㉤은 복남이가 나가고 몰락한 부모는 이러저리 떠돌다 밥 동냥을 위해 큰 기와집 대문을 여는데 제 딸 부르는 소리가 납니다. 이 소리에 딸 생각이 나 통곡을 하고, 이를 안 복남이가 부모를 맞이해 잘 모셨다는 이야기입니다. 여기에서도 복남이의 복은 배우자의 숯 굽는 굴에 있던 생금덩이를 매개로 발현됩니다.

그렇다면 다시 한 번 막내딸의 '제 복'이 정녕 막내딸에게만 귀속되는 것인지 묻게 됩니다. 또한 '내 복 설화'의 전승자들은 '내 복'의 속성을 어떻게 인식하고 있었는지도 궁금합니다. 만약 막내딸의 '제 복'이 아버지와 같은 주변 인물과 무관한 것이라면, 집을 떠난 후 홀로 지내며 발복

---

12 「쫓겨난 딸과 숯굽는 총각 (2)」, 녹산면 설화 10(채록지: 송정리 방근, 채록자: 김승찬·김경숙 조사, 구연자: 정준탁), 『한국구비문학대계』 8집 9책, 한국정신문화연구원, 1982, 478–483면. 전략 부분은 다음과 같다. "어찌 됐노 카면, 어떤 분이 참 딸을 갖다가 삼 공주를 낳았는데, 각각 그 딸을 불러서, 그 뭐 가사가 요부하고 딸네들이 살살 커서로 뭐 과년이 차지고 이러니까, 그마 그냥 그대로 놔 두시면 이 일 저 일이 없어실는지도 알 수 없지. 그러나 그 영감이 오만간에(갑자기) 얄라구진 머시(무엇)가 생기 가지고 우짠 일로 딸네들로 불러 놓고 그래 착착, "누 덕을 묵고 사느냐?"고 물었던 모양이지요. 그러니까 그 두 딸애는, "다 아부지 덕이지, 뭐 누 덕을 먹을 수가 있십니까?" 카는데, 그 막동이 딸이, "와 아부지 덕이라, 내 덕을 묵고 살지." 하니까, 그년이 고약하다. 이래 후차냈더라 이기지."

하는 각편이 한두 개는 존재해야 할 터입니다. 그런데 유형과 관계없이 모든 각편이 아버지 자리에 배우자를 설정하고, 그와의 관계 속에서 발복이 이루어지도록 전개하고 있습니다. 이로 보면 '내 복 설화' 속 '내 복'은 '우리가 함께해야 만들어지는, 즉 서로가 서로의 원인이 되어주는 연기적 성격을 지닌 것'인지 모르겠습니다.

3. 관계의 선업(善業)과 '내 복'의 연기성(緣起性)

'내 복'의 연기성(緣起性)을 염두에 두고 다시 한 번 「내 복에 산다」류의 이야기들을 살펴보겠습니다. 각편의 주인공은 모두 나이 어린 막내딸입니다. 가장 많은 보살핌을 받고 지냈을 터이건만, 이들은 다소 뻔뻔하게 느껴질 만큼 제가 편히 사는 이유가 부모의 덕이 아니라 '제 복' 때문이라고 말합니다. 이에 서운함을 느낀 부모는 딸을 내칩니다. 이 '내침'은 화가 난 부모가 처벌로 선택한 것이지만, 결과적으로 그것은 그녀가 잘 사는 것이 부모의 덕이 아닌 '제 복' 때문임을 증명하는 계기로 작동합니다. 만약 그동안 잘 산 것이 부모 덕분이라면, 부모와의 결연은 곧 복의 상실을 의미할 것입니다. 그런데 막내딸은 보란 듯 부모보다 더 큰 성공을 이루어, 자신이 제 복으로 살아가고 있음을 입증합니다. 각편에 따라 딸이 나간 후 부모의 삶이 쇠락해지는 경우도 있는데, 이는 오히려 부모가 '딸 덕'에 살았음을 의미하는 것입니다. 그렇다면 나이 어린 막내딸은 무슨 이유로 그런 복을 얻게 되었으며, 부모는 딸과 헤어진 후 왜 박복해진 것일까요?

또한 '내 복 설화'는 한결같이 막내딸의 남편을 하인이나 숯쟁이로 설정하고 있습니다. 이것은 그들과 부잣집 막내딸인 주인공의 신분 차이가 현격함을 강조합니다. 이것은 또한 그들이 막내딸을 만나기 전에는 박복한 처지였음을 드러내는 장치이기도 합니다. 그런데 이들은 막내딸을 아내로 맞이한 뒤 발복해 부자가 됩니다. 그렇다면 하인과 숯쟁이는 누구 덕에 잘 사는 것일까요? 이 질문은 다시 우리의 복은 어디서 오는가, 우리는 누구와 함께 있으면 복을 받는가, 어떻게 하면 자신도 복을 받고 함께 있는 이에게도 복을 주는 사람이 될 수 있는가 등의 문제로 이어집니다. 이러한 궁금증에 답할 수 있는 것이 '내 복 설화'의 원형 서사로 이야기되는 불경 소재 「바사닉왕녀선광연(波斯匿王女善光緣)」입니다.[13]

㉠ 옛날 바사닉왕에게 선광(善光)이라는 딸이 있었다. 그는 총명하고 단정하여 부모들은 사랑하고 온 궁중에서 모두 존경하였다. 그 아버지는 딸에게 말하였다. "너는 내 힘으로 말미암아 온 궁중이 모두 사랑하고 존경한다." 딸은 대답하였다. "저에게 업의 힘이 있기 때문이요, 아버지의 힘이 아닙니다." 이렇게 세 번 말하였으나 딸의 대답은 여전하였다. 아버지는 화를 내어 "과연 너에게 업의 힘이 있는가 없는가를 시험해 보리라." 하고, 좌우에 명령하였다. "이 성안에서 가장 빈궁한 거지 한 사람을 데리고 오너라." 신하들은 왕의 명령을 받고, 가장 빈궁한 거지 한 사람을 찾아, 왕에게 데리고 왔다. 왕은 곧 그 딸 선광을 거지에게 아내로 주면서 딸에게 말하였다. "만일 너에게만 업의 힘이 있고 내 힘은 없다면, 지금부터 앞의 일을 징험해 알 것이다." 그러나 딸은 여전히 "저에게 업의 힘이 있습니다." 하고, 그 거지를 데리고 집을 떠났다.

㉡ 그는 그 남편에게 물었다. "당신에게 부모님이 계십니까?" 거지는 대

13 황인덕, 「불전계 한국민담 연구」, 81-333면.

답하였다. "우리 아버지는 전에 이 왕사성 안에서 첫째가는 장자였었는데, 부모님이 모두 돌아가시고, 의지할 곳이 없기 때문에 나는 거지가 되었소." 선광은 다시 물었다. "당신은 지금 옛날의 그 집터를 알 수 있겠습니까?" "그 터는 알지만 지금은 집도 담도 다 허물어지고 빈 땅만 남아 있습니다." 선광이 남편을 데리고 옛 집터로 가서 돌아다니자 가는 곳마다 땅이 저절로 꺼지고, 땅 속에 묻혔던 보물광이 스스로 나타났다. 그는 그 보물로 사람을 부려 집을 지었는데, 한 달이 차지 못해 집이 모두 이루어지고, 궁인(宮人)과 기녀들은 그 안에 가득 차며 종과 하인들은 이루 헤아릴 수 없었다. 그때 왕은 문득 생각이 났다. "내 딸은 어떻게 생활하고 있을까?" 어떤 사람이 대답하였다. "궁실과 재물이 왕보다 못하지 않습니다." 그러자 왕이 말하였다. "부처님 말씀은 진실이다. 자기가 선악을 짓고 자기가 그 갚음을 받는 것이다." 딸은 그 날로 남편을 보내어 왕을 청하였다. 왕이 청을 받고 딸 집에 가보니, 털자리와 담요와 집의 장엄이 왕궁보다 더 훌륭하였다. 왕은 그것을 보고 처음 보는 일이라 찬탄하면서, 그 딸의 말이 옳은 줄 알고 이렇게 말하였다. "자기가 업을 짓고 스스로 그 갚음을 받는 것이다."

㉢ 왕은 부처님께 가서 여쭈었다. "이 딸은 전생에 무슨 복업을 지었기 때문에 왕가에 태어나 몸에 광명이 있습니까?" 부처님께서 대답하셨다. "과거 91겁 전에 비파시(毘婆尸)라는 부처님이 계셨고, 그때 반두(槃頭)라는 왕이 있었으며, 그 왕에게는 첫째 부인이 있었다. 비파시부처님이 열반에 드신 뒤에 반두왕은 그 부처님 사리로 칠보탑(七寶塔)을 일으켰고, 왕의 첫째 부인은 하늘관[天冠]을 잘 털어 비파시부처님 동상 머리에 씌우고 하늘관 안의 여의주를 내어 문설주 위에 달매, 그 광명이 세상을 비추었다. 그는 이내 발원하였다. '장래에 내 몸에는 자마금빛의 광명이 있고, 영화롭고

부귀하여 삼악 팔난(三惡八難)의 곳에 떨어지지 않게 하소서.' 왕이여, 그때 왕의 첫째 부인이 바로 지금의 저 선광이오. 그가 가섭부처님 때에 가섭여래와 네 큰 성문에게 맛있는 음식으로 공양하였을 때 남편이 그것을 만류하자 그녀는 남편에게 청하였소. '나를 만류하지 마십시오. 내가 저분들을 청하여 충분히 공양하게 해주십시오.' 그래서 남편의 허락을 받고 공양을 마치게 되었소. 왕이여, 그때의 그 남편이 바로 오늘의 저 남편이고, 그 아내는 오늘의 저 아내요. 남편은 그 아내의 공양을 만류하였기 때문에 항상 빈궁하였다가 다시 아내의 공양을 허락하였기 때문에 아내의 덕으로 지금 크게 부귀하여졌지만 뒤에 아내가 없어지면 그는 도로 빈궁하게 될 것이요. 이와 같이 선악의 업이 따라 다니는 것은 일찍 어긋나는 일이 없었소."
왕은 부처님 말씀을 듣고 행업을 깊이 통달하여 스스로 잘난 체하지 않고, 깊이 믿고 깨달아 기뻐하면서 떠났다.[14]

이 설화는 『잡보장경(雜寶藏經)』에 실려 있습니다. 『잡보장경』은 유래가 아주 오랜 것으로, 5세기에 북위(北魏)의 길가야(吉迦夜, Kekaya)와 담요(曇曜)가 북대(北臺)에서 번역했다고 전해집니다. 이 경전에는 주로 인연과 본생담이 실려 있습니다. 그중 본생담에 속하는 「바사닉왕녀선광연」은 크게 세 부분으로 나누어집니다. ㉠ 바사닉왕은 딸 선광이 받는 사랑과 존경이 자기의 힘 때문이라고 생각하나, 선광은 '제 업의 힘' 때문이라고 말합니다. 이에 왕은 공주에게 '업의 힘'을 증명해보라며, 성안에서 가장 가난한 거지를 찾아 공주와 결혼시켜 내보냅니다. ㉡ 공주는 거지가 아버지 대까지 부자였던 것을 알고 그의 옛 집터로 갑니다. 그러

14 『잡보장경』 21화 「바사닉왕의 딸 선광(善光)의 인연」, 동국대학교 전자불전문화콘텐츠연구소 한글대장경.

자 땅속에 묻혀 있던 보물광이 스스로 나타납니다. 공주가 부자가 되었다는 말에, 왕은 자신이 지은 업(선악)에 따라 스스로 갚음을 받는다는 부처님 말씀이 진실임을 깨닫습니다. ⓒ 왕은 부처를 찾아가 공주의 복업(福業)이 어떻게 만들어진 것인지 묻고, 부처는 그 전생을 들어 복업의 내력을 말해줍니다.

'내 복 설화'의 현존 각편들은 「바사닉왕녀선광연」의 서사 구조에서 ⓒ단락이 생략된 유형입니다.[15] 즉 본생담을 통해 밝혔던 '내 복'의 연원이 지워진 것입니다. 그러나 생략된 맥락은 앞서 말했듯 서사 내에 흔적을 남기고 있을 뿐 아니라 언표 이면으로 전승되었습니다. 거의 모든 전승자가 '내 복'을 주장하는 막내딸을 긍정적으로 바라보고 있는 것입니다. 부모의 은공을 저버린 듯 보이는 막내딸을 오히려 지지하고 응원하며 그녀의 발복을 당연한 결말이라고 생각하는 전승의식. 이것은 발화에서는 생략되었어도 여전히 작동하는 '내 복'의 기원에 대한 생생한 기억입니다. 또한 「바사닉왕녀선광연」은 '내 복 설화'가 말하고 있는 '내 복'의 의미와 '내침'의 성격이 구체적으로 무엇인지를 일러줍니다. 즉 막내딸이 주장하는 '내 복'은 그녀가 지은 '선업(善業)의 힘'이며, 거지와 함께 버려지는 '내침'은 선업의 힘을 증명하는 과정인 것입니다. '내 복'이 선업의 힘이라는 것은 '내 복'이 오롯한 내 것이 아님을 의미합니다. 선업이란 나 혼자의 힘으로만 이룰 수 있는 구체적 대상이 아니기 때문입니다. 그것은 관계를 전제로 이루어지는 것입니다.

앞서 '나이 어린 막내딸이 무슨 이유로 복을 얻게 되었으며, 하인이나 숯쟁이는 왜 박복했다가 후복하게 되었는지'에 대한 질문을 던졌습니다. 「바사닉왕녀선광연」의 바사닉왕 또한 같은 궁금증을 품었기에, 부

15 황인덕, 「불전계 한국민담 연구」, 303-316면.

처를 찾아가 딸이 지은 '복업'이 무엇인지를 묻습니다. 이에 부처는 91겁 전 본생담을 이야기합니다. 하나는 비파시부처가 열반에 들 때 반두왕의 첫째 부인이 하늘관을 잘 털어 부처님 동상 머리에 씌우고, 하늘관 안의 여의주를 꺼내어 문설주 위에 달며 발원한 일이며, 다른 하나는 가섭부처 때 한 부인이 만류하는 남편을 설득해 가섭여래와 네 분의 큰 성문에게 맛있는 음식을 공양한 일입니다. 반두왕의 첫째 부인과 가섭 때의 한 부인이 바로 선광의 전생인 것입니다. 그리고 음식을 공양한 부인의 남편이 지금의 거지인데, 그는 음식 공양을 반대했기 때문에 혼자 있을 때는 빈궁한 것입니다.

'업'을 짓는다는 것은 대상과의 관계 속에서 이루어지는 일입니다. 나와 내 주위 사람은 서로가 관계를 맺고 서로의 업원(業源)이 되어줍니다. 이것을 우리는 인연 혹은 연기(緣起)라고 합니다. 인연에 선연과 악연이 있듯, 업에도 선업과 악업이 있습니다. 선광이 왕후의 지위에서도 자신을 낮추어 부처의 열반을 돕고, 아낙으로서 정성을 다해 음식 공양을 한 것은 선업을 짓는 일이므로 이후 '내 복'이 됩니다. 남편은 부처에 대한 공양을 반대하고 만류함으로써 악업을 지었기에 '내 복'이 없는 거지가 된 것입니다. 「바사닉왕녀선광연」은 불교 설화이므로 선업을 짓는 대상이 부처로 되어 있으나, 현실에서는 모든 존재가 선업의 대상이 될 수 있습니다. 사람은 물론 동식물까지도 업의 대상이자 계기가 될 수 있는 것입니다.

금강산에 저 한번 나뭇꾼이 [생각하는 듯이] 이기 그 때 활이지? 활을 갖고 가서 나무를 하는디, 어떤 포수가 [반복하여] 하모 인자 포수가 나뭇꾼이가 나무를 하니, 포수가 그 사슴을 들고쫓아갖고(디리쫓아서) 온다 말이지. 그런께 사슴이, "나 좀 살리도라." 쌓인께, 그 나무 그 속에다가 숨캈어.

> 그래갖고 저 사슴을 살리갖고, 뭐 잘 덕을 봤다고, 사슴의 덕을 마이 봤다고 그 말이 있지요.[16]

위 인용문은 우리가 흔히 접하는 동물 보은담 중 하나입니다. 이 글은 우리가 누리는 복덕은 모두 내력이 있는데, 우연히 사슴을 구해준 것도 그 내력의 하나가 될 수 있다는 인식을 담고 있습니다. 이는 복업사상이 우리의 전통 서사에 깊이 간여하고 있으며, 우리 내면에 익숙히 자리하고 있음을 말해줍니다. '내 복'은 나 혼자 짓는 것이 아니고, 우리가 만나는 사람들과의 인연 속에서 이루어지는 것입니다. 때문에 '내 복'은 '관계의 선업'입니다. '관계의 선업'은 일회적인 선행으로 완성되지 않고, 윤회 속에서 지속됩니다. 전생의 선업이 현생의 '내 복'을 이루듯, 현생에서 내가 짓는 선업은 다음 생의 '내 복'을 결정합니다. 물론 현생의 복을 강화하기도 합니다.

막내딸은 전생에 지은 업으로 인해 현생에서 복을 누릴 수 있었습니다. 그러나 그녀는 현생에서도 쉬지 않고 선업을 지으려 노력합니다. 그녀는 현생에서 누리는 '복'을 자기만의 것으로 소유하지 않고 주변 사람들과 함께 나누는 방식으로 선업을 짓습니다. 그녀가 복을 나누는 방식은 자기 곁에 있는 사람 앞에서 자신을 낮추고 진심으로 그들과 함께하는 것입니다. 그녀는 부친에게 내침을 당해도 아버지를 원망하지 않습니다. 또한 부친이 그 나라에서 가장 박복한 거지나 숯쟁이를 남편으로 맺어줘도 그와의 관계를 소홀히 여기지 않습니다. 그녀는 가난하고 비천하다고 해서 남편과 시모를 박대하거나 무시하지 않으며, 오히려 적극적

16 「금강산 선녀」, 악양면 설화 21(채록지: 용강리 용강, 채록자: 김승찬· 곽의숙 조사, 구연자: 김개봉), 『한국구비문학대계』 8집 14책, 한국정신문화연구원, 1982, 186면.

으로 그들의 발복을 돕습니다. 앞서 살펴보았던 '내 복 설화' 유형 ①에서 하인과 짝이 된 셋째 딸은 그와 함께 황무지를 개간했고,[17] 유형 ②에서는 아무것도 없는 숯장수를 남편으로 맞이하고도 그를 위해 부엌에 나가 밥을 지었습니다.[18] 유형 ③에서 막내딸 복남이는 산속 울막에 사는 숯쟁이 모자를 위해 집 안팎의 일을 열심히 거들었습니다. 숯쟁이의 모친이 '어여쁘고 귀한 여인이 와 있으면, 안 그래도 하고 싶지 않은 집안일이 많아질까 걱정했는데 오히려 일손을 거들어주는 덕에 수월해졌다.'고 한 말에서,[19] 복남이의 진실된 태도를 읽을 수 있습니다. 그녀는 '내침'을 부당한 일이라고 원망하거나 분노하지 않고, 그것이 또 다른 선업의 계기가 되도록 만들었습니다. 이야기는 현생의 복을 강화시키는 것으로 마무리되지만, 우리는 막내딸이 다음 생에서도 여전히 '내 복'을 베풀며 새로운 선업의 관계를 만들어갈 것임을 예측할 수 있습니다.

4.「내 복에 산다」의 치유적 해석

「내 복에 산다」는 '내 복'이 아니라 '우리의 복'을 이야기하는 설화입

---

17 『한국구비문학대계』 2집 5책, 122면. "그래서 그 하인을 데리고선 인제 그 어디 인제 부지거처로 가는 기라. 한 군데 가가지구선 터를 잡고 앉았네. 하인일망정 그기 양반의 핏줄이라. 옛날에 인제 부귀빈천이라고 안 그러나 '부하면 귀하고, 빈하면 천하다' 그 천해서 이제 하인이 됐거든, 그렇지만 양반이야. 그래서 그 사람하고 함께 가서 황무지를 저 황무지를 개간하고 거(기거서) 사는 기라."

18 『한국구비문학대계』 4집 5책, 189면. "그래서 숯장사를 읃어 줬는디. 아이 앙것두 읎는디 숫(숯)얼 굿는디 밥얼 해 가지구 가넝깨애 사아무 누우런 금독이 이맛독(부엌 이맛돌)여."

19 『한국구비문학대계』 8집 9책, 480면. "그 집에서야 어띠케 아이가 예쁘고, 와서로 일로 거들아 주고, 나 만(나이 많은) 사람이 그란해도(그리 안 해도) 뭣이 하고 싶지도 않은 데다가 그런 분이 와서로 있으이께네, 그 뭐 일거리가 좀 많아질 기라 생각했는데, 오히려 와서 거들어 주이까네 수월해졌더라 이기지."

니다. 기존 연구가 이 설화의 서사 구조 변천을 통해 우리 삶의 세속화 과정과 억압적 관계를 읽도록 했다면,[20] 이 글은 서사의 생략과 더불어 우리의 기억에서도 잊힌 '내 복'의 연기성을 다시금 떠올리고, 설화가 원래 말하고자 했던 '관계의 가치'에 주목해 독해할 것을 제안합니다. 이것은 "문학이 본래 무엇 때문에 존재하며, 문학 연구가 궁극적으로 해야 할 일은 무엇인지에 대한 반성적 성찰"에서 출발한 '연구 시각으로서의 문학치료적 접근'입니다.[21] 문학 연구로서의 문학치료는 작품서사를 통해 독자의 자기서사가 변화하기를 희망합니다. 때문에 독자의 자기서사 변화에 기여할 수 있는 작품서사를 발굴하거나, 혹은 구조적으로만 분석되었던 설화를 치료적 시각으로 읽어낼 수 있는 독법을 제안하는 것은 문학치료학의 부분이 될 수 있습니다.

문학치료에서 '서사'는 "인간관계의 형성과 위기와 회복의 과정에 대한 이야기"로 정의됩니다.[22] 우리 삶에서 맺게 되는 인간관계 중 가장 기본이며 핵심인 것은 부모와 자식일 것입니다. 인간은 모두가 누군가의 자식이며, 대부분 부모가 됩니다. 그런데 부모 자식 관계는 나의 선택에 의한 것이 아니기에, 그 관계를 수긍하느냐 부정하느냐에 따라 갈등의 정도는 극과 극이 될 수 있습니다. 「내 복에 산다」는 먼저 부모와 자식

---

20 황인덕은 「내 복에 산다」를 '버림받은 딸이 자신을 박대한 부모를 구제하여 잘 살았다.'로 요약하며, 이 이야기를 자식에게 일방적인 지효(至孝)를 강요하는 억압의 서사 구조로 해석했다. 황인덕, 「불전계 한국민담 연구」, 401면. 이것은 「내 복에 산다」를 갈등과 대립, 폭력과 저항의 관계에 대한 이야기로 해석하는 독법이다. 그러나 필자는 「내 복에 산다」가 말하고자 하는 것이 '관계의 연기성'에 대한 회복이라고 생각한다. 이것은 설화가 원래부터 지녔던 지향으로, 우리는 서사 내용에서뿐 아니라 전승자의 태도에서 그 흔적을 찾을 수 있었다. 「내 복에 산다」가 지향하는 진실을 찾아 읽어주는 독법은 문학치료학적 시각을 반영한 것이다. 갈등과 대립으로 지쳐 있는 오늘날, 문학 연구가 해야 할 일은 이러한 독법의 발견일 것이다.

21 정운채, 「서사의 다기성을 활용한 자기서사 진단 방법」, 『문학치료의 이론적 기초』, 문학과 치료, 2007, 369면.

22 정운채, 『문학치료의 이론적 기초』, 376면.

이 서로를 어떻게 바라보아야 하는가에 대해 문제를 던집니다. 아비가 '누구 덕에 잘 사느냐'라는 질문을 던졌을 때, 독자는 자식의 입장이 되어 답을 선택해봄으로써 자신이 어떠한 시각으로 부모 자식 관계를 바라보고 있는지 확인할 수 있습니다. 첫째 딸이나 둘째 딸처럼 부모 덕에 잘 사는 것이라고 생각한다면, 스스로를 부모 입장에 놓은 사람이거나 혹은 부모를 이해하는 자식일 것입니다. 자기가 잘 사는 것이 오로지 자기 복 때문이라고 생각한다면, 자식의 입장에 기울어진 사람이거나 부모에 대해 반발하는 자기서사를 지닌 인물일 것입니다.[23]

「내 복에 산다」는 배우자 관계에 대해서도 우리에게 질문합니다. 부모에 의해 배우자가 결정된 데다 그 사람이 지위도 낮고 재산도 없는 경우, 우리는 어떠한 마음을 갖게 될까요? 셋째 딸처럼 아무런 원망 없이 거지나 숯쟁이 집으로 들어가, 황무지를 개간하고 성실하게 집안일을 할 수 있을까요? 셋째 딸의 모습을 보면서 화가 나고 억울해한다면, 그는 자신이 배우자를 선택해야 한다고 생각하는 사람일 것입니다. 또한 배우자가 되는 사람의 조건이 자신과 크게 차이가 나서는 안 된다고 여기는 자기서사를 지녔을지 모릅니다. 이처럼 「내 복에 산다」를 독서하는 과정에서 우리는 부모 자식 및 배우자 관계에 대한 자기서사를 점검할 수 있습니다.

한편으로, 「내 복에 산다」는 또 다른 점검도 가능하게 합니다. 특히 부모 자식이나 배우자가 소중하지만 가까운 존재이기에, 소홀히 하기도 쉽다는 생각을 지니게 하는 것입니다. 가까운 사이에서는 원망도 쉽게 일어나고, 갈등의 정도도 심합니다. 『시경』「대아(大雅)」「사제(思齊)」에

---

23 자기서사란 '우리들 각자의 삶을 구조화하여 운영하는 서사'이다. 정운채, 『문학치료의 이론적 기초』, 373면.

는 "아내에게 모범이 되어 존경받고, 형제에게도 마찬가지로 그렇게 될 수 있다면 그 사람은 집안과 국가를 다스릴 수 있다(刑于寡妻, 至于兄弟, 以御于家邦)"라는 말이 보입니다. 이는 아내에게 모범이 되는 것이 천하를 다스리는 일보다 어려움을 이야기하는 것입니다. 만약 부모나 자식, 배우자와의 관계를 건강하게 설정하고 유지할 수 있다면 다른 관계에서 발생하는 문제는 저절로 해결될 것입니다. 「내 복에 산다」가 부모 자식과 배우자를 문면에 둔 것은, 바로 이 때문입니다.

우리는 앞서 「내 복에 산다」가 '관계의 연기성'을 내재하고 있으며, 자신이 누리는 복이 관계의 선업을 통해 이루어짐을 이야기한 서사라는 것을 살펴보았습니다. 여기서 '관계'는 서로의 선업이 되어주는 짝, 자기 복의 원인이 되어주는 대상을 이릅니다. 그렇다면 우리가 선업을 지어야 하는 관계는 무엇일까요? 우리는 누구의 선업이 되어주어야 하는가요? 그것은 '지금 내 옆에 있는 존재'일 것입니다. 우리 인생에서 가장 먼저 내 옆자리를 차지하는 존재는 부모, 형제입니다. 그리고 시간이 지나 성장하면 배우자와 시모가 내 옆에 설 것이고, 때로는 앞서 인용한 「내 복으로 먹고 산다」에서처럼 기르는 개가 '내 복'의 원인이 될 때도 있습니다.

「내 복에 산다」는 두 가지 관계를 제시하고 있습니다. 처음은 딸과 부친이고 다음은 아내와 남편입니다. 딸과 부친은 표면상 대립을 이루도록 설정했고, 아내와 남편 사이에는 어떠한 갈등도 드러나지 않도록 했습니다. 딸은 자신을 길러준 부친에게, '제 복'에 잘 사는 것이라고 당돌하게 말함으로써 부친을 화나게 합니다. 그러나 다시 생각해보면 딸의 대답은 현생의 복이 이전에 지은 복업에 기인한 것임을 밝힌 것뿐입니다. 막내딸은 자신이 생각하는 복의 속성을 드러냈을 뿐, 부모와의 관계를 부정하거나 부모에게 저항하려던 것은 아닙니다. 만약 막내딸이 부모가 자신을 억압한다고 느끼고, 그것을 깨뜨리려는 의미에서 '내 복' 때문에 산다고 말한 것이라면, 부모에게 '내침'을 당했을 때 최소한의 원망을 드러냈을 것입니다. 그러나 막내딸은 '내침' 과정에서 어떠한 불만도 표현하지 않았습니다.

「내 복에 산다」가 보여주는 아내와 남편은 사회적 지위나 경제적 여건에서 극단적 차이가 존재하는 관계입니다. 그러나 아내는 자기에게 고난처럼 주어진 미천한 남편과 가난한 시모를 무시하거나 그들에게 분노를 표출하지 않았습니다. 오히려 그들을 진심으로 대하고, 그들이 발복할 수 있도록 최선을 다합니다. 즉 자신이 그들 복의 원인이 되어주려고 노력한 것입니다. 덕분에 그들은 복을 누릴 수 있었습니다. 그런데 '복'은 연기적 속성을 지녔다 했습니다. 이는 내가 그들 복의 원인이 되듯, 그들도 내 복의 원인이 된다는 뜻입니다. 막내딸이 가난한 남편을 통해 다시 자기 복을 이룬 것에서 이러한 '연기성'을 확인할 수 있습니다.

그동안 우리는 서사의 처음에 표면화된 부모와 자식 간 갈등에 주목하며 「내 복에 산다」를 독해했습니다. 갈등에 초점을 두면, 작품 전체의 서사 구조가 대결 구도로 읽힙니다. 그러한 독법은 우리로 하여금 작품 내에 존재하는 '복'의 속성에 대한 흔적을 간과하게 만듭니다. 또한 부모에게 보였던 딸의 존중과 배우자와의 관계에서 드러나는 의미도 소홀히 다루도록 합니다. 간과하고 소홀히 다루었던 부분에 귀 기울이고, 작품에 흐릿하게 남아 있는 원래의 지향과 의도를 복원하는 것은 매우 중요합니다.

더욱 중요한 것은 「내 복에 산다」가 부모 자식, 배우자와의 관계만을 이야기하고 있지 않다는 점입니다. 부모 자식과 배우자는 인생에서 맺게 되는 관계를 대표할 뿐입니다. 작품은 그들을 통해 우리가 '자기 복'

이 연원하는 바, '자기 복'이 이루어지는 삶의 메커니즘을 이해하기를 바라고 있습니다. 우리는 「내 복에 산다」를 읽으며, 부모와 배우자로 대표되는 주위 존재들과의 관계를 건강하게 만드는 방법을 깨닫게 될 것입니다. 또한 가치 없는 만남, 상처 주는 관계, 고난이라 생각되는 존재를 자신의 복업으로 이끌 수 있는 지혜를 얻을 수 있으리라 생각합니다. 상처받은 관계를 치유하고, 위기의 관계를 회복하는 데 기여하는 것, 이것이 「내 복에 산다」의 존재 이유이며, 연구자가 이 작품을 통해 궁극적으로 밝혀내야 하는 가치입니다.

5. '내 복'을 위한 선업 짓기

우리는 살면서 수많은 존재를 만납니다. 그중에는 간절히 원하는 만남도 있지만, 원하지 않는 만남이 더 많습니다. 사람들은 종종 원하지 않는 만남을 가치 없는 것이라 여기기도 합니다. 그러나 정작 '내 복'을 결정하는 관계는 바로 그 '원하지 않는, 가치 없는 만남'이라는 사실이 새삼 놀랍습니다. 그러한 만남은 「내 복에 산다」에서처럼 나의 선택이 아닌 부모의 강요로 이루어지기도 합니다. 그 과정에서 가장 가까운 관계인 부모와의 인연이 끊어지는 일도 발생할 것입니다. '내 복 설화'에서 '내침' 화소는 부모와 자식 사이의 인연이 단절되는 계기로 작용합니다. 그러나 그 '내침'을 단절의 계기로 방치하지 않고 '관계의 선업'을 짓는 기회로 만들 때, 그것은 우리 삶의 질적 전환을 가져오게 됩니다. 그리고 그때 우리가 그토록 추구하던 '내 복'이 공고히 만들어지게 되는 것입니다.

'내 복'을 만드는 선업 짓기의 과정은 끊어졌던 관계들의 회복을 동반합니다. 「내 복에 산다」는 헤어졌던 부모와 다시 만나는 것으로 관계의 회복을 형상화했습니다. 여기에서 부모는 지고(至高)한 관계를 대표합니다. 기존 연구가 이 이야기를 '부모 되찾기 서사'로 분류했듯, 이 서사는 핵심 관계의 회복과 치유를 소망합니다. 우리가 궁금해하는 것은 어떠한 마음과 자세를 지녀야 잃었던 부모, 단절된 최상의 관계를 회복할 수 있는가입니다. 나와 네가 서로의 복을 이루는 복업이라는 연기성을 기억하고, 자신을 낮추고 지성으로 상대를 대하며, 나를 억울하고 힘들게 하는 상황을 선업의 기회로 돌리는 것. 더불어 '내 복'을 주위와 함께 하려는 마음. 이것이 바로 「내 복에 산다」가 말하는 진정한 '내 복'이 아닌가 합니다.

제6장

인간의 근원적 미지 불안과 치유의 서사, 「호랑이와 곶감」

1. 「호랑이와 곶감」에 깃든 심리

「호랑이와 곶감」은 어떤 이야기일까요? 대개는 어리석은 호랑이를 골탕 먹이는[1] 재미있는 아동 서사물로 기억할 것입니다. 어른들은 이 이야기를 자녀들에게 들려주며, 못된 호랑이는 반드시 혼이 난다는 적절한 교훈을 얹기도 합니다.[2] 「호랑이와 곶감」에 속하는 설화는 현재 72편이 보고되었는데, 이들의 서사 구조는 대략 ① 곶감에 놀란 호랑이

1 조희웅은 「호랑이와 곶감」 설화를 지혜 있는 사람과 어리석은 동물의 대립으로 이루어진 치우담(癡愚談)으로 분류했다. 조희웅, 『한국 설화의 유형』, 일조각, 1996. 『한국구비문학대계』에서는 '알고 모르기-모를 만해서 모르기-세상살이 서툴러서 바보짓하기' 유형에 속해 있다. 조동일 외, 「한국 설화 유형분류집」, 『한국구비문학대계: 별책부록』 1, 한국정신문화연구원, 1989.

2 이 작품의 교훈적 의미에 대해 일반적으로 어떠한 고난이라도 극복 의지를 가지고 대처하면 극복되리라는 신념(소도둑), 간교한 자는 응징을 받게 된다는 것(곰), 게으르고 어리석음(호랑이)에 대한 경계, 가족에 대한 사랑을 중시하는 태도(부모), 지배자나 권력자에 대한 풍자를 지적한다. 조혜란, 「「호랑이와 곶감」 설화의 구조와 의미 및 교육적 활용에 관한 연구」, 한국교원대학교 석사학위 논문, 2002, 43-55면.

② 호랑이 등에 탄 소도둑 ③ 곰 잡은 소도둑 ④ 호랑이 잡은 소도둑의 순서로 이루어져 있습니다.[3] 이를 다시 기본형과 첨가변이형으로 나눌 수 있는데, 서사 단락 ①만을 보유한 유형이 기본형이고, 나머지는 첨가변이형에 해당합니다.[4] 기본형은 가장 보편적 전승 내용으로 72편 중 21편이 이에 해당하며, 이야기 전승 지역도 전국에 걸쳐 고루 분포합니다. 호랑이가 온다는 말에도 울음을 그치지 않던 아이가 곶감이라는 말에 울음을 그치자, 이를 밖에서 엿듣던 호랑이는 곶감이 자기보다 무서운 존재라 생각하고 도망간다는 것이 그 내용의 대략입니다. 이러한 기본형은 6차 교육 과정에서 초등학교 교과서에 실리기도 했을 뿐 아니라

---

3 「호랑이와 곶감」 유형 설화에 대한 독자적 연구는 미흡한 편이다. 대개는 호랑이 설화의 유형 분류에서 간략히 언급한 정도이고, 본격적 논의는 성기열과 조혜란의 논의 정도가 있을 뿐이다. 성기열은 전파론의 입장에서 인도의 설화가 중국과 한국을 거쳐 일본으로 전래된 과정에 주목했고, 조혜란은 설화 유형의 구조와 분류 및 교육적 활용법에 집중했다. 조혜란은 『한국구비문학대계』(한국정신문화연구원 1-82), 『한국구전설화』(임석재, 1-10), 『충남민담』(최운식, 1990), 『용인남부지역의 구비전승』(박종수·강현모, 1998), 『한국민담사전』(최근학, 1987), 『조선 호랑이 이야기』(이가원, 1993), 『한국전래동화독본』(이상노, 1963) 등의 자료를 토대로 72편의 「호랑이와 곶감」 설화를 정리했다. 성기열, 「한국구비전승의 일고찰: 「호랑이와 곶감」의 경우」, 『한국학연구』 1, 인하대학교 한국학연구소, 1989; 조혜란, 「「호랑이와 곶감」 설화의 구조와 의미 및 교육적 활용에 관한 연구」, 2002.

4 조혜란은 「호랑이와 곶감」 설화의 구조를 ① 곶감에 놀란 호랑이 ② 호랑이 등에 탄 소도둑 ③ 곰 잡은 소도둑 ④ 호랑이 잡은 소도둑으로 나누고 이를 다시 기본형(①②③), 탈락형 1(①②), 탈락형 2(①), 첨가형(①②③④)으로 나누었다. 조혜란, 「「호랑이와 곶감」 설화의 구조와 의미 및 교육적 활용에 관한 연구」, 8-11면. 본고는 조혜란이 탈락형 2(①)로 분류한 유형을 기본형으로 보고, 나머지는 첨가확대형으로 나누는 것이 타당하다고 본다. 이는 현존하는 「호랑이와 곶감」 설화의 모든 각편이 공유하는 이야기이기 때문이다. 조혜란은 ①②③까지의 구조를 취한 유형이 각편 수가 가장 많고 구조적으로 안정적이기 때문에 기본형으로 삼는다 했는데, 기본형은 72편 중 29편이고 탈락형 2는 21편으로 의미를 전도할 만큼의 차이를 보이는 수는 아니다. 실제 최근 이루어진 설화 집성 작업의 결과에서 확인되는 「호랑이와 곶감」 설화는 대개가 ①의 내용만으로 구성되어 있다. 더구나 구조적 안정성과 전승의 대표성으로 볼 때, 「호랑이와 곶감」으로 불리는 이 설화 유형의 핵심 서사는 결국 호랑이가 곶감이라는 미지의 대상에 대해 놀라 도망가는 것이고 나머지는 전승 과정에서 다른 서사가 덧붙여진 것으로 볼 수 있다.

가장 최근까지도 전승되는 대중적인 「호랑이와 곶감」 이야기라 하겠습니다.[5]

그런데 이 이야기의 의미는 단지 흥미와 교훈을 위한 아동용 독서물에 그치지 않습니다. 이 이야기는 겉보기와 다른 깊은 내면을 지니고 있는바, 그것은 막연한 불안과 공포입니다.[6] 이는 「호랑이와 곶감」 설화의 이편들에 등장하는 「호랑이보다 더 무서운 곽쥐」나 「세상에서 가장 무서운 것」 등의 제목을 통해서도 알 수 있습니다. 특히 「호랑이와 곶감」 설화의 기본형 서사는 이 이야기가 인간 내면의 공포 및 불안 심리와 관련 있음을 보다 선명히 드러냅니다. 기본형 서사는 이야기 형성의 핵심 서사이자 시간성을 초월한 보편적 생명력을 지닌 것입니다. 기본형 서사에는 「호랑이와 곶감」 설화가 만들어진 과정에 반영된 향유층의 감정과 그 감정에 대한 현재적 고민이 담겨 있습니다. 이 이야기가 민간에서 유전되는 과정에서 표현상의 희화성이 강화되었지만, 그 안에 담긴 사연은 일회적 유희나 위안적 조롱 및 풍자만을 이야기하고 있는 것이 아닙니다. 그러한 유희와 조롱과 풍자를 과장해 희화화하는 마음의 한가운데 존재하는 것이 바로 무서움입니다. 서사가 말하고 있는 것은 '오지 않은 호랑이'와 '알지 못하는 곶감'을 통해 호랑이만큼 무섭거나 그보다

---

5 신동흔은 2005년 9월에서 2007년 8월까지 전국 주요 도시의 공원을 대상으로 이야기 조사 연구를 진행했는데, 이때 서울 지역에서 채록된 「호랑이와 곶감」 이야기의 전승 유형이 기본형이다. 신동흔 외, 「호랑이보다 무서운 곶감」, 『도시전승 설화자료집성』 3, 민속원, 2009, 131면. 2005년 충남 지역에서 채록된 것도 기본형이다. 김기창, 『한국 구전설화집』 16, 민속원, 2005, 264면. 1992~2005년에 걸쳐 금산군 지역을 중심으로 조사한 김균태·강현모, 『새내 유역의 구비설화』, 금산문화원, 2005에 수록된 6편의 이야기도 모두 기본형이다.

6 불안과 공포는 구체적 대상의 유무를 기준으로 구분할 수 있지만, 실제 생활에서 우리가 느끼는 감정은 막연한 공포와 구체적 불안도 공존하며 혼재해 있는 경우가 많다. 해당 설화에서도 일정 부분 구분이 유의미할 때와 무의미할 때가 있어서 일단은 불안과 공포를 함께 언급하며, 구체적으로 구분이 필요할 경우는 수식구로 의미를 제한할 것이다.

더 무서운 대상에 대한 막연한 공포이기 때문입니다. 이때 무서움의 대상과 범주가 구체적이지 않은 것은 그것의 소종래가가 뚜렷하지 않음을 말합니다. 이는 시간이 흐르면서 구체적 상처는 아물어도 상처의 기억은 더욱 또렷해지는 트라우마와 비슷합니다. 기본형 서사가 담고 있는 트라우마는 그 근원이 매우 오래되고 현재도 끊임없이 전승되는 것입니다. 우리는 우는 아이를 달래기(?) 위해 부모나 조부모가 아이에게 오지도 않은 호랑이가 와서 잡아간다고 엄포를 놓는 것에서, 부모세대 혹은 그 이전 세대부터 대대로 서사의 전승과 더불어 진행되어왔을 정서의 전승을 확인할 수 있습니다.

부모세대가 두려워하는 호랑이와 그러한 호랑이를 이야기를 통해 다시 전승하는 부모, 그리고 이야기 전승을 통해 소환된 호랑이가 곶감을 자기보다 더 무서운 존재로 오인하는 과정을 그린 「호랑이와 곶감」은 막연한 미지 불안에 대한 서사적 반응으로 읽을 수 있습니다. 그동안의 연구에서도 본 설화가 내포하고 있는 두려움에 대한 태도에 주목한 바 있습니다. 그러나 호랑이의 희화화를 통해 권위에 저항하는 작품이라는 해석이 보여주듯, 기존 논의는 인간의 입장에서 포착되는 사회적·계층적 두려움만을 논의했습니다. 이는 두려움의 대상을 어느 정도 가늠할 수 있다는 측면에서, 인간 본연의 불안과는 다른 성격이라 하겠습니다. 「호랑이와 곶감」에서 포착되는 인간의 미지에 대한 불안은 현재까지도 생생히 전승되는 서사의 구연과 더불어 전해지고 있습니다. 시대와 세대에 걸쳐 서사 전승과 심리 전승이 동시에 진행되는 것입니다.[7] 대상

7 「호랑이와 곶감」은 민담에 속하는 작품이다. 민담은 과거의 시간에 고정된 텍스트가 아니라, 현재도 지속적으로 재생산되는 텍스트라는 점에서 구연되고 읽히는 당대의 시대와 심리를 반영한다. 이는 민담의 분석이 로버트 단턴이 주목한 것처럼 그것이 형성된 과거의 사회상에 대한 보충 사료적 가치를 구명하는 것만이 절대적 의미를 지니는 것은 아님을 말해준다. 즉 지

없는 불안과 공포가 그 어느 시대보다 더 무서운 호랑이가 되어버려 발신자 없는 상처에 아파하는 이 시대에, 「호랑이와 곶감」이 진정 전달하고자 하는 메시지가 무엇인지를 읽어내는 것은 의미 있는 작업이 될 것입니다. 이에 이 장에서는 인간의 두려움뿐 아니라 호랑이의 두려움도 아울러, 본 설화가 오늘의 시점에서 어떠한 치유적 의미를 제공할 수 있는지 살펴보고자 합니다.[8]

2. 불안 서사의 전통과 내 안의 '호랑이'

「호랑이와 곶감」과 관련해, 서사 전통에서 불안 서사와 호랑이가 연결되는 시작점을 찾아 올라가 볼 필요가 있습니다. 우리의 전통 서사에서 호랑이를 발견하는 것은 어렵지 않습니다. 호랑이는 전통 서사의 시작에서부터 함께하기 때문입니다. 주목할 것은 그 시작점부터 호랑이는

금도 구연되는 현재적 텍스트로서, 오늘날 독자들에게 유의미한 부분을 고민하는 것 역시 작품 이해에 대한 또 다른 정당한 방식일 것이다. 물론 이것은 당대인의 삶과 괴리된 해석이 아니다. 그동안의 연구가 계층을 전제로 한 사회적 삶에 주목한 것이라면 현대적 의미에 대한 고찰은 개인적·정신적 삶의 측면을 주목하는 것이다. 민담의 시간성에 주목해 그것이 지닌 사료적 가치를 고구한 시각은 로버트 단턴, 『고양이 대학살』, 조한욱 역, 문학과지성사, 1996 참조. 단턴 식의 시각은 일반적으로 대개의 고전 설화 연구가 취하는 방식이다.

8 설화를 바라보는 관점 중 시간성을 중시하는 경우 당대의 사회상에 주목하게 되고, 시간성을 초월하는 경우 당대는 물론 현대의 독자에게 의미 있는 지점을 강조하게 된다. 문학치료학은 후자에 해당하는 것이다. 본고는 그러한 의미에서 문학치료학의 입장에 서서 이야기에 대한 독법의 관점 이동을 시도한다. 그러나 이것의 목적은 작품의 사회적 의미와 전연 다른, 근거 없는 맥락의 창조가 아니라 그러한 맥락의 기저에 존재하는 인간 본연의 원형적 심상을 공유하고자 하는 데 있다. 설화 및 고전 서사를 중심으로 불안 심리를 분석한 성과로는 김미령, 「자아의 관점에서 살펴본 불안장애와 「멈춘 산」」, 『문학치료연구』 21, 2011; 강미정, 「설화 「멈춘 산」과 불안장애와의 관련성」, 『문학치료연구』 20, 2011; 조은상, 「「종옥전」에 나타난 성적 불안 극복과 아버지 세계로의 회귀」, 『문학치료연구』 3, 2008 등이 있다.

불안 서사와 연결되는 이미지를 형성한다는 점입니다. 「단군신화」의 호랑이는 후일 단군의 어머니가 되는 곰의 짝으로 등장합니다. 후일 고조선을 세우고 다스리다 산신이 되는 단군의 어머니세대와 경쟁자이면서 뜻을 같이했던 동료로서의 호랑이는 훗날 민간의 신앙·회화·서사 속에서 산신이나 도인의 도반으로 이미지화됩니다. 그러나 호랑이에 대한 원초적 서사에 해당하는 「단군신화」의 호랑이는 기실 인간이 지닌 근원적 좌절과 우울과 불안의 원형을 나타냅니다.[9] 그토록 원했던 사람 되기를 포기할 만큼, 그는 동굴 안 어둠 속에서 우리가 상상할 수 없는 불안과 공포를 느꼈을 것이기 때문입니다. 사람에게 자신이 살아온 삶의 궤적으로서의 자기서사가 존재하듯, 서사 단위와 이야기 화소에도 그 형성과 전승 과정에 따른 자기서사가 존재할 수 있습니다. 이러한 입장에서 본다면 한국 서사문학 속의 호랑이는 아주 오래전에 쓰고 아린 쑥과 마늘만을 먹으며 지냈던 컴컴한 동굴 속에서의 불안과 공포를 자기서사로 가진 존재라 할 것입니다.

「이야기 정령」이라는 설화가 이야기하듯, 이야기는 끝없이 전해져야 하는 속성을 지닙니다. 때문에 「단군신화」에서 포착되는 자기서사, 즉 내면의 메타포로서의 호랑이는 다시 서사 전통의 하나가 되어, 마음의 이상 징후에 대한 형상으로 이야기 속에서 전승됩니다. 그 전승 사례 중 하나가 「멈춘 산」 유형에 속하는 '범바위 산' 이야기입니다. 이 이야기에서 뻗어가는 산세를 비유하는 호랑이는 외부의 시선에 크게 좌우되는 불안 심리로 읽힐 수 있습니다.[10] 내용은 화학산에서 두 마리 호랑이가 내려오는 것을 보고 지나던 부인이 '산이 걸어온다'고 이야기하자 호랑

9 김지선, 「내 안의 불안과 만나다: 윤대녕 소설 『호랑이는 왜 바다로 갔나』」, 『중국어문학지』 24, 2007, 41면.

10 강미정, 「설화 「멈춘 산」과 불안장애와의 관련성」, 37-38면.

이는 이내 움츠러들어 걸음을 멈추고, 결과적으로는 더 좋은 산세를 이루지 못했다는 것입니다. 여기의 호랑이는 산의 정령이면서 동시에 선행 연구가 지적하듯, 주변의 소소한 반응을 과도하게 받아들여 정상적인 과업 성취를 멈춰버리는 불안 심리로 이해할 수 있는 것입니다.

이러한 유형의 전승은 21세기에도 나타납니다. 시대적 권태와 우울, 무기력과 강박관념에 사로잡힌 현대인의 불안을 드러낸 윤대녕의 『호랑이는 왜 바다로 갔나』[11]가 그것입니다. 기실 '인간은 누구나 다 맹수를 부리는 자이다.'[12]라는 말이 나타내듯, 인간은 모두가 내면 상징으로서의 동물을 지니고 있습니다. 이러한 이유로 우리는 물리적 국경을 넘어서도 불안으로서의 호랑이 서사를 발견할 수 있습니다. 이안(李安) 감독의 영화 〈라이프 오브 파이〉[13]에 등장하는 호랑이가 대표적이라 할 것입니다. 이 영화의 주인공 파이는 가족과 함께 이민을 위해 캐나다로 가던 도중, 배가 침몰하자 작은 구명보트에 오릅니다. 그런데 그 보트에는 파이만이 아니라 한 마리 호랑이도 올라와 있습니다. 영화는 파이가 호랑이에게 잡아먹히지 않으려 고군분투하는 모습을 그리고 있는데, 여기에 등장하는 호랑이 역시 파이의 내면에 존재하는 불안과 공포의 형상으로 볼 수 있습니다.

그런데 이와 같은 불안 형상으로서의 호랑이 이야기는 이야기의 전승과 더불어 이야기에 담긴 불안 심리도 함께 전달되는 특징을 지닙니다. 이러한 이유로 불안 서사의 호랑이에 대한 이야기는 전승자가 의도하든 안 하든 독자에게 유사한 불안과 공포를 환기시키는 것입니다.[14]

---

11 윤대녕, 『호랑이는 왜 바다로 갔나』, 생각의나무, 2005.

12 나카지마 아츠시, 『역사 속에서 걸어 나온 사람들』, 명진숙 역, 다섯수레, 1993, 19면.

13 이안(李安), 〈Life of Pi〉, 20세기폭스, 2012.

14 「호랑이와 곶감」을 예로 들면, 아이에게 호랑이가 왔다고 이야기하는 부모는 이야기를 통한

환기된 불안은 피전승자가 지닌 자기서사를 고정시켜 이미 불안을 경험했던 사람의 자기서사는 그 불안을 더욱 강화시키고, 불안을 경험한 적이 없는 사람의 자기서사에는 호나이 식의 기본적 불안이 형성되게 합니다. 이러한 기본적 불안은 특히 미경험의 아이들에게 더욱 강한 영향력을 행사합니다. 외부 대상에 대한 경험이 없는 아이들은 반복 주입된 불안과 공포의 이야기를 통해 자신이 처해 있는 환경이 자신에게 우호적이지 않다고 생각하게 되는 것입니다.[15]

여기서 주목할 점은 불안과 공포를 환기시킬 수 있는 이야기의 전달자와 피전달자가 언제나 적대적 관계는 아니라는 것입니다. 즉 악의를 가지고 상대에게 불안과 공포를 환기시키는 경우가 아니라 선의를 의도하는 경우에도 불안과 공포를 환기할 수 있기 때문입니다. 대표적인 경우가 부모와 자녀 관계입니다. 「호랑이와 곶감」류 설화처럼 불안과 공포를 유발하는 이야기의 전승은 부모세대와 자녀세대 사이에서 흔히 발생합니다. 사람들은 기본적 불안에 대한 자아방어 기제로서, 애정 확보·복종·힘의 성취·철회를 시도하는데,[16] 이러한 방어 기제를 유도하기 위해 부모는 종종 자녀에게 불안과 공포를 환기시키는 서사를 이야기하기 때문입니다. 부모는 자녀가 자신들의 말을 듣지 않는다고 여겨지는 상황에서 자녀들이 자신의 주장을 철회하고 부모에게 복종하도록 그들이 공포스럽게 여길 만한 것을 이야기 속으로 소환합니다. 때로는 자녀들이 부모 자신들의 애정을 얻기 위해 노력하거나 학업적 성취를

두려움의 환기를 의도하고 있지만, 이를 전승하는 설화자는 대체로 이런 환기를 구체적으로 의도하고 있지는 않다고 하겠다. 물론 그럼에도 의도와 무관한 무의식 상의 정서 전승이 일어나는 것은 별도의 문제이다.

15 김미령, 「자아의 관점에서 살펴본 불안장애와 「멈춘 산」」, 163면.

16 노안영·강신영, 『성격심리학: 인간이해 및 성장을 위한』, 학지사, 2010, 136-137면.

이루도록 하려고 그들을 불안하게 하는 이야기를 전달하기도 합니다. 이때 부모가 이야기하는 불안과 공포의 대상은 실제 부모가 경험했던 사실에서 유래한 것도 있고, 때로는 막연하게 가정된 것도 존재합니다. 말 안 들으면 순사나 형사가 잡아간다거나 이웃집 아저씨가 혼내준다는 부모의 이야기, 고집을 부리면 아버지에게 이르겠다는 어머니의 말, 젊은 시절에 공부를 하지 않아서 현재의 상황이 되었다는 아버지의 이야기, 세상에는 눈 뜨고 코 베어가는 사람이 많으니 아무나 믿지 말라는 부모들의 경계, 이 모두가 앞서 이야기한 호랑이 서사의 이형 버전들로서 이러한 이야기는 지속적으로 구체적이거나 추상적인 불안을 전승하고 증폭시킵니다.

이상에서 알 수 있듯 「호랑이와 곶감」 설화는 불안 형상으로서의 호랑이를 중심으로 세대 간 불안 정서의 전승 과정에 주목한 서사의 하나입니다. 그러나 이 작품이 의의를 지니는 것은 서사의 전승이 불안 심리의 전승만을 수반하지는 않는다는 것입니다. 그것은 불안의 전승과 동시에 전승의 단절을 소망하는 서사이기 때문입니다. 이 작품은 호랑이로 형상화된 불안이 기실은 부모세대가 느끼고 있는 불안임을 이야기합니다. 그리고 그것을 자녀세대에 전승하는 과정을 짧지만 강력하게 그리며, 동시에 부모세대의 불안이 자녀세대에 가서 극복되고 치유되기를 바라는 소망 기제 또한 담지하고 있는 것입니다. 먼저 「호랑이와 곶감」에서 호랑이가 어떻게 미지 불안의 형상으로 나타나고 있는지 살펴보겠습니다.

3. 「호랑이와 곶감」 설화 속 호랑이와 미지 불안

① 호랭이는 이제 와서 이제 나오믄 잡아먹을려구 지키구 있는데, 호랭

이가 와서 있는데 호랭이 소리를 그냥 이 아이가 억척같이 울기만 하니깐 그냥 별개 다 온다구 그냥 '호랭이가 왔다' 그래두 그냥 울기만 하니깐 야중엔 지 어머이가,

"곶감 주랴?"

그랬거든.

"곶감 주랴?"

그러니깐 그제야 뚝 그치거든가. 이 놈의 호랭이가,

"아휴! 나보다 더 무서운 곶감이 있는가 하구 저 곶감 내게 덤벼들었단 큰 일 나갔다."고. 그냥 도망을 했거든 걸요. [조사자: 곶감과 호랭이 얘기가 나오는군요.]

음, 그 곶감은 먹는 거니까는,

"곶감 주랴?"

그 땐 뚝 그치니깐,

"이 곶감, 곶감이 나보다 더 무서운가 보다. 아마 이 놈의 곶감이 내게 덤벼딴 큰 일 나갔다."

그리군 달아났대요.[17]

② 옛날에 인제 애가, 들은 데로 녹음됐어? 내가 한 거? [네, 지금 녹음되고 있습니다.] 그래 이전 애가 인제 막 울었어. 집에서 인제 옛날에 이렇게 단독주택에 마당에 담도 없고 그런 집이 많거든? [예.] 그래 호랭이가 마당에 와 앉었네? 앉었는데 이제 몰르고 애가 우니까 어른이 달래느라고,

"아이구, 늑대 운다. 개 운다."

그래도 애가 안 그쳐. 안 그치더니,

---

17 『한국구비문학대계』 1집 7책, 296-297면. 한국학중앙연구원 왕실도서관 장서각 디지털 아카이브, http://yoksa.aks.ac.kr/jsp/ur/Directory.jsp?gb=1.

"호랭이 온다."

그래도 안 그쳐. 그러더니 한참 있다,

"곶감 주까? 곶감 주까?"

그러니까 얼른 그쳤던 말이야. 그래 호랭이가 하는 말이,

"아, 나보다 곶감이 더 무섭구나."

그러더니 호랭이가 곶감을 무서워한다는 전설이 있는 얘기.

여기서 잘 추려내가지고 방송하라구, 고만. [청중 웃음][18]

①은 1981년 경기도 강화군 길상면에서 채록한 것이고 ②는 2002년에서 2005년 사이 서울 지역에서 채록한 것입니다. 20여 년의 거리가 존재하나, 그 전승의 형태는 크게 바뀌지 않았음을 알 수 있습니다. 그동안의 일반적인 시각은 「호랑이와 곶감」에 등장하는 호랑이 형상이 외부의 폭력, 즉 권력을 가진 지배층을 상징하는 것으로 해석했습니다. 더불어 호랑이로 상징되는 고난이나 위협이 아무리 혹독하다 해도 부모의 품에 있는 한 무서움의 대상이 될 수 없다는 심리를 나타내며,[19] 이는 곧 부모와 가족의 사랑으로 고난을 극복할 수 있다는 교훈으로 읽힐 수 있다고 보는 것이 보편적입니다.[20] 여기에서 전자가 지나치듯 언급한 지점, 즉 부모의 품에서는 무서움을 느끼지 않는 아동기의 심리는 보다 섬세한 고려가 필요합니다. 왜냐하면 호랑이로 형상화된 무서움을 형성하는 데 기실 그 부모가 주동적 역할을 하고 있기 때문입니다.

이야기에서 부모는 배고픈 호랑이가 집 밖에 와 있는 것을 알지 못한 상태로, 우는 아이를 달랜다는 명분하에 아이에게 호랑이가 잡아간다는

18 신동흔 외, 『도시전승 설화자료집성』 3, 131면.

19 성기열, 「한국구비전승의 일고찰: 「호랑이와 곶감」의 경우」, 17-18면.

20 조혜란, 「「호랑이와 곶감」 설화의 구조와 의미 및 교육적 활용에 관한 연구」, 53-54면.

엄포(?)를 놓습니다. 이는 부모가 생각하는 무서움의 대상이 호랑이로 이미지화되고 있음을 말하는 것입니다. 이때의 호랑이가 내포하는 의미는 다양합니다. 이런 유의 이야기가 만들어진 당시에는, 설화 향유층이 경험했던 여러 차례의 고난, 즉 실제 호환이나 호환으로 비유되는 사회적 억압으로 이해할 수 있습니다. 동시에 이것은 그런 경험에 의해 형성된 두려움의 심리적 기제로 볼 수도 있습니다. 즉 아직 오지 않은 호랑이란, 부모세대가 경험적 결과에 의해서 지니게 된 미래적이고 미지적인 두려움인 것입니다. 이는 구체적 대상이 존재하지 않는 때에도 인간의 심리에 내재하며 인간을 움츠리게 만드는 불안을 의미합니다.

그런데 이 이야기가 의미 있는 것은 민담의 전승 방식이 지닌 불안 심리의 전승 방식 때문입니다. 민담은 반복적 이야기하기 방식을 통해 시대와 세대 간 전승이 이루어지는데, 이때의 반복적 이야기하기는 일종의 학습효과를 만들어냅니다. 수백 년 전의 지명 유래담이 오늘날 시점에서도 여전한 생명력을 지닌 채 전승 학습되는 것은 이와 같은 맥락을 설명해줍니다. 그런데 반복 이야기되는 이야기가 일정한 심리 상태를 담지하는 것이라면, 이야기 전승은 인간 내면의 심리 상태의 전승 및 학습을 수반하게 됩니다. 이러한 측면에서 「호랑이와 곶감」은 부모세대가 무섭다고 생각하는 것이 어떻게 자녀세대로 전승되는가를 보여주는 현장이 됩니다. 이야기에서 아이는 아직 가정을 제외한 외부 세상에 대해 선입견을 지니지 않은 사회적 무경험의 자아입니다. 그 아이가 경험한 것은 이전에 부모가 준 달콤한 곶감이 전부였을 것입니다. 그런데 아이가 울자, 엄마는 울면 호랑이가 와서 잡아간다고 말합니다. 이 부분은 불안 심리의 세대 전승이 어떻게 시작하는지를 보여주고 있는 것입니다.

사실 아이는 호랑이를 본 적이 없기 때문에 호랑이가 온다고 했을 때 발생하는 감정의 종류가 확정되지 않은 상태입니다. 우리는 벌레나 곤충 혹은 파충류 계열의 동물들 앞에서 무서운 표정을 짓는 어른과 달리, 호기심과 애정의 시선으로 그들을 보고 심지어 두려움 없이 다가가 만지는 아이들의 천진함을 목도할 수 있습니다. 이는 벌레나 파충류 같은 외부 세계에 대한 감정이 아직 학습되지 않았기 때문입니다. 그런데 외부 대상에 대한 감정은 모든 사람이 동일하지 않습니다. 어린 시절, 파충류에 대한 첫 경험이 애정 충만했던 사람은 그 동물들에 대해 두려움을 느끼지 않기 때문입니다. 즉 대상에 대한 감정이나 대상이 환기하는 정서는 그들이 대상과 맺는 경험의 처음 성격이 어떠했는가를 이야기합니다.

그런데 일반적으로 외부 세계와 관계를 맺는 처음 경험에서 가장 큰 영향을 미치는 것은 부모의 감정입니다. 아이가 세상 혹은 대상을 직접 경험하는 경우도 있지만, 대체로는 부모가 전달하는 대상의 이미지가 그 처음 경험을 대체하기 때문입니다. 이때 전달 내지 전승되는 대상의 이미지는 부모의 언어 행위, 즉 발화와 이야기를 통해 이루어집니다. 우리는 어린 시절 부모님에게 무엇인가를 사달라고 했다가 거절당한 기억이 있습니다. 그때 떼를 쓰며 우는 아이에게 부모는 '이렇게 말 안 들으면 저기 경찰 아저씨가 와서 잡아간다.'는 유의 협박(?)을 하는 경우가 있습니다. 경찰 아저씨에 대한 경험이 무지한 아이에게 그 말은 즉각적인 효력을 발휘하지 못하지만, 어쨌든 경찰 아저씨는 엄마 말을 안 들으면 잡아가는 '무서운' 대상으로 이미지화되기 시작하는 것입니다. 이후 그러한 발화가 반복되면서 아이에게 경찰 아저씨는 이유 없이 무서운 사람이 됩니다. 성인이 된 후, 범죄를 저지르지 않았음에도 경찰 앞에서 조금 위축되는 심리가 바로 '이유 없는 무서움' 때문입니다.

「호랑이와 곶감」의 호랑이는 바로 이러한 부모세대가 지닌 내면의 무서움을 형상화한 것입니다. 그것이 직접 경험에 의한 것이든 부모세대가 자신의 부모세대에게서 전승받은 기억이든, 그들에게 호랑이는 이야기만으로도 두려움을 환기시키는 대상입니다. 때문에 부모는 자녀들도 호랑이라는 말을 들으면 두려움을 느끼게 될 것이라 생각합니다. 이는 자신의 기억과 감정을 바탕으로 자녀 또한 호랑이 이미지가 유사한 감정을 불러올 것이라 생각하거나 그렇게 되도록 의도하는 것입니다. 이러한 의도는 그런 감정의 환기가 결과적으로 자신에 대한 순종으로 이어지기를 기대하는 것입니다. 즉 계속 울면 호랑이가 온다는 이야기는 부모에게 순종하게 하는 기제로 활용되며, 그러한 성격이 호랑이 이야기가 반복적으로 전달되는 이유가 됩니다. 결국 부모세대는 자신들이 세대 전승을 통해 학습한 이야기와 감정을 또다시 자녀세대에게 자발적으로 전승하고 있는 것입니다.

이러한 전승이 지닌 문제점은 이야기가 처음 형성될 때는 구체적 경험일 수도 있는 호랑이가 시간이 흐르면서 막연한 관념으로 추상화된다는 데 있습니다. 부모세대에게 호랑이는 실제 호환의 경험이거나 지배관료의 억압에 대한 비유일 수 있습니다. 그러나 자녀세대, 특히 아직 세상에 대한 경험이 존재하지 않는 아이에게 호랑이는 뚜렷한 대상에 대한 구체적 감정이 아니라 막연하고 그 기원을 알 수 없는 두려움입니다. 즉 구체적이고 경험적인 공포가 아닌 미지의 불안인 것입니다. 특히 이러한 이야기 전승이 오늘날까지 이어진다는 것은, 그러한 기제가 여전히 작동하고 있다는 것을 말합니다. 이제 호랑이는 동물원 우리에 갇힌 신세가 되었지만 우리들의 내면에는 여전히 미지 불안으로서의 호랑이가 존재하는 것입니다. 미지 불안은 기원과 대상을 알 수 없기에 우리 머릿속에서 끝없이 과장되기도 합니다. 즉 내 안의 호랑이가 점점 더 커지고 사나워질 수 있다는 것입니다. 소위 불확실성의 시대라 불리는 오늘날, 매 순간을 미지 불안의 트라우마 속에서 극단적 삶을 사는 사람들의 모습을 흔히 발견합니다. 그리고 부모보다 더 큰 호랑이 이야기를 반복적으로 주입하는 사회적 메커니즘 또한 발견할 수 있습니다.[21]

4. 근원적 미지 불안에 대한 치유의 서사

「호랑이와 곶감」의 전반부는 우는 아이를 달래기 위해, 오지 않은 호랑이를 소환해 아이로 하여금 두려움을 느끼게 하려는 부모의 모습이 핵심이었습니다. 이때 부모가 소환한 호랑이는 부모세대가 두려운 존재로 여기는 대상이며, 호랑이의 소환은 아이가 자신에게 순종하도록 하려는 의도를 드러냅니다. 그러한 의도가 자신의 불안을 다음 세대의 미지 불안으로 전승되게 하는 것입니다. 이처럼 「호랑이와 곶감」에서 호랑이가 미지 불안의 형상이라면 곶감은 무엇일까요? 이야기에서 곶감은 양면적 이미지를 지닙니다. 그것은 우는 아이를 달래는 달콤한 존재이며 동시에 호랑이를 두렵게 하는 무시무시한 대상입니다. 이러한 양면성은 곶감이 호랑이의 호랑이라는 미지 불안의 끝없는 근원성을 나타내는 동시에 호랑이를 물리치는 치유 전승을 상징합니다.

부모는 무서운 호랑이가 온다고 말하지만 아이는 그 말에 울음을 그치지 않습니다. 호랑이라는 말은 부모세대에게는 옴짝 놀라고 움츠러들게 하는 기세를 지녔지만, 아직 외부 세상에 대한 감정의 경험치가 제로인 아이에게 호랑이는 어떠한 정서도 환기시키지 못하는 것입니다. 그

21 자녀세대에게 내면의 불안을 형상화하는 호랑이 이야기의 전승 주체인 부모세대는 혈연 구조적 개념일 뿐 아니라 지배 구조적 개념이기도 하다. 과거나 현재나, 지배 계층은 두려움을 조장해 개인들로 하여금 그 두려움 속에서 움츠리거나 헤매게 함으로써 그들에게로 향하는 이성적 비판의 시선을 돌리고자 했다.

런데 호랑이를 두려워하지 않는 지점이 발견되는 이 순간부터 밖에서 엄마와 자식의 대화를 듣고 있던 호랑이의 불안이 싹트기 시작합니다.

① 애기가 막 울어 쌌어. 옛날 어른들 말 들어보면 애기가 막 울어 쌌어. 할머니가 애기를 달갤라고 인제 이랬디아.

"저기, 저기, 저기 호랭이 온다."고 그래도 울더랴. 그래서 인제 또 낭중에는 '호랑이 온다'고 해도 울고 그래서, 낭중에는 이랬디아, 또 손자한테.

"아나, 곶감!"

그랬다던가? [곶감이요?] '아나 곶감' 그랑께 뚝 그치더랴. 어 그래 곶감, 곶감, 곶감이 호랭이보담 더 무섭다고 그런 이야기도 있었어, 옛날에. [그런데 왜 곶감을 무서워하죠?] [맞아] 몰라, 그러대 으른들. 옛날 으른들 말이 그랴. 너 애기 달랠라면 그냥 호랭이도 온다고 해도, 온다고 해도 그랑께 나중에는 '아나 곶감' 그랑께 뚝 그치드랴, 애기가. [아나 곶감] [곶감을 좋아해서 그런가?] 근데 호랑이보담도 곶감이 더 무섭다는 뜻인가 모르겄어. [왜 곶감이 무섭지?] 옛날 으른들 말이 그러더라고.

② 가만히 호랑이가 듣고 있다가 '아나 곶감' 그랑께 애기가 뚝 그친게,

"아, 나보담 더 무서운 곶감이 있구나." 하고는 호랭이가 능실능실 저 산으로 올라가더랴. 그 소리를 듣고. [어 도망간 거예요?] 어.

"나보담 더 무서운 게 있구나." 하고 애기가 뚝 그치니까. '아나 곶감'하니까 뚝 그치드랴, 애기가. 호랭이가 그런 소리를 듣고 있다가,

"아이고, 나보담 더 무서운 게 있구나."

호랭이가 도망 가더랴.[22]

22 김균태·강현모, 『새내 유역의 구비설화』, 440-444면.

최근까지 전승되는 「호랑이와 곶감」 이야기 중 금산 지역에서 채록된 것입니다. 첫 번째 이야기와 두 번째 이야기 모두 55세의 여성이 구술한 것인데, 앞의 이야기를 마치고 난 후 그 내용에 틀린 것이 있다며 뒤의 이야기를 다시 구술해주었다고 합니다. 앞의 이야기에서 구술자가 강조한 것은 호랑이가 왔다고 해도 꿈쩍 않던 아이가 '아나 곶감'이라는 한마디에 울음을 뚝 그치더란 것입니다. 그리고 이어 강조한 것은 '아나 곶감'이라는 말을 듣고 자신보다 무서운 것이 있다는 사실에 놀라 도망하는 호랑이의 모습입니다. 호랑이는 자신이 왔다는 말에 아이가 놀랄 것이라 기대했으나, 꿈쩍도 않는 모습에서 움찍 놀랐을 것입니다. 그러다 '아나 곶감'이라는 말을 듣고 한순간에 뚝하고 울음을 그치자 호랑이의 불안과 공포는 절정에 이르고 결국 줄행랑을 놓은 것입니다. 즉 곶감은 호랑이가 지닌 막연한 공포와 두려움을 나타냅니다.

앞서 호랑이가 미지 불안의 형상이었다면, 여기서 곶감은 미지 불안의 근원적 속성을 나타냅니다. 즉 불안 심리는 절대적이고 단절적인 정서가 아닙니다. 그것은 또 다른 미지 불안에 의해 형성된 것이고, 동시에 더 큰 미지 불안을 만들기도 하며 점층적으로 상호 연계되어 있는 것입니다.[23] 부모는 호랑이를 두려워하고 호랑이는 곶감을 두려워합니다. 즉 우리가 지니고 있는 미지 불안도 기실 그것이 형성되는 과정에서 그에 앞서는 근원적 미지 불안이 존재하는 것입니다. 설화의 제목이기도 한 '호랑이와 곶감'은 결국 끝없이 연계되며 전승되는 미지 불안과 그것의 근원적 속성이며, 부모가 아이에게 호랑이 이야기를 해주는 서사는 한 세대의 미지 불안이 반복적 이야기 전승을 통해 다음 세대의 미지 불

23 심리발전의 점층적 관계의 다른 사례는 배타 심리의 점층적 구성을 통해 드러나는 「최고운전」에서도 확인된다. 김수연, 「「최고운전」의 이방인서사와 고전텍스트 읽기 교육」, 『문학치료연구』 23, 2012.

안 형성에 영향을 미치는 불안 서사의 전승을 드러냅니다. 이러한 세대 전승은 인류의 세대가 끝나는 지점까지는 영원히 이어질 것임은 말하지 않아도 알 수 있는 것입니다.

그렇다면 「단군신화」부터 이어져 온 불안 서사는 영원히 극복될 수 없는 것일까요? 「호랑이와 곶감」은 호랑이를 이기는 곶감을 통해 그에 대한 해답을 제시하고 있습니다. 앞서 말했듯 곶감은 호랑이에게는 막연한 공포의 대상으로, '아나 곶감'으로 압축되는 곶감 이야기는 호랑이에게 또 다른 불안 서사입니다. 그런데 이는 동시에 호랑이로 형상화된 미지 불안을 극복하는 치유 서사이기도 합니다. 자녀의 울음은 부모와 자녀 간의 갈등 관계 혹은 불합 상태를 의미합니다. 부모는 자녀가 자신에게 순종하는 방식으로 갈등이 해결되도록, 자신들이 굴복했던 불안 서사를 아이들에게 전승합니다. 그러나 예상외로 아이는 기대했던 공포감을 실감하지 않습니다. 이에 부모는 다시 몇 차례 반복적으로 불안 서사를 전승하려고 시도하지만, 결국 그 의도를 접고 자녀에게 곶감을 제안합니다. 이것은 자녀가 경험했던 달콤함, 즉 신뢰와 위안의 치유 서사입니다. 그런데 여기에서 뜻밖의 사건이 발생합니다. 부모와 자녀 사이에 불안 서사가 아닌 치유 서사가 전승되자 부모세대를 두렵게 했던 호랑이가 그동안 자신이 사람들을 위협했던 것보다 더 큰 불안과 공포를 느끼기 시작한 것입니다. 그리고는 한달음에 줄행랑을 쳐버립니다.

이야기는 호랑이가 도망하고 난 후의 집 안 모습을 비추지 않습니다. 이후의 전승은 그렇게 달아난 호랑이가 얼마나 어리석고 우스운 모습인가에 초점을 맞추고 있기 때문입니다. 기본형 서사에 이어 첨가되는 각편들은 우리가 어마어마한 공포로 생각했던 것의 실체가 기실 그리 두려워할 대상이 아님을 보여주는 데 기여합니다. 두려움에 외양간으로 달아난 호랑이가 자신을 소로 여겨 등에 올라탄 소도둑을 곶감으로 생각하고 놀라 줄달음친다거나, 동이 터서 호랑이의 정체를 알게 된 소도둑이 나무에 매달리자 곶감을 떼어냈다고 좋아한다거나, 곰의 설득에 넘어가 소도둑을 잡아먹으러 왔다가 도리어 소도둑이 꾀로 곰의 붕알을 잡아당겨 죽이는 것을 보고 놀라 다시 도망한다거나, 배가 너무 고파 곰고기를 먹고 있는 소도둑에게 고기 한 점을 부탁했다가 다시 속아 불에 달궈진 돌멩이를 고기로 알고 먹다가 결국은 잡혀 죽는 호랑이의 모습은 모두 호랑이로 형상화되어 전승되던 두려움의 실체를 폭로하는 민중의 서사적 대응이자 치유의 방식입니다.

우리는 「호랑이와 곶감」이 호랑이 서사를 전승하다가 곶감 서사를 전승하는 것으로의 방향 전환을 담고 있음에 주목해야 합니다. 즉 불안 서사의 전승이 멈춰지고 치유 서사가 전승되기 시작하는 순간 부모세대가 지닌 불안(호랑이)마저 사라지는 것입니다. 그리고 부모세대와 자녀세대 사이에 신뢰와 위안의 연대가 형성됩니다. 아이가 '아나 곶감'이라는 말에 울음을 그친 것은 곶감이 무서운 존재여서가 아니라, 그것이 자신의 울음을 달래주고 자신에게 달콤함을 줄 것이라는 믿음이 있기 때문입니다. 이러한 신뢰와 위안은 부모가 자신이 지닌 두려움을 아이에게 전달하려 했던 태도를 버리는 순간 발생합니다. 그리고 이것이 대대로 내려오던 불안으로서의 호랑이를 두렵게 만들고 제거해버립니다. 즉 부모세대 자신의 불안마저 치유하는 것입니다. 불안은 더 큰 불안과 공포를 낳지만, 불안과 공포를 두려워하지 않는 마음은 그들을 점점 줄어들게 하고 마침내는 사라지게 합니다.

그런데 이러한 불안의 세대 전승은 자녀세대 혼자만의 노력으로 단절되지 않습니다. 불안 서사의 전승자인 부모가 전승 대상이 지닌 문제점을 성찰하고, 전래한 전승 방식이 기실 어떠한 문제도 해결해줄 수 없다는 자각이 동반되어야 하는 것입니다. 자녀세대의 순종을 끌어내기 위한 목적에서라도 호랑이 서사보다는 곶감 서사를 제안하는 것이 훨씬 유용한 방식임을 인지하는 과정이 '아나 곶감'이라는 짧지만 경쾌한 발화 속에 담겨 있습니다. 앞서 인용한 「호랑이와 곶감」의 구술자는 어른들이 아이들의 울음을 그치게 하려면 호랑이는 소용없으니 곶감을 주라는 이야기를 전해 들었다고 했습니다. 이는 세대갈등에 대한 극복이 복종을 강요하는 위협이 아니라 신뢰와 기쁨을 주는 것에 있음을 말하는 지혜입니다. 그 과정에서 자신들 내면에 존재하던 호랑이라는 불안도 소멸되는 것입니다. 이처럼 「호랑이와 곶감」 설화는 불안의 세대 전승이 지혜롭게 극복되는 방식에 대한 치유 서사로 읽힐 수 있습니다.

5. 호랑이 서사에서 곶감 서사로

현존하는 동아시아 신화지리서 중 가장 이른 시기의 것으로 평가받는 『산해경』에 '동쪽 군자국 사람들은 항상 두 마리 무늬 호랑이를 데리고 다닌다.'[24]라는 기록이 있습니다. 여기서 동쪽 군자국은 한반도를 가리킵니다. 이는 아주 오래전부터 호랑이가 우리와 매우 친밀하고 인연 깊은 동물임을 이야기합니다. 우리 전통 서사에 등장하는 호랑이는 「김현감호(金現感虎)」의 호녀(虎女)처럼 자신의 목숨을 희생하며 인간을 구하는 의열(義烈)의 상징으로 나타나기도 하고, 「효자호랑이」 설화에서처럼 부모에 대한 효심의 형상으로 드러나기도 합니다.[25] 이는 전통 서사

24 정재서 역, 『산해경』, 민음사, 1996, 252면.

25 「효자호랑이」 설화는 효심으로 인해 호랑이가 된 사람이 부인 때문에 효의 실천이 중간에 실패하게 되는 이야기이다. 이는 시간에 따른 호랑이 형상에 대한 이미지의 변화를 담고 있는데, 여기서 주목하는 것은 「효자호랑이」 설화가 형성되는 과정에서 작용한 호랑이에 대한 기

가 반영하는 우리 내면 상징으로서의 호랑이가 선과 불선의 어느 하나에 고정되지 않았다는 것을 말합니다.

여기서 잠시 상상해봅시다. 여기 호랑이 한 마리가 있습니다. 그리고 나는 먼 길을 떠나야 합니다. 이때 그 호랑이를 데리고 가겠습니까, 두고 가겠습니까? 이러한 질문 앞에서 답은 대체로 두 가지가 나올 것입니다. 어떤 이들은 호랑이를 두고 가겠다고 할 것이고 또 다른 이들은 호랑이를 데리고 가겠다고 할 것입니다. 정답은 없습니다. 각자 나름의 합리적 이유가 있기 때문입니다. 데리고 가겠다는 사람은 긴 여정에서 호랑이가 자신을 지켜줄 것이라 생각하는 것이고, 두고 가겠다고 하는 사람들은 행여 호랑이가 길에서 자신을 잡아먹거나 다치게 할 것을 걱정하는 것입니다. 나를 지켜주는 호랑이와 나를 잡아먹는 호랑이. 기실 우리 안에는 두 가지 모습의 호랑이가 모두 존재합니다. 융의 용어를 빌리면 전자는 내가 키워야 하는 자아이고, 후자는 극복해야 하는 그림자일 것입니다.[26] 내 안의 호랑이, 즉 자기서사 속의 호랑이를 어떠한 모습의 호랑이로 기르는가는 정해진 것이 아닙니다. 이는 우리가 그들을 어떻게 대하는가에 달려 있기 때문입니다. 사랑하고 쓰다듬으면 자신을 지켜주는 신수(神獸)로 자랄 것이고, 지레 겁먹고 떼어내려 물리치면 쫓아와 잡아먹으려는 맹수(猛獸)가 될 것입니다.

「호랑이와 곶감」은 맹수와 신수라는 두 가지 호랑이를 호랑이와 곶감으로 형상화했습니다. 맹수를 전승하는가 아니면 신수를 전승하는가

본적 이미지이다. 해당 줄거리는 다음과 같다. ① 옛날 어느 곳에 황 효자가 살았다 ② 어머니가 병이 들었다 ③ 황개 천 마리를 먹어야 병이 낫는다고 했다 ④ 산에서 기도해서 둔갑책을 얻었다 ⑤ 호랑이로 둔갑해 개를 잡아 왔다. 김수연, 「「효자호랑이」 설화에 나타난 효와 여성의 의미」, 『한국고전연구』 4, 1998, 332면.

26 그림자는 자아로부터 배척되며 무의식에 억압된 열등한 성격이다. 자아는 그림자를 극복함으로써 완성된다. C. G. 융, 『원형과 무의식』, C. G. 융 저작 번역위원회 역, 솔, 2002, 73면.

를 이야기 전승과 연결시키고 있음이 흥미롭습니다. 「호랑이와 곶감」은 호랑이 서사, 즉 불안 서사를 극복하고 치유하는 힘으로 위안과 신뢰의 치유 서사인 곶감 서사를 이야기합니다. 전래의 호랑이 서사 전승을 멈추고 새로운 호랑이 서사, 즉 곶감 서사의 전승을 선택하는 것, 이것이 불안 서사의 확대 재생산을 막는 방법이 될 것입니다. 여기에서 우리는 불안 전승을 치유 전승으로 전환하는 이야기의 힘을 생각하게 됩니다. 이야기는 반복되면서 단순한 서사 전승을 넘어 의식과 정서의 전승을 수행합니다. 때문에 우리는 이야기 전승의 힘을 매우 심각하고 진지하게 고민해야 합니다. 특히 문학치료를 진행하는 과정에서도 오히려 치유 서사가 아닌 불안 서사가 전승될 수 있음을 생각해야 할 것입니다.

최근 「호랑이와 곶감」을 대상으로 한 동화치료가 보고된 바 있습니다.[27] 여기서 치료자는, 평소 유아독존적인 태도로 남들에게 군림해 그 결과 사람들과 멀어져 외로워하는 피치료자에게 설화가 지닌 핵심으로 '호랑이(유아독존적 태도)보다 더 센 존재(왕따)가 있을 수 있음을 자각'하라고 조언합니다. 여기에서 치료자는 「호랑이와 곶감」의 두 가지 서사, 즉 호랑이 서사와 곶감 서사를 모두 우리에게 상처를 주는 부정적 힘으로만 읽어내고 있습니다. 호랑이는 내가 남에게 주는 상처이고 곶감은 그에 대한 응보로서 내가 받는 더 큰 상처로 해석한 것입니다. 그러면서 응보처럼 주어지는 왕따를 당하지 않기 위해 군림보다는 배려하라고 말합니다. 이러한 독법도 문학치료에서 일정 부분 의미가 있을지도 모릅니다. 그러나 이는 서사치료 과정에서 호랑이 형상에 씌워진 트라우마적 이미지를 강조하고 재생산하며, 심지어 곶감이 지닌 이미지마저 대립과 갈등의 양상으로 읽어내게 만듭니다. 그리고 그것에 대한 해결은

27 이성훈, 『동화치료』, 건국대학교출판부, 2014, 62-65면.

온전히 피치료자 개인의 몫으로 떠맡겨질 뿐입니다. 이는 피치료자로 하여금 세상의 관계를 상처와 더 큰 상처로 이해하게 만들고, 결과적으로 내적 피로와 불안을 더욱 커지게 할 것입니다. 불안을 극복하기 위한 서사치료가 오히려 불안 서사의 전승자의 역할을 하게 된 셈입니다. 이제 우리는 호랑이 서사에 대한 새로운 시각을 제안해야 합니다. 언제까지 호랑이를 제거해야만 하는 내적 트라우마로 여길 것인가요? 이제는 새로운 호랑이, 즉 나를 키우고 지키는 호랑이로 전환하고, 이러한 전환을 바탕으로 호랑이의 이면에 있는 곶감을 읽어내고 그것을 전승하려는 시도가 이루어져야 할 것입니다. 이것이 문학치료자가 임상치료에 임하기 전에 고민해야 할 작품에 대한 시각 점검의 문제입니다.

마지막으로 서사 전승의 힘에 대해 진지하게 고민할 것을 다시 한 번 말하고자 합니다. 우리에게 불안을 전승하는 서사는 단순히 교과서나 이야기책 속에만 있는 것이 아닙니다. 현대인은 끊임없이 반복적으로 전승되는 서사 속에서 살고 있습니다. 우리를 둘러싼 문화가 서사 자체이기 때문입니다. 그런데 지금 우리의 문화가 전승하는 서사는 호랑이 서사인가요, 아니면 곶감 서사인가요? 오늘의 삶이 주입하고 강요하는 가치는 불안을 조장하는 것인가요, 극복을 북돋우는 것인가요? 옛이야기에 대한 독법의 성찰은 궁극적으로 새로운 삶의 서사, 문화 서사에 대한 독법의 문제로 나아가는 출발점이라는 점을 기억해야 할 것입니다.

| 출전 |

이 책에 실린 글들은 아래의 초본을 토대로 이 책의 구성 및 성격에 맞게 수정·보완한 것입니다. 초본의 출처와 발표 시기는 다음과 같습니다. 제1부 제2장은 장정은과 공동 수행한 인문학국책사업의 결과보고서 중에서 저자가 집필한 부분입니다. 제2부 제5장은 교내 발표문으로, 학술지에 게재하지 않은 글입니다.

제1부

제1장 「원초적 자기서사의 형성과 마더 텔러: 문학예방치료를 위한 시론」, 『문학치료연구』 39집, 2016. 4.

제2장 「한국 사회갈등의 정신분석적 이해와 해소방안 연구」, 인문학국책사업 결과보고서, 2016. 9.

제2부

제1장 「「최고운전」의 '이방인 서사'와 고전텍스트 읽기 교육」, 『문학치료연구』 23집, 2012. 4.

제2장 「조선시대 여성의 감정노동과 서사적 미러링을 통한 '이비 신화'의 문제 공유: 『옥환기봉』과 『한조삼성기봉』을 중심으로」, 『여성문학연구』 38집, 2016. 8.

제3장 「「금방울전」에 나타난 여성 고난의 치유적 성격: 조력자/치유자 서사를 통한 모성리더십의 구현」, 『문학치료연구』, 2016. 10.

제4장 「역사의 문학적 전유를 통한 문명전환기 미래사 구축의 장, 「몽배금태조」」, 『고소설연구』 38집, 2014. 12.

제5장 「오늘날 학습자의 삶과 관련한 17세기 문학사의 특성」, 교내 발표문, 2012. 12.

제3부

제1장 「불연속적 '빈 공간'으로서의 '귀/녀': 전기 「최치원」에 나타난 여성 인물의 정체성론」, 『동양고전연구』 64집, 2016. 9.

제2장 「운영의 자살심리와 「운영전」의 치유적 텍스트로서의 가능성에 대한 시론」, 『한국고전연구』 21집, 2010. 6.

제3장 「「주생전」의 사랑과 치유적 독법」, 『문학치료연구』 29집, 2013. 10.

제4장 「소통과 치유를 꿈꾸는 상상력, 「숙향전」」, 『한국고전연구』 23집, 2011. 6.

제5장 「「내 복에 산다」의 문학치료적 해석: '내 복' 연기성과 관계의 선업을 중심으로」, 『문학치료연구』 35집, 2015. 4.

제6장 「인간의 근원적 미지 불안과 치유의 서사, 「호랑이와 곶감」」, 『문학치료연구』 32집, 2014. 7.

| 참고문헌 |

『교감본 한국한문소설 전기소설』, 장효현 외, 고려대학교 민족문화연구원, 2007.

『김시습작품집』, 조선고전문학선집 7, 민족출판사, 1988.

『도덕경』, 영인본.

『목천자전·신이경』, 송정화·김지선 역, 살림, 1997.

『산해경』, 정재서 역, 민음사, 1985.

「소대성전(蘇大成傳)」, 경판본.

『소학』, 영인본.

『숙향전』, 한국고대소설총서 1, 이화여자대학교 한국문화연구원 편, 통문관, 1958.

『詩經』「國風」「周南」.

『예기』, 영인본, 보경문화사, 1991.

『옥환기봉(玉環奇逢)』, 규장각본.

『인조실록』, 한국고전번역원.

『잡보장경』, 동국대학교 전자불전문화콘텐츠연구소 한글대장경.

『莊子』,「在遊」.

『조선전기 사대부 가사』, 최현재 역, 문학동네, 2012.

『주해 천자문』, 성백효 역주, 전통문화연구회, 1992.

『中文大辭典』, 中國文化大學出版部, 1974.

『한국고소설판각본자료집』 5, 경판 28장본, 국학자료원, 1980.

『한국구비문학대계』 2집 5책, 한국정신문화연구원, 1981.

『한국구비문학대계』 4집 5책, 한국정신문화연구원, 1982.

『한국구비문학대계』 8집 9책, 한국정신문화연구원, 1982.

『한국구비문학대계』 8집 14책, 한국정신문화연구원, 1982.

『한국구비문학대계』, 한국학중앙연구원 왕실도서관 장서각 디지털 아카이브.
『한국한문소설 교합구해』(제2판), 박희병 표점·교석, 소명출판, 2005.
『한조삼성기봉(漢朝三姓奇逢)』, 장서각본.

가와이 하야오·나카자와 신이치, 『불교가 좋다』, 김옥희 역, 동아시아, 2004.
간호윤, 『새로 발굴한 쥬싱뎐 위싱뎐의 자료와 해석』, 박이정, 2008.
구장률, 『지식과 소설의 연대』, 소명출판, 2012.
김경수, 「'처용랑 망해사' 설화의 구조와 그 해석」, 『처용은 누구인가』, 역락, 2005.
김광순 소장 31장본, 『김광순 소장 필사본 한국고소설전집』 32, 경인문화사, 1994.
김균태·강현모, 『새내 유역의 구비설화』, 금산문화원, 2005.
김기창, 『한국 구전설화집』 16, 민속원, 2005.
김동욱, 『방각본 고소설전집』, 영인본.
김미현, 『번역 트러블: 한국소설과 문화번역』, 이화여자대학교출판문화원, 2016.
김수연, 『조선후기 소설개작과 서사의 소통』, 보고사, 2011.
______, 『유(遊)의 미학, 『금오신화』』, 소명출판, 2015.
김시습·구우, 『금오신화 전등신화』, 김수연·탁원정·전진아 편역, 미다스북스, 2010.
김용석, 『서사철학』, 휴머니스트, 2009.
김용옥, 『노자와 21세기』, 통나무, 1999.
김일권, 『고구려 별자리와 신화』, 사계절, 2008.
김일렬, 『고전소설 신론』, 새문사, 2001.
김정근 외, 『체험적 독서치료』, 학지사, 2007.
김종군 편역, 『중국 전기소설선』, 박이정, 2005.
김창남, 『대중문화와 문화실천』, 한울아카데미, 1995.
김현양, 『한국 고전소설사의 거점』, 보고사, 2007.
나카지마 아츠시, 『역사 속에서 걸어 나온 사람들』, 명진숙 역, 다섯수레, 1993.
노신, 『중국소설사』, 조관희 역, 소명출판, 2004.
노안영·강신영, 『성격심리학: 인간이해 및 성장을 위한』, 학지사, 2010.
로버트 단턴, 『고양이 대학살』, 조한욱 역, 문학과지성사, 1996.
로즈메리 잭슨, 『환상성: 전복의 문학』, 서강여성문학연구회 역, 문학동네, 2001.
리처드 커니, 『이방인, 신, 괴물』, 이지영 역, 개마고원, 2004.
멜라니 클라인, 『아동 정신분석』, 이만우 역, 새물결, 2011.
민병수, 『개화기 우국문학』, 신구문화사, 1974.
박성봉, 『대중예술의 미학』, 도서출판 동연, 1995.

박은식, 『천개소문전 몽배금태조』, 장석홍 역, 독립기념관 한국독립운동사연구소, 1989.
박일용, 『조선시대의 애정소설』, 집문당, 1993.
박희병, 『한국전기소설의 미학』, 돌베개, 1997.
박희병·정길수 편역, 『낯선 세계로의 여행』, 돌베개, 2007.
반건국, 『중국 고소설 목록학 원론』, 김수연 역, 청계, 2010.
스테판 밋첼·마가렛 블랙, 『프로이트 이후 현대정신분석학』, 이재훈·이해리 역, 한국심리치료연구소, 2002.
시모조노 소우타, 『사람은 왜 죽고 싶어하는가』, 이수진 역, 홍익출판사, 2004.
신동흔, 『프로이트, 심청을 만나다』, 웅진지식하우스, 2010.
신동흔 외, 『도시전승 설화자료집성』 3, 민속원, 2009.
신명호, 『궁녀』, 시공사, 2004.
신해진, 『소대성전』, 지만지, 2009.
심노암(沈魯巖), 『悌田散稿』, 국립중앙도서관 소장본.
______, 「우상정기(雨床亭記)」, 『제전산고(悌田散稿)』 3책, 국립중앙도서관 소장본.
C. G. 융, 『원형과 무의식』, C. G. 융 저작 번역위원회 역, 솔, 2002.
안자산, 『조선문학사』, 최원식 역, 을유문화사, 1984.
앨렌 시걸, 『하인즈 코헛과 자기심리학』, 권명수 역, 한국심리치료연구소, 2002.
앨리 러셀 혹실드, 『감정노동: 노동은 우리의 감정을 어떻게 상품으로 만드는가?』, 이가람 역, 이매진, 2009.
에드가 모랭, 『20세기를 벗어나기 위하여』, 고재정·심재상 역, 문학과지성사, 1996.
오다이쿠고로(小田幾五郎), 『상서기문(象胥紀聞)』 영인본.
유길준·남경완 외 역주, 『쉽게 풀이한 대한문전』, 월인, 2003.
유성룡, 『징비록』, 김홍식 역, 서해문집, 2003.
윤대녕, 『호랑이는 왜 바다로 갔나』, 생각의나무, 2005.
윤혜린 외, 『여성주의 리더십: 새로운 길 찾기』, 이화여자대학교출판부, 2007.
이강엽, 『신화 전통과 우리소설』, 박이정, 2013.
이규보, 『동국이상국집』, 한국고전번역원.
이남규, 「아내 정 부인(貞夫人) 채씨(蔡氏)를 제사하는 글」, 『수당집』, 한국고전번역원.
이대형 편역, 『수이전』, 소명출판, 2013.
이덕무, 『책에 미친 바보』, 권정원 역, 미다스북스, 2004.
이민수 역, 『춘향전』, 서문당, 1974.
이방 외, 『태평광기』 12, 김장환 외 역, 학고방, 2003.

______, 『태평광기』 19, 김장환 외 역, 학고방, 2004.
이성훈, 『동화치료』, 건국대학교출판부, 2014.
이영식, 『독서치료 어떻게 할 것인가』, 학지사, 2006.
이옥, 『역주 이옥 전집』, 실시학사 역, 소명출판, 2001.
이재수본(本) 「운영전」, 김일렬 주해, 형설출판사, 1982.
이정원, 『전을 범하다』, 웅진지식하우스, 2010.
이주영, 『구활자본 고전소설 연구』, 월인, 1998.
이찬, 『한국의 고지도』, 범우사, 1991.
이학주, 『동아시아 전기소설의 문학세계』, 북스힐, 2002.
임형택, 『한국문학사의 시각』, 창작과비평사, 1984.
정용환 외, 『유교·도교·불교의 감성이론』, 경인문화사, 2011.
정운채, 『문학치료의 이론적 기초』, 문학과치료, 2007.
______, 『문학치료학의 서사이론』, 문학과치료, 2015.
______, 『문학치료학의 실천』, 문학과치료, 2015.
______, 『문학치료학의 작품론』, 문학과치료, 2015.
정운채 외, 『문학치료 서사사전』 1-3, 문학과치료, 2009.
______, 『문학치료학의 분야별 연구 성과』, 문학과치료, 2013.
정운채 · 박기석 외, 『설화를 활용한 문학치료프로그램 개발 연구』, 문학과치료, 2009.
______, 『이상심리와 이상심리검사』, 문학과치료, 2011.
정재서, 『불사의 신화와 사상』, 민음사, 1994.
정학성 역주, 『17세기 한문소설집』, 삼경문화사, 2000.
조동일, 『한국문학통사』 2(제4판), 지식산업사, 2005.
조동일 외, 「한국 설화 유형분류집」, 『한국구비문학대계: 별책부록』 1, 한국정신문화연구원, 1989.
조셉 골드, 『비블리오테라피』, 이종인 역, 북키앙, 2003.
조셉 캠벨, 『천의 얼굴을 가진 영웅』, 이윤기 역, 민음사, 2004.
조수삼, 『추재집』, 한국고전번역원.
조윤제, 『한국문학사』, 탐구당, 1987.
조현설, 『장화홍련전』, 현암사, 2005.
조형 편, 『여성주의 가치와 모성 리더십』, 이화여자대학교출판부, 2005.
조혜란, 『고전 서사와 젠더』, 보고사, 2011.
조희웅, 『한국 설화의 유형』, 일조각, 1996.
주디스 버틀러, 『젠더 트러블』, 조현준 역, 문학동네, 2006.

차옥덕, 「궁녀들은 어떻게 살았을까?」, 『조선시대 서울사람들 (1)』, 서울문화사학회, 어진이, 2003.
차충환, 『숙향전 연구』, 월인, 1999.
최귀묵, 『김시습의 사상과 글쓰기』, 소명출판, 2001.
_____, 『김시습 〈조동오위요해〉의 역주 연구』, 소명출판, 2006.
최립, 『간이집』, 한국고전번역원.
최운식 역, 『금방울전』, 지식을만드는지식, 2013.
최현재 역, 『조선 전기 사대부 가사』, 문학동네, 2012.
츠베탕 토도로프, 『환상문학 서설』, 이기우 역, 한국문화사, 1996.
토마스 브로니쉬, 『자살』, 이재원 역, 이끌리오, 2002.
프로이트, 「쾌락원칙을 넘어서」, 『정신분석학의 근본개념』, 박찬부 역, 열린책들, 2003.
하인즈 코헛, 『자기의 분석』, 이재훈 역, 한국심리치료연구소, 2002.
한석수, 『최치원 전승의 연구』, 계명문화사, 1989.
화이트헤드, 『과정과 실재』, 오영환 역, 민음사, 2003.
황병하, 「환상문학과 한국문학」, 『메타비평을 위하여』, 민음사, 1997.

강미정, 「자녀서사진단검사도구의 문항설정」, 『문학치료연구』 10, 2009. 1.
_____, 「자유연결형 자녀서사진단검사도구의 문항설정과 문항분석」, 『문학치료연구』 11, 2009. 4.
_____, 「설화 「멈춘 산」과 불안장애와의 관련성」, 『문학치료연구』 20, 2011.
강상순, 「고소설에서 환상성의 몇 유형과 환몽소설의 환상성」, 『고소설연구』 15, 한국고소설학회, 2003.
강혜선, 「조선후기 사족 여성의 경제활동과 문학적 형상화」, 『한국고전여성문학연구』 24, 2012.
권명아, 「여성 수난사 이야기, 민족국가 만들기와 여성성의 동원」, 『여성문학연구』 7, 2002.
권순긍, 「근대초기 고소설의 전변양상과 담론화」, 『고소설연구』 36, 2013.
_____, 「「콩쥐팥쥐」 서사의 문학치료학」, 『문학치료연구』 30, 2014.
길태숙, 「민요에 나타난 '여성적 말하기'로써의 죽음」, 『여성문학연구』 9, 2003.
김경미, 「「운영전」에 나타난 여성 서술자의 의의」, 『한국고전여성문학연구』 4, 한국고전여성문학회, 2002.
_____, 「전기소설의 젠더화된 플롯과 닫힌 미학을 넘어서」, 『한국고전여성문학연구』

20, 2010.
김문희, 「「숙향전」의 환상성의 창출양상과 의미」, 『한민족어문학』 47, 2005.
_____, 「고전소설의 환상성의 양식과 인식적 기반」, 『고소설연구』 19, 한국고소설학회, 2005.
김성룡, 「고소설의 환상성」, 『고소설연구』 15, 한국고소설학회, 2003.
김수연, 「「효자호랑이」 설화에 나타난 효와 여성의 의미」, 『한국고전연구』 4, 1998.
_____, 「「양축」설화의 국내유입과 「양산백전」에 나타난 소설화 양상」, 『고소설연구』 29, 2010.
_____, 「「이생규장전」의 욕망과 치유적 독법」, 『문학치료연구』 18, 2011.
_____, 「「만복사저포기」의 '입산채약'과 비극성 재론」, 『문학치료연구』 20, 2011.
_____, 「『창선감의록』의 '개과천선'과 악녀 무후」, 『한국고전여성문학연구』 25, 2012.
_____, 「영웅소설을 활용한 한국적 지혜 읽기: 「소대성전」을 중심으로」, 『한국고전연구』 27, 2013.
_____, 「『도장』과 고소설의 여성 인물 상상력」, 『한국고전여성문학연구』 30, 2015.
_____, 「'모성 대상'에 대한 자기서사의 단절과 재건, 「장화홍련전」」, 『고소설연구』 40, 2015.
김영희, 「"아버지의 딸"이기를 거부한 막내딸의 입사기(入社記): 구전이야기 「내 복에 산다」 를 중심으로」, 『溫知論叢』 18, 2008.
김종진, 「무왕설화의 형성과 「서동요」의 비평적 해석」, 『한국문학연구』 27, 2004.
김종철, 「서사문학사에서 본 초기소설의 성립 문제」, 『고소설연구논총』, 다곡 이수봉 선생 회갑기념 논총간행위원회, 1988.
_____, 「한국어교육에서 한국문화교육의 쟁점과 전망」, 『국어교육』 133, 2010.
김지선, 「내 안의 불안과 만나다: 윤대녕 소설 『호랑이는 왜 바다로 갔나』」, 『중국어문학지』 24, 2007.
김해미, 「영화 『장화홍련』의 공포 표현에 관한 연구: 줄리아 크리스테바의 이론을 중심으로」, 홍익대학교 석사학위 논문, 2010.
김현양, 「「만복사저포기」의 서사적 특성과 장르적 위상」, 『열상고전연구』 15, 2002.
_____, 「「최치원」, 버림 혹은 떠남의 서사」, 『고소설연구』 32, 2011.
김현영, 「「종옥전」을 활용한 문학치료 사례 연구」, 『겨레어문학』 44, 겨레어문학회, 2010.
나지영, 「설화 「내 복에 산다」의 재창작을 통한 탈북 청소년의 문해력 신장 사례 연구」, 『고전문학과 교육』 23, 2012.
노환홍, 「자아경험과 예술치료」, 『뷔히너와 현대문학』 30, 2008.

류정선,「일본 고전문학에 나타난 당대 전기소설「유선굴」의 수용과 재창조성: 헤이안 시대 모노가타리를 중심으로」,『일본언어문화』 29, 2014.

류태모·위희경·정현우,「감정노동이 직무만족에 미치는 영향: 감성리더십과 임파워먼트의 조절효과」,『인적자원관리연구』 제21권 제3호, 한국인적자원관리학회, 2014.

민찬,「서동요 해독 및 해석의 관점」,『한국문화』 33.

박부식,「영화적 환상에 관한 정신분석적 연구: 『장화홍련』,『거미숲』,『올드보이』를 중심으로 」, 동국대학교 석사학위 논문, 2004.

박영선,「민담「내 복에 산다」의 분석심리학적 해석」,『心性硏究』 25, 2010.

박일용,「최고운전의 작가의식과 소설사적 위상」,『고전문학연구』 16, 1999.

______,「「만복사저포기」의 형상화 방식과 그 현실적 의미」,『고소설연구』 18, 2004.

______,「「이생규장전」의 밀회장면에 나타난 환상성과 그 현실적 의미」,『고소설연구』 20, 2005.

______,「「최고운전」의 창작시기와 초기본의 특징」,『고소설연구』 29, 2010.

______,「「최고운전」과『삼국사기』「최치원전」에 그려진 최치원의 인물형상」,『고소설연구』 32, 2011.

______,「「주생전」의 환상성과 남녀 주인공의 욕망」,『고전문학과 교육』 25, 2013.

박주영,「환상 안에 있는 고딕 어머니: 멜라니 클라인의 대상관계이론에 관한 연구」,『인문과학 논총』 13, 2004.

박진,「공포영화 속의 타자들: 정신질환과 귀신이 만나는 두 가지 방식: 『장화홍련』,『분홍 신』,『거울 속으로』,『거미숲』을 중심으로」,『우리어문연구』 25, 2005.

서경희,「「소대성전」의 서지학적 접근」, 이화여자대학교 석사학위 논문, 1998.

서유경,「『사씨남정기』의 정서 읽기 교육 연구」,『고전문학과 교육』 20, 2010.

______,「문학과 독서의 상생적 조망: 읽기 교육에서의 문학 텍스트 활용 탐색」,『문학교육학』 31, 2010.

서은아,「「장화홍련」 이야기의 문학치료적 효용」,『문학치료연구』 7, 한국문학치료학회, 2007.

______,「「장화홍련전」의 가족갈등과 문학치료적 활용」,『국어교육』 129, 2009.

______,「「주생전」의 애정삼각관계와 문학치료적 의미」,『고전문학과 교육』 18, 2009.

서혜은,「「장화홍련전」 이본 계열의 성격과 독자 의식」,『어문학』 97, 한국어문학회, 2007.

설중환,「만복사저포기: 분석심리학으로 읽어보기」,『한국학연구』 15, 2001.

소인호,「「주생전」의 이본 존재 양태와 소설사적 의미」,『고소설연구』 11, 2001.

송미경, 「여규형본 「춘향전」 각본의 형성과 독서물로서의 수용 전화」, 『판소리연구』 28, 판소리학회, 2009.
신용하, 「백암 박은식의 애국계몽사상과 민족주의 역사관」, 『한국민족운동사연구』 10, 1994.
신재홍, 「『금오신화』의 환상성에 대한 주제론적 접근」, 『고전문학과 교육』 1, 1999.
______, 「「최고운전」의 신라사 인식」, 『고전문학과 교육』 17, 2009.
신호림, 「「금방울전」에 나타난 금방울의 성격과 여성성의 의미」, 『한국고전여성문학연구』 25, 2012.
심우장, 「유아살해서사의 전통과 영화 〈장화, 홍련〉」, 『문학치료연구』 31, 한국문학치료학회, 2014.
심치열, 「숙향전 연구」, 『한국언어문학』 38, 1997.
______, 「「금방울전」에 나타난 주인공의 조력적 면모와 의미」, 『한국고전여성문학연구』 28, 2014.
엄기영, 「「김현감호」와 「최치원」에서의 기이의 형상화 양상과 차별적 시선」, 『일본학연구』 47, 2015.
엄태식, 「「최치원」의 창작 배경과 서사적 특징」, 『고소설연구』 30, 2010.
오상학, 「조선후기 원형 천하도의 특성과 세계관」, 『지리학연구』 35, 2001.
유광수, 「최고운전의 설화적 전승과 최치원 설화의 연원」, 『한국문학연구』 39, 2010.
______, 「「최고운전」의 원천소재 활용양상과 '의미 겹침'으로서의 소설」, 『온지논총』 29, 2011.
윤승준, 「朝鮮時代 動物寓言의 傳統과 寓話小說」, 단국대학교 박사학위 논문, 1997.
윤정안, 「계모를 위한 변명: 「장화홍련전」 속 계모의 분노와 좌절」, 『민족문학사연구』 57, 민족문학사학회, 2015.
이대형, 「전기의 여성 형상, 기이한 대상에서 응시의 주체로」, 『민족문학사연구』 53, 2013.
이상구, 「「숙향전」의 현실적 성격」, 『고전문학연구』, 1991.
______, 「「운영전」의 갈등양상과 작가의식」, 『고소설연구』 5, 한국고소설학회, 1998.
이정원, 「조선조 애정 전기소설의 소설시학 연구」, 서강대학교 박사학위 논문, 2003.
______, 「「장화홍련전」의 환상성」, 『고소설연구』 20, 2005.
이지영, 「『창선감의록』의 이본 변이 양상과 독자층의 상관 관계」, 서울대학교 박사학위 논문, 2003.
이희, 「고전소설 장화홍련전의 정신분석적 주석」, 『정신건강연구』 9, 1990.
임승균, 「'복 많은 여자'계 민담연구」, 계명대학교 석사학위 논문, 1981.

임재해, 「무왕형 설화의 유형적 성격과 여성의식」, 『여성문제연구』 10, 1981.
임치균 외 교주, 『한조삼셩긔봉』, 한국학중앙연구원, 2013.
임치균·임정지 역, 『한조삼성기봉』, 한국학중앙연구원출판부, 2013.
임형택, 「17세기 규방소설의 성립과 『창선감의록』」, 『동방학지』 57, 1988.
_____, 「전기소설의 연애주제와 「위경천전」」, 『동양학』 22, 1992.
_____, 「해제」, 『협주명현십초시』, 한국학중앙연구원 한국학자료총서 39, 2009.
장시광, 「『쌍천기봉』 여성수난담의 특징과 그 의미」, 『한국고전여성문학연구』 21, 2010.
장정은, 「놀이치료의 정신분석적 주제와 문학치료적 함축」, 한국문학치료학회 제143회 학술대회 발표요지, 2015. 9. 19.
장정은·김수연, 「한국 사회 갈등의 정신분석적 이해와 해소방안 연구」, 인문학국책사업 결과 보고서, 2016. 9. 31.
전성운, 「문체적 측면에서 본 『금오신화』의 지향과 의미」, 『어문논집』 57, 2008.
전성탁, 「장화홍련전의 일연구: 박인수작 한문본을 중심으로」, 『국어교육』 13, 한국국어교육연구회, 1967.
전영숙, 「중학교 교실에서 한국 고전문학 읽기」, 『고전문학과 교육』 16, 2008.
정길수, 「「운영전」의 메시지」, 『고소설연구』 28, 고소설학회, 2009.
정운채, 「시화에 나타난 문학의 치료적 효과와 문학치료학을 위한 전망」, 『고전문학과 교육』 1, 청관고전문학회, 1999.
_____, 「「만복사저포기」의 문학치료학적 독해」, 『고전문학과 교육』 2, 2000.
_____, 「「무왕설화」와 「서동요」의 주역적 해석과 문학치료의 구조화」, 『국어교육』 110, 한국 어교육학회, 2001.
_____, 「고전시가론에 대한 문학치료학적 조명」, 『한국시가연구』 10, 2001.
_____, 「「바리공주」의 구조적 특성과 문학치료적 독해」, 『겨레어문학』 33, 겨레어문학회, 2004.
_____, 「고전문학 교육과 문학치료」, 『국어교육』 113, 한국어교육학회, 2004.
_____, 「서사의 힘과 문학치료방법론의 밑그림」, 『고전문학과 교육』 8, 2004.
_____, 「인간관계의 발달과정에 따른 기초서사의 네 영역과 『구운몽』 분석 시론」, 『문학치료 연구』 3, 2005.
_____, 「문학치료학의 학문적 특성과 인문학의 새로운 전망」, 『겨레어문학』 39, 겨레어문학회, 2007.
_____, 「한국고전문학과 문학치료」, 『문학치료의 이론적 기초』, 문학과치료, 2007.
_____, 「문학치료학의 서사이론」, 『문학치료연구』 9, 한국문학치료학회, 2008.
_____, 「문학치료학의 서사 및 서사의 주체」, 『영화와 문학치료』 3, 서사와 문학치료

연구소, 2010.
_____, 「자기서사진단검사도구의 개발에 따른 고전문학 연구와 교육의 새지평」, 『문학치료연구』 16, 2010.
_____, 「문학치료학의 서사 및 서사의 주체와 문학연구의 새 지평」, 『문학치료연구』 21, 한국문학치료학회, 2011.
_____, 「서사의 다기성과 문학연구의 새 지평」, 『문학치료연구』 23, 한국문학치료학회, 2012.
_____, 「서사접속 및 서사능력과 문학연구의 새 지평」, 『문학치료연구』 24, 한국문학치료학회, 2012.
_____, 「자기서사의 변화 과정과 공감 및 감동의 원리로서의 서사의 공명」, 『문학치료연구』 25, 한국문학치료학회, 2012.
정지영, 「「장화홍련전」: 조선후기 재혼가족 구성원의 지위」, 『역사비평』 61, 역사문제연구소, 2002.
정출헌, 「최고운전을 통해서 읽는 초기 고전소설사의 한 국면」, 『고소설연구』 14, 2002.
_____, 「「운영전」의 중층적 애정갈등과 그 비극적 성격」, 『고전문학과 여성주의적 시각』, 소명출판, 2003.
_____, 「고전소설의 '천편일률'을 패러디의 관점에서 읽는 법: 전기소설 『금오신화』와 「오유란전」을 중심으로」, 『국제어문』 38, 2006.
정환국, 「16-7세기 동아시아 전란과 애정전기」, 『민족문학사연구』 15, 1999.
_____, 「16세기 말 17세기 초 사상사의 흐름 속에서 본 「운영전」」, 『초기 소설사의 형성 과정과 그 저변』, 소명출판, 2005.
_____, 「고전소설의 환상성, 그 연구사적 전망」, 『민족문학사연구』 37, 민족문학사연구소, 2008.
조상우, 「「최고운전」에 표출된 대중화의식의 형성배경과 의미」, 『민족문학사연구』 25, 2004.
조용호, 「「숙향전」의 구조와 의미」, 『고전문학연구』 7, 한국고전문학회, 1992.
조은희, 「"내 복에 산다"와 "복진 며느리"의 여성의식 변모양상」, 『우리말 글』 24, 2002.
조현설, 「남성지배와 「장화홍련전」의 여성형상」, 『민족문학사연구』 15, 민족문학사학회, 1999.
_____, 「웅녀·유화신화의 행방과 사회적 차별의 체계」, 『고전문학과 여성주의적 시각』, 소명출판, 2003.

조희웅, 「17세기 국문고전소설의 형성에 대하여: 「숙향전」을 중심으로」, 『어문학논총』 16, 1997.
지연숙, 「「숙향전」의 세계형상과 작동원리 연구」, 『고소설연구』 24, 2007.
최귀묵, 「金時習·權克中의 本體論과 「參同契」」, 『한국국어교육연구회논문집』, 1995.
최기숙, 「성장소설로 본 「금방울전」, 「김원전」」, 『연민학지』 7, 1999.
_____, 「조선시대 사대부 문인의 '환상'인식과 문학적 향유」, 『문학교육학』 30, 2009.
_____, 「17세기 고소설에 나타난 여성인물의 유랑과 축출, 그리고 귀환의 서사」, 『고전문학 연구』 38, 2010.
최운식, 「쫓겨난 여인 발복설화고」, 『한국민속학』 6, 1973.
최진아, 「전기로 읽은 당대 남성의 욕망: 애정류 전기를 중심으로」, 『중국소설논총』 14, 2001.
최혜진, 「「이춘풍전」에 나타난 부부갈등의 해결방식과 문학치료적 효용」, 『한국언어문학』 63.
탁원정, 「「장화홍련전」의 서사공간 연구: 박인수본, 신암본, 자암본을 대상으로」, 『고전문학연 구』 31, 한국고전문학회, 2007.
하선화, 「한국 공포영화 속 모성담론의 재해석에 관한 연구: 정신분석학적 프랑스페미니스트 논의 개입을 위하여」, 동의대학교 석사학위 논문, 2006.
하은하, 「결혼 이주 여성의 자아존중감 강화를 위한 「내 복에 산다」 형 설화의 문학치료적 의미」, 『口碑文學硏究』 33, 2011.
허원기, 「「손천사 영이록」의 도교적 상상력」, 『고소설연구』, 2010.
현혜경, 「고전소설에 나타나는 지감화소의 성격과 의미」, 『국어국문학』 102, 1989.
홍경표, 「백암 박은식의 역사문화의식: 「몽배금태조」에 나타난」, 『한국말글학』 22, 한국말글학회, 2005.
홍현성, 「「태원지」 시공간 구성의 성격과 의미」, 『고소설연구』 29, 2010.
황인덕, 「불전계 한국민담 연구」, 『어문연구』 17, 1988.
황혜진, 「문학교육학과 문학치료학의 차이와 습합에 대한 소고」, 『국어교육』 129, 2009.

干寶·劉義慶, 『搜神記·世說新語』, 岳麓書社, 1989.
『內經』「靈樞」, 臺灣商務印書館, 1979.
『內經』「素問」「四氣調神大論」, 臺灣商務印書館, 1979.
唐芸芸, 「從「遊仙窟」看初唐生活」, 『中華文化畫報』, 2013.
『說文解字注』, 許愼, 段玉裁(淸) 注, 中州古籍出版社(影印本), 2006.

孫遜·潘建國,「唐傳奇文體考辨」,『文學遺産』, 第6期, 1999. 11.
劉廣銘,「「仙女紅袋」古事: 原型與流變」,『解放軍外國語學院學報』27(4), 2004.
李建華,「唐代科擧行卷之風与傳奇小說」,『玉林師范學院學報』, 2012. 8.
陳壽,『三國志』, 中華書局, 1990.
『黃帝內經素問靈樞經』, 臺灣商務印書館, 1979.
Hochschild, A. R., *The Managed Heart*, University of California Press, 1983.
Kohut, Heinz, *How Does Analysis Cure?*, The University of Chicago Press, 1984.
Kohut, Heinz and Ernest. S Wolf, "The Disorders of the Self and Their Treatment: An Outline", *International Journal of Psycho-Analysis* 59, 1978.
Stolorow, R. D. "Critical Reflections on the Theory of Self Psychology: An Inside View", *Psychoanalytic Inquiry* 6, 1986.

| 찾아보기 |

치유적 고전 서사의 발견

고전 리딩 레시피

펴낸날 1판 1쇄 2017년 1월 26일
지은이 김수연
펴낸이 권은미
펴낸곳 이화여자대학교출판문화원
주소 서울특별시 서대문구 이화여대길 52(우 03760)
등록 1954년 7월 6일 제9-61호
전화 02) 3277-2965(편집), 362-6076(마케팅)
팩스 02) 312-4312
전자우편 press@ewha.ac.kr
홈페이지 www.ewhapress.com
책임편집 김미정
디자인 신성기획
찍은곳 한영문화사

ISBN 979-11-5890-202-5 93810
값 28,000원

* 잘못된 책은 바꾸어 드립니다.

이 도서의 국립중앙도서관 출판예정도서목록(CIP)은 서지정보유통지원시스템 홈페이지(http://seoji.nl.go.kr)와 국가자료공동목록시스템(http://www.nl.go.kr/kolisnet)에서 이용하실 수 있습니다. (CIP제어번호: CIP2017000526)